현대 한국 사회의
일상문화 코드

박재환, 일상성·일상생활연구회 지음

한울
아카데미

이 도서의 국립중앙도서관 출판시도서목록(CIP)은 e-CIP홈페이지(http://www.nl.go.kr/ecip)에서 이용하실 수 있습니다. (CIP제어번호: 2004001405)

머리말

오늘날 한국 사회의 삶을 특징짓는 것은 무엇일까? 때로 40대 사망률 세계 1위, 산업재해율 세계 1위, 청소년 카드 빚 연체 세계 1위, 청소년 휴대전화 보급률 세계 1위, 월드컵 4강 진출, 최후의 분단된 민족국가 등 상징적인 말들이 한국 사회의 특정한 단면을 나타내주기도 한다. 그러나 어느 것 하나 우리 사회의 일상적 삶 전체를 드러내지는 못한다. 그러면서도 많은 사람들이 입을 모아 앞으로 어떻게 살아가야 할지 모르겠다고 말한다.

옛날에도 인류 사회는 나름대로의 사회적 혼란과 위기를 겪어왔다. 19세기 말에도 서양 사회에서는 세기말이라는 상징어가 서양의 몰락이라는 표현과 함께 유행했고 휴거 파동도 있었다. 고전 사회학자들의 이론적 작업들은 이러한 세기말적 징후에 대한 탐색과 대응책이라 해도 과언이 아니다. 마르크스는 분업과 자본주의의 전 세계적 확산에 따른 인간 소외에서 그 원인을 찾았고, 뒤르켐은 사회관계가 기계적 연대에서 유기적 연대로 급격히 전환되면서 발현하는 아노미 현상으로 파악하였다. 베버는 전통과 가치합리성이 퇴색하고 특정의 목적을 효율적으로 달성하기 위한 과학과 도구적 합리성이 역설적으로 현대적 가치 혼란의 핵심적 원인이 될 수 있음을 강조했다.

그렇다면 모두가 떠들썩하게 환호했던 이른바 새 천 년의 벽두에서 우리 사회가 앓고 있는 몸살과 아노미의 정체는 무엇인가? 이에 대한 우리 사회과학자들의 진단과 대응은 어떠한가?

우리는 현대 한국 사회의 무질서가, 국가 주도의 압축된 근대화가 필연적으로 결과한 전통과 현대의 급속한 단절에서 비롯한다는 일반론을 부정하지 않는다. 그럼에도 우리 사회의 구성원리를 과학적으로 파악하여 투쟁해왔다고 자부하는 사회과학자들의 현실 진단과 실천은 근시안적이다 못해 치졸하기조차 한 경우를 자주 목격한다. 그들은 걸핏하면 우리 국민이 절차적 민주주의에 익숙하지 못하고 일상생활을 성급하게 영위하고 있다고 비판한다. 지역주의가 고질적인 수준을 넘어 망국적인 지경에 이르렀다는 한탄은 짜증스러울 정도로 진부하다. 더욱이 그들의 현실진단과 대응이 일반인들보다 특별하게 객관적이지도, 장기적이지도 못하다.

먼저, 우리의 지식인들은 군사정권의 탄압에 가장 민감하게 반응해온 경험 때문에 정권의 변화는 바로 사회 전체의 민주화로 직결된다는 데에 회의를 가질 겨를이 없었다. 그들은 국가와 시민사회의 변화가 그 변동논리나 속도에 있어서 상당한 차이를 나타낸다는 것을 입버릇처럼 말하면서도 정작 우리 사회의 민주화에 대한 전망에서는 놀랄 정도로 무심한 반응을 보이고 있다. 30여 년간의 군사독재 체제의 잔재가 한두 차례의 민간 정부의 청산 작업으로 수정될 수 없다는 것은 삼척동자도 알 일이다. 이는 오염된 물 한 방울을 정화하는 데도 수십 배의 깨끗한 물이 필요하다는 사실만 상기해도 충분히 예견할 수 있다. 우리는 여기에서 일반 국민은 물론이고, 그들을 질타하는 지식인들조차 현대 우리 사회의 특징으로 착근되어 있는 이른바 '빨리빨리' 문화로부터 결코 자유롭지 못한 모습을 확인할 수 있는 것이다.

다음으로, 문민정부 이후 사회 각 부분에서 억압되어 왔던 자기 목소리를 거침없이 내쏟듯이 지식인 집단도 종전의 보편적 이익의 대변자로서가 아니라 자기들의 이해 관심을 우선적으로 내세우는 특정한 이익집단으로 전락하는 모습을 보였다. 이른바 우리 사회의 민주화와 공동선을 대변하는 것으로 자임해온 지식인들이 현실 정치에서는 여당과 야당의 이데올로그로 변신함으로써 그동안 일반인들이 지식인들에게 기대했던 '보편적 양심'의 구현자로서의 자세를 스스로 방기하는 결과를 가져왔다. 어느새 우리 사회에서는 이른바 '선비 정신'은 시대착오적인 것이 되고 당파적 지식인들의 목소리만 울려 퍼지고 있다. 군사독재에 항거해 공동의 전선을 펴고 투쟁했던 지식인들이 민간 정부의 현실 정치에서는 오히려 상치되는 이익집단 속에 용해되어 버리는 한계를 드러냈다. 그러면서 이들은 이제야 우리의 일상적 정치문화의 벽이 얼마나 두꺼운가를 체감하고 있는지 모른다.

마지막으로, 그런데도 참여적 지식인이나 방관적 지식인 모두 아직도 한국 사회를 설명하는 분석 방식에 있어서 선험적 이론 도식으로부터 크게 벗어나지 못하고 있다. 한 사회를 파악하기 위해서는 나무 하나하나를 살펴기보다 숲 전체를 조망하는 일정한 이론적 투망이 훨씬 경제적일 수 있다. 그러나 그러한 전체적 전망은 언제나 구체적 사실들에 의해 검증받아야 하고 수정되어야 한다. 그럼에도 거대 담론이나 거대 구조에 대한 논의는 그 자체가 현실에 대한 가장 적실성 있는 설명으로 고착되는 성향을 지닌다. 그러한 한계의 누적이 오늘날 현실 세계와 괴리된 사회학의 위기로 나타났다.

이제 그동안 구조적 분석에 치우친 기존의 관점으로는 무질서를 넘어 사회의 내파 현상으로까지 우려되는 우리 사회의 아노미적 상황을 설득력 있게 설명할 수 없다. 공적인 조직의 운영에서뿐만 아니라 사적인 영역의 상호작용에 이르기까지, 직업과 계층, 지위의 고하를 막론하고 우리 사회에 팽배하고 있는 집단 이기주의적 갈등은 우리의 일상문화에 대한 좀더 구체적이고 밀도 있는 분석 없이는 그 실체조차 파악하기 힘들기 때문이다.

이러한 문제의식에서 우리는 오늘날 한국 사회의 일상생활의 핵심 주제들을 파헤쳐 보려 한다. 이를 위해 우리는 먼저 출생에서부터 죽음에 이르기까지 인생의 중요 통과의례가 우리 사회 특유의 자본주의의 논리와 전통문화에 의해 굴절되고 있음에 주의를 기울였다. 또한 우리는 각 개인의 통과의례를 넘어 우리 사회구성원 모두에게 동시적으로 작용하고 있는 중요 문화 코드가 있음을 확인할 수 있었다.

그리하여 이 책은 다음과 같이 구성된다.

먼저, 1장에서는 현대 한국인들의 일상생활을 영위하는 특정한 원리가 무엇인지를 우리 사회의 전통문화의 특징과 한국 사회의 근대적 경험을 접목해서 밝히고 있다. 2장에서는 현재 우리 사회가 세계의 어느 나라보다 새로운 전자기술과 커뮤니케이션 방식을 일상화하고 있는 점에 착안하여 새로운 인간유형으로서 호모 디지털 로쿠엔스를 부각시킨다. 이러한 일반론적인 논의에 이어 우리는 한국 사회에서의 초기의 사회화 과정이 자본의 논리와 우리 고유의 문화적 특징에 의해 구체적으로 어떻게 구성되는지를 3장의 출산에서부터 6장의 10대 청소년들의 생활문화를 통해 분석한다. 이어 7장에서부터 10장까지는 대학과 결혼, 직업, 나이를 잊은 생활문화로서의 사주카페, 로또, 키덜트의 실상을 추적한다. 또한 11장에서는 최근 들어 '몸짱', '얼짱' 등의 유행어를 만들어내면서 신세대는 물론이고 기성세대역시 '몸살을 앓는 몸'으로부터 자유롭지 못한 상황을, 12장에서는 필수품이되어버린 관광을, 13장에서는 '돈의 매트릭스'라는 주제로 우리 사회에 만연한 현금 없는 소비의 실상을 파헤친다. 14장에서는 일찍이 뒤르켐이 사회통합과 규제에 의해 분류한 자살 유형과는 달리 확산되고 있는 우리 사회의자살 바이러스를 고발하고, 15장에서는 빠른 정년의 노인을 다룬다. 16장에서 우리는 한국 사회에서 죽음이 어떻게 하나의 상품처럼 매매되고 있는지를분석했다. 끝으로 이 책의 에필로그는 각 장의 연구자들이 자기의 주제를탐구하면서 체험한 소감을 자유롭게 토로하는 방담 형식으로 엮었다.

우리는 이 책에서 다루고 있는 핵심 주제들이 우리 사회의 일상적 삶을전부 포괄한다고 생각하지 않는다. 우리의 일상은 참으로 무수한 사회적사실들이 정교하게 조직되고 있는 생동체이기 때문이다. 그럼에도 우리가이 책에서 다루는 항목들은 현재 한국 사회의 일상적 삶의 중요한 특징을전형적으로 드러내고 있다고 믿는다. 특히 이러한 주제들에 대한 사회학적탐색이 거의 이루어지지 않은 상황을 감안할 때 이 책의 상재(上梓)는 그자체로 일정한 의미를 지닌다고 생각한다.

그동안 우리는 일상생활에 대한 체계적 연구가 사회학의 새로운 탈출구가될 수 있음을 누누이 강조해왔다. 그 첫걸음으로 우리 연구회는 1994년『일상생활의 사회학』이라는 책에서 일상생활에 대한 사회학적 탐색의 이론적 중요성을 천착했다. 그러나 일상생활의 연구는 결코 그에 대한 이론적논의로 그쳐서는 안 된다. 일상적 삶의 구체적 실상에 대한 분석이 병행되지않을 경우 일상생활의 사회학은 다시 탁상공론에 머물게 될 것이기 때문이다. 그리하여 우리는 한국인의 일상생활에 끊임없이 영향을 미치는 구체적 항목을 색출하여 그에 대한 의미를 다각도로 탐색하는 것이 필요하다고 생각했다.

1999년에 출간된 『술의 사회학』은 이러한 노력의 결실이었다. 그리고 이 책에 대한 독자들의 반응은 예상 밖으로 매우 고무적이었다.

그러나 술이라는 문화적 코드가 한국인의 일상생활을 포괄적으로 드러내 줄 수는 없었다. 여기에서 우리는 한국 사회의 일상생활의 전체적인 밑그림을 그려내는 작업이 필수적임을 확인하게 되었다. 하지만 우리 사회의 일상적 삶에 대한 전체 상을 그린다는 것은 의욕처럼 단순한 작업이 아니라는 것을 실감하게 되었다. 『술의 사회학』이 출간된 다음 해부터 우리 사회의 전형적인 일상생활 문화 코드를 색출하기 위한 작업을 시작했지만 다양한 일상생활의 어떤 측면을 부각해야 하는가 하는 문제는 그리 간단한 문제가 아니었다. 많은 논란을 거친 후 우리는 우선 현대 한국인의 생애 주기에 초점을 맞추기로 했다. 하지만 생애 주기로 포괄되지 않는 보편적 현상의 몇 가지 중요 현상에 대한 분석은 별도로 첨가하기로 가닥을 잡았다.

연구 계획에 대한 기본 구상이 확정되었다고 해서 그 결과물이 단번에 나오는 것은 아니다. 연구자 대부분이 시간 강사의 바쁜 생업에 종사하다 보니 연구 모임도 방학에 집중될 수밖에 없었다. 더욱이 일상생활의 다양한 측면을 다루기 위해서는 자연히 『술의 사회학』의 출간 때보다 더 많은 사람들의 천착과 탐색이 필요했다. 그리하여 연구회의 정기적인 토론 외에 2003년 1학기 한국 사회의 일상생활이라는 주제로 개설된 사회학과 박사과정의 사회학 특강에서 제기된 유사한 논의들이 접목되었다.

공동 연구의 출간은 언제나 많은 사람들의 노력과 시간이 필수적이다. 연구자 각자의 절대적 연구 기간 외에도 공동 연구자들 간의 협의와 전체적 업무 조정은 개별 연구를 능가할 만큼 복잡하다. 이런 맥락에서 현재 부산발전연구원의 연구 기획실장이라는 중책을 수행하면서 우리 연구회를 끌어온 제3대 회장 김형균 박사의 노고가 컸다. 수시로 연구회의 일상적 업무를 챙기는 오재환 박사, 그리고 회원 간의 갖가지 번잡한 연락을 주선해온 김상우 박사와 이동일 선생의 숨은 노력은 커다란 밑거름이 되었다. 또한 이 책의 출간을 위한 실무적 노력에는 김문겸 교수가 기여한 바 크다.

그러나 이 책의 출간은 공동 연구자들의 실질적인 연구가 모아짐으로써 비로소 가능했다. 그동안 각자 바쁜 일상 속에서 심혈을 기울여 옥고를 마련해준 각 연구자들의 노고에 대해 특별한 치하와 감사의 말을 전하고 싶다. 비록 우리 공동 연구자들은 각자의 연구결과가 지닌 한계를 어느 누구보다 절감하고 있지만 구체적 현실을 함께 살고 있는 이웃들과의 일상적 만남이 어느 이론서보다 우리의 일상생활의 본질을 극명하게 드러내주는 필수적인 텍스트임을 확인할 수 있었다. 그리고 이러한 이웃들과의 일상적 만남이 현실과 멀어진 채 이론적 각질로 변해버린 우리 사회학의 새로운 활로가 될 수 있음을 믿어 의심하지 않는다.

원래 서구의 사회학은 현실 문제를 해결하기 위한 문제의식에서 출발했다. 하지만 우리 사회에서 사회학의 문제 제기는 현실을 조망하기 위한 이론적 탐색에 집중되어왔다고 해도 과언이 아니다. 현실은 언제나 이론적 투망 속에 재단되었다. 이제는 그 굴절된 유리벽에서 나와 생생하게 살아 숨쉬는 일상의 참모습을 여과 없이 포착할 때가 된 것이다. 사회학이 존재하는 이유도 바로 여기에서 출발한다. 그런 의미에서 우리의 일련의 작업은 아주 미약한 시작에 불과하지만 그 함의와 결과는 매우 새롭고 크리라 믿는다. 독자들의 뜨거운 질책과 격려를 고대한다. 또한 이 자리를 빌어, 갈수록 어려워지는 불경기 속에서도 우리의 세 번째 작업이 세상의 빛을 보게 용단을 내려준 도서출판 한울의 여러분에게 심심한 감사의 마음을 표한다.

2004년 갑신년
여름의 산록, 금정산 자락에서
필자들을 대표하여 박재환 씀

1장

현대 한국인의 생활원리

박재환_부산대학교 사회학과 교수

1. 프롤로그: 전통과 탈현대가 혼재하는 생활문화

요즘 우리 사회의 새로운 풍속도를 얘기할 때 많은 사람들이 서양의 문화가 압도적인 영향을 미치고 있다고 지적한다. 기성세대의 입장에서 볼 때 신세대의 알 수 없는 노래나 옷차림은 물론이고, 그들의 가치관 모두가 서양의 청년문화를 그대로 모방하고 있는 것으로 비친다. 실제로 대부분의 청소년들은 어른을 공경하고 예절을 잘 지키라는 판에 박힌 잔소리가 너무나 짜증스럽다고 말한다. 또한 그들은 김치나 된장 대신에 햄버거나 피자를 더 좋아한다. 기성세대의 생활에서도 전통적인 관행보다 서구의 편리한 절차가 폭넓게 수용되고 있는 경우를 자주 목격할 수 있다. 돌아가신 조상을 모시는 제사도 자정에 지내는 것보다 다음날 출근을 위해 앞당겨 11시 이전에 지내는 경우가 점점 많아지고 있다. 또한 직장의 상관들은 더 이상 부하 직원들을 권위주의적으로 부릴 수 없게 되었다. 인사 고과에 있어서 상사가 부하 직원을 평가하는 종래의 방법 외에 부하들이 상관을 평가하는 제도를 도입하고 있는 경우도 많다.

어디 그뿐이랴? 파출소의 집기를 던지면서 경찰관에게 항의하는 취객들의 모습을 텔레비전 화면에서 심심찮게 볼 수 있다. 더욱이 지방자치체가 건물의 벽을 허물고 민원실의 공간을 최대한 확대하며 이른바 봉사 행정을 펴고 있다고 하는데도 말단 공무원의 직무 태만을 소리 높여 나무라는 주민들의 항의는 그치지 않는다. 이러한 광경은 결코 종전의 관존민비적 태도에서는 찾아볼 수 없는 것이며 그동안 억압된 국민들의 불만이 정상적인 통로를 넘어 돌출된 현상이라 할 수 있다. 민원의 표출 방식이 지나칠 때, "언제부터 우리가 민주주의를 했다고……" 하면서 자조적인 반응을 보이기도 한다. 확실히 의식주를 비롯해 우리의 주변에 전통적인 생활방식이 서양식으로 바뀌고 있는 경우는 무수하게 많다. 그런 의미에서 우리의 일상이 서구적 생활문화에 의해 압도적인 영향을 받고 있다는 진단은 어느 정도 타당성이 있어 보인다.

그러나 자세히 들여다보면 우리가 서양식이라 생각하고 있는 생활방식이 실제로는 서양의 어느 나라에서도 찾아볼 수 없는 경우가 많다. 겉모양은 서양식인 것 같은데 온돌방 구조를 갖춘 아파트를 서양의 어느 나라에서도 발견할 수 없듯이 우리가 서양식이라 알고 있는 생활문화는 정작 많은 서양인들에게는 낯설고 신기하기까지 하다. 예를 들어 부모들의 간섭을 가장 싫어하며 개인주의를 둘도 없는 생활원리라 주장하는 젊은 세대들의 결혼 행태가 결코 서양적이지 않은 경우를 자주 본다. 절대다수의 젊은이들은 배우자의 선택은 누구보다 자기 자신의 결정 사항이라고 생각한다. 자기 인생은 자기 것이기 때문에 부모도 대신할 수 없는 것이라고 주장한다. 이 점에서는 서구인의 사고방식과 아무런 차이를 발견할 수 없다. 그러나 정작 결혼이 이루어지는 과정은 서구인의 사고나 행동 방식과 전혀 판이하다. 젊은 세대 중에는 더러 연애 상대와 결혼 상대를 분리해서 사귀는 경우가 있다. 이러한 발상은 서양의 젊은이들에게는 매우 낯설다. 더욱이 부모가 찬성하지 않는 배우자와 연애결혼을 하는 경우에도 부모에게서 경제적 지원을 받는 것을 당연하다고 생각하는 경향이 강하다.

부모가 자식의 결혼에 충분한 경제적 도움을 주지 못할 경우, 부모는 그 의무를 다하지 못한 것으로 평가될 뿐만 아니라, 그 여파는 신혼 생활에도 영향을 미쳐 혼수를 둘러싼 각종의 부부 갈등으로 표출된다. 이러한 행태는 결혼 당사자들이 스스로 모든 책임을 짊어지는 서양의 신혼부부의 행동방식과는 전혀 다른 것이다. 더욱이 매스컴의 보도처럼 혼수 때문에 배우자의 부모를 핍박하는 행태는 서양의 생활문화나 우리의 전통 혼례 어느 쪽에서도 상상할 수 없는 돌연변이적 현상이다.

한편, 시간관념에서도 우리의 일상적 의식은 종전과는 현격한 차이를 나타낸다. 기성세대에게는 약속 시간을 잘 지키지 않는 우리의 시간 의식을 '코리언 타임'이라는 말로 표현했던 기억이 있다. 근대화가 본격화되기 이전의 우리의 시간 의식은 정각 몇 시에 만난다고 약속을 해도 정확하게 그 시간을 지키는 경우가 오히려 드물었다. 이때 고무줄처럼 늘어지는 우리나라 사람들의 시간 약속을 빗대어 당시의 서양 사람들이 '코리언 타임'이라는 말로 꼬집었던 것이다. 그러나 이제는 더 이상 이러한 '코리언 타임'은 수용되지 못한다. 젊은 세대는 물론이고 기성세대도 상대방이 약속 시간에 늦는 데 관대하지 못하다. 외국 사람들이 카페에서 약속 시간보다 늦게 도착하는 친구를 기다리면서 책이나 신문을 읽으며 그 시간을 나름대로 활용하는 것과는 대조적으로 우리는 늦어지는 친구에 대한 짜증으로 안달하는 경우가 더 많다. 1960년대 초까지만 해도 노산 이은상은 우리 민족의 미덕으로 은근과 끈기를 자랑했는데,1 현대 우리의 일상은 '빨리빨리' 문화로 압축되고 있다. 그런데 이러한 시간관념은 동시대의 서양 어느 사회에서도 찾아보기 힘들다.

또한 우리의 일상은 외국인의 시각으로는 좀처럼 이해하기 힘든 양면적 행동문화로 점철되어 있다. 자신은 한 치의 양보도 허용하지 않으면서 끼어들기를 일삼는 교통질서와 쓰레기를 무단투기하는 실종된 시민의식이 있는가 하면 88올림픽 때처럼 일사불란한 질서의식이 나타나기도 한다. 더욱이 IMF의 위기를 극복하기 위한 금 모으기 캠페인에서 보인 전 국민의 헌신적인 참여는 세계를 놀라게 했다.

---

1 은근과 끈기에 대한 이은상의 글은 1960년대 초까지 고등학교 교과서에 실렸다.

이러한 우리의 생활문화는 사회의 거시적 분석으로서는 파악하기 어려운 사회과정이다. 왜냐하면 대체로 사회과정은 사회 전체의 거대구조 분석으로 자동적으로 연역되는 것이 아니라 객관적 틀 속에 생활하는 구성원들의 관습과 이해관계에 의해 구체적으로 형성·변형되는 것이기 때문이다. 여기에 일상생활에 대한 연구의 필요성이 부각된다.

오늘날 우리 사회의 일상적 삶을 구성해가는 원리는 앞으로 좀더 상세하게 논의하겠지만, 그 개괄적 특성은 전통과 현대와 탈현대가 시계열적으로 전승되지 않고 혼재·변용된 양태로 나타난다는 데 있다. 전체 사회의 변동이 단계적인 수순을 거쳐 내생적인 과정을 밟은 서구와 달리 국가 주도의 단기간의 계획된 변동을 겪은 사회의 구성원들은 예측하기 힘든 상황 속에서 삶을 영위할 수밖에 없다. 그리고 이러한 일상생활 속에 살아남기 위해서는 전통과 현대는 물론이고 필요하다면 체화되지 않은 최첨단의 방식도 동시에 혼용하지 않을 수 없는 것이다. 만약 현재의 우리 사회가 동서고금을 통해 유례없는 복합성과 아노미적 현상을 노정하고 있다면, 그것은 바로 급속하게 기획한 거대구조의 변화에 민중이 대응해온 다양한 생존전략의 결과라 할 수 있다. 그리고 이와 같은 생존전략은 바로 비동시적인 것의 동시적이며 중층적인 혼재로 특징지어지는 우리 사회의 거대한 공식 구조를 떠받치는 바탕이기도 하다.

2. 국민적 성격과 생활원리

한 사회의 문화적 특성을 파악하기 위한 방법은 다양하다. 무수한 문화인류학적 관찰과 민속지적 연구들은 토속 사회의 문화적 특징을 매우 선명하게 그려내고 있다. 문제의 토속 사회가 소규모일수록, 그리고 외부 사회와 교류가 한정적일수록 그 사회의 문화적 특성은 한층 분명하게 드러난다. 그러나 대상 사회가 현대의 복합적인 산업사회일 경우 그 문화적 특징을 압축해낸다는 것은 그리 간단하지 않다. 아무리 통찰력이 있는 외부의 관찰자라 하더라도 그 사회의 보이지 않는 문화적 원리를 인식하기에는 상당한 시간이 걸리기 마련이다.

현재 우리 사회의 생활문화를 파악하는 데도 애로 사항이 많다. 그동안 한국 사회의 변화 속도가 미증유의 것이었을 뿐 아니라 사회분화의 폭도 매우 광범해서 어떠한 이론적 도식으로도 포괄되지 않은 부분이 상당히 많을 것이기 때문이다. 그럼에도 우리는 우리 문화의 특성을 어떤 방식으로든 언급하는 경우를 자주 본다.[2]

먼저, 예로부터 가장 흔하게 언급되는 국민성과 민족성에 대한 논의가 있다. 우리의 국민성이나 민족성에 대한 언급은, 인문학자들의 정교한 논리로부터 제국주의 일본이 통치적 의도로 확산시킨 결과 어느새 일반인의 무의식에까지 각인되어 현재에도 재생산되는 단정적 주장에 이르기까지 그 스펙트럼이 넓다. 그중에는 최남선의 고전적 언급이 있는가 하면, 최근의 저널리즘을 통해 광범위하게 전파된 우리 전통의식의 특징에 대한 지적도 있다(이규태, 1977, 1983). 이러한 논의들은 때로 우리 전통문화의 특성을 나름대로 잘 드러내기도 하지만 많은 경우 그 해석이 아전인수식으로 침소봉대하는 한계를 보인다. 또한 일본 제국주의가 부각시킨 우리 국민의 부정적 성격은 시정의 일상적 논의에서는 물론이고 현대의 과학적 연구에서도 무비판적으로 수용되고 있을 정도로 그 영향력이 크다. 예를 들어 "한국인이 치밀하지 못하고 성급하고 게으르며 미적인 감각이 결여되어 있고……"(이부영, 1983: 227-276)라고 결론을 내리는 이부영의 심리학적 분석은 일제의 상투적 주장과 하등의 차이가 없다. 한국인을 폄하하는 이러한 단정들은 일제하에서 성장한 기성세대

---

2 예를 들어 김재은은 그의 저서 『한국인의 의식과 행동양식: 문헌 및 조사연구』(이화여자대학교출판부, 1987)에서 그동안의 자료들을 검토하여 한국 전통문화의 일반적 특징에 대한 논의가 ① 역사·풍토적 고찰, ② 문화·사상의 분석, ③ 가치관·가치의식의 연구, ④ 심리·사회학적 연구, ⑤ 관념적 분석, ⑥ 일화분석, ⑦ 외국인에 의한 연구 및 관찰 등 크게 일곱 가지 영역에서 다루어졌다고 한다. 우리는 이에 대비하여 그간의 논의를 ① 상식적·인문학적 논의, ② 외국인의 관찰과 논의, ③ 심리학적 연구, ④ 사회학적 연구로 압축할 수 있다고 생각한다.

에게는 거의 무의식적으로 잠재된 경우가 많다. 그러나 오늘날 한국인이 게으르고 미적 감각이 결여되어 있다고 생각할 외국인이 실제로 얼마나 될 것인가? 잠시만 생각해봐도 이러한 결론이 얼마나 비현실적인가를 알 수 있다. 미국을 비롯해 한국 이민이 살고 있는 모든 나라에서는 한국인을 너무나 부지런하고 억척스럽다고 평가한다.

둘째로, 외국인의 입장에서 바라본 우리 문화의 특성에 대한 논의가 있다. 멀게는 조선조 말의 선교사나 학자로부터 현재 우리나라에 살고 있는 회사원, 외교관, 저널리스트에 이르기까지 그들의 다양한 관찰과 체험담은 그 자체가 귀중한 비교연구의 가치가 있다. 예를 들어 100년 전에 우리나라를 방문한 게일 목사의 저서와 영국왕립지리학회 최초의 여성 회원이었던 이사벨라 버드 비숍의 보고서(Isabella Bird Bishop, 1994)는 당시 우리나라의 전통문화를 파악하는 데 있어서 매우 소중한 자료가 된다. 이들은 한결같이 우리나라 서민들의 낙천적 성격에 주목했다.

우리나라 사람들의 문화적 특성에 대한 외국인들의 언급은 1970년대 후반 이들의 국내 거주가 현저하게 증가하면서 다양해졌다. 서양인은 물론이고 우리와 이웃한 중국인(우칭티, 1978)과 일본인이 한국 생활에서 체감한 문화적 차이를 때로는 일간지의 칼럼이나 단행본을 통해 부각시켰다. 특히 1990년대에 이르러서는 이에 관한 일본 저널리스트의 책(도요다 아리츠네, 『일본인과 한국인 이 점에서 다르다』, 1990, 1996)도 시중의 서점에서도 쉽게 찾아볼 수 있게 되었다.

외국인의 눈에 비친 우리나라 사람의 성격이나 문화적 특성은 우선 다른 문화와의 비교라는 점에서 좀더 객관적인 근거를 가질 수 있는 것처럼 보인다. 그렇기 때문에 외국인들의 이러한 논의를 때로 우리나라 학자들이 무비판적으로 인용하고 수용하기도 한다. 그러나 외국인들의 지적은 현상적으로 나타나는 차이를 부각시키는 장점은 있지만 그 차이가 갖는 심층적 함의나 원리를 도출해내는 데는 한계가 있다. 더욱이 그들의 평가와 해석은 대체로 그들의 문화적 기준에서 벗어나지 못한다.

셋째로, 심리학적 연구가 있다. 한국인의 심리적 특성에 대한 체계적

연구는 1964년에 출간된 윤태림의『한국인의 성격』이 효시라 할 수 있다. 그는 이 저서에서 그동안 인문학자들이 지적해온 한국인의 국민성을 만연히 나열하는 것이 목적이 아니라 한국인의 퍼스낼리티 형성에 영향을 준 요인에 관해 과학적으로 연구하려 한다고 밝히고 있다. 이를 위해 프로이트를 비롯한 다양한 정식분석 이론가들의 퍼스낼리티 일반 이론을 소개한 후, 한국인의 퍼스낼리티를 결정지은 요인으로 ① 체질인류학적 특징, ② 풍토, ③ 언어, ④ 주술적 경향, ⑤ 유교, ⑥ 불교, ⑦ 관원의 가학적·악용적 경향, ⑧ 민중의 피학적 경향, ⑨ 경제적 요인 등을 들었다. 이러한 광범한 요인들을 분석한 후 현시점에서 본 한국인의 사고방식으로, 지나친 감수성, 과거에의 집착, 권위주의, 체면, 공리적 등 다섯 가지 특성을 도출하였다(윤태림, 1964: 207-241).

그 후 우리나라의 심리학자들에 의한 한국인의 성격에 관한 연구는 한동안 소강 상태를 보이다가 1980년대에 들어서 차재호(1980, 1983). 이부영(1983), 김재은(1987) 등에 의해 활성화된다. 그러나 김재은을 제외한 대부분의 학자가 한국인의 성격을 한국 문화의 '내부로부터 이해'하고 파악하기보다 '바깥으로부터 비교'하여 유추하고 있다는 점에서 그들이 공통적으로 배격하고 있는 기존의 논의들 못지않게 '주관적'[3]이라는 한계를 나타낼 수밖에 없다. 예를 들어 차재호(1983)의 국민성의 활성화 시안에서 논의되고 있는 한국인의 행동 특성, 신념과 태도, 가치는 모두 외국인 22명의 관찰을 바탕으로 한 것이다. 또한 이부영(1983)의 한국인이 "치밀하지 못하고 성급하고 게으르며 미적인 감각이 결여되어 있고……" 등은 외부인의 언급을 그대로 수용한 대표적인 예이다. 이 밖에도『한국인의 사회심리』라는 책에서 오세철(1982)은 한국의 문화를 미국의 윤리와 비교하여 특징을 논하였다. 그는 미국의 윤리가 양심에

---

3 주관적이라는 말과 관련하여 다음의 인용문은 되새겨볼 만하다. "현상을 일방적으로, 피상적으로 보는 것도 바로 주관주의적인 것이다. 왜냐하면 사물들은 그들의 객관적 존재에 있어서 서로 간에 연결되어 있고 그 내적 법칙을 지니고 있기 때문이다." (Mao Tse-Toung, "De la Contradiction," *Oeuvres Choisies*, t. 1. Ed, Langues étrangères, 1967, p.362.)

근거한 윤리이며 한국의 윤리는 책임의 차원에 근거한 윤리라고 단정하고 눈치가 통찰력과 하등의 관계가 없는 부정적인 것이라고 규정하면서 그가 말하는 '서양적' 기준에 부합하는 편향된 시각을 나타내고 있다. 더욱이 그는 미국 문화가 마치 서양 문화의 대표인 것처럼 가정하는 오류를 범하고 있다.

마지막으로, 사회학적인 관점에서 한국인의 성격 또는 의식, 행동 특징을 논의한 연구들이 있다. 홍승직의 『한국인의 가치관연구』(1969), 최재석의 『한국인의 사회적 성격』(1976, 1994), 한상복의 「한국인의 생활양식과 사고방식: 그 전통과 변화」(1978), 강신표의 「한국인의 생활의식」(1983), 박재환의 「전통문화에 있어서의 한국인의 커뮤니케이션관」(1989) 등이 이에 속한다. 그중에서도 고전적이라 할 수 있는 최재석의 『한국인의 사회적 성격』은 우리나라 사람들이 일상생활에서 주로 사용하고 있는 언어와 생활태도 내지 생활양식을 분석하여 한국인의 사회적 성격으로서 가족주의, 감투지향주의, 상하서열의식, 친소구분의식, 공동체지향의식 등 다섯 가지 특징을 들고 있다. 최재석의 논의는 앞에서 소개한 심리학자 윤태림의 『한국인의 성격』과 쌍벽을 이루지만 이른바 심리학적 연구에서 나타나는 성격적 특성보다 사회관계적 맥락을 부각시킬 수 있다. 그러나 그가 도출한 한국인의 다섯 가지 사회적 성격은 오늘날 우리 사회의 일상생활의 원리를 설명하기보다 기존의 전통문화의 특징을 조명하는 데 더 설득력이 있는 것처럼 보인다.

우리 사회의 생활문화에 대한 사회학적 논의는 그 양에 있어서도 매우 빈약하다. 이것은 이웃 나라 일본과 비교해볼 때 두드러지게 나타난다. 예를 들어 일본에서 '일본문화론'으로 분류되는 단행본이나 논문의 수는 상당히 많아, 노무라종합연구소가 1979년 3월에 발표한 『전후 일본인론』 연표에는 1946년부터 1978년까지 32년 동안에 출판된 '일본문화론'이 단행본만 해도 698점이 넘는다. 논문이나 에세이는 포함되어 있지 않으니 이런 것까지 모두 포함한다면 1,000점은 넘을 것이며, 1978년부터 1997년 현재까지의 일본문화론 생산량을 생각해도 충분히 2,000

점은 넘을 것으로 보인다(아오키 다모쓰, 1997: 52). 물론 2,000점을 넘는 '일본문화론'이 전부 의미 있는 것, 생각할 만한 가치가 있는 것이라 볼 수는 없다 해도 그 절대량은 우리를 압도한다.

그동안 우리 사회학계의 한국문화론에 대한 연구가 절대량에 있어서 부족한 이유는 한국 사회의 구조적 변동 자체가 갖는 본질적 특성에도 기인하겠지만, 대다수 사회학자들의 학문적 관심이 자기가 수학한 외국의 지적 경향에서 벗어나지 못해, 내용보다 형식적 과학주의에 기울어진 때문이기도 하다. 문화연구는 이른바 문화인류학에서 다룰 주제라는 생각이 지배적이었다. 그리하여 우리 사회학계에서 문화에 대한 담론이 본격화되기는 겨우 1990년대 후반부터라 해도 과언이 아니다. 그것도 대중문화나 문화산업, 문화전략과 같은 거대담론이나 이론적 논의가 주류를 이루고, 우리의 구체적 생활문화에 대한 탐색은 손꼽을 수 있는 정도에 불과하다. 최근에는 국가기관(통계청, 1999)이나 광고업계(대홍기획, 1999)의 실용적 조사에서 오히려 생활문화 실태에 대한 중요한 단서를 얻을 수 있을 뿐이다.

더욱이 앞에서 살펴본 바와 같이 우리 사회의 문화적 특성에 대한 논의는 대부분 한국인의 심리적 특성이나 성격에 대한 조명으로 나타났다. 종래의 국민성이나 민족성에 대한 탐색이라는 관점과 별반 다르지 않다. 물론 그중에는 최재석의 경우처럼 심리학적 접근보다 사회적 맥락이 상대적으로 부각되는 논의도 있다. 그러나 그의 결론은 오늘날 우리 사회의 생활문화를 밝히는 데는 상당한 한계를 가진다. 그것은 그가 연구한 시점의 우리 사회와 현재의 한국 사회의 일상생활의 동태가 현저한 차이를 보이기 때문이다. 그런 의미에서 앞으로 우리는 종전의 논의들이 즐겨 사용한 국민성이나 사회적 성격 대신에 '일상생활의 원리'라는 관점에서 우리 사회의 문화적 특성을 부각시키려 한다. 한 사회 구성원의 대부분이 공유하는 심리적 특성을 일반적인 용어로는 국민성(modal personality)이라 하고 심리학적 논의에서는 '사회적 성격'이라 한다. 그러나 이러한 개념은 변화하는 실제적 삶의 동태를 파악하는

데 그 적실성이 떨어질 수 있다. 그것은 우리의 일상생활의 상당 부분이 우리 자신의 개인적 성격이나 심리적 특성에 의해서 결정되기보다 사회 전체의 분위기와 상황에 의해 좌우되는 경우가 많기 때문이다. 이러한 경향은 특히 사회적 교류가 실제적 내용보다 상징에 의해 압도되는 1990년대 이후 두드러지게 발현되는 것처럼 보인다. 따라서 전통문화의 특성 위에 작동되는 새로운 생활양식의 실체를 파악하기 위해서는 종래의 국민성이라는 개념을 기계적으로 적용하기보다 우리의 일상적 삶을 구성하게 하는 실제적 '원리'를 색출해내는 노력이 더 바람직하다. 그런데 현재의 생활원리는 기존의 전통문화와 그동안 우리 사회의 역사적 체험이 역동적으로 상호작용한 결과라 할 수 있다. 우리 사회의 전통적인 문화의 특성과 현대의 역사적 경험에 대한 새로운 조망이 필요한 이유가 여기에 있다.

3. 전통적 문화의 특성

앞에서 살펴본 바와 같이 우리의 전통문화의 특성에 관한 논의는 다방면에 걸쳐 이루어져 왔다. 그리고 각 연구들은 그 나름의 한계점을 가진 것도 지적했다. 우리는 기왕의 이들 문헌에서 공통적으로 언급하고 있는 특성들을 일부 참조하고 속담을 중심으로 한 민속자료에 대한 우리 나름의 분석을 통하여 한국의 전통문화가 갖는 일반적 주요 특성을 다음과 같이 요약할 수 있다고 생각한다.

1) 인간 본위의 문화

한국의 전통문화가 인간 중심의 성향을 강하게 띠고 있다는 점은 많은 사람들이 지적해왔다. 서양이 기독교의 절대자가 갖는 무게로부터 크게 자유롭지 못했던 것과는 달리, 한국의 문화는 개국신화의 '홍익인간'이 상징하는 것처럼 인간 위주의 특징을 보인다. 특히 한국인의 의식 깊이 뿌리를 내리고 있는 전통 종교로서의 무속에서는 귀신도 인간의 길흉을 위해 부릴 수 있는 존재로 파악한다. 다시 말해 인간이 초월적 신을 모시는 경우에도 포이어바흐(Feuerbach)가 비판한 것처럼 신에게 자기를 내던지는 '종교적 소외'가 일어나기는커녕 인간의 현실적 이익을 위한 신의 다스림으로 나타나는 것이다. 인간 중심의 이러한 경향은 다음의 속담에서도 확인된다.

부처 위해 불공하나 제 몸 위해 불공하지.
사람 나고 돈 났지 돈 나고 사람 났나.

한편, 유교의 논리는 한국인의 의식에 깊은 영향을 미쳤다. 물론 한국 유학의 주류가 고려 말에 성립된 성리학으로서 조선조에 이르러서는 당쟁과 결부된 공리공론적 폐단을 상당히 노정했지만, 실천윤리로서의 유교의 위치는 어떤 이론 체계보다 확고했다. 이 유교의 철학이 인간 본위라는 사실은 모두가 인정하는 바이다. 우리는 『논어(論語)』의 다음 과 같은 말에서도 그 일단을 유추할 수 있다.

공자께서 말씀하시기를, 사람이 도를 넓힐 수 있으나, 도가 사람을 넓히는 것은 아니다.   (위령공편)

계로가 귀신을 섬기는 일에 대하여 묻자 공자께서는 말씀하시기를, 사람을 섬기지 못하면서 어찌 귀신 섬기는 일을 할 수 있으리요.   (선진편)

이러한 관점은 전통 무속의 특정한 경향과 결합하여 일반인의 사고에 재생산되었다. 그리하여 성주풀이 민요 속에는 "여봐라 말 들어라 천지 간 만물 중에 인간이 最貴하여……"라는 구절이 아직도 전해 내려오고 있다. 그리고 인간 본위의 이 의식은 동학의 '인내천(人乃天)' 사상에서 정점을 이룬다. 뿐만 아니라 『주역』의 천(天)·지(地)·인(人)의 사상이 한글의 ·, ㅡ, ㅣ 각각의 글자로 형상화되어 있다는 것은 널리 알려진 사실이다. 실로 하늘과 땅의 대립은 천지간에 우뚝 서 있는 형상의 사람에 의해서 비로소 변증법적으로 통합될 수 있는 것이다.4 이처럼 한국의 전통문화에 있어서는 사람이 중심의 가치를 차지한다.

2) 주기적 시간구조와 순응양식

한국의 전통문화에서 시간관념은 로마 시대 이후의 서양 문화가 나타내고 있는 직선적 시간구조와 달리 주기적이고 순환적이다. 천체의 운행과 함께 비교적 명확하게 구별이 되는 사계절의 순환과정은 주기적 시간관을 매우 자연스럽게 심어놓았다. 물론 이러한 순환론적 시간관이 한국을 비롯한 동양 사회에서만 발견되는 것은 결코 아니다. 엘리아데가 『영겁회귀의 신화』에서 밝힌 바와 같이 달에 대한 신화 세계를 갖는 고대사회에는 어디에서나 주기적인 회귀, 즉 영겁회귀의 시간관을 갖는다(M. Eliade, 1969: 108-109). 서양에서는 흔히 기독교가 자리 잡기 이전의 그리스 문화가 주기적인 시간구조를 나타내 보인다고 알려졌다. 그러나 과학이 발달하고 인간이 자연을 정복의 대상으로 파악하기 시작하는 근대 이후, 직선적 시간구조는 서양인의 일상에까지 상당히 침투한다. 시간은 쪼개어질 수 있을 뿐 아니라 그러한 구획을 잘 짓지 못하는 사람은 비합리적인 인물이라고 평가절하되기도 한다. 구르비치의 다음과 같은 말은 이를 잘 요약하고 있다(Gourevitch, 1975: 258).

현대인은 시간을 분할해서 살고 있다. ―그는 미래를 예견할 수 있고 스스로의 활동을 계획할 수 있다고 자부한다.― 현대에는 시간과 공간이 독자적인

---

4 한글의 그 이, 저 이라는 말에서 '이'는 사람을 가리키는 불완전명사다. 이처럼 '이'라는 단위 음소, 단위 글자('이'의 경우, 'ㅇ'은 없어도 마찬가지다) 하나만으로 사람을 극명하게 가리킬 수 있는 경우를 우리는 아직 다른 나라의 언어에서 발견하지 못했다.

성격을 가지며 사람들은 이 시간과 공간을 하나의 도구로 사용한다.

따라서 현대인에게 삶은 자신의 의지에 좌우된다. 그러나 순환적 시간 구조에 익숙한 사람들에게 모든 일은 시간에 의해 결정되는 것으로 인식된다. 운명은 피할 수 없다. 이에 관한 속담은 널리 알려져 있다.

팔자 도둑질은 못한다.
팔자는 독에 들어가서도 못 피한다.
재수 없는 놈은 뒤로 자빠져도 코가 깨진다.

그러나 이처럼 운명에 순응하는 것이 비관적이기는커녕 독특한 낙천성으로 전환되어 나타나는 데 우리 전통문화의 특이성이 엿보인다. 사실, 주기적 시간구조에서는 감내하지 못할 고통이 있을 수 없다.5 '달도 차면 기운다'는데 전화위복이 왜 없을 것인가? 그러기에 액운을 당해도 근신하여 때를 기다리면 겨울이 가고 봄이 오듯 새로운 기회를 잡을 수 있는 것이다. 다음의 속담이 좋은 본보기이다.

세월이 약.
하늘이 무너져도 솟아날 구멍이 있다.
쥐구멍에도 볕 들 날 있다.
막다른 골목에도 길은 있다.
궁하면 통한다.
팔자도 시간문제다.

제임스 게일 목사는 그의 『조선소묘』에서 19세기 말에서 20세기 초의

---

5 이와 관련하여 엘리아데는 다음과 같이 말한다. "사실, 이러한 낙관주의는 주기적 재난이 정상적인 현상이라는 의식, 그리고 그 재난이 일정한 의미를 가질 뿐 아니라, 특히 그 재난이 결코 결정적인 것은 아니라는 의식에 기인한다."(M. Eliade, 1969: 107)

조선에 관한 인상을 매우 재치 있게 기술하였다. 그중에서도 매우 흥미롭게 관찰한 대상이 당시의 머슴이었다. 그에 따르면 조선의 머슴은 유교의 좋지 못한 영향과는 무관한 조선 민족 특유의 낙천성을 지니고 있다는 것이다. 뿐만 아니라 같은 동양 문화권의 중국인도 한국인의 낙관주의 사고는 정말 부럽다고 지적하고 있다(우칭티, 1978: 241-247).

3) 가족주의와 내 집단 의식

어느 사회에서나 가족이 차지하는 비중은 크다. 정치조직이 확립되기 이전에 가족은 사회생활의 기본단위가 되어 이른바 원초적 집단으로서의 영향력을 십분 발휘해왔다. 따라서 일정한 정도의 가족주의는 보편적 현상이라고 할 수 있다. 그러나 유교가 한반도에 전래된 후, 특히 그것이 조선조의 공식적인 통치 및 생활윤리로 책정됨에 따라 우리의 가족주의는 특이한 양상을 나타내게 되었다. 실로 가족주의적 사고는 한국의 전통문화에 있어서 모든 결합체 의식의 전형이 되었다. 그 특징은 다음과 같이 요약할 수 있다.

첫째, 한국의 가족은 어느 나라에서보다 강한 내 집단 의식을 갖는다. 원래 유교 자체가 만인을 똑같이 사랑하는 겸애설과 상치되는 동심원적·차별적 사랑 위에 바탕을 두고는 있지만, 우리 사회의 가족 관념은 유독 그 경향이 두드러진다. 예를 들어, 중국과 일본에서는 혈족 외의 양자 입양이 행해져 온 데 반해 한국에서는 언제나 극히 한정된 친족의 범위 안에서만 입양이 이뤄졌다. 더욱이 입양의 이유도 가계의 전승이 거의 유일한 목적이었다. 한국에서처럼 족보가 전 국민의 수준에서 보유되고 간행되는 예를 다른 나라에서는 찾아볼 수 없다.

이러한 가족 성원의 강한 내 집단 의식은 다른 사회관계에도 확산되어 한국인 특유의 파벌의식 내지 타인에 대한 경계의식으로 발현된다.

둘째, 한국의 가족 성원 간의 밀착도는 어느 사회보다도 높아 보인다. 특히 부모·자식 간의 융합은 '천륜'의 자연적 감정과 '효'의 합리화에 의해 심도가 매우 깊다. 특히 잦은 외침과 조야(朝野)의 불안 등은 가족 성원으로 하여금 가족만이 유일하게 의지할 곳으로 생각하게 만들었다. 한국에서의 효의 비중은 『심청전』의 줄거리는 물론이고, 각 고을마다 남아 있는 효자비에 얽힌 미담에서 여실히 드러난다. 외국인들의 눈에 경이롭기 그지없는 한국인의 경로사상과 자녀에 대한 헌신적 사랑은 모두 이와 같은 맥락에서 설명할 수 있다.

4) 범신론적·상대주의적 세계관

불교, 유교, 근래의 기독교 등의 외래 종교가 유입되기 이전의 한국인의 의식 세계는 샤머니즘이 지배하였다. 그리고 이 무속 신앙은 아직까지도 우리의 잠재의식에 깊게 뿌리내려 이른바 기층문화로서 영향력이 막대하다. 흔히 지적되는 바에 의하면 무교적 세계관의 바닥에 있는 것은 신령이 세계와 인생을 지배하고 있다는 신앙이다. 그러므로 인생의 길흉화복을 조절하기 위해서는 그 지배자인 신령과 교류하지 않으면 안 되고, 이 교류의 의식이 제사며 굿이다. 따라서 무속 신앙에는 철저한 실용적 목적의식이 깔려 있다.

그러나 좀더 우리의 관심을 끄는 것은 한국의 무속이 단 하나의 신을 섬기는 것이 아니라 다양한 신령과의 교류를 당연하게 상정함으로써, 이것이 한국 문화의 주요 특징으로 지적될 수 있는 범신론적 사고, 다시 말해 이단 및 이질적 요소에 대한 거리낌 없는 수용과 밀접한 연관을 갖는다는 사실이다. 많은 사람들이 한국인의 폐쇄적 심성을 얘기하면서도 외래 문물에 대한 무비판적 수용을 사대주의의 병폐라고 꼬집는다. 그러나 이러한 비판이 주로 엘리트층이나 고급종교 신봉자들로부터 제기된다는 사실에 주목할 필요가 있다.

특히 유일신의 원리와 원칙이 세계의 구성원리라고 주장하고 신봉하는 입장에서는 '이단'이 용납될 수 없다. 그러나 완전한 이상보다 수많은 일상의 한계 속에서 생존해야 하는 일반 대중에게 있어서는 '하나'만을 고집하기가 벅차다. 그들의 눈에는 모든 것이 그 나름의 타당성과 현실성을 갖는 것처럼 보인다. 사실 어떤 공식적이고 지배적인 종교도 대중을 하나의 윤리체계로 묶지 못했으며, 어떤 이념도 대중을 영원히 구속하지 못했던 것이다. 한국의 일반 민중도 삶의 이 넘쳐나는 부분을 무엇보다 일상의 삶 속에서 확인했다. 불교가 들어오기 전에 한국인은 많은 신령들과 교류하면서 살았다. 유교가 공식적인 생활윤리로 강요되는 속에서도 종래의 민간신앙은 소멸되지 않았다. 오히려 외래문화가 토속화되어 정착되는 양상을 낳기도 했다. 어떤 의미에서 일반 민중의 일상에 밀려오는 모든 사조는 '바람'과 같은 것이었다. 모든 것이 한시적이고 불완전하다는 것을 생활 속에서 체득하고 있기 때문에 모든 것에 너그러울 수도 있는 것이다. 다음의 속담은 이러한 한계에 대한 인식과 그 한계의 수용을 잘 나타내주고 있다.

옥에도 티가 있다.
주머니 털어 먼지 안 나오는 사람 없다.
떡이 별 떡 있지 사람은 별사람 없다.
귀신은 경문에 막히고 사람은 인정에 막힌다.

참으로 독선적인 원칙이 강조되는 세계에서는 이질적인 시각과 견해가 용납되기 어렵다.

엘리트 문화가 흔히 이러한 폐쇄성을 나타내는 경향이 많다. 양반들의 명분 싸움이 본말이 전도된 파국으로 끝나는 예가 그러하다. 이에 반해 굴절하기 쉽고 무원칙하다고 비난받는 일반 서민은 남의 못마땅한 생활방식도 종국에는 받아들이는 넉넉함이 있다. 따라서 외래문화의 거리낌 없는 수용도 사대주의라는 일방적 시각에서 매도할 것이 아니라 이러한 관점에서 재조명할 수 있다. 엘리트가 비판하는 '무원칙'이 때로는 구체적 삶을 뿌리 깊게 영위한 일반 민중의 건강한 '지혜'일 수도 있기 때문이다.

5) 비언어적 교류를 중시하는 경향

어느 사회나 구성원들 간의 사회적 교류는 사회가 존립하기 위한 필수적 메커니즘이다. 그러나 사회마다 사회적 교류 형태 중 그 선호하는 비중이 다르다. 일반적으로 서양인들은 자기의 의사를 분명한 말로 밝힌다. 그리스 이래로 토론과 변론은 서양인들의 사회생활의 기초라 해도 과언이 아니다. 여기에 비해 한국인들의 사유에는 표면적 말보다 비언어적인 교류를 더 중시하는 경향이 강하다. 말은 오히려 조심하고 경계해야할 대상으로 생각된다. 그렇기 때문에 우리의 속담 중에는 말의 이러한 부정적 측면을 부각시키고 있는 사례가 많다.

혀 밑에 죽을 말 있다.
가루는 칠수록 고와지고 말은 할수록 거칠어진다.
발 없는 말이 천리를 간다.
말 단 집에 장 단 법 없다.

말에 대한 신중한 태도는 유교 문화의 중요한 특징이다. 공자는 『논어』에서 몇 번씩이나 말 잘 둘러대는 데는 인자함(仁)이 드물다고 강조했다. 한국의 전통문화는 이러한 유교적 가치관과 함께 고유의 역사적 경험 속에서 말에 의한 커뮤니케이션을 매우 조심스럽게 가꾸어왔다. 한국인들에게는 "물이 깊을수록 소리가 없다"라는 생각이 일반적이다.

말에 대한 경계는 자연히 말 이외의 의사전달 방식을 선호하게 하였다. 침묵에 대한 한국인의 태도가 좋은 예다. 한국인은 대화 속의 침묵에 대해 서양인들처럼 과민하지 않다. 이에 관해 올리버(R. T. Oliver, 1971: 264)의 지적은 인용할 만하다.

서양 사회에서 침묵은 불편하고 당황스러운 것이다. 대화가 한동안 중지되고 있을 때 아무 말도 하지 않는 상대에 대해서는 (이것은 흥미가 없다는 증거가 아니면 무지의 증거이다) 의심을 하게 된다. 그러한 중지된 상태가 더 길어지면 대화를 되살리기 위해서 무슨 말이든 ―아무 말이라도 좋다― 하는 것이 사회적 책임인 것처럼 느낀다. 서양에서는 침묵이 일반적으로 불편한 것으로 간주되는 데 반해 아시아에서는 침묵은 여러 가지 이유로 매우 괜찮은 것으로 받아들여진다.

한국인의 비언어적 교류에 대한 선호는 '눈치'에 의해 전형적으로 나타난다. 언어에 의한 공개적인 의사전달이 신중해질수록 '눈치'가 차지하는 비중이 높아지기 마련이다. 따라서 눈치를 통찰력과 대비하여 약삭빠른 수단으로만 폄하하는 관점(오세철, 1982: 47)은 오직 낮은 단계의 눈치에만 한정되는 것이며 깊은 통찰력과 남의 아픔을 깊이 헤아리는 격조 높은 눈치의 사회적 기능을 간과한 결과이다.

한국의 전통문화에서는 말의 표면적 내용보다 말이 어떤 상황에서 누구에 의해 발설되었느냐를 따져봐야 그 참된 의미를 정확하게 파악할 수 있다고 상정한다. 그렇기 때문에 말이 아무리 화려해도 말한 자가 신용이 없는 사람일 경우, 그 말은 오히려 "콩으로 메주를 쑨다" 해도 믿을 수 없는 것이 된다. 그런 의미에서 공식적으로 명시된 내용 외에 아무런 융통성이 없는 미국의 '문맥이 빈약한 문화'와 달리, 우리나라의 언어는 '문맥이 풍부한 문화'의 전형으로 꼽히는 것이다. 왜냐하면 매우 밀도 있는 문맥에서의 커뮤니케이션에 있어서는 대부분의 정보가 내면화되어 있고 극히 적은 부분의 정보만이 분명하게 기호화된 형태로 전달된다. 반대로, 빈약한 문맥의 커뮤니케이션에 있어서는 정보의 대부분이 명시된 기호체계 속에만 존재하기 때문이다(E. T. Hall, 1979: 92).

6) 전일적·융합적 사고와 교류

인간이 사회적 존재라 함은 남과의 교류 속에 인간이 존재한다는 것을 말한다. 그런데 남과의 관계와 교류방식이 문화에 따라 다르다.

한국의 전통문화에서는 나와 남이 분리된 상태로 고립되어 있는 것이 부자연스럽다. 나와 남은 어떻게든 하나로 어우러지는 것이 더 바람직하다고 여기기 때문이다. 이러한 사고는 단군신화에서 천상의 세계와 현상의 세계를 포괄하여 그 기원을 묻지 않는 전일적 세계관에서 이미 배태되었다. 다음의 속담도 이러한 한국인의 강한 커뮤니케이션 의식을 나타내고 있다.

고슴도치도 살 동무가 있다.
두 손뼉이 맞아야 소리가 난다.
독불장군 없다(문법상 잘못된 표현이지만).
어미 팔아 동무 산다.

효도를 만행의 근본으로 여기는 한국에서 "어미 팔아 동무 산다"는 말은 얼마나 강한 교류 의식인가? 그리하여 "남 따라 장에 간다", "친구 따라 강남 간다"라는 의식은 한국인에게는 매우 자연스러운 것이다.

한편, 한국인의 이러한 전일적·융합적 교류 의식은 흔히 지적되는 '공사 구별의 모호성'이라는 측면에서도 확인된다. 이에 관해 테프트(S. K. Tefft, 1980: 39)가 "각 사회는 그들의 가치체계에 의해서 '공적인 자아'로부터 '사적인 자아'를 분리하고 보호하는 중요성에 대해 강조하는 정도가 각각 다르다"라고 한 지적은 적절하다.

일반적으로 한국의 전통적인 사회의식에 있어서는 독립된 개인의 비중이 극히 적다. '나'는 언제나 '우리' 속에서 표현된다. '내 아버지', '내 어머니'보다 '우리 아버지', '우리 어머니'라는 표현이 더 자연스럽다. 뿐만 아니라 공유하는 공간에 대한 의식에서도 '나'와 '우리'의 구별이 서양과 다르다. 한 집안의 울타리 안에서 '내 것'과 '다른 사람의 것'이라는 구별이 서양처럼 분명하지 않다. '우리'의 바깥에 대해서는 조심과 경계를 게을리 하지 않지만 일단 '우리'의 울타리에 들어왔을 때는 '나'와 '너'의 구별은 어색하다. 여기에 비해 서양의 자기 공간의식은 매우 두드러지게 나타난다. 집 안에서도 각자의 공간은 잠금장치가 있는 문으로 분리된다. 행인끼리 조금만 부딪쳐도 서로 미안하다는 말을 빠뜨리지 않는다. 또한 서양의 경우, 한국에서와 같은 공중 목욕탕을 찾아볼 수 없다. 낯선 사람들이 하나의 커다란 욕조 속에 발가숭이로 부딪쳐도 아무런 문제가 되지 않는 목욕 문화를 서양에서는 상상할 수 없는 것이다.

뿐만 아니라 한국인의 전일적·융합적 교류 의식은 자기의 감춰진 이면을 거리낌 없이 노출하고 상대방에 대해 지나치게 간섭하는 데에서도 확인된다. 서양인들은 아무리 가까운 사이라고 해도 자기의 약점을 보이지 않으려 애쓰고 남도 굳이 알려고 하지 않는다. 그러나 한국인은 남에게 쉽사리 자기의 약한 점을 알려준다. 서양인들의 관점에서는 이해가 되지 않는 '병 자랑'이나 '자기 비하적 험담'을 통해서 타인과의 거리를 애써 줄이려 한다. 더욱이 남과의 강한 교류 의식은 남의 일에 대한 지나친 간섭을 꼬집는 다음과 같은 속담에서 절정을 이룬다.

남의 잔치에 감 놓아라 배 놓아라 한다.
오지랖이 넓다.
꼭 동네 시어머니 같다.

이와 같은 한국인의 전일적·융합적 의식은 우리 고유의 음식문화에서도 흔적을 찾아볼 수 있다. 얼마 전까지만 해도 우리는 한국의 대표적 음식으로 김치와 불고기를 손꼽았는데, 외국인들에게는 일본식 김치와 불고기도 맛볼 수 있게 되어선지는 몰라도 요즘에는 오히려 비빔밥이 한국 고유의 음식으로 더 부각되는 실정이다. 모든 이질적 요소를 한꺼번에 섞어 비벼야 제 맛이 나는 비빔밥이야말로 각 요소의 한계를 초월한 전일적·융합적 음식문화의 상징이라 할 수 있다.

7) 현재적 '삶'의 강조

일반적으로 어느 사회에서나 삶은 죽음보다 낫게 평가된다. 그러나 현재의 삶이 만족스러운 경우는 매우 드물다. 삶이 고통의 바다라는 말도 이를 가리킨다. 현재의 질곡이 심할 경우 인간은 종교를 통해 내세에라도 꿈을 실현하기를 기원한다. 심한 경우 현재의 삶은 오직 내세를 빛내기 위한 과정으로밖에 간주되지 않을 수도 있다. 그러나 한국인의 전통문화에 있어서는 어떠한 삶도 사후의 세계보다 가치 있는 것으로 평가된다. 그 전형적인 예가 다음의 속담에서 확인된다.

개똥밭에 굴러도 이승이 좋다.
죽은 정승이 산 개만 못하다.
죽는 사람만 불쌍하다.

그런데, 현세에 대한 이러한 선호는 '현재'라는 시간구조와 상황으로서의 '현장성'을 중시 여기는 것과 불가분의 관계를 갖는다. 흔히 한국인의 단점으로 지적하는 장기적 안목의 부족이나 전통의 단절 등은 이러한 문맥에서 해석될 수 있다. 다음의 속담은 현재적 상황에 대한 한국인의 의식을 극명하게 드러내고 있다.

가까운 남이 먼 일가보다 낫다.
금년 새 다리가 명년 소다리보다 낫다.
나중에 보자는 양반 무섭지 않다.
내일의 천자보다 오늘의 재상.

그렇기 때문에 "가는 년이 물 길어다 놓고 갈까", 또한 당장이 급하니까 "쇠뿔도 단김에 빼라"는 것이다. 심한 경우 눈앞의 문제 해결에 급급한 나머지 "초가삼간 다 타도 빈대 죽는 것만 시원하다"는 발상으로 발전될 수 있는 것이다. 이처럼 한국인은 현재적 삶과 현재적 상황에 대한 선호가 강하다.

그러나 여기에서 주목해야 할 점이 있다. 그것은 한국인의 '삶'이 본래 양식에 있어서는 '소유'의 삶이 아니라 '존재'와 어우러지는 삶이라는 사실이다. 근대 서양 문명이 자연의 정복을 바탕으로 하는 데 반해 한국인의 전통적 삶은 '존재'와 함께하는 동양적 삶의 전형을 나타낸다. 예로부터 한국인이 노래와 춤을 즐기는 민족임은 공인된 사실이다. 더욱이 한국인의 예술적 감각은 세계적으로 인정되고 있으며, 특히 최근에 들어 외국인들은 우리의 음식문화를 정교하기 그지없는 것으로 평가하고 있다. 따라서 우리는 한국인이 어느 민족보다 예술적 소양과 취향을 가진 민족이라고 상정할 수 있다. 그런데 이 예술적 성향은 '소유'보다 '존재'와 친화성이 있다.

한국인의 전통적 삶의 의식이 소유보다 존재에 바탕을 두고 있다는 사실은 한국의 언어생활에서 극명하게 입증된다.

영어에서는 소유동사 have와 존재를 나타내는 be 동사의 용법이 엄격히 구별된다. 그래서 내가 어떤 책을 가지고 있을 경우 "I have a book"으로 표현한다. 그러나 한국어에서는 "나는 책을 한 권 가지고 있다"라는 말 대신에 "나에게는 책이 한 권 있다"라고 해도 아무런 문제가 없다. "있다"라는 '존재'의 말이 "가지다"라는 '소유'의 영역까지도 표현할 수 있는 포괄성을 지닌다. 심지어 "가지다"라는 동사를 사용할 때도 "가지고 있다"라는 존재형의 말로 표현해야 자연스럽다. 돈을 많이 가진 사람이 더 인색하다는 말도 우리는 곧잘 "있는 사람이 더 무섭다"라고 표현한다. 특히 "가지고 있다"라는 말도 한국어에서는 주로 일반 무생물의 경우에 한정하여 사용하지만, 생물이나 그중에서도 사람을 대상으로 해서는 사용하지 않는다. 영어에서는 "I have a son"이라고 표현해도 우리나라에서는 "나에게는 아들이 하나 있다"라고 한다. "나는 아들을 하나 가지고 있다"라고는 결코 말하지 않는다.

뿐만 아니라 한국어에서는 "있다"와 "없다"라는 말이 독립적으로 있지만, 영어에서는 "없다"에 해당되는 별도의 말이 없고 "있다"의 부정형으로 그 뜻을 나타낸다. 이처럼 한국인의 삶은 '소유'로 치닫는 것이 아닌 '존재'와 함께하고 '존재' 속에서 즐기는 삶이다.

4. 근현대의 중요 역사적 경험과 생활의 변화

1) 한반도의 지정학적 특성과 문화변용

우리나라는 지리적으로 아시아 대륙의 가장 동쪽의 반도 국가로서 외각이 일본 열도에 의해 감싸여 있다. 이러한 지정학적 특성은 정치외교는 물론이고 사회 전반의 생활에 지속적인 영향을 미친 조건이 되었다. 이러한 지정학적 위치 때문에 한반도는 대륙으로부터의 침탈이 빈번했을 뿐 아니라 급기야 일본 제국주의에 국권을 상실하는 비극을 맞게 된다. 일본의 대륙 진출은 결코 1910년의 한일병합을 전후해서 일어난 것은 아니다. 아시아 대륙 최단의 섬나라라는 지리적 조건 때문에 일본은 고대로부터 한반도뿐만 아니라 동남아를 비롯해 그 밖의 지역과 광범한 교류를 지속하였다. 우리는 언제나 한반도를 통해 일본의 지배층 문화가 형성된 것이라는 점에 긍지를 느끼고 있지만, 일본은 그들의 고대 문화가 남방 문화와의 빈번한 교류에 의해 형성되었다는 사실을 강조한다.

일본은 1392년 조선조 개국 후 200년 만인 1592년에 대륙 진출을 명분으로 한반도를 침략했다. 우리는 이를 임진왜란이라 한다. 일본의 입장에서 볼 때, 1910년의 한일병합은 320여 년 이상이나 지체된 역사에 불과한 것이다. 조선조의 지배층이 중국 일변도의 외교 속에 안주하면서 동으로 진출하는 서양의 문물도 오직 중국을 통해 접촉하고 있을 때 일본은 훨씬 전부터 서방 세계와 적극적인 교역을 펼쳐왔던 것이다. 예를 들어 1590년 조선의 조정은 점증하는 일본의 세력을 우려하면서 천하통일한 도요토미 히데요시에게 뒤늦게 축하 사절을 보냈다. 더욱이 일본의 침략 준비에 대한 상반된 보고 중에서 전쟁준비무용론을 채택한 결과, 왜란을 속수무책으로 맞게 되는 잘못을 저질렀다. 이처럼 조선의 지배층은 새롭게 변화하는 외부 상황을 애써 외면하면서 기존의 중국 의존 정책을 고집했다. 하지만 당시 인도를 지배하고 있던 포르투갈 총독은 인접한 조선보다 앞서 도요토미 히데요시의 일본 통일을 경하하는 친서를 보냈다. 지금도 교토 박물관에 소장되어 있는 당시의 포르투갈 총독의 친서는 일본의 국보로 분류되어 있는 데 반해 선조의 친서는 문화재 등급의 표시도 없이 일반 자료로 진열되어 있을 뿐이다.

한반도의 갇힌 지리적 조건은 이와 같이 사회를 지도하는 지배층에서 조차 세계를 바라보는 눈을 한정시키고 그 한정된 범위 안에서 모든 것을 유추하고 자족해하는 성향을 낳았다. 특히 아시아 대륙의 변방이라는 조건은 평화 시에는 문화적 독자성을 전승시킬 수 있는 요소가 될 수 있었으며 이 독자성이 다시 엘리트로 하여금 외부에 대한 폐쇄적 시각을 정당화시키는 바탕으로 작용하였던 것이다. 그러나 반도적 특성은 대륙으로부터의 대대적인 외침에서 자유로울 수 없었다. 여러 차례에 걸친 이민족의 침략은 일반 민중의 생활을 바닥에서부터 뒤흔들어놓는 재난이었다. 나라의 어떠한 공식적인 조직도 백성들의 안전을 보장해주지 못하고 백성들은 적나라한 폭력과 위협 앞에서 임기응변의 생존전략을 동원하지 않을 수 없었다. 전란 속에서는 가족과 친족 같은 사적 영역만이 확실히 의지할 수 있었다. 이것은 한국인 특유의 강한 가족주의와 내 집단 형성의 기초로 작용한다.

나라 바깥으로부터의 위험과 국내의 불안한 정치·경제적 우환은 국민들로 하여금 안정된 생활을 영위할 수 없게 한다. 엘리트들이 소리 높여 주문하는 전통적 윤리와 생활원리는 새로운 사회 현실에서는 그 적실성을 상실하기 마련이다. 조선조의 사색당쟁은 심화되는 삼정문란 속에서 지배 문화에 대한 회의와 반발로 발전하게 되었다. 일본에 국권을 상실한 것은 이러한 전통문화의 부정에 획기적인 계기가 된다.

2) 일제의 한반도 강점과 그 유산

일제의 한반도 강점이 우리나라 사람들에 미친 영향은 여러 관점에서 살펴볼 수 있다. 이민족에 의한 지배가 민족의 자존심을 훼손시킨 점을 우선적으로 거론할 수도 있고, 일본의 간교한 경제적 침탈을 조목조목 열거할 수도 있다. 또한 생체 실험이나 정신대에서 나타난 일제의 잔혹한 인권 탄압을 부각시킬 수도 있다.

그러나 한일병합과 일제가 우리에게 남긴 폐해는 이러한 외형적이고 물질적인 것보다 더 심각한 문화적이고 정신적인 것이다. 그리고 이러한 폐해에 대한 인식마저도 매우 피상적인 경우가 많다. 많은 지식인이 민족성의 정기를 말살하기 위한 국어 말살정책이나 일본식 성명 강요(創氏改名)를 거론하지만 일제통치가 초래한 좀더 심각한 사회·문화적 영향을 간과하고 있다.

먼저 우리는 한일병합이 결과한 문화적 충격에 주목한다. 한일병합조약이 우리나라의 국치라고 하는 점은 분명히 국권 상실 자체로서도 충분히 그러하다. 320여 년 전 임진왜란 때 한반도가 유린당하고 왕실이 북으로 도망을 가는 모욕도 겪고, 병자호란 때에는 강화도에서 국왕이 이민족에게 머리를 조아리는 치욕을 당했어도 나라의 주권을 상실한 것은 아니었다. 이 사실만으로도 한일병합일을 국치일로 하는 데 이견을 제시할 사람은 아무도 없을 것이다. 하지만 정치가 정권의 동태와 운영만을 의미하는 것이 아니라, 한 공동체 전체 구성원의 사회·문화적 삶을 조정하는 기능이라는 시각을 가질 경우, 한일병합은 결코 왕권과 국가권력의 몰락에서가 아니라 전체 국민의 생활문화에서의 단절과 치욕임을 알 수 있다.

먼저, 한일병합은 조선조의 양반 문화에 대한 전면적 부정을 의미한다. 한 나라의 왕조가 다른 나라에 예속된다는 것은 단순한 주권의 양도를 의미하는 데 그치는 것이 아니라 그 나라의 지배 문화가 더 이상의 적실성을 갖지 않는다는 것을 의미하기 때문이다. 더욱이 한일병합이 이루어지기 훨씬 전인 1895년 을미사변 때 조선조의 왕비가 일본군에 의해 시해되는 일은 식민지 어느 나라에서도 유례가 없는 치욕적 사건이었다. 나아가 일본은 일반 백성들의 왕조에 대한 향수를 근대 서양 문물의 우수성을 강조함으로써 시대착오적인 것으로 세뇌했다. 조선의 후진성은 수구파들이 중국과의 전통적 관계에서 벗어나지 못해 신문명의 도래에 적절하게 대응하지 못한 결과라고 주장했다. 이러한 논리는 조선 왕조를 급속하게 기울게 한 사색당쟁과 삼정문란에 의해 일반 백성들 사이에서도 이미 확산되고 있었다. 우리는 그 일단을 동학 농민 운동에서 확인할 수 있다. 나아가 왕조의 몰락은 지배 문화의 정당성 상실을 현실에서 입증하는 가장 확실한 증거가 되었다.

그러나 일제에 의해 정략적으로 이용되었든, 아니면 일반 백성의 현실적 믿음에 근거했든 기존의 지배 문화 일반에 대한 전면적 평가절하와 무시는 사회 전체의 문화적 공동화 현상의 원인이 될 수 있다. 뿐만 아니라 이것은 급기야 사회 전체의 정체성 상실로 이어질 수 있다. 일제가 노린 가장 중요한 식민지정책의 관건은 바로 여기에 있다고 해도 과언이 아니다. 실제로, 일제는 조선의 양반 문화만 폄하한 것이 아니라 일반 백성의 전통적인 생활문화 전반을 미신적이고 봉건적인 것으로 단정함으로써 오직 일본이 먼저 수용하고 일본에 의해 검증되는 신문명만 믿고 따를 수 있는 것으로 선전했다.

기존의 양반 출신이 아닌 새로이 부상하는 계층은 이러한 신문명 도입에 가장 적극적인 세력이 되었으며 중인 출신의 새로운 지식인은 이러한 세력의 이데올로그로 선봉에 섰다. 어디 그뿐이랴? 종래의 양반 출신의 지식인들도 하나같이 기존의 성리학적 담론을 폐기하고 실사구시의 담론으로 기울어져 한반도 어디에서도 전통을 잇는 노력과 탐색은 시대착오적인 것으로 간주되었던 것이다. 역설적이게도 이러한 와중에서 한반도의 민속자료와 성리학적 담론에 대한 보존과 천착은 오히려 일제에 의해 체계화되었다. 그 결과, 광복 후 최근까지도 우리나라의 상당수의 유수한 인문학자들은 이퇴계, 이율곡과 같은 조선조의 유명한 유학자들의 이론이나 우리의 고유한 민속자료를 탐색하기 위해 그동안 일본이 보존하고 발전시킨 문헌을 참조할 수밖에 없는 아이러니를 경험해야 했다.

3) 해방 이후 일제 잔재 청산의 미진과 남북분단

일제로부터의 해방은 한민족 전체의 염원이었음에도 광복이 세계의 역학 구도 속에 외부에서 주어진 결과, 잘못된 과거에 대한 엄정한 청산이 수포로 돌아갔다. 우리는 단적인 예를 1948년 10월 12일에 구성이 완료된 반민족행위특별조사위원회(반민특위)의 좌절에서 볼 수 있다. 광복 후 친일파를 척결함으로써 민족정기를 회복하는 일이 급선무였다. 그러나 반민특위가 도 단위로 구성이 완성되자 친일 행각을 벌였던 경찰 간부들은 반민특위 위원 중 강경파 15명을 처단하기로 모의하고 테러리스트 백태민에게 이 일을 맡겼다. 처단 대상 가운데는 대법원장 김병로, 검찰총장 권승렬, 국회의장 신익희 등이 포함되어 있었다. 하지만 이 모의는 백태민의 자수로 사전에 발각되어 모의자들은 구속·기소되었다.

그러나 미군정은 남한에 반공 국가를 수립하기 위하여 공산 세력에 대항할 세력으로 친일파에 주목하였다. 따라서 친일파의 청산은 미국의 국익과 배치되는 것이었다. 이러한 논리로 미군정은 일제강점기의 통치 구조를 부활시키고 이승만 정권은 이러한 미군정의 통치 구조를 그대로 이어받았다. 그리하여 친일파는 이승만의 정권 장악과 유지에 핵심적 역할을 하였다. 따라서 이승만은 반민특위의 활동을 방해하고 무력화시키는 데 더 열중했다. 반민특위는 이른바 국회프락치 사건과 6·6경찰의 특위습격사건을 겪으면서 와해되기 시작하였다. 국회프락치 사건이 친일파 척결의 주도 세력이었던 소장파 국회의원들을 간첩혐의로 체포함으로써 반민특위를 위축시켰다면, 특위 산하의 특경대에 대한 경찰의 습격은 반민특위의 폐기 법안을 통과시키게 함으로써 민족반역자에 대한 처벌을 불가능하게 하였다. 그 기간 동안 반민특위의 활동 성과는 총취급 건수 682건 중 기소 221건, 재판부의 판결 건수는 40건에 불과했고, 그중에 체형은 고작 14명에 그쳤다. 실제 사형 집행은 한 명도 없었으며 체형을 받은 사람들도 곧 풀려났다.

역사상 유례를 찾아볼 수 없는 반민특위의 이러한 좌절은 무엇을 의미하는가? 이승만 정권 말에 부정선거를 총지휘한 혐의로 구속된 당시의 내무부장관도 5·16 군사정변 때 처형되었는데, 36년간 이민족 지배하의 반민족적 범죄행위를 한 사람으로 기소되어 재판부의 판결을 받은 건수가 고작 40건, 그중에 체형을 받은 사람이 14명에 그치고, 사형을 받은 사람이 한 명도 없다는 이러한 결과에서 우리는 무엇을 읽을 수 있는가?

분명히 반민특위의 실패는 친일세력이 응징받기는커녕 그 후에도 한국 사회의 지배 세력으로 군림하는 길을 열어준 것은 물론이고, 한국민족주의의 좌절과 단절을 의미한다는 데 이의를 제기할 사람은 없을 것이다. 그러나 반민특위를 통한 일제 청산의 좌절은 그 이상의 의미를 갖는다. 첫째, 지배 세력의 정당성이 굳건하게 확립되지 못함으로써 그 후 한국 사회에 만연하는 바닥 모를 무질서와 위계 부재의 무조건적 평등주의의 근거가 되었다. 둘째, 우리 전통문화의 중요한 특징으로 지적되는 범신론적·상대주의적 세계관과 전일적 사고가 상승작용한 결과, 장기간에 걸친 일제하의 반민족적 행위가 특정한 사람의 잘못이기보다 민족 전체의 공통된 불운으로 간주되어 이른바 '주머니 털어 먼지 안 나오는 사람 없다'는 논리를 확인시키는 계기가 되었다. 셋째, 민족의 정체감을 확립하기 위한 자생적 노력이 미국의 세계 전략에 의해 무시되고 무력화된 상징적 사건이다. 특히 6·25 전란을 통한 미국의 적극적 지원은 그 후 한국의 정치·경제 등 공적인 영역은 물론이고 시민 사회의 일상생활에 있어서도 미국의 문화를 무비판적으로 수용하는 바탕이 되었다. 일본이 먼저 유럽 문화와 접촉하고 급기야는 미국을 상대로 선전포고를 감행한 역사적 경험이 있는 것과 대조적으로 한국의 새로운 지식인들은 전통문화에 대한 어떠한 천착도 없이 오직 미국 문화만이 가장 선진된 서구 문물을 대변하는 것으로 받아들였던 것이다.

한편, 6·25 전란을 통한 남북한의 분단은 한국인의 생활문화에 지울 수 없는 흔적을 남겼다. 이른바 세계의 이념적 대립이 20세기가 지난 현재에도 한 국가와 한 민족을 동강 나게 한 사례를 한반도를 제외한 어느 나라에서도 우리는 찾지 못한다. 반세기가 넘는 남북분단은 언어 사용은 물론이고, 의식주와 생활의식 등 모든 분야에서 현격한 차이를 나타내게 했다. 이러한 문화적 차이는 남북한 각각의 주민들이 영위하는 생활에 있어서도 커다란 영향을 미쳤다.

먼저 6·25 전란과 남북분단은 일반 국민들에게 흑백논리를 생활 속에 침투시킨 부작용을 낳았다. 극단적 대립의 장기화는 각각의 성원들에게 상대방의 입장에서 생각해보는 것은 물론이고, 이른바 제3의 시각마저 배신과 훼절로 간주하여 용납하지 못하게 한다. 상대방과의 대립과 갈등을 대화와 타협으로 풀어나가기보다 물리적 힘이나 법적 소송으로 해결하려는 현재의 우리 생활문화는 그 연원이 바로 여기에 있다고 해도 과언이 아니다.

더욱이 3년간에 걸쳐 전국이 초토화되는 전쟁과 계속된 외국 의존적 상황은 기존의 사회계층구조를 근본으로부터 와해시켜 새롭게 재편하는 결과를 낳았으며 이러한 과정에 전통은 계승되기보다 단절되는 경우가 더 많았다.

4) 군사정권의 급속한 경제개발

1962년부터 시작된 국가 주도의 경제개발정책은 기존의 생활문화에 심대한 충격을 주었다. 그것은 먼저 1961년의 5·16 군사정변에서 비롯되었다. 1948년 공식적으로 출범한 이승만 정권은 6·25 전란과 그동안의 누적된 실정, 그리고 1960년의 3·15 부정선거 때문에 이미 정당성을 상실하고 있었다. 이러한 정당성의 상실은 4·19 학생의거와 대통령의

하야, 장면 정권의 출발, 그리고 5·16 군사정변으로 극화되었다. 그러나 5·16 군사정변 자체도 기존의 헌정질서를 중단한 한계점을 가지고 있었다. 따라서 군사정권은 그들의 정당성을 확증하기 위한 갖가지 공약을 실천에 옮기지 않을 수 없었으며 경제개발정책은 이러한 실천 중에서도 대표적인 것이었다.

빈곤의 악순환을 끊고 민생을 튼튼하게 하기 위해 도입한 경제개발정책은 단순한 경제계획에 그치는 것이 아니라 사회 전반의 재편성 과정이었다. 그것은 특히 한정된 물적 자원을 가동하기 위해서 수면 상태의 인적 자원을 동원하는 데서 첨예하게 나타났다. 그런데 인적 자원의 동원은 의식의 변화를 비롯한 국민 각자의 생활상의 변화가 전제되어야 한다. 그리하여 국가는 과거와 현재에 안주해오던 국민들의 관심을 장밋빛 미래로 향하게 했다. 또한 그 미래는 국민 각자의 의식과 일상생활상의 변화를 통해 확실하게 실현될 수 있다는 것을 입증해야 했다. 새마을운동이 이러한 역할을 수행했다.

사회 전반에 깔려 있던 빈곤과 패배의식을 극복하는 관건이 경제개발정책이었으며 이를 위해 사회의 모든 자원은 무엇보다 생산성과 효율성의 원리에 종속되어야 했다. 부족한 쌀 생산을 통일벼로 개량하고, 과밀한 인구를 산아제한으로 억제하는가 하면, 농가에는 해마다 지붕을 새로 바꾸는 비생산적인 일을 되풀이하지 않도록 반영구적인 기와나 슬레이트 지붕을 얹었다. 뿐만 아니라 형식적인 생활관습과 전통적 가치를 몰아내기 위해 가정의례준칙을 제정하고 세시풍속에까지 국가가 간섭하고 통제했다.

군사정권의 급속한 경제개발정책은 다음과 같은 몇 가지 특징을 나타낸다.

첫째, 당시 국민들 사이에 만연해 있던 패배주의와 과거 지향적인 안일주의를 동적이고 미래 지향적인 의식으로 바뀌게 했다. 군사정권이 경제개발계획을 공포했을 때도 지식인의 대부분은 한국 경제가 수십 년 내에 중진국 수준에 다다를 수 있을 것이라고 결코 믿지 않았다.

특히 외국에서 박사학위를 받은 소장학자들은 4·19 당시 한국에서 민주주의를 기대하는 것은 쓰레기통에서 장미를 구하는 것과 같이 어리석다는 외국 언론의 말을 더 믿었듯이 군사정권의 경제개발정책이 내거는 장밋빛 미래를 신뢰하지 않았다. 분명히 군사정권이 주도한 경제개발계획과 새마을운동에는 미리 검증된 과학적 전망보다 정권 담당자들의 일방적 희망이나 정치적 선전의 요소가 상당히 많았다.

그러나 국민의 성취동기를 유발하는 각종 사업이 일정 기간 후에는 실효성을 지속시킬 수 없으리라는 전망과는 달리 국민의 과거 지향적 패배주의는 급속한 속도로 동적인 의식으로 바뀌었다. 특히 경부고속도로 건설은 한국을 동적인 사회로 진입시키는 결정적인 계기가 되었다. 당시 경부고속도로 건설을 찬성한 지식인은 없었다. 절대다수의 지식인들은 경부고속도로 건설이 국가 재정에 부담만 주는 졸속 공사로서 총공사 경비보다 완공 후 계속 발생할 도로보수비의 규모가 훨씬 더 클 비경제적 사업이라 비판했다. 그러나 당시 국내의 어느 경제학자도 경부고속도로의 경제적 부가가치와 사회적 교류의 기하급수적 증가가 결과할 부대효과를 예견하지 못했다. 이리하여 한국 사회는 더 이상 폐쇄적 촌락공동체들로 연결된 전통 사회가 아니라 농촌인구가 급속하게 도시로 편입되는 동적이고 중앙집권적인 산업사회로 재편되었다.

둘째, 군사정권의 경제개발정책이 가져온 사회구조상의 변화는 공식적인 조직들의 변화를 상세하게 추적하지 않아도 충분히 간파할 수 있다. 예를 들어 제1차 경제개발계획이 시작되던 1962년도의 전체 산업인구의 분포와 제1기 문민정부가 시작되던 1992년의 그것을 단순하게 비교해도 30여 년 만에 일어난 한국 사회의 극적인 변화를 유추할 수 있다. 통계상의 일정한 오차를 감안하더라도 대체적으로 1961년 당시의 한국 산업인구의 약 79.8%가 농림어업에, 4.9%가 2차 산업에, 15.3%가 3차 산업에 종사했다. 반면에 1992년에는 농림어업 인구의 구성비는 15.8%, 2차 산업에는 25.8%, 3차 산업 종사자는 58.4%에 이른다(한국은행, 경제통계연보, 1961; 통계청, 한국의 사회지표, 1998). 이것은 우리 사회의 일상적 삶을 구성하는 원리가 '자연적 질서에의 순응'으로부터 '상징과 사람에 대한 효과적 관리'로 무게 중심이 옮겨온 것을 단적으로 나타낸다.

셋째, 군사정권의 정당성은 가시적인 경제성장의 결과로서 확증되어야 했다. 그리고 그것은 가능한 조속히 달성될 필요가 있었다. 그리하여 생산성과 효율성은 점차 공적 영역은 물론이고 사적 영역에서도 1차적 가치로 자리 잡게 되었다. 국가 지배의 권력층이 군인이라는 사실은 생산성과 효율성을 확보하는 방법에서 문민정부와 현격한 차이를 나타낸다. 군사 문화는 충분한 시간을 가지고 다양한 이견의 조율을 통해 바람직한 결론을 이끌어내는 것보다 일정한 목표를 설정한 후 가능한 한 빨리 가시적이고 효율적인 전략을 수립하는 것을 더 선호한다. 따라서 절차상의 문제보다 신속하고 가시적인 결과 산출이 우선적으로 중요하다. 군사정권 30여 년간은 바로 이러한 가치가 사회 전반을 지배한 시기였다.

넷째, 국가 주도의 급속한 경제개발은 사회의 문화변동에 있어서 단절과 중첩 현상을 낳았다. 일반적으로 정신문화, 행동문화, 물질문화는 그 변화 속도에서 차이를 나타내기 마련이어서 물질문화와 행동문화는 비교적 빠르게 바뀌는 데 반해, 한 사회의 정신문화는 느리게 변화하여 의식과 행동 사이에 일정한 간극이 나타나는데 사회학에서는 이를 '문화지체'라 설명한다. 군사정권에서의 급속한 경제개발이 이러한 의미의 '문화지체'를 낳는다는 것은 어떤 의미에서는 정상적이라 할 수 있다. 그러나 우리가 주목하는 것은 일반적인 의미의 '문화지체'에 있는 것이 아니라 각 문화 수준에서 전통과 현대의 단절과 중첩이 동시적으로 존재한다는 데 있다. 물질문화에서 전통과 현대가 동시적으로 공존할 뿐만 아니라, 행동과 의식에 있어서도 전통적인 문화와 초현대적인 외래문화가 공존하고 상충하고 있는 것이다. 이것은 때로 외부인에게는 한국의 독특한 생동성으로 비치기도 하고 때로는 더할 수 없는 아노미적 현상으로 인식되기도 한다.

5) 문민정부, 국민의정부, 참여정부: 민주주의의 허상과 실상

1993년 2월 25일 14대 대통령 취임식으로 공식 출발한 김영삼 정부는 30년 이상의 군사정권이 마감되고, 말 그대로 민간인 출신의 대통령이 통치하는 문민정부라는 데에서 일반 국민의 기대와 지지가 유례없이 높았다. 김영삼 정부는 이러한 국민의 지지를 바탕으로 이른바 '신한국 창조'를 국정지표로 제시하고 과감하고 중단 없는 '위로부터의 개혁'을 선언하였다. 이를 위해 자신의 재산을 공개하고 "일체의 정치자금을 받지 않겠다"고 선언하였으며, 공직자윤리법을 개정하여 1급 이상 공직자의 재산 공개를 의무화하였다. 또한 금융실명제를 실시하고 금권선거를 막기 위하여 정당법·정치자금법을 개정하였으며, 군사정권 이래 군부의 핵심 세력이라 할 수 있는 하나회 출신의 장성들을 전역시킴으로써 군의 문민화 작업을 시도했다.

그러나 문민정부가 취한 개혁 작업은 흔히 법치가 아닌 인치(人治)라는 비판을 받았고, 우루과이라운드에 따른 쌀 개방 약속으로 국민들에게 실망을 안겨주었다. 그 결과, 군부독재라는 말 대신에 문민독재라는 비판이 제기되었다.

한편, 1998년 2월 25일 제15대 대통령 취임으로 출범한 김대중 정부는 호남 지역에 중심적 정치 기반을 둔 새정치국민회의와 충청권에 기반을 둔 자유민주연합과 공동전선에서 헌정사상 첫 여야 정권교체의 승리를 거둠으로써 국민의정부라는 공동정부를 구성하였다. 김대중 정부는 대통령 취임사에서 총체적 개혁을 다짐한 후 민주주의와 경제발전을 병행해서 실천하는 것을 국정과제로 제시하고 새 정부를 참여민주주의가 실현되는 국민의 정부로 규정하였다. 국정 초기부터 국회에서의 열세를 만회하기 위하여 구여권의 국회의원을 대거 영입한 후 기업 구조조정, 금융개혁, 외환위기 탈출 등의 경제적 난국을 타개하기 시작했다. 더욱이 정부 수립 후 처음으로 남북정상회담을 성사시킴으로써 남북통일에 대한 국민적 기대에 부응하고 세계적 이목을 집중시킨 점은 중요한 업적으로 평가된다.

그러나 교육개혁과 의약분업의 실패, 인사편중에 의한 신지역주의, 신자유주의적 구조조정의 강행으로 민심 이반이 심해져 정권 재창출의 꿈은 사상 초유의 여권 분열로 굴절되었다.

반면에, 2003년 2월 25일 제16대 대통령 취임으로 시작된 노무현 정부는 여권 내의 후보단일화 과정의 역전과 네티즌 열풍을 일으키며 한국 정치사에서 전례를 찾아볼 수 없는 정치 행태를 연출했다. 노무현 정부의 출범은 일정한 학력과 상당한 기간의 정치적 경륜이 당연시되던 대통령감에 대한 기존의 고정관념을 깨는 결정적인 계기가 되었다. 뿐만 아니라 이것은 IMF 이후 진행되어온 사회 각계의 구조조정과 상승작용해 한국 사회에서 기성세대와 신세대의 사회적 갈등을 현재화시키는 상징적 출발이 되었다.

새로운 대통령의 파격적인 언행은 호사가들의 끊임없는 비판의 표적이 되었지만 그와 아울러 한국 정치가 그동안 누렸던 탈법적 보호막이 송두리째 무너지는 신호탄이기도 했다. 더욱이 불법 정치자금의 실체가 백일하에 드러남에 따라 그동안 한국 사회 상층부의 기득권이 거의 예외 없이 탈법과 불법에 근거했다는 사실이 밝혀졌다. 정치권력의 주구라는 비판을 받아왔던 검찰이 오히려 정치개혁의 견인차가 되리라는 기대를 받고 있는 아이러니를 정치인은 물론이고 우리 국민들은 어떻게 받아들이고 있을지 궁금하지 않을 수 없다.

이처럼 문민정부와 국민의정부, 참여정부가 내건 개혁의 성격과 성과는 관점에 따라 다를 수 있지만, 30여 년간의 군사정권이 남긴 정치문화와 생활관습에서 벗어나는 것이 얼마나 지난한가를 입증한 점에서는 공통적이다. 문민정부와 국민의정부 모두 한결같이 국정 초기에는 총체적 개혁을 다짐했지만 실천과정에서 용두사미로 끝나는 한계를 보였다. 그것은 두 정부의 출범 자체가 기존의 보수 세력과의 일정한 연대 속에서만 가능했다는 태생적 한계에서 비롯된다. 또한 혁명이라는 초법적 조치 대신에 개혁이라는 민주적 절차를 통한 국정쇄신은 전례가 없는 것이어서 과정상의 시행착오는 불가피할 수밖에 없었다.

문민정부가 군사독재의 잔재를 청산하기 위해 정치개혁에 중점을 둠으로써 경제위기에 적절히 대처하지 못했다는 비판을 받는 것과 마찬가지로 국민의정부는 정치개혁보다 경제난국의 타개에 몰두했는데도, 기업 구조조정에서 근로자들의 불만은 그 어느 때보다 높아서 애써 마련된 노사정위원회가 유명무실한 경우가 비일비재했다. 국민의정부가 되돌릴 수 없는 세계적 흐름이라 강조하는 세계화는 신자유주의의 무비판적 수용이라는 비판과 함께 노동자들에게서 가장 강한 반발을 받았던 것이다. 참여정부 역시 이른바 여권 내의 소수파로 출범할 수밖에 없었던 태생적 한계가 아마추어리즘과 대중선동주의라는 비판을 끊임없이 불러일으켰으며, IMF 이후 더 심각하다는 민생 문제는 물론이고 국민들이 가장 우선적인 개혁 대상으로 손꼽는 정치개혁을 부진하게 하는 원인으로 작용하고 있다.

한편, 민간정부가 시작되면서 군사정권에 맞서 공동으로 투쟁했던 민주 인사들이 여당과 야당으로 갈리어 정치개혁보다 당리당략을 앞세우는 한계를 보여왔다. 더욱이 문민정부 때부터 폭증하기 시작한 사회 각 부분의 요구와 불만은 기득권층에서 오히려 더 조직적으로 표출하는 경향마저 보였다. 하위직 노동자들의 생존권 투쟁보다 고액의 봉급생활자들이나 의사와 약사와 같은 전문직 종사자들의 이익 갈등이 사회 전체에 더 큰 불편을 주고 불안요소로 작용했다. 그리하여 어느 시인은 다음과 같이 한탄했다.

세상이 달라졌다.
저항은 영원히 우리들의 몫인 줄 알았는데
이제는 가진 자들이 저항을 하고 있다.

세상이 많이 달라져서
저항은 어떤 이들에겐 밥이 되었고

또 어떤 사람들에겐 권력이 되었지만

우리 같은 얼간이들은 저항마저 빼앗겼다.

[정희성, 『세상이 달라졌다』(2001) 중에서]

실로, 숱한 젊은이들이 고문을 당하고 목숨을 잃으면서 쟁취하려 한 민주주의는 결코 완성품으로 주어지는 것이 아니었다. 그것은 우리 각자가 생활 속에서 타인의 입장을 존중하면서 오랫동안 가꾸어가야 할 '꿈'의 나무일 텐 데도 우리 사회의 정치인이나, 지식인이나, 일반 사회구성원 모두 당장의 '무임승차'만 요구할 뿐 어느 누구도 고통스러운 불편과 대가는 지불하려 하지 않았던 것이다.

5. 현대 한국 사회의 일상적 삶의 구성원리

현대 한국인이 일상생활을 구성해가는 원리는 전통적 문화와 한국 현대사의 독특한 경험이 상승작용하여 형성된 역사적 산물이다. 따라서 그것은 한국 사회에서도 전례를 찾아볼 수 없고 현대의 다른 나라에서도 유사한 유형을 발견할 수 없는 특징을 드러내고 있다. 우리는 그 특징적 원리를 다음과 같이 압축할 수 있다.

1) 금전만능주의와 상품화된 일상

현대 한국 사회는 무엇보다 돈과 상품의 논리가 일상생활을 지배한다. 물론 돈과 상품의 논리는 자본주의의 특징이어서 자본주의 경제체제를 채택하고 있는 어느 나라에서도 이러한 양상은 있기 마련이다. 그러나 오늘날 한국에서처럼 구성원들의 삶이 돈과 상품의 논리로 적나라하게 규정되는 사례는 찾아보기 어렵다. 그것은 앞에서도 살펴본 한국 사회의 독특한 역사 경험에 의해서 촉발된 것처럼 보인다. 어떤 이는 그것을 천민자본주의의 탓으로 돌리기도 하고 또 어떤 사람들은 한국의 문화가 서양인들이 공유하는 '원죄의 문화'이기보다 '수치와 체면의 문화'라는 데서 비롯한다고 설명한다. 이러한 설명은 나름대로 상당히 설득력이 있다. 그러나 우리는 현대 한국의 금전만능주의와 상품화 논리는 앞에서 고찰한 한국의 전통문화적 특징들이 굴절된 역사적 경험과 단기간의 경제성장 속에서 독특하게 반응한 결과라는 점을 강조하고자 한다.

우리는 앞에서 한국의 전통문화가 무엇보다 인간 본위적이라는 것을 지적했다. 우리는 "사람 나고 돈 났지 돈 나고 사람 났나"라는 속담에서도 그 일단을 발견한다. 그러나 현대 우리 사회의 현실은 사람의 본원적 가치는 나중에 생각하고 우선은 돈의 논리대로 매일의 생활을 설계하지 않을 수 없다. 이러한 일상의 모습은 사회구성원들의 출생에서부터 죽음에 이르기까지 매 단계마다 적나라하게 드러난다.

신생아의 출산이 병원에서 대부분 이루어진다는 것은 상식이지만 출산 자체가 자연분만보다 제왕절개 수술에 의해 이루어지는 사례가 어느 나라보다 높다. 외국에서는, 산모가 극심한 고통을 호소하거나 위험한 출산일 때에만 시술되는 제왕절개 수술이 한국에서는 병원의 수입을 높이기 위해 산모에게 권장되기 때문이다. 최근에는 수중분만 등 무통분만을 위한 다양한 프로그램이 개발되고 있지만 이 모든 것이 출산 자체의 본래적 가치에서보다 하나의 상품으로 제공된다. 그리고 이 고가품의 상품은 아무나 구매할 수도 없다.

어린이의 출산과 육아가 한국에서는 더 이상 생명의 가치에 의해 결정되지 않는다. 맞벌이 부부는 그들의 경제적 사정 때문에 피임을 하고 실패했을 때는 중절수술도 불사한다. 출산과 육아가 끼치는 경제적 부담 때문에 한국의 산아제한은 다른 나라에 유례가 없을 정도로 급속하게 수용되어 인구성장의 새로운 모델이 나올 정도였다.

보육시설이 불충분한 현실에서 맞벌이 부부의 육아는 엄청난 경제적·심리적 부담 때문에 할머니의 손을 빌기도 하지만 금전적 부담과 상품화된 프로그램 사이의 적절한 선에서 우리 사회의 유아들의 사회화가 현실적으로 이루어지고 있는 것이다.

어디 그뿐이랴, 취학 아동의 교육비는 정부가 통제할 수 없는 수준에 이르렀고 교육의 질은 부모의 경제적 능력에 비례하여 결정된다고 해도 과언이 아니다. 상류층 가정의 자녀가 일류 대학에 입학하는 비율이 꾸준히 증가하고 있는 사실이 이를 입증한다. 더욱이, 한국 사회 전체가 기술교육을 향해 질주하는 가운데 전인격적 교육을 자녀에게 시도할 용기는 지위상승의 강박관념과 한정된 자원 사이에서 갈등하는 중산층에게는 거의 불가능하다. 그리하여 교육자원에서 전인격적 교육은 다시 상층부 자녀의 몫으로 돌아가고 교육불평등은 개선되기보다 확대 재생산되는 경향마저 보인다.

금전과 상품의 논리는 배우자 선택과 결혼의 통과의례에서 극명하게 나타난다. 연애결혼의 경우에도 상대방 가족에 대한 예물이 금전적 가치로 환산되어 신혼부부 당사자들의 신혼 갈등으로 번지는 사례가 비일비재하다. 친한 친구의 결혼식에도 예전처럼 선물을 주는 일은 거의 없고 일정한 축의금으로 대신한다. 결혼식에 참가하기 곤란한 경우, 계좌번호로 송금하는 사례가 많다. 결혼식도 이벤트 회사가 제시하는 프로그램을 선택하여 규격화된 진행절차에 따라 이루어진다. 신혼여행은 당사자들로서는 평생에 한 번밖에 없을 소중한 추억이지만 당사자들의 개성에 맞는 여행을 스스로 개발하기보다 여행사가 마련하는 패키지 상품을 선택하는 것이 더 경제적이다.

이 밖에도 삶의 질을 가늠하는 일상적 여가에서도 금전과 상품의 논리는 절대적인 영향을 미친다. 경제적 부담이 가장 적은 여가 행태인 텔레비전 시청에서 상품의 논리가 과대한 광고로 나타나는 것은 다른 나라에서도 마찬가지지만, 젊은 세대의 상품 구매력 때문에 방송 프로그램의 절대량이 소비적인 청소년 상대의 오락 프로그램으로 급속하게 편성되는 사례를 우리는 다른 나라에서 찾지 못한다. 가까운 사람에게 선물을 교환할 때도 외국처럼 정성이 담긴 물건을 만들어주기는커녕 선물을 사주는 경우도 드물어 상품권이나 현금으로 대신하는 것이 더 일반화되어 있다. 노부모에게도 마음의 선물보다 용돈의 양을 늘리는 것이 더 좋다고 생각한다.

한 사람의 생이 마감되는 장례에서도 우리는 적나라한 금전의 논리와 상품화 전략을 엿볼 수 있다. 죽음의 마감도 불평등해서 경제적 여유가 있는 사람은 미리부터 부모를 안장시킬 무덤을 마련해놓고 화려한 장례식으로 영혼을 보낸다. 몇천만 원씩 하는 규모의 49재를 지내고 명당으로 모신다. 이처럼 우리의 삶은 어느새 금전만능과 상품화의 논리가 먼저 고려되면서 구성되고 있는 것이다.

2) 성역 부재의 극단적 평등주의

현재 우리 사회는 전통적 권위와 성역이 사라지고 각 분야에서 극단적인 평등주의가 팽배하고 있다. 가족 안에서 가장의 전통적 권위는 퇴색된 지 오래고 멀리는 정치인과 공권력에 대한 불신에 이르기까지 어떠한 위계도 인정하지 않으려는 풍조가 만연하다. 우리는 흔히 그 원인의 일단을 가까운 정치사에서 찾는다. 문민정부가 들어서면서 그동안 누적되어온 국민들의 불만이 한꺼번에 표출되어 정부가 그 조정의 역할을 제대로 수행하지 못한 결과라는 것이다. 분명히 현재 우리 사회의 유례없는 평등주의는 문민정부 출범 후 본격화된 정치에서의 정당성 문제와 불가분의 관계를 가진다.

그러나 앞에서 살펴본 바와 같이 우리의 근현대사의 중요한 대목을 상기해볼 때 오늘날의 극단적 평등주의는 일제의 강점에서부터 배태되었다는 것을 쉽게 유추할 수 있다. 이민족에의 병합은 단순히 국권의 상실에 그치는 것이 아니라 전통적 지배문화가 현실 적합성을 상실했다는 것을 웅변으로 입증하는 것이었다. 양반문화는 더 이상 성역이 아니라 그동안 야만국으로 치부하던 일본의 신문명에 의해 정복당하고 마는 폐기되어야 할 구시대적 유산에 불과했다. 그리고 일본의 제국주의가 이를 정치적으로 확대 재생산한 것은 널리 알려진 사실이다.

특히, 새로운 문물을 바탕으로 국권을 되찾으려는 일제시대의 지식인들은 전통문화에서 지혜를 얻기보다 서양 문물의 수입을 급선무의 과제로 여겼다. 대부분의 양반문화는 공리공론으로 폄하되고 실용적 지식만이 신뢰할 수 있는 대상이 되었다. 그리하여 전통적 문화와의 의식적 단절 속에 근대화가 이루어지기 시작했다. 여기에서 전통적 권위는 더이상 정당성을 주장할 수 없게 된다.

한편, 제2차세계대전 후 세계질서의 재편 속에 해방을 맞은 정부는 반민특위의 좌절에서 볼 수 있듯이 왜곡된 과거와의 단절과 청산을 확실하게 하지 못함으로써 출발부터 새로운 권력구조 자체에 대한 정당성을 확보할 수 없었다. 친일파가 심판받기보다 오히려 득세하는 사회현실은 위계질서가 고정된 것이 아니라 상황에 따라 언제나 변화될 수 있는 것으로 인식하게 했다. 실로, "사람 팔자 시간문제"라는 말은 옛날의 속담이 아니라 현실에 그대로 운용되는 생활원리였다. 이러한 상황논리와 생활원리는 그대로 전승되어 오늘날 각종의 개혁작업에서도 영향을 미치고 있다. 정부가 내거는 어떠한 명분의 개혁 조처나 공직자 사정도 처벌 대상의 당사자는 물론이고 일반 국민들까지도 액면그대로 공정한 것이라 받아들이기보다 현실적 역학관계나 정치적 계산에 따른 것이라 판단한다. 그것은 법이 힘있는 자의 것이어서 실제의 공적인 책임에 있어서는 법집행자나 처벌대상자가 어떠한 차이도 나지 않게 '똑같다'고 생각하기 때문이다.

이러한 성역 부재의 극단적 평등주의는 6·25 전란과 급속한 경제성장에 의해 일반화되었다. 6·25 전란이 그나마 잔존해 있던 기존의 전통적 위계를 무너뜨린 민족의 총체적 위기였다면, 1962년부터 군사정권에 의해 주도된 불균형 모델의 경제성장은 새로운 중산층을 양산시키는 결정적 계기가 되었다. 귀속적 지위보다 교육이 지위상승을 보장하는 중요한 자원이 되었고 새로운 정치 세력과의 신연고주의가 전통적 성역과 권위를 무력화시켰다.

과거 수십 년이 걸리던 부의 축적이 부동산 투기로 몇 년 사이에 달성되는 이변을 낳았다. 졸부라는 말이 공공연하게 통용되고 부의 정당성에 대한 사회적 의문이 제기되기 시작했다. 일반 국민들의 입장에서 볼 때, 땀 흘려 농사짓는 어리석은 일보다 부동산 경기에 힘입어 졸부가 되는 행운이 더 바람직하게 보일 수 있고, 기회가 닿으면 새로운 연고에 힘입어 남들과 다른 출세를 할 수 있는 것처럼 보였다. 어느 누구도 현재 자기의 위치나 직업을 평생 지켜야 할 천직으로 생각하지 않는다. 지위상승은 모든 사람의 신화가 되고 사회 각 분야에서는 극단적 평등주의가 일상화되었다.

갑자기 권력을 가진 사람이나 몇 년 사이에 부자의 반열에 오른 사람이 결코 나와 크게 다른 출생 신분에서 출발한 것이 아니라는 사실은 새로운 사회위계를 당연한 것으로 받아들일 수 없게 한다. 따라서 전통적 성역이나 권위가 부재하고 새로운 위계의 정당성이 확립되지 않은 상태에서 극단적 평등주의의 발호는 필연적이라 할 수 있다. 그리고 이 절제되지 않은 평등주의는 공공의 민주주의적 절차를 확립하는 데 더할 나위 없는 장애요인으로 작용하기도 한다. 문민정부 이후 사회 각 분야에서 표출되는 요구는 이러한 극단적 평등주의로 인해 정책수행에 있어서 우선순위 선정을 불가능하게 하고, 그것은 다시 국민 전체의 불편과 불이익으로 나타난다.

3) 결과우선주의

중간의 과정보다 결과를 중요하게 생각하는 것은 결코 오늘날의 우리나라 사람들에게만 나타나는 현상은 아니다. 특정한 결과가 긴요하면 할수록 결과우선주의의 행동원리는 설득력을 갖는 것이다. 여기에는 동서고금의 구별이 있을 수 없다. 그러나 그것이 일상생활의 원리로 원용되는 정도에 있어서 나라마다 차이가 있다.

우리나라의 경우 결과우선주의는 흔히 가장 중요한 사회문제로 지목될 만큼 폐해가 심각하다. 그것은 단순히 사적인 생활영역에서 불가피하게 도모되는 약자의 처세 철학에 그치는 것이 아니라, 사회 전체의 수준에서 재생산되고 일상화되어 우리 사회의 현실적 존립 기반이 바로 여기에 있다고 해도 과언이 아닐 정도이다. 현재 국가의 공식적인 기관은 물론이고 사적인 기업체를 망라해서 구성원들에게 일정한 성과를 달성하는 것보다 절차의 정당성을 우선적으로 주문하는 경우가 얼마나 되는가? 일정한 업적을 올리지 못하는 구성원들은 무능력한 사람으로 간주되는 것이 보통이다. 모든 조직체들이 마련하고 있는 신참자를 위한 교육 프로그램이나 극기 훈련의 요체는 어떠한 수단·방법을 동원해서라도 일정한 목표를 달성하려는 각오와 끈기를 내면화하는 데 있다.

물론, 현재 우리 사회의 결과우선주의는 단순히 어제오늘에 시작된 것이 아니다. 그것은 우리의 전통적 사고방식에서도 매우 뚜렷하게 드러난다. 그러기에 우리 조상들도 일찍이 "모로 가도 서울만 가면 된다"는 속담을 남기고 있는 것이다. 현재 우리가 일상적 삶을 구성하는 중요원리로 채용하고 있는 결과우선주의는 이러한 전통적 사고방식이 그동안 겪은 우리 사회의 역사적 경험에 의해 더욱 강화되고 일반화된 결과라 할 수 있다.

그중에서도 우리는 군사정권에 의해 급속하게 주도된 경제개발에 주목한다. 군사정권이 공약으로 내건 경제개발계획이 전적으로 정치적 정당성을 확보하기 위한 전략이라고 평가절하할 수는 없을 것이다. 당시의 민생은 3·15 선거에서 민주당이 "못 살겠다 갈아보자"를 선거구호로 삼을 정도로 도탄에 빠져 있었기 때문이다. 그런 의미에서 경제개발은 당시의 절체절명의 역사적 요구였다.

문제는 경제개발이 군사정권에 의해 강박적으로 추진되었다는 데 있다. 국가에 의해서 주도된 하향식 경제개발은 무엇보다 생산성과 효율성을 강조하면서 가시적 성과에 일차적 가치를 둔다. 경제가 가시적으로 나아진다는 것만큼 일반 국민들의 지지를 받을 수 있는 방안이 없었다. 따라서 일정한 경제적 성과는 무슨 일이 있어도 달성되어야 했다. 더욱이 군사정권 담당자들의 목표달성 방법은 전투에서의 고지 탈환과 같이 추호의 주저함도 용납되지 않는 직접적이고 공격적인 것이다. 이를 위해 조직체의 일반 구성원들은 지도부가 결정한 사항을 먼저 집행하여 일정한 목표를 달성해야 한다. 계획을 실행하기도 전에 확실한 근거도 없이 비판부터 한다는 것은 목표달성을 지연시키는 장애요인이 될 뿐이다. 30여 년간의 군사정권은 바로 이러한 문제 접근방식을 국가의 운용철학으로 확립시켰던 것이다.

그러나 이러한 군대식 운용은 비단 국가를 비롯한 공공기관에만 한정된 것이 아니었다. 그것은 공공영역의 경계를 넘어 사회 전체에 확산되었다. 그리하여 전통 사회에서 사적인 영역의 한정된 생존전략으로 통용되던 결과우선주의는 국가의 공식적인 정책수행에서부터 사기업체의 생존전략에 이르기까지 일반화됨으로써 우리 사회의 새로운 지배적 이데올로기로 자리 잡았다.

특정한 목표달성만 절대적인 가치로 부각될 경우, 목표달성의 방법과 절차의 정당성에 대한 고려는 자연히 등한하게 된다. 군사정권에 의해 주도된 급격한 경제개발의 사회적 효과는 바로 이러한 절차와 과정에 대한 무시였다. 어떤 의미에 있어서 그것은 적나라한 밀림의 생존원리와 흡사했다. 대기업에 취업한 신입사원은 첫 연수과정에서부터 회사의 목표와 목표달성을 위한 바람직한 사원상을 교육받는다. 어느 교육 프로그램에서도 사회 전체의 공익을 앞세우고 절차의 합법성을 부각시키는 경우는 거의 없다. 모든 부서의 책임자는 일정한 성과를 달성하지 못할 때 도태되기 마련이다.

업적과 성과에 대한 강박적 의식은 군사정권의 몰락으로 끝난 것이 아니라 문민정부 이후 오히려 더 표면화되는 양상마저 보인다. 사회 전체를 통제하는 중심적 규범이 확립되지 않은 상태에서 민주적 정치는 구호에만 그치고 실제의 정치·행정·사회는 여전히 종래의 결과우선주의에 의해 운영되고 있다. 문민정부에서도 부서 간의 업적경쟁은 여전하고 정치 분야에서도 날치기 통과를 강행하면서까지 국민의 복리보다 당리당략의 성과 찾기에 여념이 없다. 일반 국민들도 마찬가지로 자기의 목적을 달성하기 위해 매일같이 기초질서 위반을 감행하면서 치열한 생존경쟁을 치르고 있는 것이다.

4) 속전속결주의

현대 한국인의 일상생활은 빠른 속도감으로 특징지어진다. 주한 외국인들이 하나같이 지적하는 것이 한국인들의 바쁜 행동이다. 뿐만 아니라 한국인이 많이 찾는 외국 관광지에서 가장 잘 알려진 한국어가 "빨리빨리"라는 사실이 현대 우리나라 사람들의 생활의식을 극명하게 드러낸다. 실로, 현대 우리 사회의 매일은 아침부터 잠잘 때까지 이러한 유별난 속도감 속에 떠밀려가고 있다. 허둥대며 출근하는 도시의 봉급생활자들 중 아침 식사를 제대로 하지 못하는 사람이 대부분이며 서울에서는 이들의 아침 식사를 최단시간 내에 만들어 제공하는 간이 음식업이 크게 번성하고 있다. 아침 식사를 제대로 해야 하루를 튼실하게 보낼 수 있다는 옛 어른들의 말씀은 이미 빛바랜 지 오래다. 어디 그뿐이랴? 대중 음식점에서도 우리는 식사를 주문할 때부터 벌써 빨리 달라고 조른다.

물론 과거 전통 사회에서도 생활 속에 빨리 처리해야 할 일은 많았다. 그렇기 때문에 예부터 "오늘 할 일을 내일로 미루지 말라"고 했으며 "쇠뿔도 단김에 빼라"는 속담도 전해지고 있다. 그러나 현대 우리 사회의 일상생활을 구성하는 속전속결주의는 노산 이은상이 우리 민족의 미덕이라 높이 평가한 '은근'과 '끈기'와 무관한 새로운 생활원리이다.

세계의 대도시는 일반적으로 생활 리듬이 빠르다. 그러나 세계 어느 도시의 사람들보다 우리나라 도시인들의 생활 속도가 눈에 띄게 빠르다는 것이 외국인들의 공통된 지적 사항이다. 이러한 현상이 나타나는 이유는 무엇일까? 생활 속도가 빨라지는 이유는 먼저 전체 사회의 생산과 소비구조가 변화했기 때문이다. 우리나라의 급속한 경제개발계획은 기존의 생활 패턴에 대한 유례없는 충격으로부터 시작되었다. 산업구조의 변화와 사회간접자본의 확충을 위한 전 국토의 개발은 국민들로 하여금 종래의 정태적 일상에서 벗어나 급변하는 바깥 세계에 동태적으로 적응하게 했다. 특히 1970년대부터 본격화된 도시화는 농촌인구의 도시집중으로 도시 지역의 실업과 빈곤, 주택난, 범죄 등의 사회문제를 양산했을 뿐 아니라 농촌 자체의 생활도 새마을운동의 확산으로 동태적인 모습으로 변화시켰다. 한국 사회는 더 이상 정태적인 농업 국가가 아니라 사회의 모든 자원을 동원하여 생산한 상품을 해외에 수출함으로써 경제성장을 이룩하려는 동적인 산업사회로 신속하게 재편되었다. 그 결과, 1961년 한국의 산업인구 79.8%가 1차 산업에, 5% 미만이 2차 산업에, 그리고 약 15% 정도가 3차 산업에 종사한 데 반해 1990년대 말에는 산업인구의 67% 이상이 3차 산업에, 약 21%가 2차 산업에, 그리고 1차 산업 종사자는 고작 11% 미만에 그치게 되었다(통계청, 1998: 163).

산업인구의 67% 이상이 3차 산업에 종사한다는 것은 무엇을 의미하는가? 자연과의 직접적 교류 속에서 생산하는 1차 산업과 달리 3차 산업은 상징과 사람을 매개로 가치를 생산하는 산업인 만큼 상황에 빠르게 적응하거나 가치적 상황을 창출하는 것이 무엇보다 중요하다. 한국인의 바쁜 일상은 이러한 산업구조의 변화로부터 상당한 영향을 받게 된 결과라 할 수 있다.

그러나 우리의 속전속결주의는 단순히 3차 산업의 취업자가 압도적으로 증가된 사실로서 모두 설명되는 것은 아니다. 3차 산업의 압도적 비중은 다른 선진국에서도 쉽게 발견되기 때문이다. 현재 우리 사회의 일상생활의 원리로 작용하고 있는 속전속결주의는 오히려 아직도 절차와 신용과 게임의 룰이 정착되지 않은 사회적 상황에서 비롯된다. 국가를 비롯한 공공의 영역에서 결정한 정책이 장기적으로 집행되기보다 반대의 여론이나 정치적 필요에 의해 몇 년 만에 바뀌는 사례는 부지기수로 많았다. 따라서 새로운 정책에서 유리하다고 생각하는 사람은 한시바삐 그 좋은 기회를 이용하려 한다. 왜냐하면 조금만 늦어도 그런 조건은 어느새 변경될지 모르기 때문이다. 그것은 어떤 의미에서 그동안 굴절된 역사를 살아오면서 한 번도 확실한 미래를 전망할 수 없었던 일반 민중들의 당연한 생활전략일 수도 있다.

더욱이 우리 민족의 특징으로 손꼽히는 부지런함이 이러한 속전속결주의를 더 눈에 띄게 한다. 일본 제국주의자와 몇몇 왜곡된 지식인들의 지적과는 달리 한국인의 부지런함과 생활력은 현재 모든 국가에서 확인되고 있다. 중국의 50여 개 소수민족 중에 조선족만큼 생활력이 강하고 부지런한 민족이 없으며 뉴욕의 맨해튼 거리의 유태인 상권을 잠식할 수 있는 사람들도 한국인 외에는 없다. 그리하여 미국에서는 오래전부터 한국인을 아시아의 유태인이라 부르고 있지 않은가? 우리는 한국인의 끈질긴 생활력과 부지런함이 독특한 속전속결주의로 상승작용한다고 생각한다. 따라서 좋다고 생각하는 일은 한시라도 빨리 처리하고 확보하는 것이 현명하다. 은근과 끈기는 지나간 시대의 생활철학일 뿐 바쁜 현대는 바쁘게 사는 사람만이 생존경쟁에 살아남을 수 있다고 믿는다. 그 결과 우리나라 사람들의 보행 속도는 세계에서 가장 빠른 편에 속하며 일상생활에서 산책하는 시간은 거의 없다. 더욱이 노동의 스트레스를 풀기 위해 마련한 휴가도 밤잠을 설치면서까지 남보다 더 빨리 떠나야 직성이 풀린다.

5) 현장주의·현세주의

일반적으로 말해 서양인의 시간관은 미래를 향해 나아가는 반면에 동양인의 시간관은 주기적이고 순환적이라고 할 수 있다. 우리의 전통문화에서도 시간은 끝없는 미래를 향해 무한정으로 펼쳐져 있기보다 일정한 주기로 되돌아오는 것으로 생각되었다. 이러한 시간관은 우리 고유의 역사적 경험과 상호작용하여 우리의 일상적 삶에 독특한 현장주의와 현세주의적 경향을 드러나게 했다.

앞에서 살펴본 바와 같이 우리의 전통문화에서도 손에 잡히지 않는 저세상의 일을 도모하기보다 구체적인 현세의 삶을 영위하는 것이 더 소중했다. 아무리 하루하루의 삶이 고달파 개똥밭에 구르는 팔자라도 이승이 좋았으며, 죽은 정승보다 산 개가 낫다고 생각했던 것이다. 그리하여 시선은 언제나 '바로 지금 여기에' 집중된다.

물론 상황에 따라 현재보다 미래에 대한 설계가 부각되는 경우가 있다. 그러나 그 경우에도 종국의 목적은 현세적 삶이다. 영원히 달성되지 않는 미래를 위해서 오늘을 억제하는 것이 아니라 정해진 그 미래에서의 더 큰 현세적 충족을 위해 오늘을 금욕한다. 그리하여 '미래로의 금욕'은 언제나 '현재에서의 충족'으로 부활한다. 우리는 그 좋은 본보기를 최근의 경제위기를 전후한 소비 성향에서 확인할 수 있다.

많은 사람들이 IMF 경제위기의 중요 원인으로 당시 국민들의 과소비 성향을 지적했다. 매스컴에서는 외국인들의 말을 인용하여 우리나라 사람들이 샴페인을 너무 일찍 터뜨렸다고 꼬집었다. 그러나 이러한 비판은 우리의 독특한 현장주의와 현세주의를 감안하지 못할 때 매우 피상적인 것이 되기 쉽다. 왜냐하면 경제개발이 시작되어 IMF 사태가 일어나기까지 우리 국민들은 어느 나라 사람들보다 부지런하게 일해왔기 때문이다. 한강의 기적이나 경제성장의 새로운 모델이라는 말과 함께 산업재해율 1위, 40대 남자 사망률 세계 1위라는 통계가 나올 정도로 우리 국민들은 일 벌레처럼 허리를 졸라매면서 열심히 살았던 것이다. 그러나 그 노동의 목적은 현세적 삶을 향유하기 위해서였다. 축적을 위한 저축이라기보다 정해진 삶 안에서 구체적으로 누리기 위해서 저축하는 것이었다. 더욱이 그 정해진 미래가 불확실할 경우, 현재의 소비와 충족은 필수적이라도 해도 과언이 아니다.

실로, 소비처럼 '바로 지금 여기서' 자기의 존재를 확인할 수 있는 방법은 없다. 그렇기 때문에 언제 자기 집을 소유할지 모르는 젊은 세대에게는 막연한 미래를 위해 현재를 억압하기보다 움직이는 자기 공간으로서 자동차를 구입하는 것이 더 현실적이고 현명한 것이다. 1990년대 자가용 자동차의 급속한 내수증가는 이러한 배경과 밀접한 관계가 있다.

현재를 더 이상 불확실한 미래에 저당 잡히지 않고 바로 향유하려는 풍조는 경제위기 이후에도 줄어들기보다 확산되는 경향마저 보인다. 물론 이러한 현상은 국내외적인 시대 흐름의 일단으로도 파악할 수 있을 것이다. 그러나 어떤 경우에도 우리 특유의 현장주의와 현세주의는 간과할 수 없는 동인으로 작용한다.

한편, 현장주의적이고 현세주의적 생활태도는 상품소비 외에도 다양한 형태로 발현된다. 공사현장을 누군가가 지키고 있어야 공사 진행이 제대로 된다는 말은 상식으로 통한다. 당장의 다급한 상황을 처리하기만 하면 더 이상의 책임 추궁은 불문에 붙여지는 경우도 상당히 많다. 어디 그뿐인가? 해외여행자들 중에서 한국 사람들이 가장 현금을 많이 가지고 다닌다. 내 손안에 현금이 있어야 안심이 되는 것은 아직도 신용상거래가 확립되지 못한 데서 비롯된 것이기도 하지만 어떤 상황에서도 '현금'이 모든 '현장'에 가장 확실한 해결 수단이라는 것을 체득한 결과라 할 수 있다. 이처럼 현장과 현재의 정복은 우리 사회의 일상생활을 구성해가는 중요한 원리로 작용하고 있다.

6) 몰개성적 합일주의

근래 많은 사람들이 우리 사회의 신세대가 너무나 자기 위주의 개인주의에 빠져서 남과 사회 전체를 등한히 한다고 우려한다. 분명히 오늘의 젊은이들은 기성세대와 달리 자기 주장이 강하고 전통의 인습을 무시하는 경향이 있다. 예를 들어 젊은이들이 즐겨 입고 먹는 옷이나 음식만 봐도 기성세대와 현격한 차이가 난다. 김치 대신에 오이 피클을 더 좋아하고 밥보다 빵이나 피자를 선호할 뿐만 아니라 어른들의 입장에서 볼 때 남의 이목이 부끄러워 도저히 생각할 수조차 없는 옷을 입고 기상천외의 색깔로 머리를 염색한다. 어디 그뿐이랴? 타인이 있든 없든 상관 않는 거리낌 없는 애정 표현, 대중 연예스타의 공연장에 밀려드는 오빠부대의 열광, 직장에서 자기 업무에 대한 책임 완수보다 강한 권리의식 등은 더 이상 전통에 얽매이지 않는 젊은 세대의 강한 자아의식이 발로된 결과인 것처럼 보인다.

그럼에도 우리는 이러한 신세대조차 우리가 현대 우리 사회의 일상생활을 지배하는 원리로서 제시하고자 하는 '몰개성적 합일주의'에 깊이 침윤되어 있다는 것을 강조하려 한다. 다시 말해 기성세대가 지적하고 있는 우리 신세대의 개인주의가 실제에 있어서는 서구의 개인주의와는 상당히 거리가 멀 뿐만 아니라, 오히려 우리 사회의 몰개성적 합일주의의 변형에 불과한 것이라는 점을 지적하고 싶은 것이다.

널리 알려진 바와 같이 서구의 개인주의는 르네상스, 종교개혁, 계몽주의 등 서구의 근대사와 밀접한 관계를 가지면서 발전하여 지금도 서구인의 의식을 지배하고 있는 대표적인 생활이데올로기이다. 개인의 궁극적 가치를 중시하고 전체의 존립 근거가 개인의 안녕과 복리를 증진하는 데 있다고 믿는 개인주의는 그러나 개인의 욕구충족만을 우선적으로 고려하는 이기주의와 엄격하게 구분된다. 개인이 주가 된다는 것은 나와 마찬가지로 타인도 중요한 '개인'이라는 것을 의미한다. 따라서 타인을 고려하지 않는 이기주의는 개인주의를 근본으로부터 부정하는 원리가 된다. 어떤 의미에서 개인주의는 타인과의 공동체적 관계를 전제하지 않을 경우 현실화할 수 없다. 그렇기 때문에 루이 블랑(Louis Blanc)과 같은 프랑스 사회주의자는 개인주의를 미래의 박애적 시대로 이행하는 데 필요한 과도적 단계로서 보았으며, 푸리에(C. Fourier)와 그의 추종자들은 개인주의와 사회주의 간에 어떠한 기본적 대립도 없다고 생각했다. 더욱이 조레스(J. Jaurès)는 사회주의를 개인주의의 논리적 완성으로 보았다.

따라서 서양인들에게 있어서 개인주의는 언제나 남과의 상생적 관계를 전제한다. 그리고 그것은 공공질서의식과 엄격한 자기책임이 없이는 불가능하다. 서양인들의 자녀 교육은 바로 여기에서 출발한다. 자녀를 자유롭게 키운다는 것은 자녀로 하여금 공공의 의무와 책임을 우선적으로 내면화시킨다는 것을 의미한다. 서양의 신세대는 바로 이러한 엄격한 사회화 과정을 통해 자기의 개성을 발전시켜가는 데 익숙하다.

여기에 반해 우리 사회의 신세대는 어릴 때부터 부모의 과잉보호에 의해 자기의 의무와 책임보다 권리를 주장하는 데 더 익숙해왔다. 특히 젊은 부모들은 자기 자녀에게 호연지기를 키워준다고 공공장소에서의 행실교육 대신에 남과의 경쟁에서 이기는 모습을 더 북돋아줌으로써 남에 대한 배려와 자기통제 습관보다 거침없는 자기주장을 행동화하는 것을 일상화시키는 경우가 많다. 서양의 개인주의가 공공의식과 개인의 참된 책임의식에서 출발한다고 한다면 우리 사회의 신세대가 주장하는 개인주의는 부모 의존의 한계를 벗어나지 못한 막무가내의 어리광과 이기주의에 머물러 있다고 해도 과언이 아니다. 서양에서는 어릴 때부터 자기 용돈을 자기가 벌면서 홀로서기를 생활화하는 데 반해 우리의 청소년은 부모로부터 받는 용돈은 물론이고, 급기야 결혼 비용을 충분하게 지원해주지 않는다고 부모를 능멸하기까지 한다. 그러면서도 자기 인생은 자기가 사는 것이라고 부모의 간섭을 거부한다.

우리가 우리 신세대의 행동문화가 몰개성적 합일주의의 일종이라고 주장하는 근거는 단지 여기에 그치지 않는다. 언뜻 개성적으로 보이는 그들의 특이한 기호와 취향 자체가 자기결정에서 비롯된 것이라기보다 또래 집단의 영향과 매스미디어의 광고에 의해 대부분 결정되기 때문이다. 물론 현대사회의 특징 중의 하나가 개인들의 행동이나 판단 기준이 타자지향적이고 광고의 영향이라는 것은 벌써 1950년대 말에 리스먼(D. Liesman)에 의해 지적된 바 있다. 그러나 서양의 경우, 이러한 타자지향은 그 전 단계의 개인주의에 바탕을 둔 내부지향적 단계를 지나 나타나는 새로운 경향으로서 주목받았다. 여기에 반해 오늘날 우리 사회의 신세대에게서 보이는 타자지향적 경향은 우리 사회가 그동안 한 번도 서구적 의미의 자기결정적 개인주의의 단계를 경험하지 못한 특성을 나타낸다. 그것은 한마디로 개인의 자기결정이라는 용광로를 거치지 않고 전통적 합일주의가 새로운 형태로 분출한 것이라 할 수 있다. 이러한 행위양식을

'몰개성적 합일주의'라 칭하는 이유가 여기에 있다.

우리는 예로부터 남과의 연대의식이 너무나 강해 싫든 좋든 '친구 따라 장에 간다'. 특히 남보다 눈에 띄는 행동은 '모난 돌이 정 맞는다'고 생각되어 될 수 있는 한 남과 행동이나 의견을 합치시키는 방향이 생활의 지혜라고 교육받았다. 그렇기 때문에 친구 몇 사람이 식당에서 음식을 주문할 때도 각자 전부 다른 메뉴를 선택하기보다 될 수 있는 대로 한두 가지 메뉴로 통일하는 것이 속 편하다고 여긴다. 사람 수대로 메뉴를 주문하면 별난 손님으로 눈총을 받지 않을까 걱정하기 때문이다. 이처럼 우리 사회는 그동안 별난 개성보다 전체와 합일되는 것에 더 우선적인 가치를 부여해왔다. 그것은 단군신화의 전일적 사고와도 상통되는 원리라 할 수 있다. 그렇기 때문에 우리 사회의 유행은 다른 어느 나라보다 전국적인 돌풍을 일으킬 수 있으며, 흔히 말하는 '신바람' 문화라는 말에서도 유추할 수 있듯이 '바람'몰이의 행동일치가 공적·사적 모든 영역에서 수시로 일어난다.

전 국민이 마음만 먹으면 세계를 놀라게 한 '금 모으기 운동'의 바람을 일으킬 수 있으며, 평소 쓰레기 무단 투기를 일삼는 사람들도 올림픽 때는 일사불란하게 공공질서를 지킬 수 있는 것이다. 그것은 합리적 성찰에 따른 개인주의적 결정이 한데 모인 결과라기보다 '남과 더불어 함께하는 것'을 더 중시하는 몰개성적 합일주의의 발로인 것이다. 여기에는 신세대와 기성세대의 구별이 따로 없다. 부모의 권위를 못 견뎌하는 신세대도 자기 동아리의 '선배'에 대해서는 무조건 복종하는 경우가 일반적이며 개성적으로 튀는 행동의 동료들은 '왕따'로 소외시켜버린다. 자기 기호에 맞지 않는 사람을 개인적 수준에서 멀리한다는 것은 자연스러운 일이다. 그러나 그 개인을 집단적으로 내몰아 소외시키고 '왕따'당한 개인은 바로 그 소외감 때문에 자살까지 한다. 이러한 청소년들의 행위양식은 서구의 개인주의와 아무런 상관이 없는 것이며 오히려 몰개성적 합일주의의 전형이라 할 수 있다. 마찬가지로 청소년들 사이에 급속도로 확산되는 각종 취향과 유행의 동학도 상당수가 자기 성찰과 개성적 자아 표출이기보다 멋지게 보이는 타인을 모방하고 추종함으로써 그 속에서 자기를 잊어버리는 합일주의의 변형에 불과하다.

6. 에필로그

지금까지 우리는 현재 우리 사회의 일상생활을 구성하는 중요 원리를 여섯 가지로 압축시켜 고찰했다. 그러나 우리는 이 여섯 가지의 생활원리가 현대의 우리 사회의 일상생활을 전부 설명해준다고 생각하지 않는다. 관점에 따라서는 다른 원리가 부각될 수 있으며 같은 원리도 더 구체적인 내용으로 세분화될 수 있을 것이다. 그리하여 어떤 이는 한국인의 체면의식을 더 강조할 수도 있으며 타인에 대한 지나친 간섭과 새로운 연고주의를 부각시켜야 한다고 주장할 수도 있다. 기존의 사대주의가 현대 소비사회에서의 명품주의로 발현되는 것도 신세대와 구세대의 차이가 없지 않느냐고 반문할 수 있다. 예상되는 이러한 이의 제기는 나름대로 충분한 타당성을 지닐 수 있다.

그럼에도 더 자세하게 나열하고 첨부하지 않은 이유는 예상되는 이의 제기들이 대부분 우리가 제시한 원리들의 하위분류에 들어가거나 아니면 몇몇 원리가 동시적으로 조합된 결과라고 생각하기 때문이다. 뿐만 아니라 기존의 전통'의식'이 현재와 미래의 '원리'로 표출되는 측면을 더 강조하기 위하여 기존 논의들에서 사용되는 용어보다 더 시의 적절한 표현을 선택한 것이다. 예를 들어, 한국인의 전통적 체면의식과 명품주의는 상품화된 일상적 삶 속에 용해될 수 있으며 또한 몰개성적 합일주의에 의해서도 설명될 수 있다. 상품의 질적인 만족보다 그 상품의 상표가 갖는 사회적 명성을 더 선호하는 소비는 몰개성적이고 과도한 현세주의와 연관을 갖는다. 장 보드리야르(J. Baudrillard) 같은 포스트모던 이론가들은 현대의 소비가 내용보다 상징을 소비하는 데 더 기울어져 있다고 지적하지만, 우리의 소비는 이러한 상징적 소비가 기존의 체면과 합일주의와 결과우선주의들이 결합된 것이라는 데 그 특성이 있다. 포스트모던 이론가들이 주장하는 현대사회의 상징의 소비가 개인주의의 한계를 넘어서는 '초개성적' 소비라면 한국에서의 명품주의적 소비는 개인주의의 단계를 건너지 않고 바로 새로운 공동체로 몰입하려는 '몰개성적 합일주의'의 전형이라 할 수 있는 것이다.

또한 현재 우리 사회에 만연하고 있는 건강주의와 몸에 대한 신경과민은 서구의 포스트모던적 흐름에서도 공통적인 현상이다. 하지만, 우리나라에서처럼 몸이 상품화되는 정도가 예상외로 심한 것은 돈의 논리와 상품화된 일상적 삶의 비중이 그만큼 심각하기 때문이다. 여기에 다시 우리의 과도한 현세주의와 현장주의는 종래에 당연시하던 '죽음'마저도 건강한 '삶' 속에 망각하게 하고 과거와 미래를 모두 영원한 '현재' 속에 가두어버린다. 어떤 의미에서 그것은 과거와 미래 속에 상실하기만 했던 현재를 영원히 붙들어 매기 위한 몸부림이며 죽음과 삶이 언제나 동시적으로 공존하던 현세적 삶을 '바로 여기서' 즐기려는 오랜 비원의 한풀이인지도 모른다. 닫힌 과거와 불투명한 미래가 중첩되는 현재 속의 평범한 사람에게는 오직 확실한 향유와 소비에서만 자기 자신의 존재를 확인할 수 있을 뿐이다. 따라서, 현재 우리의 일상생활은 이러한 과거와 미래에 대한 현재의 실천적 적응이라 할 수 있다. 우리의 지나간 발자취를 입체적으로 추적할 필요성이 여기에 있다. 역사는 언제나 현재의 역사라 하지 않는가?

우리나라는 아시아 대륙의 제일 끝 자락에서 역사를 시작했다. 국토의 대부분이 산으로 이루어져 자연과의 합일이 생활의 출발이었다. 대륙과의 간단없는 교류 속에서도 이른바 중국과는 판이한 문화적 특색을 유지하였으며 바다를 격한 일본과도 확연히 구별되는 생활문화를 전승해왔다. 대륙의 중국이나 한반도를 동으로부터 둘러싼 일본 열도와는 달리 급변하는 세계의 흐름에 대한 주체적 적응이 가장 더뎠다. 이러한 고립된 지정학적 특성은 문화적 고유성을 유지시키는 요인이 되기도 했지만 빈번한 외세의 침략으로 일반 백성들로 하여금 현세적이고 현장주의적인 생활철학을 내면화하게 하는 바탕이 되었다. 더욱이 중국과의 외교 속에 안주해오던 조정이 새롭게 부강하는 일본에 국권을 상실한 이후 우리나라 사람들의 생활전략은 급속도로 실용주의화되었다. 그리고 이러한 경향은 일제의 통치목적에 의해 더욱 가속화되었으며, 국제정세의 새로운 역학관계에 의해 타율적으로 마련된 해방 이후, 일제 잔재의 미청산, 6·25와 남북분단, 군사정권과 국가 주도의 경제개발 등 현대사의 굴절로 극화되었다.

이렇게 볼 때, 우리 국민성에 대한 그동안의 논의가 오늘의 우리 국민들의 생활문화를 밝히는 데 얼마나 평면적이고 정태적인가를 쉽게 짐작할 수 있다. 그것은 마치 가장 활동적인 장년의 일상생활을 그 개인의 과거 유아기의 성격적 특성으로 환원해서 유추하는 것과 같다. 현재 장성한 어떤 개인의 일상생활의 특성을 알려면 성인이 되기까지 형성된 그의 퍼스낼리티를 고찰하는 것은 중요한 출발점이 된다. 그러나 그의 퍼스낼리티는 그 후의 생활 과정 속에서 윤색되고 변형되어 때로는 하나의 경향으로 복류하기만 할 뿐 좀처럼 발현되지 않을 수 있다. 오히려 실제의 생활 모습은 지금까지 살아온 삶의 경험이 더 직접적으로 작용한 결과라 할 수 있다. 우리가 이 글을 통해서 국민적 성격이라는 말 대신에 생활원리라는 용어를 굳이 고집한 이유가 여기에 있다.

분명히, 현재 우리의 일상생활은 과거로부터 전해 내려오는 문화적 특성과 그동안 우리 사회가 겪은 독특한 역사 경험이 상호작용한 결과라 할 수 있다. 그러기에 우리가 여섯 가지의 생활원리로 제시한 각 항목에 대한 논의 중에서도 전통문화의 자취를 선명하게 찾아볼 수 있었다. 그러나 우리가 제시한 각 생활원리에는 전통문화 위에 작용한 역사적 흔적이 더 결정적일 수 있음을 확인한다. 그것은 각 항목의 생활원리가 구체적으로 드러나는 실제의 양태에 의해 반증된다. 예를 들어, 현재 우리가 생활전략으로 사용하고 있는 강박증적인 '빨리빨리'의 생활원리는 우리 전통의 은근과 끈기 속에 행해지던 속전속결주의와는 판이할 뿐 아니라 현대 다른 산업사회에서도 유례를 찾을 수 없는 독특한 것이다.

거기에는 전통문화의 특성보다 해방 이후의 급격하게 진행된 사회변동의 회오리가 더 직접적인 요인으로 작용했기 때문이다.

실제로 국민적 성격이나 심리적 특성도 고정불변한 것은 결코 아니며 역사 과정 속에 형성된 것이라면 생활문화의 원리를 탐색하는 것이 논리적으로도 더 타당하다고 할 수 있다. 그리고 이러한 관점에서 바라볼 때 비로소 우리는 오늘의 우리의 생활문화 역시 고정된 것이 아니며 또 다른 역사적 계기에 의해 변화할 수 있음을 예견하게 된다. 그것은 오늘의 우리의 일상적 삶이 굴절된 역사에 의해 왜곡된 원리로 구성되어 있듯이, 그 왜곡된 우리의 일상은 탈소외된 새로운 역사적 경험에 의해 다시 더 바람직한 원리로 재구성될 수 있을 것이기 때문이다.

2장 새로운 인간유형
호모 디지토 로쿠엔스

고영삼_울산발전연구원 연구기획실장(yeskoh@udi.re.kr)

1. 구텐베르크 은하계의 종말

1) 문명의 긴장

　문명에 긴장이 발생하고 있다. 인류가 즐겨 소통하는 방식이 변화되고 있다. 인쇄매체는 18세기 이후 인류가 가장 선호하는 커뮤니케이션 매체였다. 인간은 이러한 매체를 통하여 소규모 지역 공동체를 넘어서 민족국가와 같은 좀더 큰 정신적·정치적 공동체를 형성할 수 있었다.

　그러나 새로운 방식으로 인류 문명을 발화시켰던 인쇄매체는 이제 이동전화·인터넷과 같은 디지털 기술을 이용한 새로운 매체에 자리를 물려주고 있다. 필기·인쇄매체 기술에 줄 서 있던 인류 문명은 이제 디지털 기술 쪽으로 서둘러 그 줄을 바꿔서고 있다. 아마도 디지털 매체는 인쇄매체보다 훨씬 더 큰 충격과 긴장을 인류 문명에 선사할 것으로 보인다.

　돌이켜보면 변동은 어느 시대, 어느 문화권에서도 자연스러운 일이었다. 그러나 현재 우리가 경험하고 있는 변동은 특정 국가에서 특정한 시기에 일어나는 국소적인 것이 아니라, 대부분의 국가에서 거의 동시에 발생하고 있는 전 지구적 현상이다. 그리고 이러한 변동의 근간에는 공통적 커뮤니케이션 수단으로서 디지털 테크놀로지가 자리하고 있다. 이러한 의미에서 현재의 변동은 각별하고, 우리는 이것을 거대한 인류 문명의 변화로 볼 수 있는 것이다.

사실 현대사회의 변동이 커뮤니케이션 기술에 의하여 주도되고 있다는 주장은 그렇게 새삼스럽지 않다. 또한 인간을 커뮤니케이션의 동물로서 이해하고 연구하는 것은 사회학이나 사회심리학에서 이미 보편적 현상이다. 고전 사회학에서도 이러한 증거를 쉽게 찾을 수 있다(박재환, 1995). 짐멜(G. Simmel), 쿨리(C. H. Cooley), 미드(H. Mead) 등 인간을 이른바 자원론적 존재로 파악하는 사상가들은, 인간은 커뮤니케이션을 통하여 자아를 완성하며, 사회구조라는 것도 사실 이러한 커뮤니케이션의 형식일 뿐이라고 보고 있다. 재미있는 것은 자원론적 사회사상가나 구조주의 사상가 모두가 인간과 사회조직을 설명하는 데 있어서 커뮤니케이션을 중요한 분석대상으로 삼아왔다는 것이다. 예를 들어 후기구조주의의 대표적인 사상가인 라캉(J. Lacan), 알튀세(L. Althusser) 같은 이도 자아의 형성과정 자체를 커뮤니케이션과 연결시켜 논하고 있다.

한편, 커뮤니케이션 과정을 인간의 성장 과정으로 보는 것을 넘어서 역사의 큰 성장 과정으로 이해하는 스케일 큰 사상가들도 있다. 이들은 주로 커뮤니케이션 매체를 기준으로, 매체와 사회구조 및 사회문화와의 함수관계를 분석하면서 인류 역사를 설명한다. 이러한 관점의 대표적인 학자로서는 『구술문화와 문자문화』를 저술한 월터 옹(W. J. Ong), 『커뮤니케이션의 편이(The Bias of Communicatiuon)』를 저술한 해롤드 이니스(Harold A. Innis), 『전자미디어의 충격(No Sense of Place: The Impact of Electronic Media on Social Behavior)』을 저술한 메이로비츠(J. Meyrowitz), 그리고 이미 잘 알려진 맥루한(M. McLuhan), 마르크스의 생산양식의 개념을 패러디하여 '정보양식'이란 개념을 만든 포스터(M. Poster) 등이 있다.

2) 맥루한의 구텐베르크 은하계 엿보기

그런데 전자 텔레커뮤니케이션의 출현이 인류 문명을 획기적으로 변화시킬 것이라고 예견한 대표적인 학자는 역시 마샬 맥루한이다. 1980년 타계한 캐나다의 영문학자 맥루한(Herbert Marshall McLuhan)은 문학·예술·종교·심리학·언어학·철학·경제사 등 다양한 분야에 걸쳐서 박학다식했고, 특히 독특한 글쓰기로 주목을 끌었던 이론가이자 예언가이다. 이니스(H. A. Innis)를 만나서 커뮤니케이션을 더 깊이 있게 연구한 맥루한은, 1962년『구텐베르크 은하계(*The Gutenberg Galaxy*)』를 출판하여 이듬해 캐나다 최고의 문학상까지 수상하였다. 그리고 1964년에 들어서 그 유명한 경구인 "매체는 메시지다"라는 주장을 한『미디어의 이해: 인간의 확장(*Understanding Media: The Extensions of Man*)』이라는 책을 저술하였다.

맥루한은 지난 3,500년간의 서구 역사를 고찰하고서 세 가지의 중요한 테크놀로지가 나타나서 인류 문명의 흐름을 변화시켜왔다고 주장하였다. 즉, 첫째는 음성 자모(phonetic alphabet)의 발명, 둘째는 1446년 구텐베르크의 금속활자(movable metal type)의 발명, 셋째는 1844년 마르코니(Marconi)의 전신(telegraph)의 발명이다. 맥루한이 이러한 커뮤니케이션 매체가 발전하는 과정을 인간의 다섯 가지 감각 기능, 즉 시각·청각·후각·미각·촉각 등과 연결시켜서 논하고 있는 것은 재미있다. 또한 맥루한은 다섯 가지 감각 기능을 순위로 만들어서 그 중요성을 논하기도 했는데, 어쨌든 이와 같은 테크놀로지는 청각을 주로 사용하는 시대에서 금속활자에 의하여 시각을 사용하는 시대로, 그리고 다시 청각을 주로 사용하는 시대로 거듭하여 문명전이(文明轉移)를 한다고 설명한다.

맥루한은 이상과 같이 인간의 감각 기능과 커뮤니케이션 매체의 속성을 중심으로 인간의 역사를 보려는 관점에서『구텐베르크 은하계』를 집필하였다. 이 책은 중세에서 근대로의 변화에 대한 이야기이며, 동시에 사람들이 구어문화에 주로 의지하던 상태에서 벗어나 문자문화에 더 많이 의지하게 됨에 따라, 미디어가 인간의 문화와 인간을 어떻게 변화시

켜놓는지를 해명하려고 한 책이다.1

　비록 맥루한이 인류 역사 문화의 변동을 지나치게 미디어 출현과 연관시켜서 설명한다고 비판하는 이도 있지만(Judith Stamps, 1995: 142), 오히려 맥루한은 많은 사상가들이 미디어를 제외시키고 서구의 근대성을 설명한 것에 대하여 비판적으로 보았다. 미디어가 특정 사회에 출현함으로써 그 사회와 문화를 '재구조화'시키는 것에 대한 충분한 이해 없이 사회문화를 논한다는 것은 불가능하다는 것이다(M. McLuhan, 1962: 42-44).

　맥루한은, 마르크스가 생산양식을 기준으로 역사발전의 5단계 법칙을 설명하였듯이, 커뮤니케이션 양식을 문화의 가장 기본적인 토대라고 보았다. 즉, 맥루한은 "인간의 소통의 양식이며, 세상에 대한 지각의 양식이고, 자신의 경험을 조직하는 양식인 커뮤니케이션 양식이 어떠한 방식으로 이루어지느냐 하는 것이 한 사회 혹은 한 시대의 문화를 설명하는 가장 기본적인 줄기라고 보았다"(임상원·이윤진, 1999). 맥루한의 그러한 비판과 통찰력이 비록 그가 살았던 시대의 사람들에게서는 찬밥 대접을 받았지만, 사후에라도 제대로 평가받고 있다는 것은 흐뭇한 일이다. 그가 없었다면 마크 포스터(Mark Poster) 등 걸출한 현대 사상가들은 훨씬 먼 길을 거쳐서 현재 위치에 도달하였을 것이다.

2. 호모 텔레포니쿠스의 탄생과 정보인류학

1) 호모 로쿠엔스

　알다시피 인간의 학명은 매우 복잡하고 조금은 신비하다. 약 1,200만

---

1 중요한 것은 맥루한이 단순하게 미디어 기술결정론자는 아니라는 점이다. 맥루한은 기술혁명에 관하여 우리가 아직 모르고 있는 결정적으로 중요한 한 가지 문제가 있다고 하면서, 기술혁명이 발생하기 1세기 전부터 '세계관'의 위대한 변화가 일어났고 이러한 세계관의 변화가 혁명적인 과학기술을 만들어내었다고 본다. 그리고 지배적인 커뮤니케이션 매체의 변화는 문명의 성격을 또 변모시킨다고 보았다.

년 전 최초의 유인원이었던 라마피테쿠스는 그 이후 진화를 거듭하다가 네안데르탈인을 거쳐서, 마침내 1만 년 전에 우리 인간의 직접 조상인 크로마뇽인으로까지 진화한다.

동물분류학에서는 현재의 인간을 사피엔스 종(一種, species Sapiens), 호모 속(一屬, genus Homo), 호미니드 과(一科, family Hominid), 호미노이드 초과(一超科, superfamily Hominoid), 앤스로포이드 아목(一亞目, suborder Anthropoid), 영장류 목(一目, order Primate)에 속하는 것으로 분류하고 있다.

한편, 인문·사회과학자들은 이상과 같은 자연생물학적 분류 외에 인간이 가진 다양한 특성에 초점을 맞추어 인간을 이해하려고 하였다. 예를 들어 호모 사피엔스(Homo spiens: 생각하는 존재), 호모 에렉투스(Homo erectus: 두 발로 서는 존재), 호모 로쿠엔스(Homo loquens: 언어적 존재), 호모 그라마티쿠스(Homo grammaticus: 문법적 존재), 호모 폴리티쿠스(Homo politicus: 정치적 존재), 호모 파베르(Homo faber: 도구를 사용하는 존재), 호모 루덴스(Homo ludens: 유희적 존재), 호모 이코노미쿠스(Homo economicus: 경제적 존재), 호모 네간스(Homo negans: 부정을 할 수 있는 존재), 호모 에스페란스(Homo esperans: 희망으로 사는 존재), 호모 콘숨멘스(Homo consummens: 소모하는 존재), 호모 소키에스(Homo socies: 사회적 존재), 호모 에로스(Homo eros: 성애적 존재) 등이 그것이다.

그런데 이와 같은 명칭이 인간 존재의 어떤 면을 비교적 정확하게 설명하는 것이기는 하지만, 사실 우리가 아는 생물 중에서 가장 복잡한 두뇌와 가장 발달한 문명을 가진 존재가 인간이기에 이러한 명칭은 인간을 설명하는 데 충분조건이기보다는 필요조건 정도로 보인다.

일견 복잡하게 느껴지는 이상과 같은 용어를 호이징가는 세 가지 개념으로 정리하였다(J. Huizinga, 1993). 즉, 인간의 생각하는 능력을 강조하는 호모 사피엔스, 무언가를 직접 만들고 제작하는 특성을 강조하는 호모 파베르, 그리고 인간이 즐길 줄 아는 특성, 그래서 놀이하는 특성을 가지고 있다는 데에 착안하여 부르는 호모 루덴스가 그것이다. 호이징가는 인류 문명, 심지어 전쟁까지도 인간의 놀이 본능에서 시작된 것이라고 보는 문명사가인데, 이상과 같이 세 가지의 특성으로서 인간을 포괄하여 이해하는 것도 틀린 것은 아닌 것 같다.

그런데 필자는 이상과 같은 분류법을 포함하여 인간의 속성을 칭하는 개념들 간에는 어떤 공통점이 있다고 생각한다. 즉, 인간은 무언가 사색하고 만들고 놀이하는 원인과 과정, 그리고 목표에 있어서 어떤 대상과 '의미'를 주고받고자 하는 공통된 본능이 있다는 것이다. 여기서 '어떤 대상'이 설령 그 자신일지라도 무관하다. 단지 '의미의 주고받음'을 통하여 비로소 주체의 존재를 확인하고자 하는 본능이 있다는 것이다. 이러한 측면에서 김춘수의 시는 참으로 예리하다.

내가 그의 이름을 불러 주기 전에는
그는 다만
하나의 몸짓에 지나지 않았다.

내가 그의 이름을 불러 주었을 때,
그는 나에게로 와서
꽃이 되었다.

인간은 항상 '의미 있는 존재'가 되고 싶어 한다. 필자는 의미의 존재를 호모 사피엔스로, 무언가 의미를 담아서 눈에 보이도록 모형과 구조물을 만드는 인간을 호모 파베르로 부를 수 있다고 본다. 그리고 의미를 즐겁게 주고받고 싶은 목적으로 즐기는 인간을 호모 루덴스라고 할 수 있을 것이다. 그러니까 우리는 인간을 무엇이라 부르든 기본적으로 '소통(communication)의 동물'로 생각할 수 있다. 이른바 호모 로쿠엔스 (Homo loquens)인 것이다.

2) 호모 텔레포니쿠스

호모 텔레포니쿠스(Homo telephonicus)는 이른바 '전화(하는) 인간'을 말한다. 인간의 근본 속성을 지칭하는 호모 로쿠엔스의 메타포를 좀더 구체적으로 패러디한 것으로 볼 수 있겠다.[2] 이동전화가 너무나 급속하게 보편화된 한국 사회의 심층을 깊이 있게 분석하기 위하여 기획한 메타포로 보인다. 필자는 이러한 메타포를 통하여 '이동전화의 강박적 이용문화'가 발생할 수밖에 없는 한국 사회의 대중문화(popular culture)를 진단하는 일은 의미 있는 일이라 생각한다. 박재환 교수는 우리 사회에 뉴미디어가 출현함으로써 유사 이래 발명된 모든 종류의 커뮤니케이션 양식이 존속·변형되면서 복합적인 커뮤니케이션 환경이 조성되는 것을 두고 '커뮤니케이션 사회'라고 표현한 바 있다(박재환, 1995). 이러한 의미의 커뮤니케이션 사회에서 강력한 역량을 지닌 이동전화는 우리 생활양식에 더욱 중요해질 가능성이 많고, 나아가 새로운 문화를 창출할 가능성이 많기 때문에 넓은 의미에서 '미디어와 사회'의 관계를 탐구하는 하나의 키워드로 간주하는 것이 좋을 듯하다.

앞서 말했듯이 호모 텔레포니쿠스는 이동전화 인간이다. 맥루한에 따르면 인간은 지속적으로 신체를 확장하고자 추구한다고 한다. 이와 같은 주장의 근거에는 리처드 도킨스(Richard Dawkins)의 '이기적 유전자' 설이 뒷받침되고 있다. 인간은 여타 생물과 마찬가지로 어떤 게놈, 즉 자체 생존본능을 지닌 유전자에 의하여 지배되는데, 이러한 유전자가 생존을 위하여 자신의 결함을 보완하기를 추구하게 되고, 그 결과 신체의 확장을 기도한다는 것이다. 이러한 시각에 따라 맥루한은 컴퓨터는 대뇌피질의 확장이며, TV는 시각의 확장, 산업용 로봇은 팔의 확장, 자동차는

---

[2] 이 용어는 이탈리아 문헌에서 최초로 사용한 기록이 있다(http://digilander.libero.it/ecodiroccasecca/ Eco25/Pag04.htm). 한편 국내에서는 김신동 교수(2001)가 이동전화의 확산에 영향을 준 사회문화적 요인을 연구하면서 이 개념을 사용하였다.

다리의 확장, 항공기는 날개의 발생이며, 오늘날의 전화는 청각의 확장이라고 주장했다. 이러한 관점에서 보면 이동전화는 청각과 시각, 날개, 다리의 확장으로 이해할 수 있다.[3]

문제는 도킨스와 맥루한 식의 관점으로 볼지라도 우리나라에서 이동전화의 확산과 이용문화는 유별나다. 공중전화박스에 들어가서도 이동전화로 통화하는 사람들을 보면, 우리나라 사람들의 이동전화 사용은 경제적 가치를 넘어선 어떤 것, 단순 편리성을 넘어선 어떤 것이 있는 듯하다.

3. 호모 텔레포니쿠스의 통신문화 트렌드

1) 이동전화의 폭발

이동전화의 급격한 확산에 대하여 깊이 있게 연구된 바는 없으나, 어쩐 일인지 이를 언급하는 것은 이미 진부할 정도가 되었다. '직장 없는 사람은 용서할 수 있다. 그러나 휴대전화 없는 사람은 용서할 수 없다'라고 하는 이야기가 통할 수 있는 상황이다.

<표 2-1>에서 보듯이 우리나라에서 국가적 차원에서 정보화 계획을 수립하던 시점인 1995년에 160만 명이던 이동전화 인구가 2000년에 이르러 2,700만 인구가 되었고, 급기야 2003년 3/4분기에는 3,300만 명으로 확장되었다. 현재 남한 인구를 4,800만으로 잡을 때 약 68.7%의 인구가 이동전화를 소지한 것으로 보인다. 정확한 통계를 잡을 수는 없지만 군인, 초등학생 이하, 70세 이상의 노인을 제외한 거의 모든 국민이 소지한 것이 아닐까?

---

3 이러한 관점에서 본다면 이동전화의 출현뿐만 아니라, 지속적으로 세련화되어 나타날 디지털 매체인 인터넷, post-PC, 착용 컴퓨터(wearable computer), 게다가 안드로이드(android), 사이보그 (cyborg) 등도 인간의 또 다른 확장이라고 할 수 있을 것이다.

<표 2-1> 연도별 전화 가입자 수

구분	유선전화 가입자		공중전화 설치		이동전화 가입자	
	수(천 명)	보급률 (백 명당)	대수(대)	보급률 (천 명당)	수(명)	보급률 (만 명당)
1980	2,705	7.1	58,017	1.5		
1985	6,517	16.0	117,761	2.9	4,685	1.1
1990	13,276	31.0	237,074	5.5	80,005	18.7
1995	18,600	41.2	327,839	7.3	1,641,293	364.0
2000	21,932	46.7	538,983	11.5	26,816,398	5,704.6
2001	22,725	48.0	516,251	10.9	29,045,596	6,135.2
2002	23,490	49.3	446,925	9.4	32,342,493	6,789.0
2003					33,207,911	

자료: 정보통신부 자료를 통계청(www.nso.go.kr)에서 인용.
주: 1) 1999년 이후 일반전화, 집단전화, 자동착신방식, ISDN, 700을 합산한 추정치임.
   2) 이동전화의 경우 1985년 자료는 차량전화만 집계.
   3) 2003년도 통계는 해당 연도 3/4분기 가입자 수.

극히 짧은 기간에 달성되는 이러한 기록은, 우리나라에 유선전화가 도입된 것이 1898년이라는 것을 기억할 때, 경이롭기 짝이 없는 것이다. 2002년의 경우 유선전화의 가입자는 100명당 49.3명인 데 비하여 이동전화의 가입자 수는 67.9명에 이르니 무선전화의 인구는 한마디로 폭발적이라고 표현하는 것이 정확할 것으로 보인다.

놀라운 것은 대부분의 소비생활이 경기에 영향을 받는 것이 당연한데도, 이동전화의 인구는 금을 팔아서 국가적 재정의 위기를 극복하던 IMF 직후인 1998년 이후에도 급격하게 증가해왔다는 사실이다. 도대체 실업이 보편화되고, 경제적 곤란으로 가정이 해체되는 상황에서도 이동전화 인구가 이렇게 폭발적으로 증가해왔다는 것에 대하여 우리는 어떻게 설명할 수 있을까? 분명히 이동전화가 우리나라 사람들의 보편적 정서에 부합하는 무언가의 특성을 가지고 있기 때문일 것이다.

<표 2-2> 연평균 소비지출 비중 증가율 상위 목록(1991~2001년)

구분	외식비	기타 주거비	전기료	가사 서비스	교재비	보충 교육비	교양 오락 서비스	개인 교통	통신	이·미용
증가율 (%)	4.78	7.25	2.39	5.73	4.85	4.40	4.05	9.08	11.06	2.07

자료: 임일섭, 「미래소비의 주역, 20대의 소비패턴」, ≪LG주간경제≫ 2002.4.17.

2) 지금, 이곳의 이동통신문화

이미 알려진 상식이 되었지만, 각 가계에서 정보통신비는 상당한 부담이 될 정도로 생활경제를 압박하고 있다. <표 2-2>는 우리나라 도시근로자의 가계수지 동향에 관한 자료이다. 각 분야별로 소비지출의 비중이 나타나 있는데, 표에서 보듯이 통신비가 11.06%의 증가율로 가장 많이 증가된 것을 알 수 있다. 가계비 지출은 경기에 매우 영향을 받기 때문에 IMF 관리체제에 들어서면서 소비지출은 급격하게 줄었지만, 정보통신비만큼은 이때에도 증가한 것이 참으로 놀랍다.

<표 2-3>은 우리나라 각 가정에서 지출되는 이동전화 비용을 보여주고 있다. 2001년도에 3~5만 원대의 가정이 28%로 가장 많았으나, 2002년에 들어서 5~10만 원대로 증가하는 것을 알 수 있다. 월 5만원 이상 지출하는 가정이 2001년도에는 42.6%였으나, 2002년도에는 51.4%에 달하여 약 10% 정도 증대하는 것도 알 수 있다. 이렇게 지출되는 각 가정의 통신비용은 가정에 매우 많은 부담이 될뿐더러, 가정 갈등의 주요한 요소가 되기도 한다.[4]

어쨌든 이동전화의 폭발적인 증가에는 무언가 원인이 있을 것이다. 아마도 한국 민족의 전통의식과 생활습관에서 연유되는 무언가가 있을

---

[4] 한 보고서에 따르면, 통신요금 청구서 수령 후 어이없는 요금으로 인하여 1/3의 사람들이 가족 불화를 경험하고(있는 편 31.8%, 보통 16.3%, 없는 편 51.9%), 거의 반 정도의 이용자가 후회(하는 편 49.1%, 보통 21.1%, 하지 않는 편 29.2%)한다고 조사되었다. 또한 조사대상자의 반 이상이 요금체계에 대한 지식이 (거의) 없는 것으로 분석되었다(정보통신부 생활경제국 거래개선팀, 1999).

〈표 2-3〉 최근 우리나라 가정의 이동전화비 지출

(단위: %)

구분		2만 원 미만	2~3만 원	3~5만 원	5~10 만 원	10~20 만 원	20만 원 이상
2001년		8.0	21.2	28.3	27.6	15.0	
2002년		6.1	16.1	26.4	33.2	15.6	2.6
연령	19세 이하	3.3	29.1	39.5	15.5	12.3	0.3
	20~29세	1.7	11.7	31.1	38.8	14.1	2.6
	30~39세	4.6	18.3	30.9	34.1	10.8	1.4
	40~49세	4.8	13.8	24.0	34.8	19.1	3.5
	50~59세	6.1	13.6	21.1	33.2	22.0	4.0
	60세 이상	17.9	25.6	26.0	22.0	7.6	0.9

자료: 통계청, www.nso.go.kr

것으로 보인다. 이러한 전통적 민족문화는 다시 정보통신 혁명에 의하여 생성되고 있는 신문화와 결합되면서 현재와 같은 통신문화 트렌드를 형성하였을 것이다. 그렇기 때문에 우리가 이동전화가 확산되는 원인과 충족되는 조건을 우리의 문화적 특성에서 찾아내는 것은 의미 있는 것으로 보인다. 그것은 사회학의 순수 학문의 면에 있어서나 기업의 기술개발의 방향을 탐색하고자 할 때에도 도움이 될 것이다.

그런데 사실 이동전화의 폭발적인 확산현상을 사회문화적 특성에서 찾아낸다는 것은 쉽지 않은 일이다. 우선 이러한 분야의 분석이 자연과학의 수준만큼 객관적이기 힘든 분야일뿐더러, 대중의 행위라는 것이 참으로 많은 변수에 영향을 받는 것이라는 것을 생각해본다면 더욱 그러하다. 그러나 이러한 시도는 의미 있는 일이기 때문에, 필자는 이 문제를 다음과 같이 풀고자 한다. 한국 사회에서 이동전화가 확산되는 데에는 이동전화가 한국인의 보편적인 정서와 일상생활에 있어서 무언가를 충족시켜주는 장점을 가지고 있기 때문인데, 그렇다면 이동전화가 확산될 수 있도록 이른바 이동전화의 강화된 인터페이스(interface)의 특성을 짚어보고자 한다. 그렇게 될 수 있다면 역으로 이동전화의 특성에서 현대 한국인의 문화적 성향을 파악할 수가 있지 않느냐 하는 생각에서이다.

이러한 생각 위에서 필자는 현재 한국에서 사용되고 있는 이동전화는 편리성·정보성·사교성·과시성·업무성 등 다섯 가지 분야에서 탁월한 기능을 가진 매체라는 것을 발견할 수 있었다.

편리성

편리성이란 이동전화를 사용함으로써 일상생활에서 업무나 일을 불편하지 않게, 수월하게 처리할 수 있는 것을 말한다. 이동전화는 어디서든지 원하는 대상과 통화할 수 있다는 이동편리성, 언제든지 즉시 접속할 수 있다는 즉시접속의 편리성, 무선이기 때문에 은밀한 장소에서 타인의 귀를 의식하지 않고 통화할 수 있다는 프라이버시 편리성, 초소형의 전자기기이지만, 이 기기를 통하여 매우 많은 종류의 일을 처리할 수 있다는 다기능성 등 다양한 편리성의 요소를 구비하고 있다.

이동 편리: 어디서나 가능, 로밍 가능, 초소형의 경량, 통화 중 기능
즉시접속의 편리: 기본 지역번호, 듀얼넘버, 전화번호 저장기능, 항상 즉시 접속 가능
프라이버시 편리: 수신차단, 수신보류, 휴대전화 잠금
다기능 편리: 정보매체, 사교용 매체, 오락용 매체, 업무용 매체
기타 편리: 전화번호부, 단축번호, 그룹환경 설정, 통화목록, 메시지 기능(보내기, 수신함, 발신함, 보관함, 스팸 방지 등), 수신음 진동전환 기능

이동전화의 편리성의 근원은 역시 이동성, 초소형, 그리고 가벼운 무게이다. 만약 현재의 휴대전화가 1980년대 사용된 플립스의 드랜스포터블의 무게인 4kg 그대로라면 현재와 같이 일반화되지는 않았을 것이다. 그 당시에는 손에 들고 다니기가 너무 무거워 어깨에 메고 다니는 것이 당연한 일이었다. "필요(need)는 발명의 어머니"라는 경구처럼 편리성의 욕구는 이동전화를 현재와 같이 만들었다.[5]

---

5 편리성에 관한 재미있는 조사통계가 있다. 일본의 이동통신 회사인 NTT 도코모의 조사에

한편, 편리성을 추구하는 한국인의 특성은 앞으로도 이동전화의 기능을 더욱 향상시켜나갈 것으로 보인다. 먼 미래를 이성적으로 사고하기보다는 '현재 편한 것'을 추구하는 한국인들은 이동전화가 가진 약점인 취약한 사회적 실재감(social presence)을 더욱 보완하면서 진화시켜나갈 것이다. 사회적 실재감이란 커뮤니케이션하는 사람들이 같이 참여해 있다는 느낌을 오롯이 가질 수 있는 정도를 말한다. 즉, 메시지를 교류하는 상황(context), 메시지가 담긴 형식(text), 의미(message), 그리고 비언어적 단서(nonverbal cues) 등을 총체적으로 느낄 수 있는 정도를 사회적 실재감이라고 한다. 예를 들어 편지보다는 전화가, 전화보다는 대면적 만남이 사회적 실재감이 높다. 커뮤니케이션 매체는 대화자 상호 간에 메시지를 교류하면서 이해의 가능성을 증진시키는 데 목적이 있으므로, 사회적 실재감을 보완하는 식으로 발전해갈 것이 틀림없다.

한 연구(김현주, 2000)에서는 사회적 실재감이 5점 척도에서 면대면 접촉(4.49), 유선전화(3.79), 이동전화(3.45)의 순서로 나타났다고 하였다. 그러나 필자가 보기에는, 현재의 기술 수준에서 볼 때 이동전화는 아직 잡음이 많고, 끊김 현상이 있기 때문에 대중이 위와 같이 느낄 수 있으나, 향후에 화상전송, 이모티콘 등을 사용하는 식으로 발전한다면 사회적 실재감은 유선전화와 비교되지 않을 정도로 개선될 것이 분명하다. 더구나 유선전화가 어쩔 수 없이 가진 '유선의 속박'을 생각한다면 이동전화는 편리성으로 더욱 사랑받을 가능성이 많은 것으로 보인다.

또한, 이동전화는 사람들에게 안도감을 주는 매력적인 도구이다. 조금 오래된 큰 휴대전화를 '무기'라고 하는 농담도 있지만, 이동전화는 위급한 상황에서 사회적 안전망과 즉시에 연결될 수 있는 훌륭한 도구라는 점에서 거의 '종교'와 가까울 정도이다.

따르면, 휴대전화 이용자의 70%가 편의점에 주 2회 이상 가는 것으로 조사되었다. 휴대전화 이용률과 편의점 이용 횟수가 비례한다는 분석이다(Newsweek, 2004.2.11.).

정보성

정보성은 정보수집성과 정보교류성으로 구분하여 이해할 수 있다. 이동전화는 정보매체로서도 매우 유익하다. 물론 이동전화의 정보성은, 인터넷과 TV에 비하여 상세성의 정도가 떨어지는 것은 사실이다. 그러나 이동성의 장점으로써, 취하고자 하는 정보를 언제 어디서나 손쉽게 구할 수 있다는 점과 이용자의 사회적 능력에 따라 원하는 정보원을 고정하지 않고 다양한 곳에서 구하여 정보를 취하거나 교류할 수 있다는 장점이 있다.

이동전화의 신속하게 정보를 교류할 수 있는 장점은 특히 한국 사회에서 매우 중요하다. 한국 사회는 매우 많은 사건과 기회가 있는 사회이다. 신문을 보면 대형 사건의 연속인 것에서 알 수 있듯이 짧은 시간에 참으로 많은 변화가 발생한다. 발생한 하나의 큰 사건은 시간이 흘러 사람들의 기억에서 사라지기보다는 또 다른 큰 사건에 의하여 '강제적으로' 잊혀진다. 그리고 외환위기 이후 계급고착화(class crystallization)가 강화되고 있지만, 여전히 한국은 기회가 많은 사회이다. 이러한 사회에서는 어떤 사람을 만나거나 무슨 일을 하고 있더라도, 또 다른 사건과 기회를 접할 수 있도록 통로를 만들어 놓아야 안심할 수 있다. 이동전화기는 이러한 면에서 참으로 유효한 매체이다.

> 정보수집: 음성 녹음, 뉴스·날씨·교통정보·증권정보·스포츠 정보의 다운받기(문자·음성), 금융정보 등 다양한 생활정보
> 정보교류: 시계, 세계 시간, 달력, 메일

사교성

가정용 유선전화가 그러하듯이, 이동전화도 친교 등 인간관계를 돈독하게 하는 데 사용되는 유효한 매체이다. 일과 후 동료들과 자주 어울리는 직장인들이 그렇지 않은 사람들보다 이동전화를 더 많이 소유하고 있다는 조사연구도 있다(김신동, 2001). 이동전화는 사교성과 연관이 있는

<表 2-4> 통신서비스별 주요 이용 목적

(단위: 명, %)

목적 \ 종류	유선전화	이동전화	인터넷/PC통신	공중전화
가족 · 친지와의 연락	968(95.7)	687(75.0)	33(8.4)	99(67.8)
회사/개인업무	476(47.0)	671(73.3)	83(21.0)	37(25.3)
뉴스 등 정보수집	30(3.0)	22(2.4)	188(47.6)	12(8.2)
홈뱅킹 · 홈쇼핑 등 온라인 거래	48(4.7)	6(0.7)	54(13.7)	6(4.1)
사회참여(의견제시)	13(1.3)	6(0.7)	13(3.3)	3(2.1)
학습	6(0.6)	3(0.3)	86(21.8)	5(3.4)
오락 · 여가 활동	41(4.1)	16(1.7)	156(39.5)	21(14.4)
기타	51(5.0)	36(3.9)	13(3.3)	22(15.1)

자료: 정보통신부 생활경제국 거래개선팀, '가계 정보통신서비스 이용실태조사', 1999.12.
주: 복수응답 결과임.

것이다. 매체의 이용 목적을 보여주는 <표 2-4>는 이동전화가 사교적 목적으로 가장 많이 이용되고 있음을 보여주고 있다. 특히 젊은 연령층으로 갈수록 이동전화는 용무만 간단히 주고받는 매체를 넘어서 있다.

식구들이 모여서 식사 중이다. 이때 10대인 딸의 휴대전화가 울린다. 딸이 뛰어가서 받는다. '20여 분' 종알거리다 식당으로 온다.
엄마: 밥 먹다 전화가 왜 그렇게 길어, 누구에게서 왔길래?
딸: 응, 잘못 걸려온 전화야······☺
가족들: ······*^$@······

젊은 세대의 사교용으로 주로 이용되고 있는 이동전화는 특히 문자 서비스에서 꽃을 피운다. 한 조사에 따르면(이시형 외, 2002), 청소년들은 하루 평균 55건의 전화를 걸거나 받는 것으로 조사되었다. 그중에서 음성전화는 10건이며, 문자전화는 45건인 것으로 나타났다. 문자를 입력 시킬 수 있는 능력을 요구하는 문자 서비스는 이메일과 같이 동시적 (synchronistic) 특성과 비동시적인 특성을 함께 가지고 있다는 장점(그렇기 때문에 수신자는 필요할 때 열람할 수 있다), 공공장소처럼 음성으로 이야기할 수 없는 상황에서도 주위에 아무런 폐를 끼치지 않고 소통할 수 있다는 장점, 그리고 저렴한 비용 때문에 앞으로도 매우 선호될 전망이다.

이영수(2003: 105)의 연구에 따르면 문자 서비스는 사회성·휴식·친밀감의 유지 등 사교적 목적의 이용을 위해서는 음성통화 서비스보다 강점이 있는 것으로 나타났다. 앞으로 문자 서비스 체제 내에서 사회적 실재감을 높일 수 있는 다양한 이모티콘 등이 개발된다면 이용도는 더욱 높을 것이다. 예를 들어 5회 미만의 단축키로써 아바타 등을 만들어 친밀한 감정을 표현할 수 있는 문자 서비스가 개발된다면 이동전화는 더욱 폭발적으로 사용될 것이다.

친교: 문자 서비스
휴식 · 오락: 게임, 별자리 궁합, 카메라폰 기능(사진 촬영, 비디오 촬영, 스티커 촬영, 슬라이드 쇼, 사진 편집, 앨범 기능), 동영상(다운받기), 노래방 (노래 다운받기, 노래 보관함), 만화(다운받기), 소설(다운받기), 연예·오락 (다운받기)

청소년들에게 있어서 이동전화는 참으로 훌륭한 오락의 도구이기도 하다. 전철·기차·버스 등에서 게임에 몰두한 청소년을 보는 것은 어렵지 않다. 이동전화를 통하여 다운받을 수 있는 것도 노래·동영상·만화 등 거의 모든 것에 이르고, 이를 또한 자유자재로 편집할 수 있을 정도이다. 자연 속에서 성장한 기성세대와 다르게 철저히 도시의 기계문명 속에서 성장한 청소년들에게서 이동전화는 이동 중에 몰두할 수 있는 제일 좋은 친구인 것으로 보인다.

과시성

이동전화는 자신의 쿨(cool)함을 과시할 수 있는, 타인과 차별화할 수 있는 참으로 좋은 도구이다. 따라서 요즘은 더 이상 이동전화의 소유 여부를 논하는 시대가 아니다. 당연히 소지하고 있는 카메라폰의 성능, 음질, 화질, 그리고 악세사리가 더 중요한 것으로 간주된다. 그러다 보니 요즘 전화 단말기의 교체 주기가 평균 1년 6개월에 불과할 정도라고 한다(Newsweek, 2004.2.11.).

이동전화에 있어서 나타나는 과시욕망이 자본주의사회나 한국사회에서만 나타나는 특이한 현상인 것은 아니다. 이것은 사람들이 타인에게 좋게 보이고자 하는 인간의 근원적인 욕망에서 기인하는 행위로 보는 것이 맞다. 그러나 과시욕구는 특히 한국사회·한국인을 분석하는 매우 좋은 변수인 것은 사실이다. 전통사회에서 한국 사람들은 체면을 중요하게 생각해왔다. 체면문화는 실제의 모습보다는 '타인이 보는 나'에 대하여 더 관심을 갖는 것을 말하는데, 이러한 문화는 소비자본주의 사회에서 과시적 소비가 조장되는 텃밭이 되기도 한다.

이러한 문화권에서 이동전화의 주된 고객이라고 할 수 있는 청소년들의 특성이 결합되면 이동전화를 통한 과시욕망은 곱절로 증폭되어 나타난다. 청소년은 자아가 형성되는 시기이지만, 외양에 관심이 많고 타인으로부터 인정받고 싶어 하는 성향이 강한 데다가 현실적인 감각이 부족한 경우가 많다. 이들의 이러한 성향은 소비행위에 있어서도 유명상표나 최신종의 기기를 선호하는 식의 패턴으로 나타나기도 한다.

과시: 최신종 기기 교환, 음량 벨소리, 카메라폰, MP3폰 구입, 휴대전화의
    각종 악세사리

한편, 타인에게 그럴듯하게 보이고자 하는 이유 때문에 과시욕구가 나타나는 것만은 아니다. 한국 사회에 있어서 과시욕망은 생존전략과 연결되어 있는 부분도 있다. 명품 혹은 최신 기종의 이동전화, MP3, PDA를 가지는 것이 사회적 신뢰를 획득하는 사회적 분위기에서, 직장인들이 사회적 생존을 위해 좀더 나은 최신 기종을 과시적으로 추구하는 경우도 있다. 변화 제일주의의 사회에서 이동전화는 변화에 민감한 마인

드를 갖춘 사람으로 치장하는 손쉬운 방법이 될 수도 있는 것이다.

업무성

이동성 및 편리성이 큰 장점인 이동전화는 이제 단순히 통신수단뿐만
아니고 거래와 일정관리 등 업무적 성격으로 더욱 확장되고 있다. 앞서
<표 2-4>에서도 보듯이 이동전화의 업무이용도는 '가족·친지와의 연
락'(75%)이라고 하는 사교적 목적과 비슷하게 높은 비율(73%)로 이용되
고 있는 것을 알 수 있다.

거래: 계산기, 스톱워치(stop watch), 전자사전, 은행결제, 홈쇼핑, 홈뱅킹,
eCRM(electronic Customer Relationship Management), 예약·예매, 콜 택시
일정관리: 알람시계, 해야 할 일 기록, 기념일, 메모, d-day 카운터, 전화관리
(전화 사용 시간 체크)

최근 어떤 관공서에서는 휴대전화를 통하여 논스톱(non-stop) 서비스
를 제공한다고 하며, 사기업에서는 인터넷의 B2C 거래에 있어서 결제의
방법으로 휴대전화 결제를 신용카드 결제와 같이 사용하고 있다. 콜
택시를 부를 때에도 휴대전화는 신원을 확인할 수 있는 간단한 수단으로
이용되는 등 편리성 때문에 휴대전화는 단순한 통신 미디어를 넘어서
일상생활의 업무를 챙기는 데 있어서 필수품으로 완전히 자리 잡고
있다.

4. 호모 디지토 로쿠엔스의 잉태

1) 이동전화의 진화

자본주의의 발전은 기술발전과 긴밀하게 연관되어 있다. 20세기 말에

시작된 정보통신기술 혁명은 산업자본주의를 또 다른 자본주의, 즉 정보자본주의로 이끌고 있다. 정보자본주의가 산업자본주의와 특히 다른 점이 있다면 그것은 오락, 여가, 문화, 심지어 의식 혹은 정신 등 주로 대중의 일상생활과 밀접하게 관련된 분야에서 시장을 형성하고 있다는 것이다.6 여기서는 통신과 관련된 부분만을 보기로 한다.

우리나라는 비록 아날로그 방식이기는 하지만, 1984년에 제1세대 통신인 AMPS(무선통신)를 처음으로 도입하였다. 그리고 1996년에 이르러 제2세대 통신으로 불리는 CDMA(코드분할다중접속방식) 기술을 세계 최초로 개발하였다. 그 후 디지털 통신기술은 지속적으로 발전하여 PCS 체제를 넘어서 이제까지 우리나라에서 '꿈의 이동통신'이라고 불렸던 제3세대 통신(cdma2000, WCDMA)인 IMT-2000(International Mobile Tele-communication)으로 진화되었다. 이 시스템은 현재 우리가 대중적으로 사용하고 있는 PCS의 한계, 즉 로밍(Roaming: 국가의 경계를 넘어서도 자유롭게 사용하는 통신 서비스)의 어려운 문제를 해결할 수 있다고 전망해 왔다. 그러나 '꿈의 이동통신'으로 불리며 추진되어 작년에 수도권 지역에 개시된 비동기식(WCDMA) IMT-2000은 휴대 인터넷의 등장으로 당장 위기에 몰려 있기도 하다.

정보통신 쪽은 시장의 크기를 제대로 예측하지 못할 정도로 크기 때문에 통신기술 정책은 모든 국가의 주요 정책사항이다. 참여정부는 출범 이후 2만 달러 시대로의 진입을 위하여 미래의 성장잠재력을 확충하는 것이 필요하다고 판단하고서 이른바 '차세대 성장동력 추진계획'을 수립하였다.7 동 계획에서 정부는 단말기 산업이 반도체를 대체할 만큼

---

6 이러한 점에서 학자들은 정보혁명과 같이 형성되고 있는 자본주의 혹은 자본주의 문화를 정보사회라고 부르기도 하지만, 사이버네틱 자본주의(K. Robins & F. Webster), 포스트모더니즘 사회, 소비조작의 관료사회(H. Lefebvre) 등으로 지칭하고 있기도 하다. 이들은 노동과 생산보다는 여가와 소비를 연구대상으로 한다는 점에서 사회과학 연구의 시각을 전환시켰다.

7 차세대 성장동력으로 선정된 것은 다음과 같은 것들이다. 디지털 TV/방송, 디스플레이, 지능형 로봇, 미래형 자동차, 차세대 반도체, 차세대 이동통신, 지능형 홈 네트워크, 디지털 콘텐츠/SW솔루션, 차세대 전지, 바이오 신약/장기.

주력으로 부상할 수 있는 품목이라는 판단하에 차세대 이동통신 산업을 10대 성장 산업으로 선정하였다. 그리고 현재 '차세대 이동통신 서비스'[8]의 발전을 단계적으로 모색하고 있다. 정부와 사업자들은 2004년에 걸쳐 3세대 서비스를 본격화하고 2006년경에는 3세대와 4세대로 간주되는 차세대 이동통신의 가교 역할을 할 휴대 인터넷 서비스를 상용화할 계획이다.

2.3GHz 휴대 인터넷 서비스는 휴대형 단말기를 이용하여 무선으로 인터넷 서비스 및 통화 서비스를 할 수 있는 것으로서, 빠른 데이터 전송속도(사용자별 1Mbps)를 제공하여 영화 및 동영상 등을 실시간으로 서비스할 수 있으며, 시속 60km 정도로 이동 중일 때에도 정지해 있을 때와 동일하게 이용할 수 있는 체제이다. 더구나 이 서비스는 IMT-2000보다 저렴한 가격으로 사용할 수 있고, 채널당 대역폭을 IMT-2000보다 2배나 넓은 10MHz로 하기 때문에 늦어도 2006년부터 시작한다면 대중화에 상당한 호소력이 있을 것으로 보인다. 문제는 이미 5,000억 원 이상 투자한 IMT-2000을 어떻게 할 것인지 하는 점이다.

이러한 역동적 상황 속에서 국내 연구기관과 관련 기업들은 차세대 이동통신의 주도권 확보를 위해 노력 중이다. 한국전자통신연구원(ETRI)은 차세대 이동통신의 핵심 분야에서 특허를 획득함으로써 국내 기술의 세계 표준화와 로열티 수입 등을 기대하고 있다. 또한 LG전자, 삼성전자 등 이동통신 단말기와 시스템을 개발하는 회사들도 기술 개발과 각종 표준화 포럼에 참여하는 등 빠른 움직임을 보이고 있다. LG전자의 경우 차세대 이동통신 기술 중 스마트 안테나에 주목하여 관련 기술을 개발 중이다. 또한 삼성전자는 최근 제4세대 통신을 연구할 목적으로 4G 포럼을 구성하여 노키아, 지멘스, NTT 도코모 등 세계 각국의 통신 관련 기업들과 4G 표준화 작업을 위한 전략적 제휴를 추진하고 있다(이

---

8 통신과 관련된 전 세계 표준을 담당하는 ITU(International Telecommunication Union)는 차세대 이동통신의 개념을 보행 중 1Gbps, 차량으로 고속 이동 시 100Mbps의 데이터 통신이 가능한 통신기술이라고 규정하고 있다.

영수, 2003).9

　필자가 이제까지 이동통신의 기술 및 산업동향을 언급한 것은 통신 시장은 기술 발전과 예기치 못하는 기술 및 시장 상황으로 인하여 위험도와 기회도가 다 같이 높다는 것을 말하기 위해서이다. 그런데 시장성은 큰 반면 위험도가 높은 상황을 탈피하기 위하여 각 기업들은 노력하고 있는바, 그 결과 나타나는 것이 바로 이동전화의 확장성을 최대한 살리는 것이고, 이것은 곧 이동전화의 진화로 연결된다.10

　이렇게 이동전화기는 일상생활과 계속 연결되고 있으며, 자체 생존을 위하여 거듭 진화하고 있다. 기업들은 카메라, 신용카드, 오디오, 비디오, 각종 게임, TV 방송, 인터넷, 극장 예약, 동영상 다운로드, 출입증 카드 겸용, 도서 대출증, ID 카드 등 일상생활에서 있을 수 있는 대부분의 욕구를 이동전화기에서 해소할 수 있도록 개발하고 있다.

　시장에서 생존하기 위한 각 기업의 노력은 단순히 이동전화의 편리성을 향상시키는 것을 넘어서 '세상을 모두 휴대전화에 담고자 하는 것' 같다. 이러한 속도로 이동전화가 진화를 거듭하고, 이동전화에 대한 우리의 의존도가 가속화된다면, 아마도 머지않아 이동전화 없는 세상은 공기 없는 세상처럼 되지 않을까? 이러한 추세를 모르고 이동전화를 단순히 작은 휴대용 전화기 정도로만 생각한다면 문명의 낙오자가 되기 십상이다.

---

9 한편, 세계 통신 시장의 장기적 전망이 불투명한 가운데 휴대전화 회사들은 시장에서 생존하기 위한 노력을 계속하고 있다. 그것은 기술의 표준화를 획득하는 것인데, 다양한 변수가 개입된다. 이동통신 기기만을 본다면, 2001년 세계 시장 점유율에서 4위를 기록한 삼성전자는 첨단 카메라폰과 스마트폰으로써 모토로라를 누르고, 제1위 업체인 노키아와 유일한 경쟁구도를 세워나간다는 목표를 세웠다. 특히 노키아의 국가인 핀란드의 시장도 넘보고 있다.

10 예를 들어 SK텔레콤은 이동하면서도 고화질의 디지털 TV를 볼 수 있는 위성 DMB를 추진하고 있다. 또한 작년에는 휴대전화에 직원 ID카드를 장착시켜 시행한 바가 있다. 삼성은 액정화면에 터치스크린 기능을 덧붙인 터치스크린 게임폰 외에도, MP3폰 등 올해에만 50여 종의 이동전화기를 출시할 계획이다. LG전자도 눈으로 보면서 귀로 듣는 캠코더폰 등 30여 종의 신제품을 출시할 계획이다. 팬택은 영어사전과 뇌파 학습기가 들어 있는 이동전화기를 준비하고 있다. 이렇게 국내 업체들이 2004년 한 해 동안 출시할 이동전화는 150여 종에 이른다.

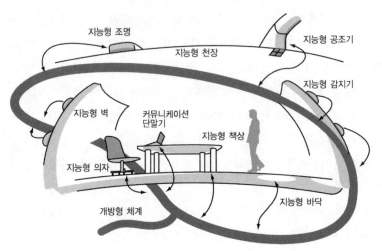

〈그림 2-1〉 유비쿼터스의 개념도

지능형 조명
지능형 공조기
지능형 천장
지능형 감지기
지능형 벽
커뮤니케이션 단말기
지능형 책상
지능형 의자
개방형 체계
지능형 바닥

자료: 사카무라 켄의 『유비쿼터스 컴퓨팅 혁명』에 수록된 것을 김재윤의 「유비쿼터스 컴퓨팅: 비즈니스 모델과 전망」(≪Issue Paper≫, 삼성경제연구소, 2003: 10)에서 재인용.

2) 유비쿼터스의 유령

'하나의 유령이 세계를 배회하고 있다, 유비쿼터스라고 하는 유령이.'

실로 한국 사회는 너무나 빠른 변화를 경험하고 있다. 작금에 우리가 경험하는 변화는 예사롭지 않다. 개인용 컴퓨터가 대중화된 지 얼마 되지 않아 새로운 유형의 컴퓨터 체제가 들어서고 있다.11

유비쿼터스(ubiquitous)는 라틴어에서 유래한 것으로 원래 '언제 어디서든지 신(神)을 느낄 수 있다'라고 하는 개념을 차용하여 '다양한 종류의 컴퓨터가 사람·사물·환경 속으로 스며들고 서로 연결되어, 언제 어디서

11 지난 1,000년간 인류에게 가장 큰 영향을 끼친 사건을 조사한 결과, 1455년의 구텐베르크의 금속활자의 발명이 꼽혔다고 한다. 물론 이보다 약 200년 앞서서 우리나라에서 금속활자가 발명되었다는 것은 세계 학자들이 인정하고 있는 사실이다. 어쨌든 서구에서 금속활자의 발명은 산업혁명으로 연결되었고, 구어문화에 기반을 둔 봉건사회를 해체하였다. 그리고 1946년에 만들어진 컴퓨터는 이후 디지털 기술의 고도화에 힘입어 지구 사회를 이른바 '정보양식'의 사회로 재편하고 있다. 하지만 1988년 마크 와이저가 유비쿼터스를 명명한 이후 정보혁명은 다시 엄청난 진동을 하고 있다.

나 컴퓨팅을 구현할 수 있는 환경'을 말한다. 1988년 제록스(Xerox)의 마크 와이저(Mark Weiser)라고 하는 사람이 조작에 대하여 특별히 관심을 가지지 않아도 고성능의 컴퓨팅 효과를 맛볼 수 있는 환경을 구현할 수 없는가에 대하여 고민하고서 처음으로 사용한 것으로 알려져 있다. 즉, 사람이 컴퓨터 사용법을 배우지 않아도 컴퓨터가 인간의 관심에 부응하여 작동되는 컴퓨터 환경을 원했던 것이다. 그리하여, 컴퓨터는 '장소에 구애받지 않는 컴퓨팅', '자연스러운 컴퓨팅', '자율적인 컴퓨팅' 등을 키워드로 발전하고 있다(김재윤, 2003: 3).

필자가 보기에는 인류의 IT 혁명은 지속적으로 일어날 것이지만 컴퓨팅 환경에서 볼 때, IT 역사는 유비쿼터스를 기점으로 하여 새로운 역사가 만들어질 것으로 보인다. 이제까지의 IT 체제는 주로 가상현실(cyberspace)을 구축하는 데 주력했다면, 유비쿼터스 체제는 <그림 2-1>에서 보듯이 벽·바닥·책상·천장·차량·인형 등 사물의 모든 것을 지능화함으로써 이용자와 컴퓨터 간의 인터페이스를 가깝게 만든 것을 말한다. 아니, '아예 없애버린 것'을 말한다. 동 체제는 인간을 둘러싼 사물이 스스로 판단하는 능력을 가지기 위해서 지능화되어야 하고, 자연스럽게 존재하기 위하여 강한 인터페이스가 확보되어야 하고, 장소에 구애받지 않게 네트워크화되어 있어야 한다는 목표로 진화하고 있다.

현재 나타나고 있는 대표적인 유비쿼터스 컴퓨팅 프로젝트는 다음과 같은 것이 있다(김재윤, 2003: 26-37).

- MIT의 '생각하는 사물'(Things That Think) 프로젝트:
사용자의 언어·행동·생활습관을 기억하고 이해하여 마시는 커피의 기호를 파악하여 제공하는, 인터페이스를 강화시킨 유비쿼터스
- EU의 '사라지는 컴퓨팅'(Disappearing Computing) 프로젝트:
정보사회기술계획(IST)에서는 보기를 들어 머그 컵에 Smart-its를 내재하여 컵의 이동경로, 사용자 정보, 내용물의 온도 등의 정보를 생성할 수 있도록 하는 컴퓨터 개발

<표 2-5> 능동형 센싱 시스템

구분	대상	사람	센서 종류	인터페이스
시각(視覺)	가시광선	눈(망막)	이미지 센서	동작인식
청각(聽覺)	소리	귀(콜티기관)	사운드 센서	음성인식
촉각(觸覺)	기계 에너지	피부(촉소재)	접촉 센서	터치스크린
후각(嗅覺)	화학물질	코(점막)	가스 센서, 바이오 센서	-
미각(味覺)	화학물질	입(혀)	이온 센서, 바이오 센서	-

자료: 한국전자통신연구원 자료를 김재윤, 「유비쿼터스 컴퓨팅: 비즈니스 모델과 전망」(≪Issue Paper≫, 삼성경제연구소, 2003: 19)에서 재인용.

• 일본의 '구패스(Goopass)' 프로젝트:
오므론(Omron)과 동경전철이 공동으로 추진하는 것으로서, 예를 들어 전용권으로 자동개찰구를 통과하면 행선지의 주변 이벤트 정보 등을 승객의 휴대전화로 전송받을 수 있는 시스템

이 외에도 각국의 유비쿼터스 프로젝트는 너무나도 다양하다. 버클리 대학의 '스마트 먼지(Smart Dust)' 프로젝트가 있다. 이 프로젝트에서 만들고자 하는 것은 $1mm^3$ 크기의 극소형으로 가벼워서 떠다닐 수 있고 먹어도 될 정도의 컴퓨터로서 생태연구와 군사전략 장비로 사용될 수 있는 센서 기능을 극대화한 유비쿼터스이다. 유비쿼터스는 앞으로 계속 진화하겠지만, 지난 수년간 발전되어온 전자태그(RFID: Radio frequency identification) 등 센서 기술, 프로세서 기술, 나노 기술, 차세대 인터넷 프로토콜(IPv6), 모바일 기술, 보안기술 등에 의하여 만들어진 것이며, 거대한 시장성을 확보하면서 진화를 거듭할 것으로 보인다.

그런데 유비쿼터스 컴퓨팅은 위와 같은 기술을 통하여 다양한 형태로 나타날 것이지만, 공통적으로 내재성(embedded)와 이동성(mobility)의 두 가지 방향 속에서 개발되는 것에 주목할 필요가 있다.[12] 즉, 유비쿼터스

---

[12] 이동성은 이동전화와 연결될 것이다. 이동전화의 중기적 발전 방향은 멀티미디어 단말기형이다. 즉, 휴대전화는 중기적으로 디지털 컨버전스의 진전, 고객의 다기능 선호경향 심화, 기업들의 기능 차별화 노력 지속 등을 바탕으로 다양한 소비자의 욕구를 단일 기기에서 충족시킬 수

는 일단 기기의 지능화와 정보기기의 네트워크화로서 시작된다고 할지라도, 향후에는 컴퓨터가 아닌 모든 '사물 속에 존재'하면서 인간의 행동을 능동형 센싱 시스템으로 읽어낼 것이다.

센서 기술은, 특히 컴퓨터가 인간과 강한 인터페이스를 갖기 위해서 매우 중요하다. 사람의 희로애락이 나타나는 안면 근육의 움직임, 숨결의 흐름, 땀 분비도 등 인간의 모든 감각을 동시에 느낄 수 있게 하려면 센서 기술이 고도화되어야 하는 것이다. 이때 우리가 상상할 수 있는 것은 인간이 어디를 갈지라도 구현되어 있는 매우 민감한 초지능 컴퓨팅 환경이다. <표 2-5>에서는 인간의 다섯 가지 감각을 읽는 유비쿼터스를 보여주고 있다. 그러나 앞으로는 인간의 생각까지(동양에서는 예전부터 서양의 다섯 가지 감각에 의식이라고 하는 한 가지 감각을 더 인정하였다) 동시에 인지할 수 있는 초지능형 유비쿼터스 컴퓨팅이 출현하여 또 하나의 주체로 스스로 작동하고, 진화를 거듭할 것이다. 비트(bit)로 이루어진 컴퓨터의 '이기적 유전자'의 실체가 공인되는 시점이다. '호모 디지토 로쿠엔스(Homo digito loquens)'가 출현하는 지점이다.

5. 아슬아슬한 미래

이러한 관점에서 필자가 만든 조어로서 호모 디지토 로쿠엔스는 인간만을 가리키는 것이 아니다. 이것은 인간의 과학기술의 매우 높은 수준이기도 하면서 위험을 내포하고 있다.

일찍이 맥루한은 전자기술이 출현함으로써 인쇄기술이 앗아간 인간의 총체적 감각능력이 회복하게 될 것이라고 긍정적으로 이야기하였다. 그러나 발전되는 디지털 기술은 편리성을 주는 반면, 인간을 극단적인 위험으로 몰고 갈 가능성이 상존한다.

있는 '통합 멀티미디어 단말기'로 진화할 가능성이 높을 것으로 예상된다(조준일, 2002). 이러한 형태의 미디어와 유비쿼터스는 환상적 결합이다.

전자기술이나 초기의 디지털 기술은 맥루한의 용어로 인간 신체의 확장으로 귀결된다고 해도 될 것이다. 그런데 post-PC 혹은 유비쿼터스 컴퓨팅이 등장하면서 맥루한 식의 논법은 한계에 직면한다. 즉, 앞으로의 디지털 기술은 신체를 확장시킬 뿐만 아니라 신체를 왜곡하고, 더욱 에워쌀 것이다. 그리고 인간의 의식과 감정을 크게 변화시킬 가능성이 있다. 그런데 만약 인간이 최신종의 이동전화를 소지하는 것을 넘어서, 날렵한 유비쿼터스 컴퓨팅을 넘어서, 그리고 손발 같은 신체의 일부분을 전자기기로 교체하는 것을 넘어서, 드디어 뇌신경과 연관된 조직까지 디지털화 시킨다면 문제가 커진다.

이른바 호모 디지토 로쿠엔스에서는, 전통적 논법에서 말하는, 인간과 기계의 경계 충돌이 발생할 것이다. 이러한 의미에서 가까운 미래에 인간은 맥루한의 예언을 훨씬 더 멀리 뛰어넘게 될 것이다. 그리고 모르는 사이에 인류는 사이보그(cyborg)와 안드로이드(android)의 아슬아슬한 경계로 들어설 위험에 빠진다.

이연화_부산대학교 강사

1. 들어가며

"아들딸 구별 말고 둘만 낳아 잘 키우자!", "잘 키운 딸 하나 열 아들 부럽지 않다!", "한 집 건너 하나 낳기". 1960년대 이후 한국이 경제개발 5개년 계획과 가족계획사업을 추진하면서 TV를 통해 저녁 시간이면 들려주던(임신은 밤에 이루어지니까?) 출산과 관련된 상징적 구호들이다.

이 구호의 효과로 한국은 선진국에서는 100여 년에 걸쳐 이룩된 출산 전환을 불과 25년이라는 단기간에 완료하여 '인구억제정책'의 성공 사례로 평가받는 세계적인 '저출산' 국가가 되었다. 그 결과 머지않아 2018년부터는 한국의 노동력은 감소하고 2023년에는 노동력 부족사태 와 그에 따른 '노년부양비'1의 증가로 사회적인 부담이 증가할 것이다. 급기야 정부도 당면한 문제를 해결하기 위해 출산 축하금과 3명 자녀를

---

1 노인 1명을 부양하는 생산가능인구(15~64세)가 1980년 16.3명에서 2003년에는 8.6명, 2030년에 는 2.8명으로 더욱 줄어 사회적 부담이 무거워질 것이다(≪동아일보≫ 2003.10.2.). 한국노동연구 원이 내놓은 자료에 의하면 한국 사회는 65세 이상 노인 비율이 1999년 전체 인구의 7%를 넘으면서 고령화 사회로 진입했고, 2022년에는 14%를 돌파해 고령사회가 된다는 것이다(≪한국 경제신문≫ 2004.1.26.). 문제는 다른 나라에 비해 고령화의 속도가 빠른 것인데, 예상되는 기간인 23년은 프랑스 115년, 스웨덴 85년, 미국 75년, 영국과 독일 각 45년, 일본 26년 등에 비해 최고 4배 이상 빠른 것이다. 이렇게 빠른 것은 평균수명 연장 외에도 세계에서 유례없는 낮은 출산율이 가장 큰 요인으로 지적되고 있다(≪헤럴드경제≫ 2004.1.26.).

가진 가구에 '아동보조금'을 지원하는 등 '출산장려정책'을 내놓고 있다 (KBS뉴스, 2004.1.19.).

그러나 정부의 이와 같은 정책이 얼마나 효과를 거둘지는 의문이다. 왜냐하면 이미 1988년 출산율이 1.6명이 되면서부터, 정부는 사실상 '인구억제정책'을 포기했다. 그럼에도 불구하고 1988년 이후, 출산율은 계속 떨어지고 있기 때문이다.

2003년 통계청 자료『저출산과 고령화』에는, 유럽 국가의 '출산장려 정책'의 경험적 사례에서 출산율을 높이기는 했지만 인구의 증감을 가져오지 않는 2.1명의 수준까지 도달하는 데에는 실패했음을 보고한다. 한마디로 억제된 출산율을 회복하는 것은 쉽지 않다. 왜 '저출산'에서 벗어나는 것이 어려운가?「출산문화와 여성」(1996)에서 김은실은 출산 행위는 그저 여성에게 일어난 단순한 '생물학적 사건'이 아니라 그 사회 내에서 양식과 의미가 결정되는 '사회문화적 사건'이라고 밝히고 있다. 즉, '저출산'은 사회·경제·문화적 관계들이 개입한 정치적 산물인 것이 다.

예로부터 자식을 두어 노년을 의탁하고, 손자의 재롱 보기를 낙으로 삼았기 때문에 자식은 많으면 많을수록 좋은, 자식을 위해 희생하는 것이 부모의 미덕이던 한국 사회는 왜 이처럼 빨리 '저출산'을 우리의 생활 속으로 받아들였는가? 이 해답을 풀지 않는 한 유럽이 원하는 수준의 출산율로 회복하지 못했듯이 우리의 출산장려정책도 땜질 수준 을 벗어나지는 못할 것이다.

따라서 이 글에서는 한국 사회에서 개인의 삶과 출산이 다른 사회관계 들과 어떤 방식으로 관계 맺으면서 '저출산'이라는 '사회 문화적 사건'을 만들어가고 있는지 살펴보려 한다. 2절에서는 다산의 풍습이 어떠한 이유로 단산의 생활규범으로 바뀌었는지, 그 원인을 살펴보고, 3절에서 는 저출산 구조가 된 원인이 무엇인지 밝혀볼 것이다. 4절에서는 저출산 시대의 새로운 분만 풍습을, 5절에서는 중상류층의 원정출산을, 6절에서 는 종합적으로 저출산을 둘러싼 기존의 경제적·사회적·문화적 관계들을 정리할 것이다. 더불어 저출산의 속도를 늦추기 위한 새로운 출산정책의 필요성을 제기할 것이다.

2. 무자식이 상팔자?

1) 한국의 딩크족

　과거 결혼의 의미는 사랑하는 사람과 함께 사는 것에 있지 않고, 아이를 낳아 종족을 보존하고 집단을 존속시키는 데 일차적인 목적이 있었다. 그래서 여자는 결혼하면 으레 아이를 낳아야 했고 그렇지 않으면 '칠거지악(七去之惡)'으로 결혼 생활이 강제적으로 해체되기도 했다. 그러나 오늘날에는 사랑하는 남녀가 함께 살거나 결혼한다고 해서 반드시 자녀를 갖는 것은 아니다. 무자녀 부부의 증가는 그 좋은 예가 된다.
　한국의 무자녀 부부는 1985년 전체 가구의 7.8%였던 것이 1995년 12.6%, 2000년 14.8%로 늘었다. 이러한 무자녀 가족을 '딩크족'[2]이라고 부른다. 한국의 딩크족은 일시적인 무자녀 상태를 추구하다가 영구적인 딩크족으로 가는 경우와 결혼하기 전부터 무자녀를 추구하는 예비 딩크족으로 나뉜다.

　결혼 4년차인 이철상(35)·김은지(32) 씨 부부는 영구적인 딩크족에 가깝다. 결혼 초기에는 육아 부담을 버거워하는 아내 김 씨가 아이 낳기를 꺼렸고, 이젠 남편 이 씨가 '완고한 딩크'가 되었다. 둘은 주말이면 간혹 함께 낚시를 떠난다. 강화도의 한 호젓한 물가에서 남편은 한가로이 낚싯줄을 드리우고, 아내는 그 옆에서 책을 읽는다. 이 씨는 "아이로 인해 내 삶의 자유를 포기해야 하는 상황을 바라지 않는다"고 말했다. 그는 또 "이 험한

---

[2] 딩크(DINK)란 Double Income, No Kids의 약어로 의도적으로 자녀를 두지 않는 맞벌이 부부로서 최근 미국의 베이비 붐 세대의 생활양식과 가치관을 대변한다.

세상에 왜 애를 낳아서 고생시켜야 하느냐"고 물었다.

박민기(36) 씨는 경제적인 딩크족이라고 할 수 있다. 결혼 5년차인 박 씨 부부는 결혼 1년여 만에 일찌감치 조그만 집 한 채를 마련했다. 아이 대신 집을 택한 것이다. 아이를 낳아 가족공동체를 형성하는 것보다는 두 사람이 경제적으로 풍요롭고, 서로에게 어느 정도 자유로운 것이 낫겠다 는 생각에서였다.   (≪한겨레≫ 2002.4.30.)

사례를 통해 일시적인 무자녀를 결정한 1차적인 동기를 보면, 남성과 여성이 다소 다르다. 여성의 경우는 1차적으로 육아의 부담 때문이며 과거 자녀를 키우면서 드는 간접비용인 기회비용을 이제는 자신의 자아 실현으로 돌리려고 한다. 남성의 경우는 육아에 드는 경제적인 비용 때문이다. 자녀 대신 집을 마련한다든지(노후를 위해) 또는 경제적으로 여유 있는 자유로운 삶을 선택한다. 그리고 일시적인 무자녀 부부가 영구적인 무자녀 부부로 변하는 이유는, 그들이 자녀가 있는 부부보다 경제적·시간적 여유로움과 자아실현을 더 향유하고 있기 때문이다.

'예비 딩크'도 있다. 미혼인 최민희(29) 씨는 '아이를 낳으면 인생이 끝장'이 라고 생각한다. 아이를 낳는 순간 일상이 아이 중심으로 돌아가고, 자신의 취미 생활이나 인생목표 등 '내 인생'은 끝이라는 얘기다. 최 씨는 "결혼을 하더라도 딩크족으로 살 계획으로 남자 친구와 협의 중"이라며, "남자 친구가 딩크족으로 사는 것에 동의하지 않으면 결혼은 어렵지 않을까 생각한다"고 말했다.   (≪한겨레≫ 2002.4.30.)

산업사회는 여성들의 경제활동을 필요로 하면서도 전통적인 가족 중심의 아동 양육 시스템을 그대로 유지시켜 출산과 양육에 대한 책임을 여성에게만 전담시키고 있는 실정이다. 그렇기 때문에 미혼 여성에게도 결혼을 하면 아이를 키워야 한다는 부담감은 자신의 일과 자아실현을 위해 결혼하지 않든지 또는 무자녀 부부를 추구하게 하는, 즉 예비 딩크족을 만드는 원인으로 작용하고 있다. 여성의 경제활동을 위해 양육을 지원하는 한국의 모성보호정책은 여성의 모성보호비용을 고용주에게 떠넘기고[3] 있기 때문에, 결국 고용주는 여성의 고용을 기피하게 되고 여성은 취업을 위해 자녀를 낳지 않는 악순환의 고리로 작용한다. 사회화되지 못한 아동 양육 시스템은 여성들로 하여금 경제활동과 결혼 후 출산과 양육 사이에서 하나만을 택하게 만드는 기제로 작용하면서 한국의 '저출산' 문화에 영향을 미치고 있다.

모성보호는 근본적으로 고용주와 여성 근로자 사이의 개별 근로계약의 문제가 아니다. 현세대가 현재의 노령인구와 아동인구를 부양하고 있듯이, 현재의 아동은 미래에 현재 근로계층을 부양하게 되는 일종의 세대 간 계약의 차원으로 이해되어야 한다. 기업 또한 다음 세대의 노동자를 확보하기 위해 출산과 양육이라는 재생산에 임금을 지불해야 함에도 불구하고 여성의 무임금 가사노동에 출산과 양육노동을 전가하고 있다. 이와 같은 이유로, 한국의 무자녀 부부는 점점 증가하고 있다.

2) 결혼·출산, 이제는 선택

젊은 부부들 중 일부는 이제 출산과 육아를 실질적인 선택의 문제로 받아들이기 시작한 것으로 보인다.　　　　　　　　　(《여성신문》 2002.9.6.)

《이프》가 여대생 634명을 대상으로 한 설문조사에서 57.3%가 "결혼에 따른 출산이 당연하다고 생각하지 않는다"고 보도했다. 10년 후 관련 전문가들의 의견도 '결혼은 절대적인 것이 아닌 선택이라는 개념으로 변화될 것이며, 기존의 가족 개념이 해체될 것'(55%)이라고 전망했다.

　　　　　　　　　　　　　　　　　　　　　(《한겨레》 2002.12.8.)

---

3 한국의 법정 유급출산휴가는 90일로 이 중 처음 60일은 고용주가 전적으로 부담해야 하고, 후반부의 30일은 고용보험의 재정에서 충당된다.

이처럼 결혼하면 꼭 아이를 낳아야 한다는 기존의 사회적 규범이 많이 약화되었다. 신세대는 결혼과 출산을 하나의 선택 사항이라고 생각한다. 이를 반영하듯 2002년 평균 초혼 연령은 남자 29.8세, 여자 27.0세로 10년 전에 비해 남자는 1.7세, 여자는 2.0세 늦춰졌다. 통계청에서 2002년 7월에 발표한 '2000년 인구주택 총조사'에 따르면, 한국의 독신 가구는 222만 4,000가구로 총가구 수의 15.5%에 이른다는 것이다. 문제는 속도인데 독신 가구는 1994년 조사 때보다 무려 35.4%가 늘어 총가구 증가율 10.4%를 크게 앞지르고 있다. 한국에서는 현재 독신 가구가 급격히 증가하고 있다고 해도 과언이 아니다.

이러한 현상이 먼저 나타난 프랑스에서, 철학자 질 리포베츠키는 『나르키소스 혹은 공허』란 책을 통해 자기애의 시대가 왜 찾아오는지를 설명하고 있다. 즉, 혁명과 발전이 가져오는 '빛나는 아침'을 믿는 사람들이 더 이상은 없다는 것이다. 사람들은 지금 여기서 순간에 충실히 살고 더 이상 아이를 낳으려 하지 않는다는 것이다(≪문화일보≫ 2003.1. 24.).

한국과 최저 출산율 기록 갱신을 경쟁하고 있는 일본도 이런 독신 가구의 증가로 고민하고 있다. 「일본사회는 성혁명을 제대로 경험하였는가? ―일본의 저출산 현상에 대한 문제제기」라는 통계청 발행 자료집(2003)에서 '일본 청춘남녀는 왜 결혼하지 않는가?'를 분석하고 있다. 일본의 젊은 남녀들의 혼전 난교는 일반적인 관행이며 이들의 예기치 않은 임신이 인공임신중절(낙태)로 이어져 태어날 태아들이 사라지고 있음을 '저출산' 현상과 연결해서 분석하고 있다. 그래서 일본의 저출산은 혼인율의 감소와 낮은 혼전·혼외 출산율 때문이라고 밝히고 있다.

한국의 경우도 하루에 4,100명, 1년에 150만 명의 낙태가 행해지고 있고, 이는 매년 낙태된 태아가 신생아의 두 배를 넘는 수치이다(happy campus.com). 낙태가 경제적인 이유든, 남아선호사상 때문이든, 미혼모를 터부시하는 문화 때문이든 한국의 신세대의 자기애의 강화로 결혼과 출산은 선택 사항이 되었다. 그 결과가 혼인 연령의 증가와 독신 가구의 증가이며, 이는 혼인율의 감소와 혼전·혼외 출산을 터부시하는 한국적 정서와 맞물려 더욱 낮은 출산율로 이어질 것이다.

3. 고령 출산

1) 고령 임신

한국의 '저출산'에 영향을 미치는 또 다른 원인은 여성들의 첫 출산 연령이 높아졌다는 사실이다. 삼성제일병원에 따르면 고령 분만은 전체 분만 건수 가운데 11%대라고 한다. 1993년 9.6%에서 1998년 11%로 상승했고, 2001년 13.7%까지 뛰어올랐다가 2002년 11.8%, 2003년 10월 11.9%를 기록했다(≪한국일보≫ 2003.11.30.). 의학적으로 고령 임신이란 35세 이상의 산부를 말한다. 고령 임신의 문제는 산모와 태아의 안전 여부이다. 35세 이상인 산모가 첫 임신을 할 때는 유산 및 조산 빈도가 높고 기형아 출산율도 높다. 그렇다면 왜 고령 출산이 증가하는가? 그 원인은 고령 임신의 50~60%가 늦은 결혼과 계획임신, 18~20%는 불임의 원인 치료로 인한 것, 그리고 재혼의 증가이다. 이 글에서는 고령 임신의 원인 중 여성의 취업과 관련된 늦은 결혼과 계획임신을 중심으로 살펴볼 것이다.

늦은 결혼(만혼)과 계획임신은 미국에서도 무자녀 가족을 만든다는 연구보고가 있다. 미국의 무자녀 가족을 연구하고 있는 경제학자 실비아 앤 휼렛(Hewlett)의 『삶을 창조하기: 전문직 여성과 아이 찾기』(≪여성신문≫ 2003.4.30.)에서 미국의 20대 여성들도 대부분이 "일단 일을 열심히 해서 직장에서 확실하게 인정받은 후, 30대 중반에 결혼하고 아이를 낳는 것이 이상적(理想的)"이라고 말한다. 대학 졸업 후 탄탄한 캐리어를 쌓을 때까지, 결혼과 출산은 잠시 미루는 것이 성공적인 직장생활과 행복한 가정이라는 두 마리 토끼를 잡는 이상적인 전략이라고 생각한다는 것이다. 이러한 생각을 하는 이유는 눈부시게 발전한 첨단의학에 힘입어 35세 이후에도, 아니 40세가 넘어도 마음만 먹으면 자신이 원하는 시기에 언제든 아이를 낳아 엄마가 될 것으로 낙관하기 때문이다.

하지만 휼렛은 "직원 5,000명 이상을 고용한 미국 대기업에 근무하는 성공한 40대 여성들의 42%가 아이가 없다"는 통계를 발표했다. 그리고 연 10만 달러 이상을 벌어들이는 여성들로 대상을 좁히면 이 비율은 더 올라가서 49%로 증가한다고 밝혔다. 더 놀라운 것은 휼렛이 인터뷰한 '무(無)자녀 성공 여성' 중 불과 14%만이 의도적으로 아이를 낳지 않았을 뿐 대부분 "일에 치여 출산 시기를 놓쳤다"고 고백했다는 사실이다. 게다가 자녀를 둔 성공한 직장 여성들도 대부분 "출산 시기를 너무 늦게 잡아, 아이를 한 명밖에 낳지 못했다"고 후회한다는 것이다.

한국의 경우도, 늦은 결혼과 계획임신은 여성의 취업이라는 현실과 불가분의 관계를 맺고 있다. 청년실업이 심각한 사회문제로 떠오르고 있는데, 그 가운데서도 여성들의 취업난은 더 심각하다. 실제로 온라인 취업포털인 잡코리아(www.jobkorea.co.kr)가 2월 대학 졸업을 앞둔 전국의 대학생 2,472명을 대상으로 조사한 결과, 남학생의 취업률은 12.8%, 여학생의 취업률은 4.7%에 불과했다.

취업에서 성차별이 엄연히 이뤄지는 현실에서 여성들의 사회 진출은 그만큼 어렵고, 이렇게 어려운 취업문을 뚫고 취업한 여성이 직장에서 인정받기 위해 출산의 시기를 늦추는 것은 너무나도 당연하다. 기업은 입사 후 핵심 분야에서 성실히 일하며 전문가로 성장하고 수익에 기여하는 여성을 원한다. 따라서 경제적인 불황 시기에 여성 취업자들이 출산 때문에 장기간의 업무 공백을 발생시킨다는 것은 기업에서의 살아남기에 영향을 미치게 된다. 취업을 위해 결혼을 늦추고 결혼 후 임신 시기를 늦추는 것은 현대의 여성들이 우리 사회에서 살아남기 위한 생존전략인 셈이다.

결국 출산은 개인(여성)의 문제라는 사회인식 때문에 여성들은 늦은 출산과 계획임신을 통해 가정과 기업에서의 성공을 꿈꾸는 '두 마리의 토끼'를 잡고자 하지만 이는 고령 임신으로 이어져 1명 또는 불임이라는 사회적인 '저출산' 문제를 초래한다. 삼성제일병원 산부인과 궁미경 교수도 "불임환자가 급격히 증가하는 이유는 만혼과 결혼 후 피임 등으로 인해 35세 이후 첫 아이를 갖게 되는 경우가 늘어나기 때문"이라고 말한다. 이는 경제적인 불황 시기에 취업에서의 성차별이 여성에게 만혼과 고령 임신을 부추기고 또한 계획임신의 결과, 원하지 않는 불임으로 이어진다는 것을 보여준다.

2) 불임

현재 전국적으로 64만 쌍에 이르는 불임 부부들의 불임치료비 역시 건강보험의 적용을 거의 받지 못하고 있습니다.   (KBS, 2004.1.30.)

불임4의 빈도는 보고자마다 차이가 있으나 흔히 전체 부부의 10~15% 정도이다. 불임 부부의 경우는 대체로 시험관 아기를 통해 출산을 한다. 시험관 아기는 10달 동안 시험관 내에서 키우는 것이 아니고, 월경 초기에 배란 유도제를 투여하여 배란 직전에 성숙한 난자를 가벼운 마취 후 질식 초음파를 이용하여 채취하고, 또한 남편의 정액을 받아 난자와 정자를 시험관 내에서 혼합하여 인공적으로 수정시킨다. 수정된 수정란을 불임 여성의 자궁 내에 이식시켜 착상되게 하는 것이 시험관 아기이며 성공률은 20% 전후이다.

국내 주요 불임전문병원의 시술 비용은 대체로 한 회당 330만 원대이다. 이는 불임 부부들이 어림잡아 평균 6회의 시술을 할 경우, 1,980 만 원에 달하는 거금이 든다(http://blog.naver.com/hotelromeo.do?Redirect=60000499042)는 것을 예상할 수 있다.

시험관 아기 시술의 막대한 비용은 경제적으로 여유가 있는 불임

---

4 불임이란 정상적인 성생활을 하면서 1년 내에 임신이 되지 않는 경우를 말한다. 임신을 원하는 정상적인 부부라면 피임 없이 성교할 때 1년 내 90% 이상은 임신이 되기 때문이다.

부부에게는 인공출산 기술을 사용할 수 있는 선택권으로 주어지지만 저소득층의 경우는 인공출산에 접근할 수 있는 기회마저 주어지지 않는다. 또한 취업 때문에 늦은 결혼과 계획임신으로 언제든 첨단의학의 힘을 빌려 고령 출산을 할 수 있다고 생각했던 여성들에게 시험관 아기는 언제든 엄마가 될 수 있을 것이라는 장밋빛 미래를 보여주지만, 자본주의 사회에서 과학의 사용은 엄청난 비용의 대가를 담보로 하고 있다는 사실을 인식할 필요가 있다.

4. 새로운 분만문화

1) 새로운 분만방식

병원에서 분만하는 방식은 1950년대에 이르러서야 보편화되었다. 오늘날은 대부분 병원에서 아이를 낳는다. 병원은 위생적인 면에서 완벽할지 모르지만 정서적으로는 만족스러운 장소가 아니다. 산모는 사회적 소통이 지극히 축소된 상태에서 가족들보다는 담당 의사나 간호사의 말을 따라야 한다. 오늘날 병원에서 이루어지는 출산 과정은 산모로 하여금 단절된 상황을 느끼게 한다고 볼 수 있다.

아기를 낳는 자세 또한 17세기 이전까지만 해도 달랐다. 『출산과 육아의 풍속사』(2002)를 보면, 고대 중국에서는 몇 사람이 산모의 허리를 마사지해주고, 산모는 출혈되는 피와 양수를 흡수하게끔 깔아놓은 종이 위에 서거나 반쯤 웅크린 자세로 아기를 낳는다. 분명 누워서 아기를 낳는 분만방식은 인간의 신체구조상 적합한 자세가 아니다. 이 자세가 도입되기 시작한 것은 17세기 이후 의사들이 분만실에 들어오면서부터였다. 산모가 누워 있으면 자연히 수동적일 수밖에 없는데, 의사들로서는 처치하기에 편리하며 산모를 검사하기에 점잖은 자세라고 생각했기 때문이다.

그러나 이제 분만실의 문화가 변하고 있다. 과거 분만실의 주역은 의사였다. 의사는 출산을 용이하게 진행할 수 있도록 산모의 팔을 가죽끈으로 묶어, 산모의 두 다리를 분만용 침대에 묶어 허공을 향해 쩍 벌린 상태를 유지하게 했다. 이 때문에 대다수의 산모들은 수치심을 호소했다.

그러나 최근 산모를 배려한 형태(더 이상 다리를 올리지 않아도 되고 손도 묶지 않는다)로 바뀌고 있다. 심지어 출산의 전 과정을 남편과 친정 어머니가 함께 나눌 수 있는 가족분만실5까지 생겨나고 있다. 출산의 고통으로 신음하던 임신부의 목소리도 점점 작아지고 있다.

더 나아가 산모는 소프롤로지분만,6 라마즈분만,7 르봐이에분만,8 수중분만,9 기(氣)분만,10 그네분만,11 아로마분만,12 공분만13 등 다양한

5 가족분만실은 아담한 방에 3단계로 움직이는 침대와 쇼파, 탁자 등 인테리어를 해놓고 산모가 아기를 낳을 때까지 가족과 함께 있을 수 있는 곳으로 비용은 자연분만 비용(약 120만 원)에 10만 원이 더 추가된다.

6 분만 시 아기와 엄마가 서로의 사랑을 느끼면서 서로의 고통을 함께 극복하는 초통 분만법으로, 특히 '선분만법'이라고도 불린다. 정신 훈련과 육체 훈련을 통해 안정된 마음과 신체를 얻어 임신 기간 중 조화로운 생활을 하고, 스스로 분만을 조절하여 자율분만 및 무통분만을 할 수 있고, 모성으로서의 자기 자신을 전면적으로 인정하여 태교, 모유 수유 및 육아에 성공할 수 있는 분만법이다.

7 산모가 마음과 신체를 능동적으로 활용하여 진통을 최소화하는 감통 분만법으로 라마즈분만법은 남편이 분만에 참여해 산모의 심리적 안정에 도움을 주는 것이 특징이다.

8 이 분만은 출산 과정에서 산모의 고통에 관심을 두는 것이 아니라 태아를 배려한 분만법이다.

9 수중분만은 양수와 동일한 조건의 물 속에서 아기를 낳는 방법이다.

10 기체조란 체조 동작과 호흡법, 명상을 연습해 산통을 줄이는 분만법이다. 단전호흡과 몸을 이완시키는 체조, 지감·명상 등으로 구성되어 있다.

11 그네가 아니라 '좌식'이라는 앉아서 하는 분만자세이다.

12 아로마요법을 분만 과정에 적용한 것으로, 두 가지 이상의 오일을 이용한 마사지를 통해 분만에서 오는 스트레스를 해소하고 육체적·정신적 안정을 도모할 수 있는 이점이 있다. 또 지속적인 오일 마사지를 통해 자궁 근육의 긴장을 강화시켜 산통을 줄이는 효과를 기대할 수 있다.

13 공[球]을 이용해 자유로운 자세를 취해 분만하는 방법으로 앉는 것은 물론이고 기대거나 무릎을 꿇는 등 다양한 자세가 가능하다. 산모로 하여금 자기 몸을 관리하고 분만에 대해 긍정적인 태도를 갖도록 도와준다.

통증 조절 분만법까지 선택할 수 있다. 문제는 고가의 분만 비용이다.

> 둘째 갖는 것도 무서워서 못 갖겠다. 처음에 아기 생길 때부터 들어가는
> 돈이 너무 많으니까…….   [이현정, 서울시 창신동(KBS, 2004.1.30.)]

위의 사례에서 알 수 있듯이 자본주의사회는 산모와 태아의 건강과 안전을 담보로 임신에서 출산까지의 전 과정을 상품화해 고가의 출산비용을 지불하게 만든다. 자연분만을 기준으로 했을 때 아기를 낳는 산모의 출산 비용이 120만 원 정도로 이 가운데 일곱 차례의 초음파검사와 혈액검사 등 산전 진단 비용 100여 만 원은 본인부담이다. 따라서 제왕절개 또는 다른 분만방법으로 출산을 할 경우에는 기본출산비보다 더 많은 비용이 들어간다. 이러한 고비용 출산은 포천중문의대 산부인과 이숙환 교수가 "출산을 장려하려면 산모의 부담을 줄여주는 방향으로 건강보험 적용 원칙이 바뀌어야 한다"(≪조선일보≫ 2004.1.28.)고 언급한 것처럼 국가 주도의 출산 비용 저렴화 정책이 필요하다.

여성뿐만 아니라 남성들에게 적용되던 인구억제정책 중 하나인 피임용 정관수술 비용은 보험 혜택을 받아 2만 원 안팎에 불과하지만 재혼 등으로 정관복원수술을 할 때는 보험 혜택이 없어 200만 원 가까이 든다고 한다. 따라서 남녀 모두 출산을 위한 관련 의료보험의 적용 범위를 넓히는 것이 출산을 유도하는 방법이 될 것이다.

2) 현대판 친정집: 산후조리원

1990년대 중반부터 서울 등 대도시를 중심으로 생겨난 산후조리원은 가정 생활의 변화가 불러온 출산문화의 필연적인 산물이다. 산업사회와 함께 진행된 도시화·핵가족화로 곁에서 돌봐줄 친·인척이 줄어든 데다 결혼 후에도 직장생활을 계속하는 여성들이 늘어나면서 짧은 출산 기간만이라도 온전히 휴식을 취하며 몸을 추슬러야 한다는 의식이 자리

잡게 되면서 산후조리원은 현대판 '친정집'이 되었다.

여기에 황혼의 인생이라도 나의 것으로 하겠다는 노년 여성들과 부모에게 신세를 지지 않고 제 힘으로 해결하려는 젊은 여성들의 달라진 가치관이 더해져 전국적으로 폭발적인 증가세를 보이고 있다. 여성들의 90% 이상이 산후조리원을 필요로 한다고 한 여성단체의 설문조사 결과(연합뉴스, 2001.10.31.)는 이것이 결코 일시적인 현상이 아니며 여성에게는 꼭 필요한 곳임을 보여준다. 그러나 산후조리원은 의료기관이 아니라 요양기관으로 의료비 공제 혜택이 없다.

2003년 기준으로 산후조리원에 들어가는 비용을 살펴보면, 1주일에 보통 60만~80만 원 정도의 비용이 든다(search.naver.com). 따라서 산후조리원은 핵가족의 산물로서 산모들의 모성보호를 위해 기업과 국가에서 지원하는 정책이 필요하다고 본다.

5. 원정출산

괌 현지에서 만난 ㅂ(33, 사업가, 서울 대치동) 씨도 곧 이중국적자의 아버지가 된다고 털어났다. "아내가 '미국 시민권이 있으면 미국에 유학을 보내도 현지인 수준의 저렴한 학비를 낸다'며 다그쳤다"고 하면서, "또 커서 한국 국적을 일시 포기하면 군대를 가지 않을 수도 있다고 말하는 통에 괌 출산을 허락했다"고 말했다. 괌에서 출산할 때 자연분만에 5,000~6,000달러(약 650만~800만 원), 제왕절개에 1만 2,000달러(약 1,560만 원)가 든다. 출산 전후에 머무는 호텔비 등을 더하면 자연분만이더라도 최소한 1,000만 원 이상이 필요하다.   (≪경향일보≫ 2001.7.13.)

미국과 캐나다로의 원정출산은 1990년대 이후 계속 지속되어 '이중국적'이라는 사회적인 문제를 불러일으키고 있다. 위에서 알 수 있듯이 보험이 적용되지 않아 막대한 출산 비용은 경제적인 여유가 있는 특권층에서만 할 수 있는 출산방법이다.

원정출산은 부르디외가 '문화적 취향과 사회계급 간에 긴밀한 상관관계가 있음'(『처음 만나는 문화인류학』, 2003: 142)을 말한 것처럼 중상류층이 출산문화를 통해 타 계급과의 구별짓기를 한 결과물이며, 자신들의 계급 정체성을 유지하고 공고히 한 전략 중 하나로 볼 수 있다. 미국 중심의 치열한 경쟁 사회에서 영어를 습득할 수 있는 기회와 비용을 절감하고, 특히 남아의 경우 군 면제를 통해 타 계급의 남아보다 경쟁에서 우위를 점해 기득권을 지속적으로 유지하려는 속셈이다.

무한경쟁의 시장논리는 세계화와 유연생산체계라는 경제 시스템 도입으로 국경을 초월한 전 지구를 시장으로 만들고 전 세계인이 기업의 노동자로서 경쟁하게 만들었다. 본사는 본국에 있으면서 지사와 공장을 해외로 파견해 영어를 잘하는 원주민을 채용하는 전략에 영어는 필수적인 시험 과목이 된다. 세계화는 세계인과의 경쟁을 의미하며 살아남기 위해서는 영어를 현지인만큼 잘해야 한다. 따라서 여기에는 조국이라는 개념이 없다. 세계인과 경쟁하는 개인이 있을 뿐이다. 유능한 전문가는 어느 나라에서든 고용이 되지만 단순노동자는 고용에서 배제된다. 그렇기 때문에 원정출산은 미국 중심의 세계화와 한국의 중상류층의 이해관계가 맞물려 배출한 현대판 '계급상속행위'인 것이다.

6. 나오며

어느 사회든 새 생명이 태어난다는 것은 종족을 보존하고 집단을 계승하는 집안의 경사요, 속한 공동체의 노동력 확보로 인한 그 사회의 번영을 알리는 축제와 같은 기쁨이었다. 그러나 세계적인 '저출산 국가'가 된 지금, 생명 탄생은 더 이상 축제가 아니라 출산 비용이며, 양육을 위한 지출 항목이 되어버렸다. 각 가정에서 자녀의 수를 줄이는 것은 비용의 절감이며 지출 항목을 줄이는 경제적인 전략이 되어버린 것이다.

앞에서 살펴보았듯이, '저출산'을 둘러싸고 있는 자본주의 시장구조, 아동 양육 시스템의 사회화 부재, 결혼과 출산의 개인주의, 고비용 출산, 여성들의 취업난은 왜 이처럼 빨리 한국이 '저출산' 국가가 되었는지를 설명하는 중요한 축으로 자리 잡고 있었다.

경제적으로, 자녀의 효용가치는 감소하는데 높은 교육비와 양육비는 무자녀 가족을 선택하게 만들었고, 여성들의 고용과 사회 진출은 늘어가는데 정부와 기업의 모성보호정책의 부실은 여성들에게 취업이냐 결혼이냐 또는 결혼 후 임신할 것인가 아닌가를 선택하게 만들었다. 이는 독신 가구의 증가와 혼인율 감소, 그리고 고령 출산으로 무자녀, 한 자녀 또는 불임으로 연결되어 저출산을 구조적으로 공공화하고 있다. 불임일 경우에도 고가의 인공출산 비용, 임신과 출산 관련 비용과 정관복원수술 비용 등 임신을 위한 의료 비용이 건강보험과 연계되지 않아 더 많은 출산을 산출하지 못하고 있다.

문화적으로, 국가의 인구억제정책은 우리에게 소자녀 가족관이 더 현대적이며, 행복하다는 이데올로기를 형성시켰고 미래를 예측할 수 없는 경제적으로 어렵고 불안한 사회적 분위기는 '장밋빛 미래는 없다'는 현재를 중시하는 현세관에 더욱 집착하게 만들어 자기애를 부추기면서 개인주의를 형성시켰다. 자녀(미래)보다는 자신의 자유와 자아실현, 경제적인 만족(현재)이 더 중요한 것이 되었다. 따라서 결혼과 출산은 자신의 형편에 따라 선택할 수 있는 항목이 되었고 직장에서의 성공을 통한 자아실현이 더 중요해졌다. 이러한 결혼과 임신, 그리고 출산의 선택으로 이어지는 자기결정권의 중요성은 분만방법에서도 나타난다. 과거에는 의사들이 분만하기 편한 방식으로 분만을 했지만, 현재는 산모들이 자신들의 통증을 줄이는 분만방법을 선택함으로써 출산에 있어서 자기결정권을 높이고 있다.

사회적으로, 한국이 세계적인 저출산 국가가 된 것은 정부가 출산장려를 위해 실제로 해준 것이 없다는 것이다. 양육 비용은 부모들에게 떠넘기고 모성 비용도 고용주에게 더 많은 비용을 할당한다. 이미 자녀는 부모의 노후보장제도가 되지 못하고 있다. 그렇다고 사회에서 부모의 노후를 보장해주지도 않는다. 자연스럽게 자녀의 효용가치는 떨어져 아이의 수를 줄일 수밖에 없고 아이를 키우며 들이는 경제 비용과 시간을 부부 자신들의 노후보장과 여가에 투자하고자 하는 생존전략이 생길 수밖에 없다. 더욱이 미국 중심의 한국 사회에서 자본의 세계화 전략에 맞추어서 살아남기 위해 중상류 계급은 원정출산을 통해 자신들의 계급 재생산을 구축하는 위화감을 조성하고 있다.

한국은 이러한 경제·사회·문화적인 구조 속에서 더 이상 지속적인 출산을 유지할 수가 없다. 즉, 출산파업이 진행된 것이다. 따라서 다만 출산파업의 속도를 늦추기 위해서라도 서구처럼 세금을 감면한다든지 직장에서 남녀 모두에게 출산휴가, 육아휴가, 자녀 학자금보조 등 각종 혜택이 주어져야 할 뿐만 아니라, 양육 시스템의 사회화, 그리고 임신과 출산 관련 의료 비용에 대한 보험 혜택의 범위 확대와 혼전·혼외 관계에서의 출생을 터부시하는 문화적인 인식의 전환을 통해 '출산장려정책'이 아니라 아이를 낳고 키우고 싶어 하는 사람들을 대상으로 하는 '출산양육지원정책'으로 전환하는 것이 필요하다고 본다.

^{4장} '일등품' 유아 만들기

김주영_동아대학교 강사

1. 들어가며

1990년대 이후 한국의 일상생활에서 가장 두드러진 변화는 물질적 풍요라고 할 수 있을 것이다. 특히 일상의 많은 영역이 상품화되면서 소비 영역의 확장은 광범위하다. 그리고 1980년대 후반부터 상승된 소비 수준은 1990년대 이후 새로운 양상을 보이고 있다. 소비생활에 있어 고급화·개성화·다양화가 진행되고 있다. 이는 유아 시장에서도 예외가 아니다.

유아 시장은 육아의 많은 부분들이 상품화되면서 증가 추세이다. 부모들의 자식에 대한 아낌없는 물질적인 공세와 결합하여 왜곡되어 나타나기도 한다. 더구나 한 자녀 가정이 늘어나면서 물질적인 풍요의 모든 혜택은 유아에게 집중되는 경향이 강하다. 이러한 부모들의 심리는 홍보 마케팅의 전략적 대상이 되기도 한다. 자식에게 좋은 것만을 주고 싶은 부모의 심리를 자극하는 홍보문구는 결국에는 그 제품을 사용하게 만든다. 최근의 특징은 '소중한 아기', '특별한 아기' 등을 사용하여 고급화를 겨냥하고 있다.

이러한 유아 시장의 변화 추세는 그것을 소비하는 부모들의 변화와 결합되어 있다. 남녀 평등의식의 영향도 있겠지만 기능적이고 다양한 육아 관련 상품들은 남자들이 유아를 등에 업은 모습이 자연스러워 보이도록 한다. 그리고 여성들의 경우에는 '미시(missy)족'이라는 유행어에서 보듯이 결혼 여부를 외모상으로는 구별할 수 없게 되어버렸다. 이러한 미시족은 가정의 일에 있어서도 가사분담 등 남녀 간 동등한 생활을 추구하는 경향이 강하며, 대부분이 자신에 대한 투자나 자기개발에 열정적이다. 따라서 자기개발에 열정적인 만큼 자녀의 개발을 위해서도 과감하게 투자한다. 특히 맞벌이 부부가 증가하면서 유아에 대한 보상심리와 결합된 소비행태가 나타난다.

이렇게 달라진 유아들의 환경은 과거와는 다른 유아들의 모습을 창출하고 있다. 천진하고 순수한, 흔히 천사로 불리는 유아들의 모습에서 손익계산이 빠른 유아들의 모습을 찾기는 쉬운 일이다. 한 인터뷰 기사를 보면, 서울 서초동 모 유치원의 자기 소개 시간에 민지(6, 가명) 양은 "나는 ××평짜리 아파트에 살고, 우리 아빠는 비싼 차를 타고 다닌다"라고 말한다. 부모들의 '금전만능주의와 상품화된 일상'이 유아에게 그대로 투영된 경우라 할 수 있다.

현재 한국 사회에서 유아들은 자기 의지가 강한 부모들에 의해 '성장을 강요당한다'고 할 수 있다. 주부들이 도맡았던 육아의 대부분을 이제는 외부의 육아시설에 위탁하고 있는 실정이다. 이는 유아교육산업의 성장도 큰 역할을 한다. 다양하게 성장한 유아교육 관련 산업은 그것을 선택하는 폭을 확장시키고 있으며 그것은 또한 다양화·개성화·고급화되고 있다.

과거의 유아교육이 주로 취학 전 아동을 상대로 한 것에 비해 지금의 유아교육은 태어나자마자 시작하는 것으로 교육대상 연령이 낮아졌다. 이것은 산업과 언론의 영향이 크다. 조기교육의 필요성이 과학적 증거를 토대로 제기된 상태에서 그것을 무시할 수 있는 부모는 없다. 사교육비의 증가는 유아교육에서도 나타나고 있는 실정이다. 특히 공교육이 부재한 유아 시기는 그 차이가 극단적이다.

유아들의 삶조차도 이제는 철저히 자본의 논리에 잠식되었다. 하나의 인격체로서 커나가는 것이 아니라 교육이라는 과정을 거치면서 부모 세대의 삶의 방식에 길들여진다. 그리고 상품성이 떨어지는 유아들은 결국에는 사회적으로 외면되는 것이다.

2. 사회적 배경

1) 고슴도치 부모를 잡아라: 특별한 1%, 그들의 명품 소비

한국의 소비양식은 1987년 이후, 교육·교양오락 등의 문화적 서비스에 대한 소비 욕구의 증대와 생활의 전 영역에서 소비의 고급화 추세가 현저하게 나타난다(정건화, 1994). 이렇게 고급화된 상품은 소비에 있어서도 차별적으로 이루어진다. 일상생활에서 소비는 단지 생산의 부차적 현상이 아니라 적극적으로 계급을 구성하는 사회과정이 되는 것이다. 소비는 계급에 따라 차별적으로 발생하고 차별화된 소비양식은 다시 타자와의 구분을 통해 계급을 형성하여(김왕배, 2001: 81-83) 구별짓기가 이루어진다.

최근의 언론에서 주목받고 있는 명품 소비가 소비 수준에서 발생하는 고급화 추세를 반영한 것이다. 이것은 흔히 신귀족이라 불리는 이들에 의해 차이 표시의 욕구를 고가품의 소비로 표출하는 것이다. 삼성경제연구소에 따르면 25~35세의 젊은 부유층을 중심으로 '신귀족층', '보보스족'이라는 새로운 형태의 계층이 형성되고 있다고 한다. 그리고 2001년 수입된 2조 원 이상의 명품 시장이 이들에 의해 점유되었다고 보고 있다. 이것은 유아용품에 있어서도 예외가 아니다. 유아 명품족이라 불리고 있는 이들을 상대로 '귀족 마케팅'이 등장하기도 한다. 특정 계층을 겨냥해 고급·고가제품을 판매하거나 차별화된 서비스를 제공하는 마케팅은 귀족이 되고 싶어 하는 부유층의 심리, 즉 다른 계층과 차이를 두려고 하는 심리를 자극한 것이다. 아직 한국 사회에서는 계층적인 차이 표시 기호가 명확히 구조화되지 않은 상황에서 상층은 과시적 소비행태로 그 차이를 표시하는 경향이 강하다. 이것이 흔히 말하는 명품족을 양산한다.

유아 명품족의 경우에는 이유식·의류·장난감의 소비에 있어 수입 브랜드가 주종이다. 한 유명한 이탈리아산 장난감 회사의 곰 인형의 경우에는 500만 원짜리도 있다. 아직까지 국내에 들어오지 않은 해외 명품의 경우에도 인터넷을 통해서 구입하고 있으며, 수입 유아복을 판매하는 인터넷 사이트가 최근 급증하고 있는 추세이다.[1] 유아에게 있어 첫 통과의례인 돌잔치는 모든 것이 명품 일색이다. "공주님의 생일을 축하하기 위해 부모는 고급 호텔 레스토랑을 통째로 빌리고, 생일용 '구찌' 정장 50만 원, 사진 촬영용으로 따로 구입한 '데이비스찰스' 드레스는 35만 원, 신발은 '시모네타'에서 18만 원을 들여 샀고, 사진과 비디오 촬영은 전문 스튜디오에 200만 원을 주고 맡겼다"(≪주간동아≫ 2002.6.13.).

이렇게 명품 소비에 의해 길들여진 유아들은 사교 클럽을 통해서 유아기부터 인맥이나 연줄망을 형성한다. "지난해(2001년)부터는 회원제 귀족 육아 클럽이 등장하였다. 폐쇄적인 소수 회원제를 유지하는 이들 육아 클럽들은 유아 명품과 고급 유아교육 정보를 제공하는 것은 물론이고 서울 청담동, 압구정동 등 강남 지역에 사는 아이들을 중심으로 일종의 어린이 사교 클럽을 열어주고 있다. 연줄을 중시하는 우리 사회 특성을 파고들어 어릴 때부터 그들만의 인맥을 만들어주는 것이다"(≪한

---

1 인터넷 쇼핑몰에서는 40만 원대 버버리 코트, 50만 원대 프랑스제 실크 원피스 등이 많이 팔리고 있다. 유아 명품 쇼핑몰 관계자는 "지난해 말부터 관련 쇼핑몰이 계속 생겨나 현재 수백여 개에 이른다"며 "고객들 중에는 '유럽에 이런 브랜드가 새로 나왔는데 왜 취급하지 않느냐'고 재촉하는 엄마들도 있다"고 말했다. 이탈리아 인형 브랜드의 알레르기 방지 인형의 가격은 보통 20만 원대이고, 독일 베엠베(BMW)가 실제 승용차를 축소해 만든 10만~40만 원짜리 어린이용 자동차도 선물용으로 인기다. 한 수입업체가 영국 유모차 회사에서 1,000대 한정 생산으로 수공 제작한 고급 유모차 15대를 수입해 대당 300만 원에 내놓자마자 순식간에 팔려나간 적도 있다(≪한겨레≫ 2002.7.22.).

겨레≫ 2002.7.22.). 이러한 사교 클럽을 통해 유아는 자신의 지위를 상승시킬 수 있는 자원을 확보하게 된다.

그리고 1990년대 들어 '한 자녀' 가정이 늘어나면서 최근 나타난 한 조류가 바로 키즈 마케팅이다. 수입이 안정적인 맞벌이 가정이 늘어나면서 전반적인 불황에도 상관없이 '하나밖에 없는 내 아이'만큼은 남부럽지 않게 키우겠다는 부모의 심리를 자극한 것이다.[2]

한 백화점에서 최근 자사 카드 회원을 대상으로 조사한 결과 외동딸을 둔 집이 두 자녀를 둔 집보다 오히려 소비성향이 높은 것으로 나타났다. 자녀 수에 따른 월 구매액은 외동딸 – 외동아들 – 딸 둘 – 아들 둘의 순서로 많아 오히려 소비단가가 역전되는 경향을 보인다(≪한국일보≫ 2001.10.4.). 그리고 백화점의 매출분포에서도 대체적으로 고가·고급 제품의 비중이 높아지고 있는 추세이다.

전반적으로 육아 시장의 확장은 육아용품의 소비에 있어서도 차별화를 나타내었다. 그리고 그것은 일부 계층에서 '신귀족'(함인희 외, 2001: 210)으로 키워지는 유아들의 양산과 접목되어 있다.

2) 미시족의 등장

통계청 자료에 의하면 2002년 현재 평균 초혼 연령은 남자 29.8세, 여자 27세이다. 따라서 육아를 담당하고 있는 여성들의 평균적인 연령은 25~35세로 볼 수 있다. 1970년대 이후에 태어난 이들은 대학교육자율화 이후의 세대로 1990년대를 대학에서 보낸 이들이다. 사회는 이들을

---

2 새로운 개념으로 '듀크족'이라고도 한다. 아이가 있는 맞벌이 부부(Dual Employed With Kids)의 머리글자를 딴 'DEWK'에서 나온 말이다. 1999~2000년 미국 경제의 호황으로 맞벌이 부부들이 이제 아이를 낳고도 잘살 수 있다는 자신감을 가지면서 변화된 가족형태를 나타낸다. 한국에서는, 수도권 아파트에 거주하며, 한두 명의 자녀가 있고, 20대 후반에서 30대 전반의 맞벌이 부부를 지칭한다. 이들은 자녀를 직접 보살필 시간이 모자라는 대신 양육비 비중을 높이는 경향이 있다. 덕분에 듀크가 주도하는 어린이 시장은 연 10%의 가파른 성장세를 보인다(함인희 외, 2001: 21).

'신세대'라고 불렀다. 신세대로 불린 이들 세대는 경제적으로는 소비가 확산되는 시점에서 물질적으로 풍요한 생활을 누렸다. 그리고 학교교육에서도 교복자율화, 두발자율화 이후의 세대이다. 정치적으로는 1987년 6월항쟁 이후 대학에 입학한 세대이다. 외형적이지만 그래도 일정 정도의 민주주의가 확립된 시기에 대학을 다닌 이들은 정치적인 문제보다는 문화적이고 개인의 관심에 더 많은 주의를 기울인 세대로 볼 수 있다. 행동양식이나 사고방식, 정체성 형성에서 소비 영역의 영향력이 커지는 변화를 겪은 세대이다.

이렇게 형성된 1990년대 한국 사회의 신세대는 영상매체의 확산과 결합된 소비문화라는 맥락 속에서 규정할 수 있다(주은우, 19994: 85). 영상세대로 볼 수 있는 신세대는 감각에 따라 상품을 소비한다. 그들은 강렬한 자기표현과 개성을 추구하는 성향이 강하다. 이러한 그들의 성향은 부모 세대가 되어도 강하게 남아 있게 된다. 그러나 박재환(2001)은 이러한 신세대에 대해서 '몰개성적 합일주의'라고 본다. 그들의 개성이나 취향의 결정이 자기결정에 의한 것이라기보다는 또래 집단과 영상매체의 영향으로 결정되는 경우가 크다고 보는 것이다.

그리고 결혼이 필수가 아닌 선택이 된 상황에서 부모가 된 신세대의 출산율은 2002년 현재 1.17명이다. 1980년대에 가임 여성 1명당 2.83명이었던 출산율이, 1990년대에는 1.59명으로 지속적으로 낮아져서 지금은 20년 전보다 절반 이상 줄어들었다. 저출산율은 국가의 정책적인 영향도 있지만 무시할 수 없는 것이 여성들의 교육 확대이다. 1981년 대학 본고사를 폐지하고 출신 고교의 내신 성적과 예비고사 성적만으로 입학자를 선발하였으며 입학 정원을 대폭 늘렸다. 늘어난 입학 정원과 경제적 여유는 여성들에게도 대학교육의 기회가 확대되는 계기가 되었다. 그리고 대학교육을 받은 여성들의 강한 사회적 활동에 대한 의지가 출산율의 하락을 가져왔다. 여성의 75%가 직장생활과 출산 사이에 갈등을 느낀다는 조사결과(≪여성신문≫ 2004.2.4.)에서도 알 수 있듯이, 육아 문제의 해결이 사적으로 이루어지는 현재의 한국 사회에서 여성에게 자녀 양육은 부담으로 다가올 수밖에 없다.

소비 영역의 확대와 신세대의 문화적 영향을 받은, 육아를 담당하는 지금의 부모들은 한 단계 높은 육아를 목표로 육아에 대한 정보나 행동 범위가 넓고 육아에 대해 더 많은 돈을 투자하는 경향이 있다. 한국 사회에서는 육아가 대부분이 수익자 부담에 입각한 상품의 형태를 띠고 있다. 한국은 완전히 사회화된 공동소비가 거의 없으며 사적 부분과 공공 부분이 혼재되어 있다(백욱인, 1994: 63). 그것은 유아교육에서도 마찬가지이다.

특히 유아교육에 있어서는 유치원 과정을 제외하고는 제반 교육이 부모의 책임이다. 따라서 유아교육의 질은 교육산업에 의해 제공된 교육 상품의 영향을 받는다. 부모의 경제적 능력에 비례하여 교육의 질이 결정되는 것이다. 한국 사회의 일상적 삶의 구성원리가 '금전만능주의와 상품화된 일상'으로 짜여져 있다는 것을 보여준다.

3) 확대되는 교육열병

한국 사회는 학벌사회 혹은 학력 사회라고 불린다. 1960년대 이후 산업 및 경제의 발달로 사회는 고급 기술 인력과 고학력자들을 필요로 하게 되었고, 당시의 고학력자들은 그들의 기대와 요구에 상응하는 직업을 충분히 선택할 수 있었다. 이것은 고등교육에 대한 열기와 고등교육 인구가 1960년대 이래로 급격히 증가한 이유가 되기도 한다. 학력이 곧 사회에서의 지위나, 성공, 부까지도 약속해주는 현실에서 그것은 당연한 결과(함인희 외, 2001: 136)이다.

교육은 현대 산업사회에서 사회계급을 구성하고 재생산하며 사회이 동을 가능케 하는 가장 중요한 '자본' 중의 하나이다. 교육은 지식과 기술의 제공과 더불어 지위를 상징하는 재화로서 기능한다. 특정한 학교 의 학위는 사회적 지위나 명예를 자연스럽게 반영한다. 즉, 사회적인 위신을 높여주는 상징재로서의 이미지를 가지고 있다(김왕배, 2001: 161).

한국 사회의 교육 팽창과 학벌 위주의 태도는 전통적인 문화적 의식과 급속한 산업화의 결과, 무한경쟁사회에 돌입하게 된 배경과 긴밀한 관련이 있음을 고려할 필요가 있다. 가족주의는 이러한 경쟁사회에서 개인의 목적 성취를 더욱 부채질하는 연료가 되었고, 경쟁에서 승리하여 신분 상승을 하는 가장 중요한 수단이 바로 학력이었다. 결과를 우선하고, 절차와 신용과 게임의 룰이 부재한 속전속결주의(박재환, 2001)가 바로 이러한 학벌사회를 만들었다.

그리고 높은 교육열과 취학률은 1980년대 이후 대학 정원의 급속한 팽창과 함께 학위 인플레이션을 낳았다. 그러나 그것도 외국 유학이라는 새로운 전략으로 구별짓기를 한다. 지금은 그 연령대가 초등학생으로까지 내려가 있는 상황이다.

3. 다양한 교육상품

1) 세 살짜리 신화

한국의 근대화 과정에서 대부분의 전통적 생활양식이 낙후되고 비합리적이라는 이유로 사장되어온 것처럼 육아에 있어서도 마찬가지이다. 전통적인 육아방식이 사장되고 신뢰할 수 있는 공교육이 부재한 상황은 육아에 대한 책임을 전적으로 개인의 문제로 돌리고 있다. 이러한 사회적 분위기에서 개인에게로 전담된 육아의 문제는 육아 전문가로 불리는 이들에게 전적으로 의존할 수밖에 없다.

그리고 "뇌의 80%가 완성되는 세 살까지 개발해두는 것이 중요하다"는 세 살짜리 신화와 '지금 하지 않으면 돌이킬수 없다'는 중압감, '아이의 두뇌 성장이 가장 왕성하게 일어나는 시기가 0세에서 6세 사이'라는 교육 전문가들의 조언은 부모의 관심을 조기교육에 집중시키고 있다.

언론이나 교육사업에 의해 이용되는 이러한 '대뇌생리학'은 부모가 해줄 수 없는 상황에서 유아교육을 외부로 위탁하게 한다. 하지 않으면 경쟁에서 처진다는 불안감, 공교육에 대한 불신, 어떻게 유아를 교육시켜야 되는지를 모르는 당혹감과 함께 더 많은 가능성을 키울 수 있는 기회를 주고 싶어 하는 부모의 입장은 일상생활 속에서의 육아에 만족하지 않고 육아의 장을 밖으로 돌리게 한다. 전문적인 교육을 맡고 있는 학원을 선택함으로써 자신이 바라는 형태의 자녀교육 환경을 만들고 있는 실정이다.

대부분의 유아교육이 사적 영역에서 이루어지는 현재의 상황에서는 유아교육의 주체가 산업화되는 것은 불가피하다. 그렇게 이루어진 유아교육은 일부 왜곡된 형태를 드러내기도 한다. 그것이 현재 유아교육의 문제점이 되고 있다. 조기교육·영재교육이라는 상황에서 유아교육은 전문가에 의해 외주(外注)(다카라 기요시 외, 1999: 38)되고 있다.

지금 한국의 경우에는 조기교육과 영재교육이 혼재되어 있다. 한국에서는 영재교육이라는 상이 아직 제대로 세워져 있지 않은 상황에서 자신의 자녀가 영재이기를 바라는 부모들의 심리가 과도한 조기교육열을 일으키고 있다. 흔히 영재교육이라고 불리는 것들의 대부분이 인지학습에 치중되어 있는 실정이다. 그리고 조기교육의 경우에도 무조건 빨리 시키는 것이 중요한 것이 아니라, 적기교육이 중요하다. 유아가 받아들일 수 있는 시기에 맞추어 시켜야 하는 것이다.

2) 일반화된 사교육: 외주(外注)된 교육

다양한 상품의 출현은 유아교육에 있어서 선택의 폭을 확대시켰다. 가격대별로 다양하게 형성되어 있는 유아교육 상품은 계층에 따라 소비 양상도 다르다. 상류층의 경우에는 전인교육이라는 차원에서 유아교육이 이루어진다. 지적 발달은 물론이고 고른 신체발달과 문화적 경험을 어릴 때부터 교육시켜 그들만의 취향을 형성한다. 그 외 대부분의 계층은 인지발달에 학습 효과를 맞춘다. 그러나 7차 교육과정이 창의력을 중시하는 것으로 변화되면서 그것에 대한 교육투자가 증가하는 추세이다. 그러나 아직은 유아교육의 수준이 학교교육의 선수학습에서 벗어나지 못했다. 교육 상품은 다양하지만 교육의 질은 획일적이다.

유아교육의 일반화된 형태는 학습지, 사설학원, 기타 교육 관련 기관에 의한 것이다. 모든 유아에게 같은 내용을 교육시키는 학습지는 가장 대중적인 교육의 양태이다. 전문적으로 유아를 대상으로 하는 한 학습지의 경우 2002년 총매출액이 3,000억 원, 회원 수로는 46만 명이다. 2000년 현재, 0~9세까지의 유아 수는 약 650만 명이고, 0~4세까지는 310만 명 정도인 것을 감안하면 대체적으로 유아의 10% 내외가 학습지를 하는 것으로 추정할 수 있다. 대상 연령은 0세 이상이면 가능한데 평균적으로는 10개월 전후로 유아가 혼자서 앉아 있을 수 있을 때 수업이 이루어진다. 월 3만~4만 원의 수업료를 받고 방문 교사가 직접 방문하여 수업이 이루어진다. 교재비는 별도로 한글의 경우에는 20만~50만 원대, 영어는 40만~90만 원대이다.

특히 영어의 경우에는 계층 간 차이가 뚜렷하게 나타나는 경향이 있다. 일부 상류층의 경우에는 원어민과의 1대 1 과외나, 그룹 과외의 형태가 강남을 중심으로 이루어지고 있다고 한다. 그리고 영어유치원도 성황을 이루고 있다. 일반 유치원이 월평균 15만~18만 원인 것에 비해, 영어유치원은 월 35만 원 선이다. 강남 일대의 경우에는 최하가 45만 원 선이고 70~80만 원 이상을 받는 곳도 적지 않다. 생후 36개월부터 만 6세까지의 유아를 대상으로 한 이러한 영어유치원은 자리가 없어서 입학 자격을 얻으려는 학부형의 로비도 치열하다(≪주간한국≫ 2000. 3. 22.).

전 사회가 영어로 몸살을 앓고 있는 상황에서 유아라고 예외는 아니다. 언론 매체에서는 영어를 특출하게 잘하는 유아를 연일 내보내고 누구나 다 잘할 수 있다는 인상을 심어주고 있다. 그리고 "외국어는 나이가 어릴수록 더욱 빨리 습득할 수 있다", "나는 영어를 못하지만 내 아이만은 영어를 잘하는 아이로 키우겠다"는 심리가 영어 조기교육 시장을 더욱 확장시키고 있다. 한 신문의 보도자료에 따르면 유아 대상 영어교재 시장의 규모는 연간 약 2,000억 원 정도 된다(≪한국경제≫ 2003.1.18.)고 한다. 가장 극단적은 형태는 영어 발음을 좋게 하기 위해 유아에게 설소대 성형술[3]을 시술하는 경우도 있다.

이러한 영어에 대한 강박관념은 양육에 있어서도 차별적으로 나타나고 있다. 일부에서는 '베이비 시터'가 영어를 구사하게 하여 일상에서도 영어를 자연스럽게 접하게 하기도 한다. 베이비 시터는 부모가 잠시 돌볼 수 없는 상황에서 유아를 맡기는 시스템인데, 일상적인 놀이 과정에서 유아가 영어를 접할 수 있는 기회를 고려하여 부모가 요청하는 경우도 있다고 한다.

그러나 실제로 '영어 조기교육의 효과가 없다'는 정부의 발표와 영어의 경우에는 조기교육이 아닌 적기교육이 필요하다는 전문가의 조언에도 불구하고 영어 조기교육은 더욱 활성화되고 있다. 흔히 세계화 시대에 맞는 인간이 되기 위해서는 영어가 필수적이라는 것과 부모들의 영어에 대한 콤플렉스가 이를 더욱 부채질하고 있다. 특히 교육에 있어 합리적인 체계가 갖추어져 있지 않은 상황에서는 전문적인 조언도 신뢰할 수 없는 경우가 있으며, 이것이 비합리적인 영어 조기교육을 조장하고 있다.

창의력을 중시하는 7차 교육과정이 시행된 후 젊은 주부들 사이에 유행한 유아 교구는 가격대가 80만~160만 원대로 한때 귀족 장난감이라고도 불렸다. 창의력 배양을 위한 이러한 교구의 매출은 1998년을 100으로 봤을 때 2001년에는 264, 올 10월(2002년)까지 284 수준으로 4년이 안 되는 사이에 3배 이상 성장하였다(≪매일경제≫ 2002.11.22.).

또한 아직 대중화되지 않은 형태로 신체발달 놀이를 통한 교육이 일부 계층에 의해서 실시되고 있다. 대체적으로 부모의 정보력과 경제적인 능력으로 결정되는데, 미국계인 한 유아 체육교육기관의 프로그램

---

[3] 한국에서 영어 조기교육 열풍은 영어 발음을 능숙하게 하려는 목적으로 어린이의 혓바닥 아랫부분을 잘라내고 혀를 늘리는 수술을 하는 왜곡된 형태를 야기시켰다. 이 수술은 의학적으로 혀가 짧은 증상을 치료하는 것을 목적으로 한다(≪한국일보≫ 2002.4.2.).

목적을 보면 최고의 질의 프로그램을 추구하며, 투입한 시간·에너지·투자에 대한 정당한 보상을 한다는 것이다. 투자라고 했을 때에는 물론 다른 부분도 있겠지만 경제적인 측면이 크다. 경제적 능력에 따라 교육의 자질이 결정될 수 있다는 것을 반영하고 있다.

3) 대안교육

한국에서는 유아들을 이른 시기에 교육 시장에 내돌리고 이것이 또 다른 사회적 병폐를 만들어 유아들의 몸과 마음을 황폐화시킨다. 이렇게 자본의 논리에 침식된 유아교육을 고민하는 이들에 의해 대안교육이 제시되고 있다.

근대화와 도시개발로 포장된 도로에서 자연의 흙을 접할 수 없는 유아들, 놀 공간과 시간이 부족한 유아들에게 자연의 흙을 밟게 하여, 양육되는 것이 아니라 스스로 자연과 매개하면서 삶의 방식을 찾게 하려는 운동이다. 대표적인 것이 공동육아협동조합이다. 기존의 상업적인 유아교육이 단순하고, 반복적이며, 획일적이며 질적 수준에서도 믿을 수 없다는 데 대해 부모들이 공동체를 형성해 육아를 담당하는 것이다.

공동육아는 많은 자원을 필요로 한다. 우선 출자4를 해야 하고, 교육에 있어서도 부모들의 참여가 적극적으로 이루어져야 한다. 이러한 여유를 가질 수 없는 저소득층의 경우에는 그림의 떡일 수밖에 없다. 그리고 새로 조합원이 되고자 하더라도 조합원의 탈퇴가 있어야 가능하거나 그렇지 않으면 새로 조합을 만들어야 하기 때문에 다소 진입장벽이 높다고 할 수 있다. 다분히 엘리트적인 측면이 강하다. 이러한 공동육아가 지식인층에 의해 시작되었다는 사실 또한 무시할 수 없다.

그리고 최근의 생태론적 세계관을 바탕으로 한 생태유아교육의 경우도 자연과 놀이를 통해 아이다움을 찾아주고자 하는 차원에서 공동육아

---

4 출자금은 탈퇴할 경우에 반환되며, 출자액은 300만~400만 원 정도이다. 그리고 매월 회비는 따로 납부해야 한다.

와 색을 같이한다. 특히 생태유아교육의 경우는 먹을거리에 관심을 많이 가지고 있다. '패스트푸드에 길들여진 유아들', '아토피를 가진 유아들'의 급증 등에 대한 우려에서 유기농 식품을 먹이고자 한다. 그리고 그것이 먹을거리에 대한 교육과 농촌과의 교류로 이어지고 있다.

이렇게 상품화되고 획일적인 제도권 교육에 대해 자연과 즐기는 것으로 자연에서 유아를 배우게 하려는 이러한 대안교육은 그것을 선택할 수 있는 여건이 되는 이들에 의해 이루어지고 있다. 일부에 의해 이루어지는 대안교육은 현재의 제도권 교육을 거부하면서 유아교육을 상품화시키는 것에 대한 비판적인 자세를 견지하여 운동적인 차원에서 새로운 유아교육을 열려고 하지만 결국에는 그렇게 자란 아이들은 그들만의 새로운 삶의 양식을 키우게 되는 것이다. 문제는 상품화된 현재의 유아교육에 대해 비판을 가지지만 그것을 해결하는 데 있어서 사회적으로 풀어보려는 것보다는 개인적으로 해결한다는 것이다. 물론 소규모 공동체를 형성하지만 그것은 여건이 허락되는 이들에 의해 이루어지고 있기 때문에 결국은 또 다른 형태의 엘리트교육의 한 양상이 되지 않을까 하는 우려를 자아낸다.

4. 버릴 것인가, 기를 것인가?

유아교육에서 공교육이라는 의미가 부재한 상태에서 대부분의 교육은 사교육의 형태로 이루어지고 있다. 공교육이라는 의미는 유치원 교육 이상의 의미가 없다. 그나마 유치원 취원율도 법적 취원 연령인 3~5세를 기준으로 할 때 2001년 현재 26.9%에 지나지 않는다. 유치원 취원아의 75% 이상이 사립 유치원에 다니고 있으며 이에 대한 정부의 재정지원은 없는 실정이다(이기숙, 2002). 그나마 대도시 저소득층 자녀의 취원율은 매우 낮게 나타남으로써 교육 접근 기회에서의 불평등도 나타나고 있다.

사립 유치원에 2~7세의 자녀를 보내고 있는 부모를 대상으로 설문조사한 결과를 보면 유치원 외 추가로 시키는 특기교육의 가짓수는, 한 종류 28.8%, 두 종류 30.0%, 세 종류 20.6%가 대부분이지만 일부 열 종류를 하는 경우도 있었다(≪주간한국≫ 2002.1.17.)고 한다. 능력이 되는 유아의 경우에는 인지학습, 창의력 개발학습, 신체발달을 위한 교육 등이 고루 이루어지고 있다고 볼 수 있다.

이렇게 공교육이 담당하지 못하고 가정으로부터도 분리된 유아교육 은 교육산업이 그 자리를 대신 차지하고 있다. 자본의 논리에 움직이는 교육산업은 이윤을 만들지 못하는 부분에 대해서는 관심 밖이다. 따라서 유아교육에서의 공공성 회복은 필수적인 상황이다. 특히 사회적 외면을 받는 장애아들의 경우는 더 이상 기를 수 없는 지경에 이르게 되었다. 하나의 인격을 가진 생명체로 받아들여지지 않는 사회에서 그들을 기르 기란 하나의 모험이다. 장애를 가지고 태어났다는 사실과 젊은 세대의 생명 경시 풍조가 결합되어 아무런 죄의식 없이 버려진다.

더구나 장애아에 대한 교육이 제도적으로 마련되어 있지 않은 상황에 서 그러한 자녀를 둔 가정은 사회의 따가운 시선과 경제적인 어려움이라 는 이중의 고통을 겪는다. 수요에 비해 부족한 교육시설은 조기교육을 받기 위한 대기자들이 짧게는 1년에서 길게는 2년까지 기다려야 하는 실정이다. 또 일단 교육을 받기 시작하면 오래 기다려온 대기자들과의 형평성을 고려하여 전체 교육 기간이 만 2년을 넘길 수 없도록 하고 있다.

영유아 장애아들의 경우에는 다른 어떤 경우보다 조기교육의 실시가 아주 중요하다. 만 6세 이하 영유아들이 장애를 얼마나 극복할 수 있는가 는 생후 몇 개월부터 조기 특수교육을 받느냐에 따라 크게 달라진다고 한다. 특히 뇌를 비롯한 신체의 각 기관이 미완성인 상태로 급격히 발달하는 만 3세까지는 반드시 조기 치료와 교육이 시작되어야 한다는 것이 전문가들의 지적이다(≪한겨레21≫ 2000.11.29.).

그런데 한국의 경우에는 영유아의 장애를 조기에 발견해 치료하는 시스템이 거의 갖추어지지 않은 현실에서 부모의 적극적 노력에 의한

<표 4-1> 장애아 영유아 조기교육 비용

교육비 종류	공립기관	사설기관
종합특수교육비	12만~15만 원	30만~35만 원
특수수영(12회/1개월 기준)	15만 원	15만~20만 원
인지학습비(개별지도)	40만~50만 원	40만~50만 원
언어치료비(3회 기준)	2만 7,000~3만 원	7만 5,000~12만 원
소요 경비(1개월)	56만 2,000~69만 5,000원	92만 5,000~117만 원

자료: 장애우권익문제연구소, 《한겨레21》 2000.11.29.

경우가 대부분이다. 어떤 경우에는 2년이 넘어도 장애 이름조차 나오지 않는 경우도 있다. 이렇게 장애아를 둔 부모는 그들의 삶은 포기한 채 오로지 장애아들을 위한 삶을 살게 된다. 정작 자신의 삶은 황폐해지고 경제적 비용이라는 측면에서도 과중한 짐을 짊어진다. <표 4-1>은 장애아들의 조기특수교육에 소요되는 비용이다.

공교육의 부재는 이렇게 사회적 소외계층에게 있어서는 교육 기회의 혜택이라는 측면에서, 그리고 경제적 비용 부담이라는 측면에서 그들의 아이를 양육하는 데 있어서 부담으로 작용하고 있다. 결국 그러한 부담은 부모들로 하여금 자신의 아이에 대한 육아를 포기하게 하는 하나의 사회적 강제가 되는 것이다.

5. 나오며

현재 한국 사회에서 조기교육의 필요성에 대해서는 각종 매스컴을 통해서 봇물 터지듯이 쏟아지고 있다. 조기교육은 과거부터 존재했고, 주로 왕의 자녀나 사회 지도자층의 자녀에 대해서 실시되었다. 신분제 사회에서 이미 사회를 이끌고 나갈 것으로 정해진 이들은 철저한 관리의 대상이었고 그들에게 조기교육을 실시하는 것은 현실적으로 당연한 일이었다. 따라서 조기교육의 실시 자체가 문제가 되는 것은 아니다. 문제는 조기교육을 현실적으로 어떻게 대처해야 하는지에 대한 방안이 부재하다는 것이다.

교육을 통한 지위 상승이 현실적으로 가장 대표적인 신분 상승 수단인 상황에서 한국의 교육열풍은 그 연령이 더욱 낮아지고 있다. 좀더 어린 나이에 관리가 되지 않으면 경쟁력이 없어지게 되는 것이다. 어릴 때부터 차별적으로 교육이 실시되어야 경쟁력을 갖는 것으로 인식되고 있다. 이렇게 한국의 현실에서 조기교육에 대한 압박감은 가중되고 있지만 공교육의 대책이 전무한 실정이다. 부모들의 불안한 심리에 대해 교육산업의 신속한 대응은 사교육 시장의 확대가 가속화될 수밖에 없다.

조기교육이 본격적으로 불기 시작한 것은 1990년대 이후 전반적인 생활 수준의 향상과 핵가족화 현상과 함께 출현하였다. '외동이 천국'이라고 불릴 정도로 부모들은 자식들에 대해 모든 것을 투자하게 된다. 그리고 그들의 교육 형태라는 것이 스스로 하는 것이 아니라 좀더 양질의 교육을 제공한다는 측면에서 전문가에게 위탁하는 형태를 띤다. 이러한 교육은 선택의 폭을 넓힌다는 긍정적인 측면이 있지만 교육의 질이 보장된다고는 볼 수 없다.

그리고 소비의 동기와 관련해서 교육에 대한 욕구 자체가 사회·문화적으로 달라질 뿐만 아니라, 새로운 상품의 출현에 의해 변화되어간다. 교육에 대한 소비 수준이 다를 뿐만 아니라, 다양한 교육 상품의 출현은 그것을 소비하는 계층에 따라 달라진다. 상류층의 경우에는 고급화를 추구하게 되고 하층의 경우에는 소외된 형태의 교육을 받게 된다. 이것은 한국의 교육이 대부분 사적 영역에서 이루어지기 때문에 나타나는 현상이다.

부모들은 건강한 신체와 문화적인 소양을 갖춘 '똑똑한 아이'로 만들기 위해 사적으로 유아교육에 많은 투자를 하고 있다. 어떤 경우는 임신 전부터 시작해서 끊임없는 투자를 아낌없이 하기도 한다. 유아의 능력개발과 더불어 환경적인 차원에서도 양질의 것을 제공하고자 많은 투자를 한다. 사적으로 모든 것이 해결 가능한 한국의 현실에서 유아들은 더 차별적으로 키워진다.

그러므로 사적 교육에 의한 차별화 전략이 더욱 진전되기 전에 유아교육에 있어서도 공교육의 개념이 도입되어야 한다. 국가의 적극적 개입에 의한 육아 문제의 해결은 여성의 사회 활동 보장이라는 측면에서도 가장 시급히 해결되어야 할 부분이다. 특히 이것은 저출산의 문제와도 연결되어 있다. 그런 점에서 각 시에서 일어나고 있는 보육조례 제정은 중요한 하나의 출발점이라고 할 수 있다.

^{5장} 혼자 노는 아이들

이동일_창원대학교 강사

1. 들어가며

한국의 청·장년층이 떠나려 한다. 경제활동 인구의 중심인 그들이 왜 떠나려 하는가? 케이블 TV에서 소개되는 이민 상품이 날개 돋친 듯 팔리고 있다. 자신이 태어나고 자라왔으며 너무나 익숙한 이곳에서 그들은 떠나고 싶어 한다. 외환위기 이후 중산층이 선택한 결과는 한국 사회의 현주소를 대변해주고 있다. 여러 가지 이유가 있겠지만, 경제적 위기, 미래에 대한 불안, 그리고 사회적 불안 등이 주요 원인으로 꼽힌다. 그중에서도 자녀의 미래에 대한 불안이 그들을 외국으로 내몰고 있다. 공교육의 붕괴로 인한 사교육의 기형적 성장은 교육의 자본화로 이어진다. 즉, 자본의 빈익빈 부익부 현상이 교육에 그대로 나타나고 있다.[1]

인간은 누구나 유아기를 거쳐서 '어린이'라는 과정을 거친다. 개인에게 있어서 어린 시절은 청소년기의 준비 과정인 동시에 개인의 사회적 성장 과정상 중요한 기간이기도 하다. '어린이'는 소파 방정환 선생이 처음으로 사용한 개념이다. 일반적으로 '아이'라는 개념은 '어른'의 상대적 개념으로서 유치하고 덜 성숙된 존재로 인식된다. 그에 비해 '어린이'는 '젊은이' '늙은이'와 구별되는 차별성과 독립성을 가진 개념이다.

---

[1] '기러기 아빠'라는 사회적 개념은 이러한 그들의 모습을 여실히 보여준다.

한국 사회에서 과연 그들은 '아이'인가, '어린이'인가?[2]

한국 사회, 한국인이라는 시·공간 속에서 '어린이'는 다른 사회에서 볼 수 없는 특징적 모습을 지니고 있다. 현재 우리의 모습을 살펴보자. 학원, 컴퓨터 게임, 과도한 교육열, 그리고 부모의 과잉 관심이 우리네 아이들의 문화적 키워드가 되어버렸다. 이러한 아이들의 일상적 삶은 타인과 함께 하는 인간이 아니라, 개인적 능력만을 강조하는 우리의 자화상을 적나라하게 보여주고 있다. 추락한 공교육 속에서 사교육이라는 거대한 시장 논리는 우리의 아이들을 혼자이게 만든다. 학원이 그들의 일상적 삶의 공간이 되어버렸다. 사교육의 증대가 아이들을 경쟁과 외로움, 그리고 죽음으로까지 내몰고 있는 것이 우리의 현실이다. 초등학생의 83.1%가[3] 사교육을 받고 있는 현실은 분명 우리 사회의 독특한 문화 현상인 것이다. '어른'들은 그렇게 '아이'들을 내몰고 있다.

우리의 아이들은 혼자 놀고 있다. 부모 세대가 겪었던 놀이문화는 동네 친구들과 함께 하는 놀이였다. 또래의 문화는 학교뿐만 아니라 같은 동네의 담벼락에서도 이루어져 왔다. 그러나 지금의 우리 아이들은 컴퓨터 게임에 대한 정보를 주고받고 인터넷이라는 바다에 빠져 있다. 동네 친구가 아닌 ID로 만나고 아이템(item)으로 서로의 네트워크를 형성한다. 모니터와 함께 놀고 있는 그들이 우리네 아이들이다.

한편 근대 이후 계속된 산업화로 인해 가족 형태가 변화하였다. 핵가족으로 대표되는 가족 형태의 변화는, 가족 구성원의 수적 변화뿐만 아니라 아이들의 삶에도 많은 변화를 가져왔다. 농경 사회에서는 모든 어른들이 아이들의 생활에 직·간접적으로 관여했다. 뿐만 아니라 아이들은 많은 형제, 친척 속에서 자신의 정체성을 깨닫고, 다른 사람들과의 관계를 배우며, 함께하는 공동의 삶 속에서 위로받았다. 그에 비해 지금은 어른

---

2 이 글에서 정의하는 '어린이', '아이'는 초등학생을 의미한다.

3 초·중·고등학교 학생들의 사교육 참여율은 72.6%이다. 학교급별로 사교육 참여 현황을 살펴보면 초등학교는 83.1%, 중학교는 75.3%, 일반계 고등학교는 56.4%, 실업계 고등학교는 19.2%이다 (교육인적자원부, 「사교육비 실태 조사 및 경감 대책 연구」, 2003정책과제, 2003.).

들이 아이들을 담당하기에는 너무 바쁜 사회가 되어버렸다. 아이들은 이제 많은 것을 혼자서 해야만 한다. 그래서 아이들 또한 바빠졌다.

우리의 아이들은 버려져 있다. 모든 아이들이 사교육의 혜택 아닌 혜택을 받고 있는 것은 아니다. 소외된 계층에서는 아이들이 방치되고 있다. 그것은 부모의 잘못이라기보다는 우리 사회에 나타난 불평등의 또 다른 현상이다.

이와 같은 배경에서 우리나라 초등학생의 일상생활을 살펴보기로 한다. 한국의 초등학생을 대표하는 키워드로서 학원에 내몰린 아이들, 컴퓨터 게임이라는 혼자 놀기의 놀이문화, 그리고 출산율 감소로 인한 형제가 없는 아이들, 마지막으로 소외된 계층 아이들의 일상의 모습을 그려보고자 한다.

2. 내몰린 아이들

초등학생 자녀를 둔 부모의 연령은 대개 30대 후반에서 40대이다. 과연 그들의 초등학교 시절은 어떠했는지를 떠올려 보자. 수업을 마치고 집에 오면 곧바로 밖에 나가서 친구들과 어울려 놀던 기억이 날 것이다. 심지어 곧바로 집에 오지 않는 날도 많았지만. 대부분 초등학교 시절은 학원과 거리가 멀었다. 기껏해야 태권도, 주산 학원이었다. 그러면 현재 우리 아이들의 생활은 어떠할까?

초등학생 자녀를 가진 한국의 부모에게 가장 큰 고민은 바로 교육의 문제일 것이다. 전 세계에서 유례를 찾아볼 수 없는 높은 사교육비 부담이 우리의 현실을 말해준다. <표 5-1>에 따르면 2003년 추정되는 연간 사교육비는 13조를 상회하고 있다. 더욱 놀라운 사실은 초등학교의 연간 사교육비가 7조 원을 넘었다는 것이다. 중등학교의 사교육비 4조, 고등학교의 2조에 비해 엄청난 비용이 들고 있는 것이다. 물론 초등학교 학생 수가 많기 때문이기도 하지만 사교육 시장에서 초등학교의 비율이

<표 5-1> 학교급별 사교육비

(단위: 천 원)

학교급	학생 1인당 월평균 사교육비	연간 총사교육비
초등학교	209	7,164,264,456
중학교	276	4,076,909,156
일반계 고등학교	298	2,232,562,623
실업계 고등학교	180	174,769,234
전체	238	13,648,505,470

자료: 교육인적 자원부, 「사교육비 실태 조사 및 경감 대책 연구」, 2003.

높다는 것을 나타내주는 지표이다.

과도한 학벌주의 사회가 되어가면서 나타난 이와 같은 현상은 한국의 공교육 위기를 불러왔다. 대학입시는 초등학생에게 있어서 먼 미래의 이야기가 아니다. 한국의 교육은 입시라는 커다란 부담감에 사로잡혀 있다. 뿐만 아니라 아이들은 사회의 생산 주체가 아닌 소비의 주체로서 인식될 뿐이다. 초등학생을 대상으로 한 조사 결과를 살펴보자. 아이들이 부모로부터 가장 많이 듣는 이야기가 "공부해라", "밥 먹어라", "TV 보지 마라"였다. 이는 우리의 아이들이 가장 듣고 싶어 하는 '칭찬'과는 너무나 거리가 먼 것이다.[4]

미래가 있는 사회는 아마도 아이들의 창조성과 자율성이 보장되는 사회일 것이다. 그런 점에서 한국의 아이들은 너무나 바쁘다. 오히려 부모보다 힘든 것이 아이들의 모습이다. 학교 수업을 마치면 그때부터 아이들은 학원, 방문 교사, 학습지, 예체능 학습까지 내몰리고 있다. 신문에 끼워진 광고지에는 저마다 학원을 광고하고 있다. 아마도 광고대로 된다면 전 세계에서 영재만 있는 최고의 나라가 될 것이다. 영어, 수학, 국어, 심지어 과학 학원까지 뷔페식 교육인 것이다. 각 학원은 모두 다 성심성의껏 지도하고 우수한 아이들을 만들 수 있다고 자랑한다.

---

4 이 조사는 조혜정 선생이 초등학교 4~5학년 학생들을 대상으로 '부모에게서 자주 듣는 말씀', '부모에게서 가장 듣기 좋은 말씀', '장래희망', '취미와 특기' 항목으로 나누어 조사한 것이다(조혜정, 「학교를 거부하는 아이, 아이를 거부하는 사회」, ≪또 하나의 문화≫, 1997).

이 얼마나 위대한 교육대국인가?

수없이 많은 영재교육원은 한국인의 위대성을 뽐내고 있다. 간단한 테스트를 통해 들어가는 영재교육원은 그야말로 부모의 대리만족의 결정판이다. 아이들은 자신이 어떠한 사람인가보다는 어떠한 학원에 다니는가를 기준을 삼아야 될 판이다. 언제부터인가 착한 아이, 효도하는 아이는 공부 잘하는 아이로 변해버렸다.

여기서 전통 사회의 아동교육에 대해서 살펴보도록 하자. 우선 구체적 교육이 이루어지기 이전인 유자기(幼子期)는 3~7세의 나이로, 수저 사용, 응답법, 숫자와 방위, 그리고 남녀칠세부동석이라는 유교 예절교육을 받는다. 지금의 초등학생에 해당하는 단계는 동몽기(童夢期)이다. 이 시기는 다시 전기(8~9세)와 후기(10~14세)로 나뉜다. 전기에는 가장 중요한 교육이 겸양의 예법을 익히는 것으로서 윗사람에 대한 예절과 겸손을 배운다. 그 다음에 날짜 세는 법과 시간관념에 대해서 배운다. 동몽기 후기에는 글자의 읽기와 쓰기, 계산법을 배우고 노래와 춤을 배운다. 과거 전통 사회의 교육을 현재 우리의 교육에 그대로 적용할 수는 없다. 그러나 과거 전통 사회에서의 교육은 글을 쓰고, 읽고, 계산하기 이전에 예절과 효라는 기본적 교육이 전제되었다는 점에서 시사하는 바가 크다(유점숙, 2001: 32-37).

하긴 IMF라는 단군 이래 최대의 위기 속에서 명퇴당하지 않기 위해서는 좋은 대학, 좋은 학과를 선택하는 수밖에 없다는 사회적 분위기를 비난할 수만은 없을 것이다. 예절과 인성교육은 학벌과 학연이 과도하게 강조되고, 소수의 사람들이 사회의 기득권을 차지하고 있는 우리의 현실에서 그저 먼 나라의 이야기가 되어버렸다. 대학입시 성적이 인생을 좌우하는 우리의 참담한 현실에서 사교육은 모든 학부모의 유일한 선택처럼 보인다.

보편적인 사교육으로 학습지가 있다. 초등학생의 경우 학습지 과외가 전체의 51.9%로 가장 많이 받고 있는 사교육이며, 단과 학원 23.4%, 종합반 학원 23.0%, 그룹 과외 11.7%, 개인 과외 11.4%의 순서로 나타났다(교육인적자원부, 2003).[5] 학습지는 주로 방문 교사를 통해서 지도된다. 국어·영어·수학 등 이른바 주력 과목이 대부분으로, 수업 시간은 10~30분 내외에 불과하다.

또한 서점을 비롯해 대형 할인점의 서적 코너는 이미 초등학생의 문제지가 점령하고 있다. 인터넷을 통한 일일학습은 인터넷 강국인 한국에서 또 다른 우리의 일상이 되어버렸다.[6]

세계화는 그렇지 않아도 열등감을 느끼던 영어 교육에 불을 지핀 격이 되었다. 1997년 초등학교 3학년부터 영어 교육이 실시되었다. 이러한 변화는 초등학생들에게 영어 사교육 시장을 넓히는 결과를 가져왔다. 영어 교육은 한국 사회 사교육의 한 기둥을 지탱하고 있다. 2002년 교육인적자원부의 조사에 의하면 영어 학원은 약 3,000개로 추정된다. 그러나 실제로는 1만 개가 넘는다는 주장도 있다. 또한 영어학원비, 영어교재비, 해외연수 비용 등의 시장 규모는 약 4조에서 5조에 이른다고 한다. 여기에 인터넷 영어까지 포함된다.[7] 물론 이러한 통계에는 중학생 이상 성인까지 포함되었다. 그러나 과거 중·고등학생을 고객으로 하던 많은 영어 학원이 이제는 초등학생을 대상으로 시장을 넓히고 있다. 조기 외국어 교육의 효과에 대한 논란은 초등학생 영어 교육에

---

5 교육인적자원부, 「사교육비 실태 조사 및 경감 대책 연구」, 2003년 정책과제, 2003.

6 방학 중 보충학습 인터넷이면 OK 학습 사이트 프로그램 다양

방학을 맞아 인터넷 학습 사이트들이 앞다퉈 방학 중 특별 프로그램을 내놓으며 인기몰이에 나섰다. 교과 선행학습에서부터 영어·한자 등 보충학습까지 다양한 프로그램에다 일반 학원에 비해 저렴한 가격을 장점으로 내세우고 있다. 온라인 중등교육 전문사이트인 메가스터디 엠베스트(www.mbest.co.kr)는 '겨울방학 8주 완성 과목별 특강'을 내놓았다. 예비 중학생을 위한 '중학 예비과정 패키지'도 함께 선보였다. 각 과목당 수강료는 3만~5만 원 수준이고 패키지로 수강하면 10% 할인해준다.

초등학생 인터넷 일일 학습지 와이즈캠프(www.wisecamp.com)는 매일 일정량의 학습량을 제공하는 방식으로 방학 기간의 나태해질 수 있는 생활을 제어해준다. '사이버 티처'가 매일 학생들의 학습을 지도해주고 숙제 도우미 코너에서는 학생들이 궁금한 사항을 올리면 해답을 즉시 알려준다(≪한국일보≫ 2004.1.7.).

7 ≪동아일보≫ 2003.9.3. 홍성철 기자.

열을 올리는 계기가 되었다. 외국인을 초빙해서 외국어를 가르칠 경우 많은 비용을 지불해야 한다. 지역마다 다르겠지만 시간당 5만 원을 상회하고 있다.[8]

뿐만 아니라 예체능 교육에 내몰린 아이들은 또 어떠한가? 피아노, 바이올린, 첼로와 같은 악기 교육을 비롯해서 성악에 이르기까지 다양하게 이루어지고 있다. 모든 아이들이 예술적 재능을 가진 것은 아니다. 아이들에게 풍부한 예술적 감각을 함양해준다는 목소리가 오히려 공허하게 들린다. 부모가 치지 못하는 피아노를 아이들은 해주기를 바라고 있는 것은 아닌지 자문해볼 필요가 있다. 부모의 대리만족에 우리의 아이들이 희생당하고 있는 것은 아닌지 생각해볼 일이다. 초등학생의 예체능 사교육은 고학년이 될수록 줄어든다. 고학년이 되면 교육의 유일한 목표인 대학입시가 벌써 다가오기 때문이다.

아이들을 사교육으로 내몰고 있는 중심에는 부모들이 서 있다. 부모들이 가지는 사교육의 환상은 실로 대단하다. 아이를 어떻게 키우는가는 중요한 일상의 고민이다. 그것은 아이들 간의 과도한 경쟁, 그리고 경쟁에서 내 아이가 뒤떨어지는 것은 아닐까 하는 두려움이다. 그 결과, 아이들은 자신의 의지와는 무관하게 학원을 전전한다. 남의 아이가 피아노를 배우면 내 아이도 배우러 다녀야 하고, 아이가 내뱉는 "Thank you" 한마디에 그만 감격하고 만다.

학원과 각종 사교육기관에 내맡겨진 아이들은 한가하게 부모와 대화를 나누고 어리광을 부릴 수 없게 되어간다. 그저 부모의 대리경쟁의 대행자로서 자신의 임무에 충실한 웃자란 아이들이 되어가는 것이다.

---

8 영어 과외는 월 3만 원 정도의 학습지에서 월 80만 원에 달하는 영어 학원까지 다양하다. 특히 원어민 회화는 상상을 초월한다. 비용도 만만치 않지만 외국에 살다 온 아이들이 원어민과의 회화를 선호한다. 새로이 영어를 배우는 학생들은 이들과의 경쟁에서 뒤처질 수밖에 없는 현실이다.

3. 술래잡기의 추억

1) 우리 아이들의 놀이

'아이들이 대학 가기 전에 적어도 세 번쯤은 컴퓨터를 부셔버린다'는 한국 부모들의 우스갯소리는 우리의 또 다른 자화상이다. 감히 인터넷 강국인 한국에서 컴퓨터를 부셔버리다니? 우리 아이들의 부모가 과거 그들의 초등학교 시절을 과연 어떻게 보냈는가를 생각해보면 오늘날 아이들의 일상이 얼마나 변해 있는가를 실감할 수 있다. 호이징가가 인간은 놀이하는 존재라고 주장했던가. 사실 우리 인간은 무슨 일을 하고 살까 고민하기도 하지만 무엇을 하고 놀까 하는 고민도 심각하게 한다. 아이들의 입에서 심심찮게 듣는 이야기가 심심하다는 말이다. 부모 세대는 저물녘까지 동네 공터에서 엄마의 저녁 먹으라는 소리에 아쉬움을 접을 때까지 놀았던 것을 기억할 것이다. '무궁화꽃이 피었습니다'의 짜릿한 긴장감, '숨바꼭질'에서 밝혀지는 인간성에 대한 회의감, '다방구'의 화려한 몸놀림은 우리 부모들이 기억하는 놀이의 추억이다.

2001년에 전국 16개 시도 초등학교 5·6학년 학생을 대상으로 장래희망을 조사한 적이 있다. 조사결과 남학생은 ① 프로게이머, ② 운동선수, ③ 컴퓨터 전문가, ④ 과학자, ⑤ 발명가, ⑥ 경찰관, ⑦ 탤런트, ⑧ 판사·검사·변호사, ⑨ 의사, ⑩ 동물사육사로 나타났으며, 여학생은 ① 교사, ② 가수, ③ 배우·탤런트, ④ 디자이너, ⑤ 아나운서, ⑥ 의사, ⑦ 코디네이터, ⑧ 교수, ⑨ 간호사, ⑩ 만화가의 순서로 나타났다. 남녀 학생의 취향과 사회화 과정의 성성(性性)에 따른 차이가 보인다.

남학생의 경우를 살펴보자. 초등학교 앞에는 언제나 그러하듯이 고만고만한 문방구들이 있게 마련이다. 학교를 파하고 몰려나온 아이들은 부모들이 그러했듯이 불량식품의 유혹을 뿌리치기에는 너무나 인간적이다. 이름도 없는 과자들, 떡볶이가 그들의 인간적 솔직함을 충족시켜주는 것이다. 그런데 정작 아이들이 오랜 시간 머무는 곳은 다름 아닌

오락기이다. 부모들에게는 두뇌개발실이라고 알려진 엄청난 장소가 문방구점 밖에 버젓이 자리 잡고 있다. 자그마한 화면에 아이들은 머리를 박고 게임에 열중한다. 서로의 단계를 뽐내면서 모처럼 공유의식을 느끼게 된다. 부모들이 과거에 만화방에서 그들의 부모에 의해 연행당했듯이 요즘 아이들이 연행되는 장소는 바로 조그마한 컴퓨터 게임 오락기 앞인 것이다. 심지어 부모들이 문방구 주인에게 오락기 사용 시간을 제한해줄 것을 요구하는 자그마한 소동이 일어나는 현장이기도 하다.

정보 강국인 한국의 가정에는 대개 컴퓨터가 있다. 아이들과 부모들은 끊임없는 전쟁을 하게 된다. 바로 컴퓨터 게임 때문이다. 게임에 빠져버린 아이들과 그것을 못하게 하는 부모 간의 전쟁인 것이다. 갤러그밖에 모르던 부모들은 아이들이 주고받는 외계 언어에 당황하게 된다. 저그족과 테란족의 절체절명의 전쟁은 부모들이 이해하기에는 너무나 힘든 세상인 것이다. 스타크래프트의 열풍은 인터넷 강국인 한국의 온라인에서 절정을 이뤘다. 아이들의 요구와 사회적 분위기에 위협받은 부모들은 인터넷과 컴퓨터로서 대가를 치른다.

컴퓨터 게임이 어느 정도 두뇌개발에 도움을 준다는 연구도 있다. 뿐만 아니라 온라인을 통한 게임은 이미 우리의 세계가 지구촌임을 증명해주고 있다. 명(明)이 있으면 암(暗)도 있기 마련이다. 위대한 테란족의 지배자로서 저그족을 물리쳐 세계의 평화를 지키는 순간, 아이들은 뒤통수에 부모의 잔소리를 듣게 된다. 얼마나 처절한 추락인가? 아이들은 대문 밖에서 부르는 친구의 소리를 이제 듣지 않게 되었다. 그들의 놀이터는 대부분 모니터 앞이 되어버린 것이다. 놀이터는 과거에 볼 수 있었던 동네 아이들의 사교 장소가 아니다. 부모를 동반한 유아들의 주된 공간이 되어버렸다. 초등학생들은 사교육 현장에서 그들의 향학열을 불태우고 있기 때문이다. 그들은 혼자 모니터상의 수많은 점들의 조합 속에 몰입되어 놀고 있는 것이다. 스타크래프트는 온라인을 타고 전 세계의 아이들을 그물 속에 묶어두고 있다. 뿐만 아니라 이러한 인터넷 강국의 위용은 휴대전화 문화에까지 영향을 미치고 있다.

"수업 시간에 배 아프다고 하면 양호실에서 성인게임을 할 수 있어요. 등·하교 때도 할 수 있고 학교 끝나고 골목 같은 곳에서 친구들과 모여서 해도 재미있어요." 한 초등학생이 최근 인터넷 모바일 게임 사이트에 올린 글이다. 이 어린이는 "골목길에서 친구들과 모여 여자 옷을 벗기고 야한 동영상이 나오는 단계까지 진출하면 짜릿한 쾌감을 느낀다"고 적었다. 휴대전화를 이용해 즐기는 모바일 성인게임이 최근 미성년자인 중·고교생은 물론이고 초등학생들에게까지 무분별하게 확산되고 있다. 휴대전화 단말기 기능이 발달해 성인게임의 낯 뜨거운 장면이 TV 못지않은 생생한 화면으로 어린이와 청소년들에게 전달되고 있는 것……. 서울 성동구 A 초등학교 김 모(11) 군은 "집에 있는 컴퓨터는 엄마가 감시해서 성인게임을 못하는데 휴대전화 게임은 때와 장소를 가리지 않고 할 수 있어 친구들에게 큰 인기를 끌고 있다"고 말했다.   (〈동아일보〉 2004.1.27.)

성문화에 대한 사회적 관용이 늘어가면서 성인들뿐만 아니라 아이들에게까지도 영향을 미치고 있다. 과거 일부 아이들만이 관심을 가졌던 음란물을 이제 누구나 쉽게 접근하고 이용할 수 있다는 점이 심각한 문제다. 컴퓨터란 정보사회의 매체는 대중매체와 그 격을 달리한다. 과거 대중매체가 가진 공간적·시간적 공유성은 뉴미디어 사회에서는 전혀 달라진다. 이제 컴퓨터는 소형화·첨단화를 통해 개인적 매체가 되어버렸다. 아빠 세대에서 보았던 빨간 책의 떨림은 이제 밀폐되고 개인화된 공간에서 자유를 만끽하고 있는 것이다.

2) 패키지 놀이

방학 때가 되면 또 다른 사교육의 장이 펼쳐진다. 놀이의 사교육인 것이다. 아이들은 다양한 놀이 상품 속에서 선택의 고민을 하게 된다. 마치 종합선물세트를 받아든 그들의 부모가 무엇을 먼저 먹어야 될지 고민했던 것처럼.

아이들의 놀이는 이제 패키지화된 상품으로 제공된다. 그 상품은 다양하다. 각종 체험학교, 극기학교, 예절학교, 레저학교가 그것이다. 1박 2일의 문화유적 탐방에서 길게는 1주일간의 국토순례 체험에 이르기까지 아이들은 다양한 프로그램을 접하게 된다. 바이오캠프, 역사기행캠프, 전통문화체험학교 등에서 아이들은 그동안 학교에서, 가정에서 할 수 없었던 학습을 한다. 청학동 서당으로 상징되는 예절학교는 이제는 전혀 낯설지 않다. 각종 프로그램에 감초처럼 들어가 있는 필수항목인 것이다. 또한 레저학교의 경우 스키 강습을 비롯한 생활체육 프로그램들이 다양하게 제공되고 있다.

이러한 패키지 놀이는, 다양한 프로그램을 통해 아이들에게 풍부한 경험을 쌓게 해준다. 부모가 동참해주지 못하는 현실적 한계에서 그나마 아이들을 위한 놀이의 기회를 제공해준다. 함께 뛰어놀며 서로의 관심사를 나누는 장이 되기도 한다. 그러나 다른 한편으로 이러한 패키지 놀이는 많은 경제적 비용을 지불해야 하고 단순히 놀이에 지나지 않는다는 점도 상기해야 한다. 대부분의 패키지 놀이에는 비용이 든다. 보통 2박 3일을 기준으로 할 때 평균적으로 15만 원에서 20만 원 정도의 비용이 든다. 자녀 두 명의 경우 최대 40만 원 정도가 드는 것이다. 과연 모든 가정의 아이들이 이러한 경제적 환경에 놓여 있는가는 의문의 여지가 있다. 또한 이러한 패키지 놀이는 아이들이 자율적으로 선택하고 프로그램을 구성하는 것이 아니다. 대부분 부모들이 패키지 프로그램을 보고 자녀와는 간단한 의논(주로 통보지만)을 통해 결정하게 된다.

이제 아이들은 동네마다 다른 '구슬치기'의 규정을 놓고 싸우지 않는다. 그저 규격에 맞게 만들어진 틀 속에서 놀아야 되는 것이다. 역사기행의 주어진 보고서 종이에 무언가를 적어 넣어야 하는 것이다. '연날리기', '팽이치기'는 짜여진 프로그램에서 제공되는 소품이 된다. 어른들과 같이 만든 연과 팽이를 가지고 노는 것과는 분명히 차이가 있다. 인간은 만드는 존재이다. 만드는 과정에서부터 소외되지 않는 것이 노동의 본질이며 또한 놀이의 본질인 것이다. 우리는 언제부터인가 만들어진 놀이 도구와 함께, 그리고 짜여진 놀이 프로그램에서 소외되어온 우리의 아이들을 생각해보지 않았던 것이다.

4. 형제 없는 아이들

1) 줄어드는 형제

출산율 저하라는 인구학적 변화는 한 사회의 경제·문화·사회·국가적으로 여러 가지 변화를 가져오게 된다. 인구의 감소는 OECD 회원국 중에서도 우리나라가 두드러지게 나타나고 있다. 2002년 우리나라 가임 여성 한 명이 낳은 평균 자녀 수는 1.3명으로 2000년의 1.47명보다 줄었고 이는 2000년 기준으로 일본 1.33, 스웨덴 1.54, 영국 1.64, 노르웨이 1.85, 프랑스 1.89보다 낮다. 인구는 그 사회가 가지고 있는 발전 가능성, 미래에 대한 희망과 연결되어 있다. 인구 감소는 국가경제력의 약화와 함께 경제활동 인구의 감소, 더 나아가 고령화 사회를 초래한다.

일반적으로 인구 감소 원인은 가임 여성의 감소, 결혼 인구의 감소, 혼인 연령의 연장 등에서 찾아볼 수 있다. 과연 우리나라의 경우는 어떠한가? 과도한 사교육비에서 비롯한 경제적 부담 때문인가? 아니면 여성들의 사회 진출의 증가에 따른 결과인가? '아이가 셋이면 부의 상징'이라는 자조적인 말 속에서 그 한 가지 원인을 찾아볼 수 있을 것이다. 오죽했으면 교육부가 2007년부터 유아들의 교육을 무상으로 하겠다는 발표를 했겠는가? 자녀 출산에 대한 부담이 경제적 요인이라는 대답이 무려 40%라는 통계는 우리네 삶의 현주소를 밝혀주는 지표이다.

출산율의 저하는 곧 자녀 수의 감소를 의미한다는 점에서 아이와 성인가족 간의 관계 변화는 불가피한 현상이다. <표 5-2>에서 보듯이 한국의 가정은 한 명 내지는 두 명의 자녀를 두고 있다. 1975년 평균 가구원 수가 5인인 데 비해 2000년은 3.1명으로 조사되었다. 이러한

〈표 5-2〉 일반 가구 수 및 가구원 수별 가구 분포

연도	일반 가구 (전 가구)	가구원 수별 가구 분포(%)						평균 가구원 수(명)
		1인가구	2인가구	3인가구	4인가구	5인가구	6인가구	
1975	6,648	4.2	8.3	12.3	16.1	18.3	40.7	5.0
1980	7,969	4.8	10.5	14.5	20.3	20.0	29.8	4.5
1985	9,571	6.9	12.3	16.5	25.3	19.5	19.5	4.1
1990	11,355	9.0	13.8	19.1	29.5	18.8	9.8	3.7
1995	12,958	12.7	16.9	20.3	31.7	12.9	5.5	3.3
2000	14,312	15.5	19.1	20.9	31.1	10.1	3.3	3.1

자료: 통계청 인구주택 총조사 보고서 각연도 재구성.

변화는 곧 아이들의 가족생활에 대한 분석을 요구하게 된다.

가구원 수의 감소는 곧 형제 없는 아이들을 생각하게 한다. 외동아이에 대한 일반적 평가는 과보호로 인해 버릇없고, 이기적이며 사회 적응 능력이 떨어진다는 것이다. 물론 자기 존중감이 높고 성취동기가 높으며 학업 수행 능력이 높다는 연구결과도 있다. 문제는 형제자매의 역할이 중요하다는 점이다. 아이들은 형제자매 간의 행동과 사고를 모방한다. 형이나 언니의 행동을 일방적으로 모방하는 것이 아니라 동생의 행동과 사고도 모방하는 상호 피드백이 일어난다. 따라서 서로 돕고, 능동적으로 행동한다는 것이다. 서로의 애정과 관심을 공유하는 것이다. 이러한 형제자매의 상호작용은 결국 사회적 능력을 향상시키는 역할을 담당한다. 이러한 점에서 형이나 누나는 또 다른 부모의 역할을 하면서 동생의 학습·행동에 영향을 미친다(장휘숙, 2001: 417-419). 가족의 규모가 작아질 수록 오히려 자녀에 대한 관심은 집중될 수 있다. 그러나 이러한 관심은 자칫 과잉 애정으로 인한 압력으로 느껴질 수도 있다.

2) 아이들과 가족

아이들에게 가장 중요한 타인은 바로 부모이다. 맞벌이 부부의 일반화

와 그에 따른 변화는 우리 아이들에게도 영향을 미친다. 외환위기 이후 한국 사회가 겪는 경제적·사회적 위기는 가족의 구성뿐만 아니라 가족 간의 관계 정도에도 많은 변화를 가져왔다. 부모의 사회화 역할이 점점 줄어들고 있다. 부모의 참여는 감소되었지만 가족 규모의 축소로 오히려 책임이 더 강화되었다(조정문 외, 2001: 240-254).

우선 전업 주부의 경우를 살펴보자. 엄마들의 경쟁 심리는 아이들에 대한 과도한 요구로 나타나고 있다. 특히 한두 명밖에 되지 않는 자녀에 대한 과잉 관심이 아이들을 힘들게 하는 것이다. 내 아이는 다른 아이와 다르다는 착각, 내 아이가 뒤떨어져서는 안 된다는 강박관념이 그것이다. 학원 버스를 기다리는 엄마들의 이야기는 내 아이가 무엇을 배우고 있고, 그것을 얼마나 잘하는가만이 중요 관심사가 되어버렸다. 한국 사회의 왜곡된 경쟁 논리가 이미 우리 아이들에게도 강요되고 있다.

가족의 소비 증대와 생활 비용의 증가는 여성의 사회적 참여를 불가피하게 만들고 있다. 취업 여성에게 있어서 자녀에 대한 관심은 유별나게 나타날 수밖에 없다. 취업 여성의 경우는 전업 주부보다 정도가 심한 애정을 유아들에게 표현하게 된다. 자신이 취업 여성이기 때문에 그것으로 인해 엄마의 역할을 제대로 하지 못한다는 일종의 강박관념을 가지게 된다. 전업 주부와의 심리적 비교에서 나타난 현상이다. 오히려 취업 여성이 엄마로서의 역할을 제대로 하지 못했다는 생각과 그것을 보상하려는 보상심리로 인해 적극적인 애정을 표현하게 되는 것이다.

여성의 사회적 진출은 자의든 타의든 간에 성 역할의 변화를 요구한다. 가사노동에 대한 분담에서 자녀에 대한 관심에 이르기까지 그 현상은 다양하다. 이런 점에서 아빠의 역할 변화는 두드러지게 나타난다. 그것이 구체화되면서 엄친보다는 좋은 아빠로서의 변신을 하게 되는 것이다. 한편으로는 바람직한 현상으로서 아버지의 역할에 대한 재인식이 필요하다.

다른 한편으로 역할의 변화 속에서 한 가지 중요한 역할이 있다. 과거의 경우, 엄친자모(嚴親慈母)라는 최소한의 틀은 있었다. 엄친은 이제 친구가 되어버렸다. 친구가 잘못된 것은 아니다. 문제는 기초적인 예절(禮節)에 대한 교육은 누군가 해주어야 하고 그것은 규범이기에 최소한의 수양이 필요하다. 아이들의 수양에는 최소한 아버지라는 스승이 필요한 것이다. 자신의 아이가 소중한 것은 당연하다. 그러나 친함 속에서 예절에 대한 역할까지 조화를 이루면 금상첨화가 아니겠는가?

지금 우리 사회는 과잉 교육은 존재하지만 가정교육은 부재하다. 가정교육의 부재는 결국 극성스런 과잉·조기 교육에서 기인함을 인식해야 될 것이다. 또한 부모와의 대화 부재는 우리 아이들을 별나고 이기적인 존재로 만들어버린다(김인회, 2001: 62-63). 아이들이 진정으로 원하는 것은 엄마와 같이하는 게임, 아빠와 같이하는 즐거운 시간이다.

맞벌이 부모의 문제는 잊혀진 사회화의 대행자인 할머니를 생각하게 한다. 이제 할머니는 가사노동을 비롯해서 아이들의 교육까지 맡아야 될 상황에 처해 있다. 과거의 할머니와 현재의 할머니는 상당히 다르다. 양육방법에 있어서 시어머니와 며느리는 이제 갈등하고 있다. 시어머니가 가지는 권위의 추락은 곧 어머니 위주의 교육이 되었음을 의미한다. 물론 손자·손녀의 양육을 거부하는 조부모도 있다. 그럼에도 불구하고 할머니로 상징되는 조부모의 역할이 불가피하게 요구되는 것이 사실이다. 부모의 과잉 교육으로부터 해방구로서 의미를 지닌다.

시계를 반대로 돌릴 수는 없으므로 과거의 육아방식을 현재에 적용하는 것은 무리가 있다는 것은 모두가 알고 있다. 하지만 인성교육은 가정에서 시작되어야 한다는 전제는 아직도 유효하며 교육의 필요조건이다.

5. 버려진 아이들

1) 소외된 계층의 아이들

어느 사회든지 최저생계비라는 경제적 지표를 가지고 있다. 그것은 한 개인이 한 달 동안 최저생활에 필요한 비용이다. 2003년의 지표를 보면 4인 가족 기준으로 월 102만 원이었다. 문제는 월 102만 원이나 월 120만 원이나 경제적 상황은 별로 차이가 나지 않는다는 점이다. 즉, 준빈곤층(소득이 최저생계비의 100~120%인 계층)의 경우 빈곤층과 별로 다르지 않다는 것이다. 오히려 최저생계비 이하의 경우는 각종 국가의 지원이 있지만 준빈곤층의 경우 그러한 지원은 주어지지 않는다. 그런 점에서 준빈곤층은 더욱 열악한 상황에 놓여 있는 셈이다.

우리는 앞글에서 학원, 패키지화된 놀이, 가족의 역할에 대해서 살펴보았다. 그러나 이러한 아이들 옆에는 또 다른 상황에 처한 우리의 아이들이 있다는 것이다.

한국 사회는 IMF라는 경제적 위기 속에서 가족해체와 가족갈등을 경험해왔다. 경제위기는 부부관계의 불안정으로 이어진다. 특히 남편의 실직은 경제적 어려움뿐만 아니라 남편 자신의 자아 존중감의 상실로 이어진다. 물론 가족의 결속력, 폭력 정도, 부부 권력 요인에 따라 위기의 정도가 다르게 나타난다(안병철 외, 2001: 227-248). 사회적 위기 속에서 가정불화와 갈등은 극단적 행동을 하게 한다. 생계형 자살의 대상으로 아이들이 희생당하는 경우가 대표적인 사례이다. 많은 아이들이 영문도 모른 채 어른들의 문제에 생명을 위협당하고 있다.

또한 사교육을 위한 비용은 준빈곤층에게 있어서 먼 나라 이야기일 것이다. 몇 만 원의 학습지의 비용이 부담이 되는 것이다. 40만 원씩 주고 패키지 놀이에 참여시킬 수는 없다는 것이다. 더욱 심각한 문제는 부모들이 그들과 함께할 수 없는 상황이다. 그들의 경제적 상황은 부모들이 비정규직 노동이라도 참여하지 않을 수 없게 만들어버렸다. 아이들에게 부모는 있지만 볼 수 없는 현실에 직면하고 있다. 특히 준빈곤층 이하의 취업 가족의 경우 자녀에 대한 관심, 사회적 관심이 필요하다(한국 가족연구회 편, 1995: 180-181).

사회적 환경의 변화로 노동 현장에 주 5일제 근무가 실시되었다. 2004년 7월부터 1,000명 이상의 사업장을 비롯하여 연차적으로 2011년까지 시행될 것으로 보인다. 그나마 직장이 안정되고 경제적 사정이 나은 경우, 주 5일 근무제로 가족과 함께 보내는 시간이 늘어날 것으로 예상해볼 수 있다. 그동안 혼자 놀던 아이들의 고독감이 어느 정도 치유될 것으로 예상된다. 그에 비해 준빈곤층 이하의 가정에서는 이러한 사회적 변화가 오히려 아이들의 일상적 삶에 악영향을 미칠 것이라는 전망도 나오고 있다. 대부분이 비정규직에 종사하면서 저임금에 시달리고 있는 그들의 부모가 늘어나는 휴일의 혜택을 받기는 어려울 것이다. 여전히 그들의 아이는 혼자 있게 된다.

교육의 자본화가 가속되면서 서울 강남 출신의 일류대 진학률이 월등히 높게 나타났다. 자본의 세습이 학력의 세습으로 이어지는 증거이다.[9] 이러한 상황에서 준빈곤층 이하의 아이들에게 드리운 빈곤의 악순환은 안타까움을 넘어서 사회에 대한 원망감으로 느껴지기도 한다. 우리네 아이들이 우리 사회의 사회적·경제적 불평등을 그대로 물려받고 있다는 점에서 사회적 배려와 정책의 변화가 요구된다. 또한 교육적 배려도 필요하다. 부모와 함께 하는 숙제를 이들 빈곤층의 아이들은 해내기가 쉽지 않다는 점이다. 이 과정에서 그들이 받는 마음의 상처는 누가

---

9 학력 세습과 공교육의 역할

서울대학교 사회과학원은 1970년부터 2003년까지 사회과학대학에 입학한 9개 학과 1만 2,000여 명의 입학생 자료를 분석, '누가 서울대학교에 들어오는가?'라는 질문에 대한 답을 제시하였다. 그 결과는 학력 세습(世襲) 현상이 심화되고 있다는 것이다. 서울대 입학에 작용하는 여러 요인 중에서 부모의 학력과 소득, 그리고 직업 등 소위 가정의 사회·경제적 지위가 가장 중요한 결정 요인이라는 것이다. 그리고 지역적으로 볼 때 서울, 대도시, 강남 8학군 지역이 높은 입학생 비율을 보이고 있음을 지적한다. (중략) 이제 우리 학생들이 '제가 서울대에 못 가는 것은 부모님 탓입니다'라고 말할까 봐 걱정된다(≪조선일보≫ 2004.1.31.).

달래줄 것인가? 가장 좋은 사회란 그 사회의 약자를 보호하는 사회임을 기억해야 할 것이다.

2) 앓고 있는 아이들

초등 6년생 "끙～" 진학 스트레스

매년 이맘때면 신경정신과 전문의를 찾는 초등학교 6년생과 학부모들이 있다. 중학교 입학에 대한 스트레스 때문이다. 특히 학부모들이 자녀를 일찍부터 특목고 경쟁에 내모는 사례가 빈번해지면서, 본격적 대학입시 경쟁의 출발선이 된 중학교 입학을 두려워하는 학생들이 늘고 있다. 김현수 신경정신과 의사는 "중학교 입학을 거부하는 학생들과 상담을 해보면 두발·교복·학교 규율 등 낯선 환경과 학교 폭력·'왕따' 등을 두려워하는 경우도 있지만, 중학교 공부에 대한 심한 중압감을 호소하는 사례가 더 많다"고 말한다. (≪한겨레≫ 2004.1.12.)

마음껏 쉴 수 없는 아이들의 현실은 아이들을 앓게 만들고 있다. 대학입시라는 거대한 교육의 하부구조로서 초등학교도 자유로울 수 없다. 초등학교 고학년 학생들을 대상으로 하는 학원에서는 이미 중학교 과정을 배우는 선행학습을 하고 있는 실정이다. 너무나 앞서가는 교육 앞에 우리의 아이들은 늙어가고 있는 것이다. 과도한 경쟁에 의한 스트레스, 경쟁에서 뒤떨어질 것 같은 불안감, 공부에 대한 압력이 아이들에게 정서적·육체적 장애를 유발하고 있다.

부모의 조바심 때문에 나타나는 역효과는 자못 심각하다. 이른바 '비디오 증후군', '학습지 증후군'과 같은 신종 질환들이 나타나기도 한다. 유아들에게서부터 이러한 현상이 일어나고 있다. 병원의 진단에 따르면 과도한 학습 스트레스에 의한 정신분열증이다. 부모가 자녀에게 영재교육을 시킨다는 명목으로 피아노, 학습지, 영어, 비디오와 같은 것을 강요하여 아이로 하여금 정서장애를 일으키게 한 것이다. 한편 이와는 반대로 엄마가 인터넷 쇼핑에 몰두하거나 재택근무를 하여 '한 지붕 두 생활'을 할 경우 초래하는 무관심 또한 아이에게 정서적 장애를 일으키는 원인으로 지적되었다.

> 주의력 결핍 · 과잉행동장애 어린이/ 툭하면 폭력…… 부시럭 부시럭……
> 우당탕탕…… 우리애가 좀 유별나긴 한데…… 그냥 뒀다간 비행청소년
> 아이들 때문에 속 끓이는 부모들이 많다. 공부에 집중하지 못하는 것은
> 물론이고 부주의한 행동으로 이런저런 사고를 저지르기 일쑤다. 감정 표현
> 이 지나쳐 친구들과 자주 마찰을 빚는가 하면 폭력적인 행동으로 걱정을
> 사기도 한다. 이른바 정신과에서 말하는 '주의력 결핍 및 과잉행동장애
> (ADHD)'이다. 부모들이 지나치게 개입하면 표나게 위축되거나 또래 집단
> 에서 소외되는 것 같고, 방치하자니 비행청소년으로 자랄까 걱정이다.
> 간단한 문제가 아니다.
> 사례: 맞벌이 주부 강현숙(38) 씨는 최근 학교를 찾았다가 큰애(남, 13)
> 담임교사로부터 "친구들과 자주 다투며 갈수록 다투는 양상이 폭력적입니
> 다"라는 말을 듣고 깜짝 놀랐다. 교사로부터 '심각한 편'이라는 말까지
> 들은 강 씨는 애한테서 "학교 다니기 싫다"라는 말을 듣고는 망연자실할
> 수밖에 없었다. …… 왕경훈(35) 씨는 자꾸 남의 물건을 훔치는 딸(9) 때문에
> 애를 태우고 있다. 유치원 때부터 다른 애가 탐나는 물건을 갖고 있으면
> 곧잘 훔쳐오곤 해 야단을 쳤지만 갈수록 정도가 심해졌다. 최근에는 동네
> 문방구에서 10여 장의 스티커를 훔치다 들켜 백배사죄하는 수모도 겪었다.
>
> (≪서울신문≫ 2003.9.29.)

한편 우리 아이들이 겪고 있는 정서적 장애는 자못 심각하다(정옥분, 2002: 556-579).[10] 정서적 장애에는 먼저 자폐증이 있다. 현재 전국적으로

---

10 아동들이 겪고 있는 장애는 자폐증, 주의력 결핍, 품행장애, 학습장애, 먹기 장애, 아동기의 우울증, 심지어 정신분열증 등이 있다. 이러한 장애는 선천적 요인과 함께 가정 환경과 연관성이 있는 것으로 보인다(정옥분, 『아동발달의 이해』, 학지사, 2002).

약 3만 명으로 추산되는 아이들이 자폐증을 겪고 있다. 그 원인은 선천적 원인과 환경적 요인으로 나누어볼 수 있다. 현재는 선천적 원인이 주된 원인으로 알려져 있다. 그와 함께 부모에 의한 애정결핍, 주위 사람들의 차가운 반응이 원인으로 지적되고 있다. 치료방법이 바로 사랑과 보살핌, 그리고 그들의 자율성을 인정해주는 것이라는 점에서 무엇보다 부모를 비롯한 주위의 관심이 중요하다. 다음으로 학습장애가 있다. 학습장애 아동은 전국적으로 약 10만 명에 이른다고 한다. 기초적 읽기, 쓰기, 셈하기에 대한 학습장애이다. 또한 우리의 아이들은 빈곤, 스트레스, 부부갈등, 아동학대와 같은 사회적 환경의 영향으로 품행장애라는 어려움을 겪고 있다. 아이들의 공격적 행동, 비행 행동은 유전적 경향과 함께 가정적 환경이 주요한 원인이 되고 있다. 한편 먹기 장애는 가족의 과도한 간섭과 갈등에서 비롯되는 현상이다. 거식증과 폭식증은 우리 아이들의 비만과 몸에 대한 관심을 다시 생각하게 한다. 뿐만 아니라 아동기의 우울증은 원인이 부모의 불안정한 애착과 부족한 애정 때문이다.

일반적으로 부모의 갈등과 경제적 원인이 가족의 불안정으로 이어진다. 물론 정서적 장애는 계층적으로 달리 나타나는 경향이 있다. 중상류 계층의 경우 오히려 과도한 부모의 관심으로 인한 학습장애와 같은 경우가 생기지만, 하위 계층의 경우는 부족한 부모의 관심과 대화 부족이 원인으로 지적되고 있다. 부족한 관심이든 과도한 관심이든 간에 그것은 '어른'들의 눈높이에서 이루어진 그들만의 리그인 것이다.

6. 같이 놀아요

한국 사회의 교육 문제는 사회적·경제적 문제이기도 하다. 초·중·고가 직면한 현실적 문제뿐만 아니라 더 나아가 대학교육에 대한 자조 섞인 비판은 우리를 슬프게 하는 일상의 자화상이다. 경쟁력을 강조하지만 경쟁력을 키우지 못하는 교육과 백 년은 고사하고 일 년도 바라보지 못하는 교육정책은 우리 사회에서 한국인임을 부정하게 만드는 극단적 현상을 가져왔다.

이러한 상황에서 역설적이게도 부모들은 자신의 아이들을 좀더 경쟁력을 가진 아이들로 키워야 한다는 강박관념을 갖는다. 우리 아이들의 일상은 타율적이고 과도한 사교육으로 지쳐가고 있다. 아이들은 혼자가 되어버린다. 자신이 하고 싶은 공부, 놀이, 친구들과 점점 멀어져 가고 있다. 함께 공부하고 함께 놀아줄 친구들은 자신과 마찬가지로 학원과 짜여진 패키지 놀이 속에 함몰되어가고 있는 것이다. 우리네 아이들에게 있어서 컴퓨터는 친구이며, 놀이 도구이며, 부모를 대신하는 대안의 부모인 셈이다.

변화하는 가족의 구성은 아이들을 또다시 혼자이게 만든다. 출산율 저하에 따른 가족 구성원의 축소는 외동아이를 양산하였다. 이에 따르는 부모의 과도한 관심이 아이들을 힘들게 하는 것은 아닌지 고민해봐야 할 것이다. 아이들에게 정작 필요한 것은 함께 시간을 보내는 것이다. 아이들은 엄마와 아빠에게서 영어·수학·국어를 원하는 것이 아니다. 단지 그들은 혼자 노는 것보다 같이 놀고 싶을 뿐이다. 물론 이것도 바쁜 우리네 삶 속에서 그리 만만한 대책은 아니다. 그런데 그것을 누가 대신해줄 것인가를 되물어보자. 정작 부모들은 자신의 책임을 회피하고 정당화하는 것은 아닌가 하고 말이다.

한국의 가족은 주 5일제 근무제와 같은 사회적 변화에 영향을 받고 있다. 많은 부모들이 경제적 이유 때문에 혹은 자신의 직업적 특성 때문에 자녀와 시간을 보내기 어려운 것이 사실이다. 그럼에도 불구하고 많은 부모들이 주말이나 휴일에 가족과 시간을 보내려고 하는 변화는 고무적인 일이 아닐 수 없다. 부모들은 아이들에게 정해진 교과목의 진도를 나가야 하는 강박관념을 가질 필요가 없다. 부모는 학원이 아니며 학습지가 아닌 것이다. 필요한 것은 그들과 함께할 수 있는 의지이다. 눈높이교육이야말로 우리 땅의 아빠와 엄마에게 필요한 덕목이 아니겠는가?

마지막으로 사회적으로 소외된 계층의 아이들에 대한 사회적 책임을 생각해보도록 한다. 부모의 경제적 사정으로 인해 방치된 아이들에 대한 고민은 사회가 함께해야 될 부분이다. 가족의 손길이 필요한 아이들은 부모의 따뜻한 관심과 대화를 원한다. 그러나 부모가 관심을 기울이기 힘든 것이 우리의 현실이다. 그래서 필요한 것이 사회적 관심이다. 결식 아동에 대한 사회단체의 복지 활동은 그런 점에서 높은 평가를 받아야 할 것이다. 어느 사회든지 계층 간의 불평등이 존재한다. 하지만 불평등이 다음 세대까지 영속화된다면 우리 아이들의 희망과 미래는 어떻게 되겠는가?

다시 자문해본다. 우리는 '아이'를 키우고 있는지, '어린이'와 함께 고민하고 있는지를.

6장

욕망과 질주의 10대들

김정오_신라중학교 교사

1. 들어가며

인생의 격변기라면 사람들은 흔히 '청소년기!' 하고 떠올릴 것이다. 사춘기, 질풍노도의 시기, 주변인 등으로 표현되는 이 시기의 1318은 낙인론으로 잘 알려진 베커(H. Becker)의 이방인 혹은 국외자(局外者, outsider)의 의미와 다르지 않다. 어른도 아닌 것이 어른을 흉내 내고 모방하는 청소년! 그들도 그들만의 세계가 있다. 어느 시대에나 청소년은 항상 존재하지만 그들의 일상은 시대마다 동일할 수 없다. 사회의 어떤 층위, 즉 계층·연령·성(性) 등의 요소에 의해 독특하게 표현되는 부분문화의 관점으로 본다면, 1318세대는 초등학교를 졸업하고 중·고등학교에 재학하거나 아니면 이 연령대에 속하는 근로청소년들이 향유하고 창조하는 연령적 하위문화이다. 1318의 연령 집단은 어느 시대에나 존재했을 텐데, 이른바 N세대, 모바일 세대의 문화로 지칭하는 오늘날의 청소년문화가 왜 화두가 되는가? 이전에는 청소년문화가 존재하지 않았는가? 그것은 아니다. 아날학파의 역사학자 아리에스가, 서구의 중세에는 어린이나 청소년에 대한 관심이 회화에 드러나지 않고 장년 중심의 세계가 회화 속에 표현되었으나, 근세 이후에는 어린이에 대한 중요성이 일상에 표면화되어 회화 속에 등장하게 되었다고 분석한 것(이시재, 1988:

54-77)처럼 우리 사회에도 지금까지는 장년의 기성문화 속에 1318세대가 매몰되어 관심 밖의 영역에 있었던 것뿐이다.

혹자는 말하기를 "한국 사회에 장년문화는 있으나 청소년문화는 없다"고 한다. 이것은 가부장적 유교문화인 장유유서와 같은 사회문화적 측면과 근대화 과정의 상황적 조건이 결부된 결과라 할 수 있다. 20세기 초 일제 강점기, 1940~1950년대에 이데올로기의 분열과 6·25 전쟁, 그로 인해 발생한 수많은 전쟁 고아, 더욱 깊어진 경제적 궁핍 등의 환경은 어린이나 청소년들이 사회적 보호 대상이 아닌 어른과 마찬가지로 빈곤 상태를 탈출해야 하는 경쟁자로 살게 했다. 이후 1960~1970년대의 본격적 경제 성장기, 이 시기에 일어났던 급속한 산업화·도시화의 물결은 물질적 향상을 위한 성장 일변도의 불균형을 초래했다. 그리고 문화의 개발이나 향유는 성장의 뒤안길에서 삶의 고통을 해소하는 도구인 향락문화로 표출되었다. 청소년문화는 그 연장선에서 수용되거나 아니면 어른들의 삶의 틀 속에 주어지는 규제나 통제로 인한 일등주의로 그들만의 문화를 형성하지 못하고 기성문화에 매몰되었던 것이다.

1318세대의 문화가 표면화되기 시작한 것은 1980년대 이후 경제성장의 결과를 향유하면서 본격적으로 나타난다. 즉, 이때부터 기성문화와는 현격히 차별화된 청소년문화(오렌지족, 폭주족 등의 문화)가 등장함으로써 많은 사람들이 주목하게 되었다. N세대로 지칭되는 청소년들! 이들은 물질적 궁핍을 모르고 왕자와 공주로 과잉보호되는 가운데 획일주의적 교육으로 기성세대의 규제와 통제에 의해 자율성을 상실하고 있다. 어른들이 규제와 통제 대상으로 청소년문화를 보면, 이들이 형성하는 일상의 다양성과 창의성의 색다른 표현들은 부정적 시각의 일탈문화로 인식될 수 있으나, 청소년 자신의 관점에서 보면 그들의 언어적 표현이나, 패션, 사이버상의 상호작용 등은 한 사회의 다양성과 독특한 개성을 표출하는 하위문화로 수용될 수도 있다.

장년 중심의 문화가 지배했던 우리 사회가 청소년의 독특한 삶을 자유로운 담론으로 수용하기에는 아직 사회환경적으로 어려움이 있다.

그것은 청소년문화에 대한 평가의 잣대가 기성세대의 가치를 기준으로 하기 때문이다. 문화라는 것은 시공을 초월한 절대성보다 사회환경적 요소에 의해 형성되는 상대적인 것이므로 그에 대한 평가도 문화가 형성된 사회적 상황 속에서 이루어져야 하는 것이다. 1318세대의 문화 또한 그들이 처한 독특한 상황적 조건 속에서 평가되고 수용할 수 있을 때, 생산적 의미를 찾을 수 있는 것이다. 또 그들 문화에 대한 이해와 수용을 통하여 세대 간의 갈등과 불협화음을 해소하고 사회질서를 유지함이 마땅하다.

따라서 이 글은 우리 사회의 격변기랄 수 있는 1960~1970년대 혹은 그 이전에 청소년기를 경험하고 어른이 된 기성세대가 자신들의 삶의 관점에서 자녀들을 훈육하고 또 그들이 형성한 사회구조적 틀 속의 질서·규제·통제로 오늘의 청소년문화를 평가하는 모순적 현상에 주목하고자 한다. 기성세대의 관점에서 1318의 일상문화는 그 다양성과 독특성에도 불구하고 부정적 평가의 대상이 되기 쉽다. 하지만 청소년의 입장이 되어 1318의 일상문화를 인식하고 평가하면, 그들을 이해하고 수용하는 긍정적 인식이 가능하게 된다. 따라서 필자는 1318세대의 일상문화를 상징적으로 표출하는 ① 휴대전화와 인터넷, 그와 관련된 통신 생활, ② 1318의 성과 폭력에 관련된 일상의 상징들, ③ 1318의 마니아 세계, ④ 소비문화의 표본을 보여주는 1318의 패션 등의 코드로 기술하려 한다. 그리고 이러한 1318의 일상문화가 기성세대가 만들어낸 학교·가정·사회의 구조적인 억압·통제·규제로부터 탈출구 혹은 해방구임을 상기하면서, 한 사회가 원하는 바람직한 성원으로 청소년들이 성장할 수 있도록 기성세대가 청소년들에게 무엇을 해야 할지를 생각하며 갈무리한다.

2. 넷팅과 폰팅의 일상화

은어[까우(멋), 깔(여자 친구), 야리(담배), 쪽살이(키스), 콩까다(성교하다)]와
외계어[올ㅎ1?희늉(우리끼리는), 2많Yo(이뻐요), 오Ⅰㄱ=Ⅱㅇㄱ듀(외계어
두)]는 인터넷으로 무장한 10대 청소년, 그들의 언어의 바다다. 오로지
그들만의 의미 세계를 건설하고 자신들만이 소통 가능한 언어 세계를
열어가는 청소년의 인터넷과 휴대전화 모바일은 기성세대가 접근하기
엔 별세계로 보인다. 청소년들이 사용하는 인터넷은 채팅과 전자우편
등과 같은 만남과 통신수단, 레드 사이트(red site)를 포함한 지식발전소의
정보 수집으로 일상화되고 있다. 그리고 휴대전화는 종전의 삐삐, 즉
무선호출기를 대신하는 통신수단으로 음성 교환뿐만 아니라 문자 서비
스를 포함한 700의 정보 이용, 게임, 메일 검색 등의 모바일 용도로
쓰이고 있다. 그래서 이를 두고 혹자는 휴대전화가 '40대는 걸고 받기,
30대는 걸고 받고 음성 듣기, 20대는 걸고 받고 음성 듣고 문자 보내기,
10대는 그들만의 패션'이라고 상징적 의미를 부여한다.

셤 잘 쳤는거버. ××샘 땜에 망쳤당.
안냐세염 나 ××임예당.   (부산 ××여중 홈페이지 게시판에서)

상기의 인용은 인터넷상에 표현된 1318문화의 상징이다. 이 글의
내용은 "시험 잘 쳤는가 봐? ×× 선생님 때문에 망쳤다. / 안녕하세요?
나! ××입니다"라는 뜻이다. 축약의 효율성을 추구하는 청소년의 정서를
읽을 수 있다. 어른들이 이해하지 못하는 이상한 문자(외계어)와 이모티콘
으로 그들만의 대화를 불편 없이 즐기고 있다. 이것은 기성문화를 압도하
는 10대의 문화혁명으로 인터넷이 등장했기 때문이다. 청소년들이 즐기
는 사이버 공간은 단순히 인터넷 사이트에 등장하는 정보를 습득하는
데 그치는 것이 아니고 인터넷 채팅을 비롯하여 카페와 같은 커뮤니티
활용, ICQ로 불리는 인터넷 호출기, 전자우편 등 다양하다. 인터넷의

확산은 청소년들의 일상문화의 공간이 사이버 세계로 보편화되었음을 의미한다.

2000년 두발자유화와 2002년 미군에 의한 여중생 사망사건에 대한 1318 네티즌들의 인터넷 참여 및 지지의 긍정적 측면에도 불구하고, 청소년의 일상에서 인터넷의 보편화가 주는 부정적 코드는 채팅을 통한 원조교제, 레드 사이트의 접속, 게임 중독 등에 있다. '빨간 마후라', '원조교제', '백 양 비디오', '오 양 비디오', '누드 열풍' 등의 인터넷 검색어는 청소년들의 호기심을 자극하기에 충분하였다.

인터넷의 음란 채팅과 관련된 원조교제의 사례를 언급해보자. '알바 구함'이란 인터넷 채팅 용어는 10대가 원조교제 상대를 찾는다는 뜻이다. 경제적으로 부모에게 의존하는 청소년의 궁핍함이 인터넷상에서 자신의 성을 상품화하고 광고함으로써, 채팅은 청소년으로 하여금 피동적이고 수동적인 원조교제에서 적극적이고 능동적인 원조교제로의 전환을 의미한다. 다음의 사례는 일선 학교에서 생활지도를 담당하는 교사의 푸념이지만 시사하는 바가 크다.

> 몇 년 전까지만 해도 계절이 따뜻한 5월(수학여행) 이후부터 가출 학생이 많았어요. 무단으로 가출하는 학생들은 대개 접대부로 생활하거나 혹은 원조교제를 경험하지요. 광안리, 서면 등에서 노숙 아닌 노숙을 하면서도 집에 들어가지 않죠. 집에 가기 겁나거든요. 아버지는 때리고 엄마는 말리고……. 그런데 요즘은 가출! 없어요. PC방 혹은 집에서 인터넷으로 해결되는데요, 뭐! 수업 중에 엎드려 자는 학생들 중에는……, 짐작이 가지요.
>
> (교사 L 씨, 부산진구, 45세)

실제로 인터넷상에서 음란 채팅을 경험해보았다는 청소년이 연령의 증가와 비례하여 상승하고(고교생은 69.3%, 중학생 29.2%) 성별의 차이가 (남학생 51.8%, 여학생 48.2%) 미미한 것으로 밝혀졌지만(≪부산일보≫ 2000.10.12.), 인터넷 채팅과 결부된 원조교제의 가능성을 고려하면 그 심각성을 우려하지 않을 수 없다. 비록 청소년 성보호에 관한 법률을 제정하여 기성세대의 청소년 성착취를 해결하려 사회적으로 노력하고 있지만, 채팅을 통한 원조교제는 확산되고 있다. 미성년인 줄 몰랐다는 변명으로 법의 울타리를 벗어나는 성인 범죄자에 대한 법원 영장기각, 악덕 고용주들의 미성년 접대부 고용, 우리 사회 전반의 도덕적 해이 등으로 일상화되고 있다.

> 일요일이나 공휴일에 친구를 만나 옷을 사거나 PC방에 간다. PC방에서 채팅으로 남자를 만나고……. 호기심으로 채팅을 한다. 미래의 이성상을 찾기도 하고 우선은 심심하니까 채팅을 한다. 게임방이나, PC방에 들르지 않으면 무언가 허전해서 때론 나도 모르게 PC방으로 향하기도 한다.
>
> (실업계 여고생 박 모 양, 16세)[1]

위의 글에서 1318세대의 여가문화가 인터넷방에서 채팅과 게임으로 형성됨을 알 수 있다. 공휴일에 건전한 여가문화를 즐기기보다 '심심함' 을 해소하기 위해 인터넷방에서 채팅을 즐기고, 이를 통해 사이버 이성교 제 및 원조교제를 경험한다. 틈나면 달려가는 인터넷방, 게임방은 청소년 들의 넷팅 장소요 휴식처가 된 지 오래다. 여기서 이루어지는 채팅은 또래 청소년이 대상이기도 하지만, 사이버의 특성상 연령을 알 수는 없다. 모 일간지의 독자란에 투고된 다음 글은 청소년 휴식 공간인 인터넷방 이용이 악용되고 있는 사례를 보여주고 있다.

---

[1] 본문에 인용된 학생들의 글은 지난 2002년 8월에 5일에서 12일까지 필자가 부산 연제구 소재의 S 교회 중등부 학생(11명)을 대상으로 심층 면접한 결과이다. 11명의 학생 중에서 고교생은 6명(실업계 고교생 남자 1명, 여자 2명, 일반계 고교생 남자 2명, 여자 1명)이고, 중학생은 5명(남자 2명, 여자 3명)이다. 학생들의 학업 성적은 해당 학교에서 중간 수준이 대부분이고 중학생의 경우 상·하위 집단에 속한 경우가 각각 1명이다. 면접의 주된 내용은 청소년들이 일상생활에서 주로 관심을 갖는 세 가지 영역(통신이용, 성과 폭력, 마니아)에 대해 자율적으로 글을 쓰게 하고, 쓴 내용에 대하여 집단 토론을 해서 얻은 결과를 정리한 것이다.

컴퓨터와 인터넷에 대한 이해도를 높이고 또 정보를 폭넓게 교환할 수 있는 곳……. 문제는 오락에만 열중한다거나 어른들에게서 해방된 공간으로 유해 음란 사이트나 보고 또 몰래 흡연한다든지 남녀 간 미팅이나 하는 장소로 변질되는 데 있다.　(김윤성, ≪부산일보≫ 2000.11.21.)

이것은 국민들의 정보화를 앞당긴다는 명목으로 인터넷 게임방을 허가하도록 로비한 기득권층의 과포장된 상술과 청소년의 억압된 일상에 대한 탈출 욕망, 미지에 대한 호기심 등이 결부되어 나타난 현상이다. 기성세대와 구별없이 출입하는 인터넷방은 1318세대에게 일탈의 온상일 수밖에 없음을 보여주는 것이다. 청소년의 인터넷 채팅은 오프라인으로 이어진다. 청소년 또래들이 남녀 동수로 만나 기성세대의 잘못된 향락문화를 흉내 낸다. 다음 사례는 이런 상징 코드를 보여주는 것으로 그 속에는 청소년의 저속한 일상 언어도 드러난다.

채팅으로 남자 친구를 만나는데 수명은 길지 않다. 만나서 남자가 못 놀면 꾸리하게 만나고 잘 노는 애들은 어른처럼 논다. 예를 들면, 호프집이나 커피숍에서 만난다. 3대 3 혹은 여럿이 만나서 노래방 가고, '손→어깨→뽀뽀→쪽사리'로 이어진다. 때로는 성적 충동도 느끼고 경험하기도 한다. 그러나 어른들이 왜 규제하는지 이해 안 간다.

(여중생 엄 모 양, 16세)

휴대전화와 관련하여 1318세대의 일상은 어떠한가? 학교 교실에서 "피리리리 피리리리" 울리는 소리는 진동으로 바꾸어야 한다고 교육하기도 전에 이미 우리의 학교 현장에 유행처럼 보편화되었다고 교사들은 개탄을 한다. 필자가 수년 전에[2] 부산의 모 중학교 1학년 교실에서 휴대전화를 소지한 학생의 수를 조사하니, 36명 중에서 11명이나 되었

---

[2] 2001년 9월 둘째 주 화요일 3교시(사회)에 필자가 근무하는 부산 연제구 소재의 여자중학교 학생을 대상으로 수업 시간에 거수로 조사한 결과이다.

다. "왜 휴대전화가 필요하지?" 하고 질문하니, "엄마가 전화하는데요", "친구들이 갖고 있어서 부러워서" 등으로 대답한다. 부모가 자녀 관리를 위해 고가의 휴대전화를 구입해서 통신과 소비를 조장하고 자녀의 자율성을 앗아가고 있는 대목이다.

1318세대! 그들은 휴대전화로 누구와 주로 무엇을 하는가? 부모가 자녀에게 전화하여 메시지를 남기는 경우는 일부분이고 대부분은 그들의 친구와 쪼가리(그들의 용어로 이성 친구 혹은 애인을 의미함) 사이의 대화용이다. 지난 2002년 8월에 실시한 필자의 조사에 따르면, 심층 면접에 응한 청소년 11명 중에서 7명이 휴대전화를 사용하고 있었다. 이것은 휴대전화의 사용이 청소년에게 이미 일상화되었음을 의미한다. 또 청소년이 휴대전화를 갖는다는 사실이 더 이상 사치나 과시욕에 의한 것이 아님을 시사하는 것이다. 1318세대에 있어서 휴대전화의 용도는 공중전화를 대신하는 음성 통화의 차원을 넘어 문자 메시지 주고받기, 게임하기, 인터넷에 연결하여 채팅하고 메일 검색하기, 디카로 이용하기 등 다양하다. 이것은 목걸이 대용으로 전화기를 걸고 다니는 기성세대의 어른보다 분명 그들이 전파를 과소비하는 것이지만, 문명의 이기를 탁월하게 사용하는 개척자임을 보여주는 것이기도 하다. 다음 인용문은 청소년들의 휴대전화 용도를 잘 제시하고 있는 사례이다.

> 어른들의 폰은 그냥 전화만 하는 것이지만, 우리의 폰은 문자도 보내고 게임도 하고 사진도 찍고……. 그야말로 다용도이다. 없으면 허전하고 때론 유일한 친구이기도 하다.　　　　　　　　　(고교생 신 모 군, 17세)

요금은 어떠한가? 청소년들이 사용하는 휴대전화의 요금은 주로 정액제이다. 부모가 정액으로 그들의 통신료를 관리하지만, 폰팅과 모바일로 이용하는 그들의 휴대전화는 비록 부모라 할지라도 폰팅의 대상이 누구인지, 어떤 정보를 얻고 있는지, 어떤 장소에서 어떻게 사용하는지 등을 통제할 수 없다. 부모가 가입한 정액제는 의미가 없다. 그들은 자신들의 용돈으로 충전을 하기 때문이다. 1318세대가 이용하는 월 통신료는 5만~6만 원을 넘어 통신회사의 VIP 고객이다.

하지만 문명의 이기를 사용하는 이들 청소년은 그에 부합하는 예절을 모른다. 부모가 자녀에게 휴대전화를 제공했지만, 통화 예절도 함께 제공했는가? 의심스럽다. 휴대전화를 교실에서 몰카, 디카로 사용하고, 또 문자를 주고받는 1318의 일상적 코드는 학교 현장에서도 이제 통제의 차원을 벗어나고 있는지도 모른다. 휴대전화의 문자 서비스로 시험 시간에 커닝을 하기도 한다. 하지만 사유화된 휴대전화의 압수는 비인격적인 행위로 치부되고 사랑의 매가 폭행으로 오인되어 학교와 가정 사이에 폭행으로 고소고발되는 현실에서 누가 휴대전화 사용의 예절을 지도하겠는가? 버스·지하철·공연장·강의실 등 공공장소 어디에서든 진동이 아닌 벨소리로 무분별하게 사용하는 기성세대의 그릇된 통신 예절을 그대로 보고 배워 행한 죄가 오늘의 청소년에게 적용되는 휴대전화 일상문화의 죄목일 뿐이다. 문명의 이기를 이용하는 현상은 좋은 일이다. 하지만 편리한 기계를 사용하기 전에 사회적 규범과 예절에 대한 지도와 교육이 선행해야 한다. 가정에서든 학교에서든 간에 청소년들이 정보를 바르게 활용하고 또 그에 필요한 예절을 익힐 수 있도록 교육하는 사회적 분위기가 조성되어야 한다.

3. 성, 폭력과 관련된 기호들

성장 불일치를 경험하는 1318세대의 특징을 읽을 수 있는 일상의 또 다른 기호들이 성과 관련하여 나타난다. 일간지의 사회 면에 심심찮게 등장하는[3] '청소년 성문제'의 기사를 우리는 어떻게 받아들여야 하나?

---

[3] 2000년 10월 1~31일의 1개월 동안 ≪부산일보≫에 기사화된 청소년 성 관련 기사가 6건으로 나타났다. 특정 기간에 여러 번 기사화된 코드라면 우리 사회를 이해하는 중요한 바로미터로 성과 원조교제를 받아들여도 된다.

개인적 측면에서 원조교제의 시작은 하나의 사건에 불과하지만, 그것이 지속적이라면 일상성을 드러내는 것이다. 또 사회적으로 원조교제의 발생이 증가한다면 심각한 사회적 일상성을 의미한다. 이런 관점에서 일상에 대한 연구가 사건의 반복과 시간적 영속의 문제를 다루어야 한다는 발랑디에(1983)의 주장은 청소년 성에 대한 일상의 코드를 이해하는 데 매우 적절하다. 아름다워야 할 1318의 성이 무너지고 있는 증거이자, 부정적인 일탈의 일상화를 제시하는 것이다.

전술한 인터넷의 음란 채팅과 원조교제를 포함하여 일상의 비행으로만 치부되는 청소년 접대부 고용, 미혼모, 청소년 동성애 등 청소년의 성에 관련된 상징적 기호들은 일부 기성인의 잘못된 상혼의 시장논리, 기성인의 폐쇄적이고, 이중적인 성논리가 만연된 사회환경, 성정체감이 부족한 청소년 자신의 적극적 참여 등으로 인해서 더욱 확대되고 있다는 사실에 문제의 심각성이 있다.

청소년 접대부 고용의 경우, 1990년대 초에는 이른바 '영계' 조달을 위해 가출청소년 혹은 보통의 청소년을 폭력배들이 납치하여 성을 착취하는(《부산일보》 1991.11.15.) 노예매춘의 형태로 강제 고용되는 사례가 사회적 이슈였다. 하지만 IMF 이후에는 제 발로 퇴폐 주점에 찾아가 술 시중을 들고 접대부로 일하는 청소년이 증가하고 또 성인 여성의 성적 상대자로 남학생이 등장하는 새로운 풍조도 나타나고 있다. 이들 청소년을 접대부로 고용하는 업주들은 한결같이 미성년자인 줄 몰랐다는 항변으로 법에 억울함을 호소하는 것이 우리 사회의 일상이다. 청소년 보호법을 통해 보호받아야 할 청소년이 티켓다방, 유흥업소 등에 접대부로 고용되어 기성인의 성적 노리개로 강요된 노예매춘 혹은 생활고(유흥비, 의류 구입비 등을 위한 용돈 부족)로 인한 자발적 매춘, 나아가 이로 인해 원치 않은 미혼모가 되는 청소년들의 일상적 코드를 우리는 어떻게 수용해야 하는가? 성이 개방되어 학생 신분으로 미혼모가 되어도 부끄러움과 수치의 대상이 되지 않고 정상인으로 성장할 수 있도록 보호받고 있는 북유럽 국가들만큼은 아닐지라도, 그들을 죄인으로 단죄하여 영아를 유기하는 미혼모가 등장하지 않도록 하는 복지제도적 장치와 사회적 인식의 전환4이 현실적으로 필요하다. 영계를 찾는 기성세대의 잘못된 성관념의 피해자인 청소년들, "살찌는 줄로만 알고 임신한 사실도 모르는"(≪부산일보≫ 1993.3.17.) 청소년 미혼모들, 이들도 우리 사회의 어두운 일상의 한 그물망을 형성하고 있으므로 당연히 보호받아야 한다.

몇 년 전 여고생이 화장실에 영아를 유기해서 세인들을 놀라게 했던 일이나 알려지지 않은 많은 미혼모들에 대한 미비한 사회복지는 성담론을 금기시하고 제대로 된 성교육을 하지 못한 우리의 사회환경에서 비롯된 부끄러운 결과이다. 가정에서 자신의 성적 변화에 대한 고민을 드러내 상담하지 못할 만큼 금기시된 유교문화, 남녀 간의 이중적 성윤리, 학교에서 여학생에게 순결교육만 강조하는 단순한 성교육,5 또 학교 정화 구역 내의 러브호텔 신축도 절차상 하자가 없다는 이유만 내세워 허가하는 당국, 그곳에 드나드는 기성인과 업주 등 그 어떤 사회 환경적 요소에서도 호기심 많고 쉽게 유혹될 수 있는 청소년들을 배려하지 못했다는 사실을 고려하면, 청소년 또한 성적 탈선의 피해자일 수밖에 없다.

하지만 동성애에 대한 1318의 담론은 기성세대의 인식과 상이한 그들 나름의 건전한 특성을 표출하고 있다. 사이버 공간에 등장하는 '동성애', '이반', '야오이' 등의 청소년 담론이 그것이다. '당당한 퀴어6로 살고 싶다'는 청소년 동성애 문화집단인 '달팽이'는 '동성애=사회악'이라는

---

4 수년 전부터 미혼모에 대한 사회적 관심이 사이버 공간에 등장하고 이를 적극적으로 해결하려는 노력이 있었던 것은 고무적이다. ≪중앙일보≫(2000.10.16.)에 보도된 "우리들만의 아픔 달래요"라는 기사는 미혼모 문제와 미혼모 관련 인터넷 사이트를 소개하고 있다.

5 야후 코리아 뉴스 주간지·여성신문(kr.dailynews.yahoo.com/wk/wo) "성교육 누가 해야 하나?"(2000.12.16.), "10대의 성 눈높이 맞춰라"(2000.12.16.) 기사에 학교의 잘못된 성교육 사례가 소개되어 있다. 학교에서는 여성학적 관점에서 성교육이 전혀 이루어지지 않으며 청소년들이 성에 대한 지식을 포르노나 TV를 통해 얻는 것으로 제시하고 있다.

6 퀴어(queer)의 사전적 의미는 '이상한, 비정상적인' 등이다. 이것은 동성애자뿐만 아니라 양성애자, 성전환자 등 성적 소수자들의 정체성과 자부심을 드러내는 용어로 쓰인다.

등식의 부당성을 항변한다. 한 연예인의 커밍아웃으로 불거진 동성애에 대한 기성인의 편견에 대항하며 청소년 동성애자의 인권과 고민을 함께 나누고자 자웅동체인 '달팽이'를 결성했다는 송진희(고 3, 18세) 양의 다음 인용은 동성애로 고민하는 청소년들이 의외로 많음을 제시하고 있다.

동성애 문제가 어른들만의 것이 아니며 동성애를 깨닫는 시기는 사람에 따라 천차만별이고 정해진 나이가 따로 없어요.

(《부산일보》 2000.10.16.)

어쩌면 청소년 동성애가 그들의 억압 세계에 대한 해방이 아닌지 생각해볼 일이다. 실제로 필자가 조사한 다음의 사례도 청소년 동성애를 표현한 것이다.

부산의 S 여고에서 동성애를 나누는 두 학생이 교실에서 키스를 한 사건이 있었어요. 소문이 아닌 사실이지요. 이 학생들은 평소에도 러브레터를 보내고 케이크, 꽃, 학, 별 등을 서로에게 보내고……. 그런데 그게 왜 문제가 되죠? 서면에 가면 청소년들이 출입하는 이반들의 카페, 게이바, 레즈비언 바도 있어요. …… 이들도 이성들처럼 건전하게 교제하고 서로를 아껴주는데 세상 사람들이 너무 색안경을 끼고 보는 것 같아요.

(여고생 우 모 양, 18세)

청소년들의 이러한 성의식은 우리 사회의 전통적인 성적 폐쇄성, 성윤리에 대한 이중성, 성과 결혼, 사랑을 불가분의 관계로 인식하는 일상의 사회적 틀 등에 대해 저항하고, 서구의 평등의식, 모던적 통일성보다는 포스트모던적 다양성을 지향하는 것으로 생각된다. 단순히 성인 세대의 동성애에 대한 고정관념을 부정하고 비판하는 것은 아니다. 개인차를 인정하여 성·사랑·결혼의 다양성을 추구하는 일상의 변화인 것이다.

또 기성세대가 청소년을 보호한다는 미명으로 가하는 집단적이고 사회 구조적인 억압과 통제에 대해 개별 인간의 고유한 인격적 자유를 외치는 새로운 청소년 일상문화의 한 단면이다.

한편, 폭력에 관련된 일상의 코드는 '왕따'로 지칭되는 집단 따돌림, 선배가 후배 길들이기, 동급생 간의 폭력과 같은 학교폭력, 금품갈취와 같은 사회적 폭력과 결부된 것, 즉 ××파와 같은 조직폭력 등 다양하다. 흔히 1318세대는 미래 그 사회의 얼굴이라 한다. 학교폭력으로 일관되는 다양한 형태의 청소년 폭력은 우리 사회 기성세대의 사회질서의 축소판 이라 표현하면 지나친 것일까? 경찰청 조사에 따르면(≪중앙일보≫ 2001.3.29.) 중·고등학생 10명 중 3~4명은 학교폭력이 심각하다고 인식 하고 있고 10명 중 1명은 실제로 폭력을 경험했다고 보도하고 있다. 사회의 어느 층위나 부분에서 갈등, 부조화, 경쟁은 상존하는 것이고 청소년 집단도 예외는 아니기에 그러한 갈등이 집단적 따돌림이나 학교 폭력으로 표출될 수 있는 것이다. 하지만 청소년들이 학교폭력을 경험하 고도 일차적으로 친구나 선배와 상담할 뿐 부모나 교사, 경찰 등 사회의 기성세대와의 상담은 맨 나중에 이루어진다는 사실이 학교폭력의 심각 성을 더해준다.

일본에서 1990년대 중반에 문제가 된 이지메 현상이 우리 사회에서는 '왕따'로 표출되었는데, 이것은 학교 혹은 학급에서 다수 학생들에 의해 한 학생이 집단적으로 소외되고 있음을 표현한 것이다. 또 이것은 학교 사회의 학생들 간에 생겨날 수 있는 사소한 갈등이나 다툼이 과잉적 자기방어로, 혹은 '내 자식 최고'라는 부모의 보상심리 반작용으로 인하 여 형성되는 인위적 소외이기도 하다. 이 왕따 문제는 버거와 루크만의 표현처럼(이상훈, 1994: 338) 일상생활에서 일어나는 대면적 상호작용이 반복성에 의해 정형화된다. 그러므로, 인격적으로 성숙하지 못한 청소년 들 중에서 집단의 가장자리에 위치할 경우 쉽게 따돌림의 대상이 되고, 이러한 반복은 인격적 장애를 겪게 할 위험에 노출되기 때문에 심각하다. 집단 따돌림의 대상이 되는 청소년은 대개 용모가 청결하지 못하거나,

자신의 일을 챙겨서 하지 못하는 지능이 부족한 경우, 신체적으로 특별한 이상이 있는 경우가 많은 것이 사실이다. 이것은 왕따를 당하는 청소년 자신의 결함인 경우도 있지만 대개 가정의 사회경제적 환경의 열악성, 즉 가정의 경제적 빈곤과 부모의 낮은 교육 수준에 기인한다.

4년 전(≪부산일보≫ 2000.11.14.)에 부산 D 고교에 있었던 여교사 폭행 사건, 자신의 딸에게 부당한 대우를 한 교사에게 혹은 학교에 대해 난동을 부리는 학부모의 교권침해사건 등도 학교폭력의 또 다른 형태이다. 학생에 의한 학생 폭행, 학생에 의한 교사 폭행, 학부모의 학교에 대한 난동, 교사에 의한 부당한 체벌 등 이 모든 학교폭력은 반인륜적 작태와 도덕적 해이에서 유발되는 사회적 모순의 결과이다. 여기에, 해당되는 청소년들을 비행과 탈선의 주범, 가해자로 치부하여 단죄하는 것은, 학교가 인격형성의 교육을 위한 마지막 보루라는 점을 생각할 때 올바른 해법이 아니다. 사회는 학업 성적으로 모든 것을 평가하고, 학교는 청소년들의 자율적 판단과 다양성을 중시하기보다는 통제와 규제로 획일성을 통합과 통일의 미덕으로 여겨 지도하고 있다. 가정은 내 자녀가 최고라는 생각만으로 과잉보호함으로써 부모의 과중한 기대에 부응하지 못하는 자녀가 생겨나는 등 일련의 요인들이 복합적으로 작용하여 학교폭력과 집단 따돌림이 발생한다는 사실을 상기하면 이들 청소년도 피해자일 수밖에 없다.

4. 1318의 마니아 세계

일상성이 생활세계에서 비롯된다는 하버마스(J. Habermas)의 논의나, 유행·쾌락주의·신체 숭상·이미지 만연 등 수용적 미학이 바로 사회적 집합의 형식이라는 마페졸리(M. Maffesoli)의 논리는[7] 청소년들의 마니아

---

7 자세한 내용은, 박재환 / 일상성·일상생활연구회 편, 『일상생활의 사회학』(한울, 1994, 44-65쪽)을 참고할 것.

문화를 이해하는 데 설득력이 있다. 청소년들의 일상생활에서 학업이라는 본업적 측면을 제외하면, 그 후면(back stage)에 그들의 취미나 특기로 인한 즐거움, 쾌락 추구의 생활세계가 등장한다. 청소년들에 있어서 학교생활이 전면(front stage)에서 이루어지는 사회화라고 한다면, 그것은 지식과 정보를 습득하는 딱딱하고 건조하며 타이트한 일상의 연속이기에 일등을 추구하는 성적지상의 사회구조 속에서는 긴장과 스트레스가 상존하는 공간일 수밖에 없다. 이때 짐멜(G. Simmel)이 언급하는 사회화의 유희적 형식(김무경, 1998: 109-137)은 이러한 일상의 긴장과 스트레스를 해소하는 해방이자 잠재된 소질을 계발하는 후면적 활동으로 인식할 수 있는 특기, 취미 활동의 마니아 세계에서 발견된다고 볼 수 있다.

1318세대의 마니아 세계는 흔히 연예인, 특히 가수나 스포츠 선수와 같은 스타들에 대한 추종과 자신이 취미 활동으로 특정 분야에 매료되어 젊음을 발산하는 형태로 주어진다. 전자는 청소년 자신들의 심정을 대변하는 내용의 가사를 노래하는 랩·힙합 풍의 가수들이나, 대중적 인기를 갖는 축구·야구·농구·배구 등 스포츠 선수들이 추종의 대상이다. 후자는 익스트림 스포츠나[8] DDR, 각종 수집 활동 등에 집착하는 것이다. 어떤 일에 광적으로 집착하고 열광하는 추종자의 의미를 지닌 마니아는 유희의 형식을 빌려 기쁨·활력·쾌락을 추구하는 것으로 현실의 일상에서 오는 무료함이나 긴장에서 탈출하여 생명력이나 창조성을 가져오는 긍정적인 측면을 갖고 있다. 특히 1318세대에게는 자신의 삶의 가치를 극대화하고 소질을 계발할 수 있는 기능을 수행한다는 점에서 중요하다.

특정의 가수 집단이나 스포츠 선수들에 집착하여 그들의 사진을 수집하고 온라인 및 오프라인에서 팬클럽을 조직하여 활동하는 1318 마니아들은 우리 사회의 청소년문화를 이해하는 하나의 분명한 상징 코드이다.

---

8 X-스포츠라 불리는 익스트림 스포츠(Extreme sports)에 해당되는 것에는 인라인 스케이트, 스케이트 보드, BMX(경기용 자전거의 일종), 킥보드, 스포츠 클라이밍 등이 국내에 소개되어 있는데, 이것은 미국에서 출발한 운동으로 열두 종류가 있다. 이 X-스포츠는 극한적 위험이 따르는 운동으로 스릴과 묘기를 추구하는 스포츠이다.

인기 연예 그룹인 H 그룹의 한 멤버인 M 군의 '귀빠진 날' 2,000여 명의 청소년 팬들이 오빠부대를 형성하며 열광했다(≪부산일보≫ 2001.3.17.)는 보도는 이를 표현한 일례다. 스타에 대한 청소년 마니아의 극단적인 사례들은 인터넷 사이트에 등장하는 팬클럽들이다. 자신이 추종하는 연예인 그룹을 옹호하는 것은 물론이고 경쟁 관계에 있는 연예인 그룹의 팬클럽 간에 일어나는 쌍방적 비난이 홈페이지를 도배하고 있다. 한 일간지에서 보도된 "경쟁 클럽과의 몸싸움 무력조, 라이벌 가수 광고에 불매 협박, 모델 채용 저지 등"(≪중앙일보≫ 2001.2.6.)이라는 기사에서 알 수 있듯 위험한 극성을 표출하고 있기도 하다. 오빠부대의 대상은 스포츠 선수들도 예외는 아니어서 인터넷 사이트마다 수천 개가 넘는 스포츠 스타 팬클럽이 생겨나고 있다.

스포츠 선수나 가수들에 대한 1318들의 마니아 세계는 과거 1970년대에도 있었다. 하지만 극단적인 우상화의 상징인 오빠부대의 출현은 청소년 자신들의 중압적이고 통제적인 학교생활의 스트레스 탈출 혹은 해방을 대변하면서 「교실 이데아」 등의 히트곡을 남긴 '서태지와 아이들'의 등장이 아닌가 싶다. 이들의 파격적인 댄스와 리듬, 반항과 독설의 가사는 긴장과 통제 일변도의 일상생활을 영위하는 청소년들의 정서를 대변하기에(곽금주, 2000) 충분했던 것이다. 이러한 스타들에 대한 청소년들의 맹목적 숭배 문화도 체험적 지식을 습득하는 교육이라는 측면과 입시 위주의 획일화된 교육 환경에 대한 탈출구로 건전한 정서 육성(곽금주, 2000)으로 이어진다는 사실에서 청소년 마니아 문화의 정기능을 인식할 필요가 있다. 블로스(1967)가 자아발달의 심리적 독립을 이루는 과정에서 청소년의 우상숭배 현상이 등장한다고 주장한 것처럼 연예인 스타에 대한 1318들의 광적인 추종은 자연스런 현상일 수 있다. 하지만 이를 부추기는 기성인들의 상업적 발상과 대중매체들의 일방적 정보제공은 그들의 사회적 책임을 도외시한 도덕적 해이임을 인식해야 한다.

한편 청소년이 특정 스포츠에 매료되어 자신의 젊은 열기를 마음껏 발산하는 익스트림 스포츠 취미 활동 마니아의 일상화는 위험하지만 도전적이고 진취적이어서 의미가 있다. 미국에서 1990년대 시작된 익스트림 스포츠는 전 세계로 급속히 확산되었고, 미국에서 지금은 하나 이상의 익스트림 스포츠를 즐기지 못하는 청소년이 겁쟁이로 취급될 만큼 보편화되어 있다. 국내에는 1997년 서울 올림픽공원 야외에 놀이터가 만들어지면서 보급되었는데, 롤러스케이트보다 빠르고 다양한 묘기를 선뵈는 인라인 스케이트, 나무판에 바퀴를 단 스케이트 보드, 묘기를 보이기 위해 제작된 자전거의 일종인 BMX 등 세 가지이다. 익스트림 스포츠는 극한적 묘기를 연출하고 스릴을 추구한다. 인파크(부산 온천동에 소재한 익스트림 스포츠 놀이장) 사장은 이러한 익스트림 스포츠를 즐기는 청소년들은 "술을 마시거나 담배를 피우다가 쫓겨난 사람이 없으며 스포츠를 좋아하는 청소년은 절대로 탈선하지 않는다"고 장담하였다. 그리고 부산의 중구청, 해운대구청에서 청소년을 대상으로 스포츠 묘기 대회나 무료 강습회를 계획하는(≪중앙일보≫ 2001.3.17.) 사례는 건전한 청소년 취미 마니아의 일상화에 일조하는 고무적인 일이라 평가할 수 있다. 또 이것은 교육 활동에서 오는 청소년의 일상적 긴장과 통제, 스트레스를 해소할 수 있는 놀이 공간이 부족하여 밤새 DDR을 즐기며 노래방·비디오방·PC방 등에서 쾌락에 몰입하고, 오토바이 폭주나 음주·약물에 의해 환각 상태를 추구하는 부정적인 청소년문화에 대한 대안이기도 하다.

이상과 같은 1318들의 마니아 세계는 흔히 기성의 문화에 대한 대항적 성격을 반영한 것이지만, 그들이 사회의 구성원으로 성장하는 과정에서 자신의 개성과 취향을 찾아가는 일상의 창의적이고 생산적인 활동으로 인식할 필요가 있다. 일상생활에서 그들이 스타를 숭배하여 자신이 추종하는 스타의 옷과 헤어 스타일을 모방하는 것도 어른이 되어가는 과정에서 자신의 미적 감각과 삶의 방식을 결정하는 데 긍정적으로 작용하고 있다. 다음의 인용문이 그 예이다.

어른들은 우리를 잘 이해하지 못해요. god의 사진을 책상 위에 두고, 태지

오빠의 옷 스타일을 입으려고 하는 마음을. 우리는 오빠처럼 춤도 잘 춰보고

싶고 자유분방한 패션을 추구하면서 살고 싶어요. 이게 왜 나쁘죠? 오빠들

의 팬이 된다고 남에게 피해 주진 않잖아요.   (중학생 김 모 양, 16세)

마니아 추구가 1318세대의 일상생활에 활력이 되고 그들의 미래에
주어질 삶에서 정적인 기능을 수행한다면, 어른들의 일방적 지도나,
교육 혹은 통제는 바람직하지 못하다. 익스트림 스포츠에 매료되어 젊음
의 광기를 발산하는 마니아 또한 전면적 일상생활인 학업에 긍정적일
수 있고 패기와 도전 정신을 함양할 수 있어 새로운 청소년문화의 한
축으로 볼 수 있다. 컴퓨터 게임에 중독되어가는 현상도 그들의 마니아
세계를 이해하는 데 중요하다. 게임에 중독되어 일상생활에 장애가 나타
나는 증후군을 경계하고 지도해야겠지만, IT산업이 발달하고 있는 현실
에서 이들 청소년이 최고의 게이머로 성장할지 누가 알겠는가? 1318세
대의 마니아 추구는 일방적이고 부정적인 시각에서 통제되기보다는
기성세대가 그들의 정서를 이해하고 수용하면서 개성 있는 생활로 유도
하여 육성하는 것이 더욱 바람직한 일이라 할 수 있다.

5. 1318의 의상 문화

하이틴 산업의 발달은 청소년을 경제 주체로서 격상시킨 하나의 요인
이다. 다양한 종류의 문구류를 포함하여 옷·신발·완구 등이 하이틴 산업
과 결부되어 캐릭터 소비를 조장하고, 이를 통해 청소년들은 그들만의
독특한 문화산업을 향유하는 것이다. "다른 산업이 불황을 맞아도 하이
틴 산업은 망하지 않는다"는 말도 소비문화의 주체로서 1318세대의
왕성한 문화적 욕구가 이미 경제사회의 구조에 반영되었음을 의미한다.
청소년의 옷에 대한 상징성은 어른과 마찬가지로 미적 욕구의 표출이다.
기성세대가 옷·가구·집·귀금속·자동차 등의 외현으로 자기과시 표현(부

정남, 1998: 261)을 하듯이 1318세대는 패션의 브랜드로 자기과시를 한다. 1318세대의 패션에 관련된 코드는 전면적 일상생활의 공간인 학교에서 교복과 후면적 일상생활의 공간인 가정과 학교 밖 사회의 사적 활동에 나타나는 평상복으로 구분할 수 있다.

먼저 1318세대의 교복문화는 1960~1970년대에 전국적으로 통일되어 착용되던 교복과 교모 세대에서 1980년대 이후 교복 자율화 경향에 의해 단위 학교 중심의 다양한 교복문화로 진행해왔다. 개량 한복을 입히는 등 학교 자체의 전통과 이미지를 살리려는 교복의 다양화는 고무적인 변화이다. 하지만 교복이란 틀에 박힌 획일화 속에서 청소년 스스로 억압을 탈출하는 교복문화가 있다. 즉, 규정된 교복에 자신의 개성과 체형에 맞는 수선된 교복을 착용하는 청소년이 증가하고 있다. 예를 들면, 여학생들이 교복의 스커트 길이를 줄여서 무릎 위로 올리는 미니스커트 스타일(샤넬라인을 거부함), 치마의 폭을 줄여서 엉덩이나 여타 부분의 곡선미를 살리려는 모습, 남학생의 경우에는 7부 교복 바지로 혹은 교복 바지 끝 자락의 폭을 줄이는 쫄바지 스타일 등이 여기에 해당된다. 이렇게 교복을 개량하여 착용하는 청소년들의 개성 표현을 기성세대는 반문화적인 것으로, 부정적·탈선적·저항적 행위로 인식하여 학교에서는 문제아 취급을 한다. 다음의 사례는 교복을 개량하여 착용하는 청소년들의 의식을 이해하는 데 도움을 준다.

3년을 입기 위해 맞춰진 교복이라 제 몸에 맞지 않아요. 짧게 고친 스커트를 몸에 짝 붙게 입고 다니는 것이 불량스럽게 보이고 어설프다는 것을 우리도 알고 있어요. 하지만 우리가 교복을 고쳐 입는다고 문제를 일으키는 것은 아니잖아요? 제 몸에 맞게 고쳐 입는 것도 취향을 살릴 수 있다면……. 그리고 어른들의 편향된, 즉 범생들만 편애하는 것 때문에 일부러 고쳐 입기도 해요.   (중학생 옥 모 양, 16세)

제복이 주는 이미지를 1318세대는 통제로 인식한다. 학교의 전통과 이미지를 살리기 위해 제정된 교복일지라도 통일이 주는 몰개성, 통제된 아름다움을 지나치게 강조한다면 자율성이나 개성을 강조하는 현대적 정서와는 배치될 수 있다. 통제된 규칙 속에서 개별적 특성을 표현할 수 있는 자율성을 재고할 필요가 있으며, 교복을 고쳐 입는 청소년이라고 해서 일률적으로 탈선 학생이라고 질책하는 것은 낙인 현상을 가져올 수 있으므로 주의해야 한다.

다음은 1318세대가 즐겨 입는 평상복 문화 코드이다. 방과 후 혹은 토·일요일 가정에서 1318세대가 착용하는 패션에는 힙합, 세미힙합, 공주 패션, 총알바지, 구제바지 등등 편하고 자유로운 스타일들이 있다. 학교 수업이 끝나는 오후에 지하철 구내 보관함에 두었던 사복을 화장실에서 갈아입고 나오는 청소년들을 발견하는 것은 어려운 일이 아니다. 가정이나 학교에서 당장 벗어버리라고 호통 치는 어른들의 태도와는 무관하게 힙합 패션을 즐기는 청소년들의 모습은 분명 새로운 문화이다. 기성인의 관점에서 이들의 복장은 거추장스러움, 촌티, 단정치 못함, 불량스러움 등으로 인식될 수 있다. 하지만 구멍 숭숭 뚫린 총알바지, 땅바닥의 온갖 쓰레기를 쓸어가며 질질 끄는 구제바지, 허리춤에서 금방이라도 내려올 것 같은 힙합 스타일에서 청소년들은 일상의 긴장, 스트레스 등과는 상반된 편안함, 편리성, 자율의 쾌감을 맛본다고 한다. 다음의 인용문은 그러한 1318세대의 정서를 표현한 사례이다.

> 선생님! 엉덩이에 살짝 걸치는 힙합 바지가 얼마나 편한지 아세요? 선생님도 한번 입어 보세요. 입어보면, 저희들 심정을 이해하실 거예요.
>
> (중학생 옥 모 양, 16세)

10대들에게 가장 인기 있는 패션이 힙합 혹은 세미힙합이라는 설문조사가 설득력이 있다. 힙합이나 총알바지 같은 패션이 청소년들에게 유행하는 까닭은 무엇인가? 유행은 욕구의 한 표현이며 매체의 기능이다. 대중매체와 인터넷을 통하여 각종의 정보들이 청소년의 의상 유행에 영향을 주고 있다. 이 유행의 의미는 힙합의 헐렁함으로, 총알바지의 낡아빠진 구멍으로 그들의 꽉 막힌 일상생활의 통제와 규제를 탈출하는 것이다. 즉, 기성세대가 만든 사회구조 속에서 1318이 겪는 일상의 긴장과 억압에 대한 저항·반항·해방의 분출이 이러한 새로운 패션 문화를 산출했다고 볼 수 있기 때문이다.

일상의 평상복에서 나타나는 1318 패션 문화의 또 다른 흐름은 일방향으로 주어지는 대중매체의 효과이다. 즉, 텔레비젼이나 잡지, 인터넷 등이 조장하는 연예인 스타들의 패션을 모방하는 유행이다. 서태지가 컴백하면서 입국할 때 입었던 체크무늬 티셔츠가 청소년들에게 유행했고 댄스 그룹 god가 입어 유행한 체크무늬 바지, 모 방송국의 시트콤에 출연한 탤런트의 촌티패션 등이 그 예이다. 청소년들의 억압적이고 규제된 일상을 소재로 가사를 쓰고 파격적인 리듬으로 춤추는 스타들이 자신을 대변한다고 인식하기 때문에 숭배를 하는 것이다. 청소년들은 그 추종의 상징으로 스타들의 패션을 모방하고 그것으로 그들과 함께할 수 있다는 일체감을 느끼게 된다.

1318 패션 문화의 일상은 다음의 인용 사례에도 잘 나타나 있다.

오후 4시 지하철 2호선 강남역. 교복 입은 여학생 두 명이 역구내의 보관함으로 간다. 보관함을 열고 쇼핑백을 꺼내든 두 여학생은 이내 화장실로 향한다. …… 노란색 후드 셔츠에 통이 크고 질질 끌리는 힙합바지를 차려 입은 또 다른 아이는 지나치게 커서 금방이라도 벗겨질 것 같은 운동화를 신었다. 언제 가발을 준비했는지 노란색 머리칼이 두 눈을 반쯤 덮고 있다. 1990년대 초반 '서태지와 아이들'이 들여와 10대들의 전형적인 스타일로 자리 잡은 힙합 패션이다. 손목에는 스와치 시계를 차고 등 뒤론 배낭을 길게 늘어뜨린 두 여학생이 재잘대며 강남역을 빠져나간다.

(≪교육마당21≫ 2000.6.)

상기의 인용문은 서울의 대학로나 신촌, 홍대 입구, 부산의 광복동,

서면, 부산대 입구 등에서 쉽게 발견할 수 있는 청소년들의 패션 문화이다. 이러한 1318 패션은 무엇을 의미하는가? 사실 단정함이나 학생다움과는 거리가 멀다. 기성세대가 못마땅하게 인식하는 대표적인 의상이기도 하다. 하지만 1318세대는 이러한 힙합 패션에서 자신들의 멋을 추구하고 예뻐 보이려 한다는 것이 현실이다. '멋을 아는 아이'가 자신의 일(학업을 포함하여)에 더 정열적일 수 있다는 관점에서 더 이상 청소년들의 패션 문화를 '좋다', '나쁘다'로 평가하는 것은 바람직하지 않다. 왜냐하면 청소년들의 이런 패션 문화 속에는 그들 자신의 집단의식과 소속감이 표현되어 있기 때문이다. 유행의 물결 속에 자신의 창의적 개성을 발견하고 신장시키는 능력과 함께 규제적인 일상에서 스스로 벗어날 수 있는 자율성이 청소년을 올곧게 성장시킬 수 있기 때문이다.

6. 나오며

청소년의 성장 과정은 그 사회의 문화 양식에 의해 사회적 질서를 습득하는 사회 계승의 한 과정이다. 이러한 사회화 기관에는 가정·학교·또래 집단·대중매체·직장 등이 있다. 직장을 제외하고 나머지는 청소년의 사회화에 큰 영향을 미친다. 과거 1960~1970년대와 1990년대 이후를 비교하면, 이들 사회화 기관이 청소년에게 미치는 영향이 매우 상이하다. 가정과 학교의 중요성이 상대적으로 감소하고 또래 집단이나 대중매체의 비중은 커지고 있다. 물론 가정과 학교의 중요성이 줄어들었다는 것이 아니고, 인터넷 속의 동호인 또래 집단이나 실생활에서의 또래 집단, TV나 인터넷, PC통신, 청소년 매거진 등에 의한 영향력이 커졌다는 것이다.

가정과 학교의 학업 성취 위주의 생활지도는 기성세대의 질서의식을 1318세대에게 강요하고 개성보다는 집단적이고 공동체적인 질서를 우선시하는 모습이 두발규제나 교복과 같은 제복문화로 청소년의 다양한 욕망을 규제하고 통제하고 있다. 청소년의 생활지도는 어른들이 만들어낸 사회규범과 학교 교칙을 통해 이루어진다. 학교는 사회의 축소판으로 그 속에서 공동체적 생활을 배우도록 지도받는 공간으로 인식되고 있다. 기성세대가 만들어놓은 사회적 틀 속에 청소년을 가두어가고 있는 것은 아닌지 의심스럽다. 청소년이 자율적으로 자신의 성장 속도에 알맞은 규칙들을 스스로 제정할 수 있도록 하는 자율성과 참여의식의 고양이 미래의 민주 시민으로 나아가는 길이라 생각된다. 4년 전 사이버 공간에서 논의되어 오프라인으로 이어진 '청소년연대 with'(공동대표 이준행, 단대부고 1년생)의 두발제한철폐 요구는 이런 맥락에서 수용되어야 한다. 당시 이준행 군의 이야기는 우리 사회의 경직성을 지적하는 단적인 예이다.

> 인터넷 덕택에 아이들의 목소리가 사회에 전달된 것은 사실이지만 이는 학교 내에서 논의해야 할 사항도 인터넷을 통해야만 할 수 있다는 것을 의미한다. (≪중앙일보≫ 2000.10.5.)

이것은 두발에 대한 완전한 자유를 선언한 것이 아니다. 적어도 두발과 같은 학교생활에 관련된 것을 학생회와 같은 자치기구를 통해 의논·토론을 거쳐 학생 자신들이 규칙을 정하고 지킬 수 있도록 자율성을 주장하고 있는 것이다. 따라서 이러한 선언은 학교나 교육 관련 기관들을 포함한 기성세대의 경직된 사고로 공론화조차 이루어지지 못한 것에 대한 분개라 할 수 있다. 청소년이 아직 미완의 존재라는 이유 때문에 교육·지도 차원에서 선도부 혹은 지도부 등의 간부 학생들로 하여금 가위로 머리 자르기나 강제 이발을 하도록 한다면,[9] 비인격성을 교육하는 어불성설이 될 수밖에 없다.

통일성을 전제로 한 질서나 규제보다는 자율성을 바탕으로 하는 규제·

---

9 2000년 10월에 두발에 대한 규제가 단위 학교의 학생회, 교직원회 등에서 토론을 통하여 해결할 수 있도록 교육부 및 단위 교육청의 지시가 있었다.

통제는 청소년들의 다양한 욕구를 반영할 수 있고 내면적으로 조절된 질서를 만들 수 있어 건전한 심성의 발달에 효과적일 수 있다. 그러나 우리 현실에서 청소년은 소질이나 개성의 계발·신장이 입시 중심의 교육체계로 상실되고 자신의 의지로 결정할 수 있는 것이 아무것도 없다. 이에 대한 탈출은 기성인에 대한 반항이나 일탈로 비춰지는데, 대중가요의 가사에 잘 나타난다. 이들이 좋아하는 노랫말의 주제[사랑으로 인한 기쁨과 고통, 우정에 대한 가치 부여, 성적 관계, 쾌락에 대한 가치 부여, 폭력(성폭력)에 대한 고발, 약물·음주에 대한 예찬, 좌절과 슬픔, 성장과 독립에 대한 욕망, 사회경제적 독립, 이성에의 분노, 사회문제(곽금주, 2000: 101)] 속에는 기성 사회의 질서·규제·통제에 대한 반항과 자신의 소망·성공을 추구하는 긍정적 정서가 혼재되어 있다.

이렇게 가정이나 학교의 사회화가 기성세대의 사회적 질서를 계승토록 강요하는 규제적이고 지도 지향의 편향성을 지닌 것이라면, 또래 집단이나 대중매체는 질서·규제·억압적 상황에서 청소년을 탈출시키는 출구로서의 역할을 보여주고 있다. 즉, 청소년의 새로운 문화는 또래 집단, 텔레비전, 인터넷 등을 통하여 확산되고 공유되고 있기 때문이다. 자신들과 동일하지 않으면 '왕따'로 취급하는 동년배 집단의 구속력은 학교폭력으로서 가수나 스포츠 선수 등 스타에 대한 마니아, 이른바 '오빠부대'도 같은 맥락에서 발생하는 문화이다. 이것은 또 텔레비전이나 청소년 매거진 혹은 인터넷 등을 통하여 뉴스로 증폭되고 사이버 공간에서 논쟁으로 새로운 청소년문화를 유포한다. 공중파 방송의 쇼 프로그램은 10대들을 겨냥하여 황금시간대로 배정하고 그들의 취향에 맞게 진행하는 것도 학교나 가정에서 생산되는 질서·규제·억압에 대한 1318세대의 긴장해소, 탈출과 결부된 결과로 보면 잘못된 인식일까? 러브호텔 부근에 위치한 학교의 청소년을 대상으로 한 인터뷰 보도는 호기심 많은 청소년들에게 계도의 효과보다 오히려 성적 자극을 유발할 우려가 있기에 보도의 신중성이 필요하다. 한 연예인의 커밍아웃에 관련된 대중매체의 전달이 청소년 동성애 논의로 새로운 논란을 야기했던 것도 청소년에게 금기시된 영역에 대한 호기심으로, 혹은 억압된 욕망의 분출로 이해될 수밖에 없는 것이다.

결국 기성인의 세계에서는 허용되고 청소년에게는 금지된 영역(향락, 음주, 흡연, 성) 혹은 정상적인 모든 사람에게 금지된 영역(마약, 매춘, 폭력)에 속하는 모든 사회문제를 여과 없이 전파하는 대중매체는, 규제 일변도의 가정과 학교의 사회화와는 또 다른 사회화로서 1318의 일상문화에 작용하고 있다. 머튼(1968: 74-91)이 언급한 의도하지 않은 잠재적 기능으로 억압된 청소년의 정서에 대해 탈출의 방법, 정보를 제공하는 기능을 대중매체가 수행하고 있는 것이다. 기성세대의 청소년에 대한 규제문화의 반대급부로 생겨나고 있는 1318세대의 일상문화는 그들 자신의 선택이라기보다 그들을 감싸고 있는 가정·학교를 비롯한 사회적 환경에서 만들어진 결과라는 관점에서 인식하고, 이제는 그들 자신의 관점으로 되돌아가 청소년문화를 이해하고 수용하는 코페르니쿠스적 인식의 전환이 필요하다.

^{7장} 대학은 없다

이수진_부산대학교 강사

1. 대학은 붕괴되고 있는가?

대학이 진통을 앓고 있다. 한국 사회에서 교육에 대한 모든 관심은 대학으로 집결되고 있으며, 대학을 나왔다는 '졸업증명서'는 곧 사회적 자원의 배분에서 중요한 위치를 차지할 수 있다는 약속 같은 것이다. 그 약속을 믿고, 치열한 입시 전쟁도 마다하지 않았던 그들에게 대학은 없었다. 중학교에서 고등학교로, 고등학교에서 대학으로 진학하는 것처럼 대학은 또다시 직장으로 나아가는 통과의례로서 존재하고 있을 뿐이다. 넓어진 대학문은 좁아진 취업 문턱에서 좌절하고, 대학은 본연의 임무를 잃어버린 채 헤매고 있다.

지식의 생산, 그리고 고급 인력의 양성기관으로서 대학이 갖는 비중은 아무리 강조해도 지나침이 없지만, 그동안 대학은 사회에서 일정 정도의 거리를 항상 유지해왔다. 심지어 대학과 학생들조차 많은 부분에서 현실에 물들고 타락해버린 사회와 대학을 구별지어 생각해왔다. 대학은 학문 발전에 대한 기여보다는 국가 통제와 학생 저항으로 상징되는 곳이었다. 그러나 2000년대 들어 대학은 많은 혼란과 동요를 경험하고 있다. 저항과 투쟁의 공간으로 상징되던 대학은 1980년대 말부터 가시화된 정치적이고 사회적인 실천들의 와해와 대량 소비문화로의 급격한 반전으로

야기된 문화적인 단절 속에서 길을 잃고 있다. 지금 대학생들은 1980년 대부터 양적·질적으로 급속하게 팽창한 소비자본주의 사회 속에서 대중 문화의 수혜를 흠뻑 받고 자란 세대들이다. 그들의 감수성은 1980년대의 엄숙함과 쉽게 동화되지 못했던 것도 사실이다. 게다가 1990년대 말 이른바 IMF를 경험했던 이들에게 대학이라는 공간은 지식을 생산하는 '공적인' 장소가 아닌 취업시장을 통과하기 위한 '사적인' 장소로 인식되고 있다. 대학 주변은 새로운 소비문화 공간에 포위당했고, 그 공간에서 대학생들은 대중문화나 상업문화에 일방적으로 흡수되어가고 있다. 소비자본주의와 대중문화를 거부하고 '연대'의 정신을 강조하면서 집단성·공동체성·건전성·저항성을 유지하려고 했던 대학은 점차 그 위력을 상실하게 되었고, 대학생들은 생산의 주체가 아닌 소비의 대상으로 전락하고 있다. 대학 공간 안에서도 일상적인 시위문화로 자리 잡았던 구호를 외쳐대던 손에는 토플이 보물처럼 들려 있다. 대학이 위험사회로 가는 갈림길에 서 있음을 알려주는 적신호가 켜진 것이다.

1980년대 이후 몸집 불리는 일에만 집착했던 대학에 이미 비만이라는 진단이 내려진 지 오래다. 고교 졸업생 70% 이상이 대학을 가게 되면서 대학을 특별히 갈 필요가 없는 사람들까지도 남과 다르지 않기 위해 대학을 선택하게 되었다. 대학 졸업장만으로 더 이상 구별짓기를 할 수 없게 된 사람들은 명문대, 인기학과, 유학이라는 또 다른 선택에 몰린다. 누구나 대학을 갈 수 있음에도 매년 수능시험을 비관하여 자살하는 학생들과 취업이 되지 않아 목숨을 버리는 학생들이 늘어나는 이유이기도 하다.

대학의 교과과정은 산업 현장과 괴리되어 있으며, 정작 인력이 필요한 이공계 분야는 학생들이 기피하고 있다. 취업률에 따른 학과 선택은 필수가 되었고, 법대생의 전유물이었던 고시는 전공을 불문하고 덤벼드는 '직업'이 아닌 '직장'의 개념이 되어가고 있다. 대학 졸업장이 곧 백수 신고서가 되지 않게 하기 위한 몸부림은 처절할 정도이다.

학점 4.0과 토익 900의 인플레이션 속에서 그 누구도 자유롭지 못하다.

대학의 지상 목표는 어느덧 취업에 자리를 내주었고, 기업들은 대학이 기업에 맞는 인재를 양성하지 못한다고 소리 높여 비판을 해대고 있다. 그러나 대학이 곧 취업 인재의 양성기관은 아니다. 또한 대학생 자신조차 대학의 목표가 취업만은 아닐 것이다. 하지만 대학생 스스로에게 그것을 선택할 자유는 없는 것 같다. 개인의 자유가 문제인 것이 아니라, 구조적으로 자유를 박탈시킨 사회의 문제인 것이다.

이미 대학은 위기를 맞았다. 그 위기는 대학생이 취업을 하느냐, 못하느냐 하는 문제만은 아니다. 대학은 구조적으로 병들어가고 있으며, 이미 그들의 자유는 상당 부분 시장의 논리에 종속당했다. 이제 대학 사회는 스스로의 문제를 돌아보지 않을 수 없게 되었다.

2. 신개인주의 세대의 등장

1) 대학문화는 죽었는가?

'공동체'라는 이름을 대학문화의 철칙으로 믿어왔던 세대는 이제 '개인'이란 이름으로 대학문화를 이끌어갈 새로운 세대에게 자리를 내주고 있다. 사실 이전까지 대학은 '학문을 공유하는 상아탑' 그 이상의 몫을 대학생들에게 요구했다. 대학문화는 학생들 스스로가 주체가 되는 대학 사상의 집단적 표출의 장이었으며, 시대 변혁을 실현하는 투쟁의 장을 의미했다. 그러나 지금의 대학은 1980년대의 무거움과 1990년대의 가벼움 그 어느 것으로부터도 자유롭지 못하다. 1980년대의 일상은 '시위문화'로 점철되었으며, 그 바탕에는 '비판성'과 '저항성'이라는 무거운 추가 존재하였다. 1990년대 들어서는 개성과 다양성을 무조건 강조하면서 대학문화가 가진 특유의 미학인 공동체 의식을 무너뜨리기 시작하였다. 그로 인해 대학 구성원은 더욱 개인화·개별화되었다. 그러나 민주화의 진전, 새로운 정권의 탄생, N세대(일명 R세대)의 등장과 일상화된 소비사회로 진입한 2000년대는 학생들과 그들이 만드는 대학문화를 빠르게 변화시켰다. 기초학문은 가고 IT시대가 왔으며 공기업은 가고 창업의 시대가 왔고 호출기는 사라지고 휴대전화의 시대가 왔다. 학과는 와해되고 학부만 남은 자리엔 '경쟁'의 그림자만 짙게 드리워져 있다. 사람들은 대학문화가 죽었다고 푸념하며 벌써부터 이전의 대학을 그리워하고 있다.

20세기까지 대학이라는 공간은 그 자체가 대학문화의 범주였다. 이 공간 안에서 동아리, 학생회, 공동체문화, 학점, 교수, 캠퍼스, 재단, 학생운동 등은 대학문화의 상징이었다. 그러나 20세기의 문턱을 넘어선 순간 대학문화는 탈공간적인 모습으로 나타났다. 개성, 취미, 마니아, 창업, 관심 분야, 다양성 등이 곧 대학문화의 핵심이 되었다. 공간적인 개념의 시대에선 그저 대학생은 캠퍼스의 대학생일 뿐이지만 탈공간적 개념에서 대학생은 이름표만 대학생일 뿐 수많은 공간에서 전문가로 종횡무진 활약하고 있다. 이제 마음만 먹으면 대학생은 창업 사장도, 칼럼니스트도, 출판 저자도, 영화평론가도, 광고전문가도, 연예인도 될 수 있다.

지금은 단순한 구호·이데올로기가 아니라 욕망·이미지·감수성이 중요한 시대다. 이제 단순한 논리는 지루하고 대중은 그런 논리로 후기 근대적 문제를 풀 수 없다는 것을 잘 알고 있다. 새로운 문법을 가진 주체들이 등장했고, 그들은 적어도 단일민족, 단일한 주체, 단일한 거대 담론과는 결별하고 싶어 한다. 개인을 중심으로 삶을 재구성해가는 일에 관심을 갖는, 자신의 일상을 일구고, 개성을 살려가고 싶어 하는 이들이다. 체 게바라의 티셔츠를 즐겨 입으면서도 사회주의 이념에 연연하지 않고, 태극기 패션을 즐기면서 국수주의의 혐의를 풍기지 않는 존재가 됐다. 이들은 일상성이 회복된 '일상문화'를 꿈꾸고 있는 것이다.

2000년대 젊은이들이 보여주고 있는 모습은 현재까지는 1990년대 세대의 연장선상에 있다. 다만 이전 세대보다 업그레이드된 개인주의로 나타날 뿐이다. 인터넷과 함께 성장한 그들에게 여럿이 어울려 함께 활동하는 것보다는 친한 몇몇의 친구들과 함께 어울리는 것을 더 좋아하는 개인주의 성향이 강하게 나타나는 것은 어쩌면 당연한 일인지도 모른다. 게다가 학부제라는 제도 속에서 학점은 곧 학과를 결정하고, 이는 취업의 성패를 좌우하는 중요한 변수이기 때문에 모든 사람들이 경쟁상대일 수밖에 없다.

그러나 그들도 재미있고 신난다고 느끼는 사안을 만나기만 하면 순식간에 세력화한다. 그리고 기존 세력들이 잡아준 욕망의 통로 대신 현실적이고 개인적인 욕망을 선택하기를 원한다. '옳다/그르다'보다 '좋다/싫다'라는 기준으로 살아가는 세대에게서 서로 배타적으로 갈라질 수 있는 개인주의의 위험성을 감지하지만 동시에 다른 차이들을 인정하면서 연대와 소통을 가능케 하는 장점을 읽을 수 있다. 이전보다 학내 행사에 참여하는 일이 적다고, 동아리 활동이 침체되었다고 대학문화가 사라지는 것은 아니다. 대학문화의 판단은 얼마나 모였나가 아닌 무엇을 가지고 호흡할 것인가의 문제이다. 대학 구성원 개개인이 대학문화를 생산하는 주체적 입장이라는 인식을 바탕으로 적극적인 행동을 취할 때 대학문화는 '다양성'을 획득할 수 있을 것이다.

2) 학점에 살고 학점에 죽다

신자유주의의 바람은 예상보다 빠르고 광범위하게 불어닥쳤다. 비단 기업뿐 아니라, 진리와 정의의 보루가 되어야 할 대학사회에서조차 신자유주의 논리는 제일가는 신념으로 자리 잡게 됐다. 특히, 신자유주의 바람을 타고 시행된 학부제는 대학생의 학업 능력 증진과 전공 선택의 다양성이라는 측면보다 과열 경쟁과 학생 상호 간 자치 영역의 축소라는 문제를 가져왔고, 기업들은 시장논리에 걸맞은 학생을 배출할 것을 강요해왔다. 덕분에 대학생이라는 이름의 자리는 점점 사라지고 있다. 그들은 산업사회의 원자화된 대중이 되었을 뿐 아니라, 신자유주의 경쟁 질서에 편입된 시장의 상품이 되어버렸다. 그들은 하루하루 자신의 브랜드 가치를 높이기 위해 과열된 경쟁을 일삼아야 하는 것이다.

신입생들은 대학에 들어서자마자 학부제라는 현실 속에서 더 나은 학과, 취직이 잘되는 학과에 들어가기 위해 학점 관리를 하고 있다. 입시 때와 별반 다르지 않게 그들은 이미 익숙해져 버린 경쟁을 계속하는 것이다. '정치'와 '저항'이 자리하던 곳에 '경쟁'과 '효율'이 들어서고, 팍팍해진 현실과 학부제의 도입은 학생들을 파편화시켰다. 그들에게 중요한 것은 오직 학점과 각종 시험의 급수, 그리고 자격증뿐이다. 대학 캠퍼스 안에서 대학생들은 '주인'이 아닌 '타인'일 뿐이다.

학점과 영어 성적이 다른 학생보다 우수해야 취업에 성공할 수 있기 때문에 성적과 관계된 부분에서만큼은 우정도 없다. 학점을 잘 받기 위해 시험 시간에 지능적인 부정행위를 서슴지 않는다. 반칙을 해서라도 무조건 이겨야 한다는 생각은 옳지 않다고 지적하면서도 취업이라는 절박한 상황에 내몰린 학생들의 어쩔 수 없는 선택에 안타까울 뿐이다. 몇 년 전에는 애교로 하곤 했던 부정행위도 학생 스스로 자제하는 분위기였는데, 지금은 전문적으로 부정행위를 하는 학생이 늘어났다. 책상 메모법이나 커닝 페이퍼 작성 등은 이미 고전적 방법이다. 최근 투명필름(OHP), 휴대전화, PDA 등을 동원한 첨단 수법도 등장했다. 휴대전화의 문자 전송이나 음성 녹음 기능 등을 활용하는 것은 물론이고, 카메라폰을 이용해 답안을 영상 메일로 보내는 경우도 있다. 이 땅의 상아탑도 목표지상주의와 편의주의 앞에 무너지고 있다. 상대평가의 도입으로 부정행위를 하는 학생들을 적발하지 않으면 다른 학생의 항의로 이어지기 때문에 시험 감독을 하는 조교나 교수들도 시험 시간은 긴장될 수밖에 없다.

학생들의 학점 중독은 여기서 그치지 않는다. 학기가 끝날 때면 어김없이 찾아오는 청구서, '성적표'다. 성적이 공개되는 순간, 학생과 교수 간 합법적 전투가 여기저기서 벌어진다. 성적을 올려달라는 학생들과 그럴 수 없다는 교수들 사이에 한바탕 소동이 시작되는 것이다. 심지어 모 대학에서는 학점 스와핑을 요구했다가 교수와 학생이 징계를 받는 일까지 벌어졌다. 애교형, 정보수집형, 스토커형, 깔끔형, 눈물형 등에서 부모님 동원형까지 학점 경쟁을 향한 그들의 노력은 끝이 없다. 성적 정정이 되지 않더라도, 그들에게는 또 다른 카드가 준비되어 있다. 재수 강이나 계절학기를 선택하는 것은 고전적 방법이다. 학점포기제와 수강 신청포기제가 그것이다. 2004년도 새 학기 개강을 앞두고 '학점포기제' 시행을 요구하는 학생들의 목소리가 높아지고 있다. '학점포기제'는 교과목 성적이 확정된 후, 학점을 스스로 포기할 수 있는 제도로 성적이 낮은 교과목의 학점을 취소해 졸업 성적에 포함시키지 않음으로써 평점 을 높일 수 있는 기회를 준다. 이를 시행하고 있는 대학들은 대개 4학년 재학생들을 대상으로 재수강이 불가능한 과목에 한해 6학점 이하의 학점을 포기할 수 있도록 하고 있다. 학점포기제는 교육과정의 변경 등으로 폐강된 과목의 경우 성적 상승 기회가 없는 재수강 제도의 한계를 보완해주고 있지만, 단순히 학점 상승의 기회로 이용될 수도 있다는 우려를 낳고 있다.

또 다른 논란인 '수강신청포기제도'는 학생들 사이에 일명 '드롭(drop) 제도'라 불리는 제도로, 이미 많은 학교에서 시행하고 있다. 한 학기 강의 중 절반 정도를 들은 중간고사 무렵, 수강신청을 포기함으로써 중간고사 이후의 강의를 듣지 않고 성적에도 포함되지 않도록 하는 제도이다. 수강신청 변경 기간에 강의의 성격을 파악하지 못한 학생들이 불이익을 당하지 않도록 하는 긍정적 측면도 있지만, 조금이라도 학점을 높이기 위한 제도에 불과할 뿐이라는 비난도 있다.

이 같은 과도한 학점 경쟁을 대학생들은 살아남기 위한 몸부림이라고 말한다. 술자리를 갖거나 동아리 활동을 하는 후배를 찾아보기 어렵고, 끈끈한 인간관계만을 강요할 수도 없고, 다양한 책을 접할 시간도 없을 정도로 대학가가 삭막해져 가고 있다. 취업에 직결된 학점은 대학가의 뜨거운 감자이다. 극심한 취업난 속에서 학점의 상대평가제 도입은 대학 을 경쟁체제로 몰아넣었고, 학점포기제나 수강신청포기제도는 학점의 인플레 현상을 초래했다. 졸업과 동시에 실업자 신세로 전락하는 수많은 젊은이의 절박한 현실을 보여주고 있다.

3. 학원이 된 대학

1) 고시(考試)를 부추기는 대학

최근 대학마다 국가고시 준비생을 위한 지원 경쟁을 공개적으로 벌이면서 '대학이 고시촌으로 전락한다'는 우려가 커지고 있다. 이는 2003년 공무원 채용 인원을 대폭 확대하겠다는 정부의 방침 때문이지만 대학이 학생들의 취업난을 외면할 수 없다는 현실론도 설득력을 얻고 있다. 단과대학별로 운영 중인 고시반에 대한 지원 강화, 공무원 임용시험 교육지원사업에서 공무원 양성 사관학교까지 대학의 평가 잣대가 되는 고시합격자를 늘리고 취업난을 타개하기 위해서라면 어떤 지원도 마다하지 않는다.

고시 열풍으로 인해 도서관마다 전공이나 성별 구분 없이 한결같이 두툼한 고시 서적들을 가득 쌓아놓고 24시간 책상머리에 붙어 앉아 있는 학생들을 어렵지 않게 찾을 수 있다. 특히 청년실업이 사회문제로 대두되고 있는 상태에서 경기불황까지 장기화할 것이라는 전망이 우세한 요즘 이런 경향은 더욱 심해지고 있다. 모든 대학생이 취업난으로부터의 탈출과 신분 상승을 꿈꾸며 획일적으로 고시에만 매달린다면 이것은 또 하나의 한국병을 초래할 것이 뻔한 일이다. 명확한 미래에 대한 비전을 가지고 준비를 하는 이들도 있기는 하지만, 대다수는 한국 사회에서 살아남기 위해 공부에 매달리고 있는 듯하다. 대학이 이처럼 본연의 모습을 잃고 있고 있는 데 대학 당국은 오히려 이를 부추기고 있다. 대학들 중에는 고시촌을 따로 만들어 운영하고 있는 곳도 많다. 이는 고시합격자가 증가하는 만큼 학교의 서열도 올라간다고 생각하기 때문이다.

권위주의 정권 시절 대학가를 휩쓸던 민주화 열기는 고시 열풍으로 바뀌었고, 법대생의 전유물이었던 고시는 거의 모든 문과계열 대학과 이공대까지 휩쓸고 있다. 이러한 풍조를 반영하듯 비법대생의 고시합격도 매년 늘고 있다. 그러나 이 같은 고시 열풍의 뒷면에는 기초학문의 공동화라는 우울한 모습이 드리워 있다. 인문·사회과학이나 자연과학의 퇴조 현상이 어제오늘의 일은 아니지만, 이제는 학문의 존폐를 걱정해야 할 지경이다. 고시 열풍이 거세질수록 대학은 전공 지식과 창의성, 폭넓은 문제해결 능력을 익히는 곳이 아니라 고시를 준비하는 곳으로 학생들에게 인식되는 등 교육도 파행을 겪고 있다. 심지어 예비 대학생들까지 입학 전 사법시험을 본격적으로 준비해야 한다는 생각으로 고시원에서 겨울을 나고 있다. 이들 조기 고시생은 대부분 2003년 1학기와 2학기 각 대학 수시모집을 통해 일찌감치 대학 진로가 확정된 학생들이다. 나이가 많으면 불리하다는 통념 탓에 고시 지원 연령대가 갈수록 낮아져 '고교 고시생'까지 등장하였다.

행정자치부에 따르면 행정고시 경쟁률은 2002년 40대 1에서 2003년 57대 1로 치솟았고, 외무고시 경쟁률도 41대 1이던 것이 55대 1을 기록했다. 사법고시만 지원자가 3만 2,000여 명으로 2% 증가에 그쳤다. 대졸자들의 취업난이 해결되지 않는 한, 각 대학의 고시 합격자 수를 늘리기 위한 경쟁적인 지원 역시 멈추지 않을 것이다. 교문 앞에서 제일 먼저 마주치는 고시 합격 현수막이 학교를 뒤덮게 되는 것이 모든 대학의 자랑거리가 될 것이다.

2) 취업 권하는 대학

몇 년째 계속되고 있는 취업난 때문에 이제 갓 대학에 들어간 신입생들조차도 취업 스트레스에 시달리고 있다. 대학생이 되었다는 기쁨도 잠시, 취업 준비생이라는 우울함이 그들을 압박해 들어온다. 예전 같으면 대학은 공부하러 가는 곳이었지만, 요즘은 직업을 갖기 위한 징검다리 정도로

만 생각하는 것 같다. 대학에 다니는 학생은 늘어났으나 대학에서 사는 학생들은 점점 줄어들고 있다. 영어, 컴퓨터, 공무원고시, 교원 임용고시를 위해 학원에 다니는가 하면 취업 동아리, 창업 동아리 등에 참여하면서 적극적으로 취업 준비를 한다.

수시·특차 합격자들이 입학을 몇 달 앞두고 대학 내의 어학당에서 토익·토플 강의를 듣는 경우도 많다. 발빠른 고 3들은 이미 대학이나 학과가 취업을 보장하지 않는다는 것을 알고 있는 것이다. 대학들도 간판 브랜드에 상관없이 '취업률=대학 경쟁력'으로 인식되면서 생존전략 차원에서 취업 전쟁에 지원사격을 하고 나섰다. 게다가 교육 시장의 개방과 함께 노동부가 2004년부터 대학 학과별 취업률[1]을 공개하겠다고 발표하면서 취업을 위한 발걸음은 더 이상 늦출 수가 없게 되었다.

취업이라는 장벽을 넘어서기 위해 대학마다 사활을 건 취업전략을 전 학년으로 확대하고 있다. 직업 선택과 취업 준비 강좌를 단계별로 개설하여 저학년부터 취업 준비를 체계적으로 할 수 있도록 했고, 자격증 취득 강좌나 면접 또는 자기소개서 작성 강좌까지 등장했다. 그리고 신입생이 졸업할 때까지 담당 지도교수가 종합 관리하는 '취업지도 분담교수제' 도입 및 취업준비교실 개설로 조기 진로지도 시스템도 도입되었다. 취업특강, 설명회, 졸업인증제 등은 기본이 된 지 오래고 졸업생 경력관리, 학원비 지원, 해외취업 알선 등 각종 지원 프로그램이 쏟아지고 있다. 졸업(예정)자의 취업 관리에 머물던 데서 벗어나 신입생의 진로 상담에서부터 재학생의 전문화 교육, 졸업생의 구직 및 재교육, 재취업 지원 등 개개인이 최적의 경력을 개발할 수 있도록 종합 관리하고 있다. 그 외 취업지원금을 지원하거나, 1인 1학생 취업시키기 운동,

---

1 2003년 학과별 취업률은 평균 59.3%로 나타났다. 전국 150여 개 학과 중 초등교육(96.7%)이 가장 높았고, 그 뒤를 치의학, 간호학, 의학, 특수교육학, 한의학, 약학이 차지했다. 법학과(40.3%) 등 전통적으로 인기 있는 학과의 취업률은 상대적으로 낮고 사범계열이나 공학계열의 취업률이 높은 것으로 나타났다. 법학과가 꼴찌로 나타난 것은 고시에 매달리는 학생이 많기 때문이다. 기초학문 쪽 취업률은 55% 선으로 전체 평균 60%를 밑돌고 있어 학생들로부터 외면당할 수밖에 없다(한국교육개발원 교육 통계).

해외 인턴십 및 공동 교과목 개발에 앞장서기도 한다.

졸업생을 위한 평생교육 시스템도 가동하고 있다. 졸업생 리콜제 및 평생 애프터 서비스 제도의 등장은 이태백(20대 태반이 백수)이라는 신조어가 나올 정도로 취업난에 허덕이고 있는 현실을 대학이 끝까지 책임지겠다는 의미이다. 이미 대학을 졸업한 20대 젊은이 다섯 명 중 한 명이 백수인 것으로 조사됐고, 이는 통계청이 2003년도 발표한 청년층 실업률(6.7%)보다 훨씬 심각한 것으로 체감실업률이 공식통계보다 3배 정도 높다는 얘기다. 서울의 한 사립대학은 3년 전부터 '졸업생 재교육 제도'를 국내 대학 중 처음으로 실시하고 있다. 갓 취업한 동문 졸업생들의 신청을 받아 성과 지향 회의 운영기법, 비즈니스 오피스 영어, 엑셀 활용법 등 직무능력 향상을 위한 강좌를 16주에 걸쳐 무료로 온라인 교육하는 제도이다. 학문의 전당이 신입사원 양성소로 전락하지 않을까 하는 우려도 있지만, 이미 사회문제가 된 청년실업을 해결하기 위해 대학이 선택할 수밖에 없는 길이다.

영국의 복지제도를 상징하는 "요람에서 무덤까지"라는 구호는 이제 대학에 적용해야 될 것 같다. "입학에서 졸업 후까지 취업은 대학이 책임집니다!"

3) 돌고 도는 대학: 전문대→4년제 편입→대졸자 전문대 재입학

"대학이라고 다 같은 대학인가?"

대학만 들어가면 모든 게 끝이라고 했다. 하지만 우리는 대학 문을 들어서는 순간 대학 밖에 기다리고 있는 무수한 차별을 보게 된다. 대학 간판은 바로 취업과 직결되기 때문이다. 극심한 대졸자 취업난 속에서도 이른바 명문대 출신자와 지방대나 하위권 대학 출신들의 구직 양상에 극명한 차이가 나타나고 있다. 명문대 졸업생들은 일자리가 있는데도 더 좋은 조건의 직장을 찾아 '자발적 미취업'을 하는 반면, 하위권 대학 출신들은 직종과 연봉에 상관없이 '어디든 취업하겠다'는 생각이지만 신규채용의 감소와 기업들의 편견 등으로 입사 관문마저 넘어서지 못하고 있다.

지방대 취업률은 서울에 비해 낮게는 1/3 수준에 불과한 상황이다. 여기에 취업에 대한 기대치와 현실의 괴리가 대학생들을 더욱 좌절케 한다. 심지어 몇 년 전에는 한 은행의 입사원서에 모 지방국립대 기재란이 없어 학생들이 항의하는 일도 있었다.

지방대 출신이나 분교 출신 등이 취업 관문을 쉽사리 통과하지 못하는 데는 기업들의 편견도 한몫 차지한다. 기업들의 편견으로 취업에 실패했다고 생각하는 일부 대졸자들은 '출신성분'을 문제 삼지 않는 공무원 시험으로 진로를 바꾸거나 편입을 꿈꾸게 된다. 사회가 알아주지 않는 대학의 학생이라는 명에를 벗어버릴 수 있기 때문이다.

2004학년도 1학기에만 편입 인원이 전국 180여 개 대학에서 3만 5,000여 명에 이르는 것으로 추산된다. 평균 경쟁률이 20대 1에 이르러, 중복 지원을 고려하면 연간 약 20만~30만 명이 편입에 매달리고 있는 셈이다. 편입 열풍은 취업난과 직접 맞닿아 있지만, 그 이면에는 학벌 상승의 꿈도 자리하고 있다. 취직, 신분 상승 등을 위해 좀더 평판 좋은 대학으로 가고자 하는 것이다. 바늘구멍을 뚫고 편입에 성공하더라도, 대학과 사회에는 또 다른 차별이 기다리고 있다. 많은 대학이 졸업 때 성적이 좋아도 재학 기간이 4년에 미달하는 편입생들에게는 상을 주지 않는 것으로 나타났다. 성적이 좋아도 교환학생 자격이 없고, 교직 이수도 어렵다. 물론 복수 전공도 허락되지 않는다. 학생들 사이에서도 보이지 않는 차별의 장벽이 존재한다. 입시지옥을 빠져나온 본인들보다 손쉽게 원하는 것을 얻었다는 생각이 그들 세계로부터 편입생들을 밀어내고 있는 것이다. '오리지널과 짝퉁'의 구별짓기다. 게다가 전에 다녔던 학교의 친구들로부터는 '기회주의자'라는 비난을 받기도 한다. 차별은 졸업 뒤에도 꼬리표로 따라붙는다. 대부분의 민간기업은 물론이고 공기업에서도 입사원서에 편입 여부와 편입 전 대학을 적게 하는 것이다. 학벌이 지위나 신분을 결정하는 요인이다 보니 학생들은 대학에 들어가서도 다시 학벌 경쟁에 내몰릴 수밖에 없다.

수도권 대학으로 편입했다고 해서 취업 등 근본적인 문제가 해결되는 것은 아니다. 지금은 대학 간판만으로는 취업이 불가능한 '총체적 취업 난국' 시대이기 때문이다. 아침 7~8시만 돼도 도서관에 빈자리가 없고 신입생이 일찌감치 고시 준비에 나서는 것이 대학들의 현실이다. 중요한 것은 학생들이 편입 등에 시간을 빼앗길 수밖에 없는 현행 시스템이 사회적 낭비일 뿐만 아니라 머지않아 심각한 문제를 야기할 수 있다는 사실을 인식하는 것이다.

그러나 반대로 4년제를 졸업한 후 상대적으로 취업 여건이 좋은 전문 대로 재입학하는 사례도 잇따르고 있다. 이는 학벌보다는 직장 선택이 중요하다는 사회 현상의 한 단면이기도 하다. 전문대에 대졸자 등 고학력 자들이 몰리는 것은 안정적인 전문직업 보장, 졸업 후 손쉬운 창업, 현 직장 퇴직 후 노후 경제활동 수단 확보 등이 주 원인으로 꼽히고 있다. "대학 5학년 필수, 6학년 선택"이라는 말이 있듯이 날로 심화되고 있는 대졸자들의 취업난이 안정적인 직업을 확보하고 손쉽게 창업할 수 있는 전문대로 눈을 돌리게 한다. 취업난이 장기화됨에 따라, 대졸자 들이 취업률이 높은 전문대 인기학과로 몰리는 '학력 유턴' 현상은 앞으 로도 계속될 것이다.

4. 대학 정원 역전 시대: 살아남는 대학만이 존재한다

1) 학생이 사라진 대학

우리나라 대학에서 2003년은 상징적인 해로 기록된다. 대입 사상 최초로 4년제 대학과 전문대를 합친 신입생 모집 정원이 수능 응시자를 초과하는 '대학 정원 역전 시대'로 진입했기 때문이다. 대학 정원이 수험생보다 많아지는 역전 현상이 일어나면서 2003학년도 입시에서 전국 199개 4년제 대학은² 입학 정원의 9.4%에 해당하는 3만 5,681명을 뽑지 못했다. 전문대까지 포함하면 8만 5,853명의 대학 정원이 남아돈 셈이다. 2004학년도에는 더 많은 수의 대학 정원이 남아돌 것으로 예상되면서 대학 간 치열한 생존경쟁이 현실로 다가왔다. 그럼에도 불구하고 2003학년도 4년제 대학 정원조정신청서를 접수한 결과, 105개 대학에서 무려 1만 5,312명의 증원을 신청하는 등 여전히 양적 팽창에만 급급한 형편이다. 따라서 일부 대학들은 '학생 세일즈'에 적극적으로 나서지 않으면 무더기 결원 사태로 존립 자체가 위태롭게 됐다. 게다가 명문대와 비명문대, 지방대와 수도권 대학, 인기학과와 비인기학과의 '빈익빈 부익부' 현상의 심화는 대학사회뿐 아니라 한국 사회 전체를 위협하고 있다.

첫 번째 이유는 일정 기간 고등교육 수요가 컸던 데서 찾을 수 있다. 간판을 중요시하는 사회풍토와 그에 편승해 학원사업으로 쏠쏠히 재미를 본 이른바 개발시대 대학의 역할 때문이다. 두 번째, 변덕스러운 교육행정과 대학들의 백화점식 무한경쟁이 고교 졸업생보다 대학 신입생이 더 많은 희귀한 현실을 초래했다. 1995년 대학 설립 요건이 완화되면서 대학 수는 크게 늘어났지만 출산율 저하로 학생 수는 급격히 감소하고 있다. 세 번째, 수도권 집중으로 인한 지역경제의 위축, 일자리의 감소, 수도권 선호 의식 등 사회구조적 요인이 작용하여 수험생의 지방대학 기피 현상을 초래했다는 것이다. 수험생 수의 절대적 감소만큼 수도권 대학으로의 지방학생 유출 증가는 '텅 빈 지방대, 꽉 찬 수도권대'라는 양극화를 초래했다. 즉, 학벌사회, 그것도 서울 중심의 학벌사회를 더욱 조장하고 있다. 끝으로, 대학 진학율이 10명 중 7명꼴로 최근 10년 사이 배 이상 높아진 반면, 3명 중 1명꼴로 휴학생은 점점 더 늘어나고 있다는 사실이다. 특히 지방대학의 휴학률은 평균 50%를 넘어서고 있다.

---

2 2003년 교육 통계에 따르면, 총대학 수는 376개, 입학 정원 수는 74만 1,685명이다. 이 중 4년제 대학은 199개(교대 11개, 산업대 19개 포함), 36만 7,248명이며, 전문대는 158개, 기타 19개 대학이 있다.

결국 고래싸움에 새우등 터지듯 지방대학들은 신입생 유치뿐 아니라 재학생도 붙잡아야 하는 이중 고통에 시달리게 된 셈이다.

의대·교대 선호와 이공계 기피 현상으로 비인기학과들의 결원이 늘고, 특히 2004학년도는 7차 교육과정이 적용되는 만큼 대학 간 중복 합격자들의 연쇄 이동이 어느 해보다 극심해 각 대학 간의 신입생 유치 경쟁은 흡사 전쟁을 방불케 하고 있다. 수억 원에 이르는 입시설명회를 열거나 선물 공세를 펴는 것은 기본이다. 진학 담당자에게 갖가지 향응을 베풀고, 고교에 발전기금과 기자재 등을 기증하겠다고 경쟁적으로 약속하는 것도 예사다. 수험생들을 학교로 초청하여 캠퍼스 안내와 재학생들의 공연을 보여주는 캠퍼스 투어에서 대규모 음악회, 무료 휴대전화, 공짜 해외연수 등 다양한 경품 행사, 파격적인 장학금 제도까지 선보이며 학교 홍보에 총력전을 펼치고 있다.

수험생 기근에 허덕이는 지방대학들은 국경을 넘는 홍보도 마다하지 않는다. 거기다 교수들까지도 대학 강의실이 아닌, 고등학교 교실을 돌며 특강과 홍보 활동을 펼치고 있다. 학생 세일즈에 강제동원된 교수들은 목표가 할당돼 실적이 저조하면 승진·보직에서 불이익이 주어지는 것은 물론이고 퇴출 위험마저 감수해야 한다. 대학이 이렇게까지 신입생 유치에 적극적으로 나서게 된 것은 신입생 모집 정도에 따라 학교의 존폐가 결정될 만큼 학생 수 감소가 심각해졌기 때문이다.

그러나 대학들의 신입생 유치작전은 다수의 대학이 경쟁적으로 합격자에게 솔깃한 혜택을 제시함으로써 자칫 차별성 없는 백화점의 경품 경쟁처럼 보일 수 있는 역효과를 초래할 수도 있다. 그리고 이미 대학을 다니고 있는 재학생들은 소외감을 느껴 신입생 유치에 목을 매고 있는 대학을 버리고 유유히 떠날 수도 있다. 문제는 대학 선택 자체가 취업과 직결되면서 경쟁력 없는 학교의 학생으로 사는 것보다는 고 4학년이 되어서라도, 아님 유학을 가서라도 신분 상승의 꿈을 포기하지 않게 하는 사회에 있다. 주홍 글씨처럼 평생을 달고 살아야 하는 대학 간판이 있는 한 이 전쟁은 계속될 것이다.

2) 파산하는 대학

대학이 퇴출되고 스스로 간판을 내리는 일이 생기는 대학 최후의 날이 오고야 말았다. 한국 사회에서는 재벌과 은행, 그리고 대학은 절대 망하지 않는다는 통념이 깨진 것이다. 이들은 경쟁과 구조조정의 무풍지대에 안주하면서 절대 망할 수 없는 구조를 갖고 있었다. 원칙적으로 대학은 학생 수만 채울 수 있다면 망하지 않는 구조이다. 이미 시설투자는 돼 있기 때문에 등록금만으로도 어느 정도 버틸 수 있는 곳이 대학이다. 그러나 경영난을 이유로 문을 닫는 사례를 찾아볼 수 없었던 캠퍼스에도, 경영능력이 없으면 기업과 마찬가지로 다른 대학에 흡수되거나 아예 문을 닫는 대학이 등장하기 시작했다.

대학의 미래가 불투명하고 언제 망할지 모르는 대학에서 학업을 계속해야 한다는 자체가 불안하다는 재학생의 한숨 섞인 목소리가 흘러나온다. 또 대입 수험생과 학부모들은 대학에 가기는 쉬워졌으나 대학 선택은 더욱 어렵게 됐다고 걱정한다. 졸업도 하기 전에 대학이 도산하면 학생들은 어떻게 될 것이며, 졸업을 한다 해도 그 후에 대학이 없어진다면 그에 따른 졸업생의 불이익은 어디에서 보상받을 것인가?

그동안 대학은 세우기만 하면 장사가 잘되는 사업이었기 때문에 대학교육의 여건과 환경은 도외시한 채 부실 대학이 양산되었다. 거기에다 대학들은 무분별하게 학과를 나열하는 백화점식 운영을 해왔다. 사회적 수요나 대학의 핵심 역량은 아랑곳없이 모두가 유사 학과에 중복 투자를 함으로써 대학을 특성화하지 못하고 사회가 필요로 하는 적재적소의 인재를 배출해내지 못했다. 또한 대학이 이렇게 파산 위기에 처한 것은 그동안 내실을 기하기보다는 빚을 얻어서라도 외형 부풀리기에만 전념해온 재단의 방만한 경영 탓도 있다. 대학의 규모가 커진 데 비해 학생수는 오히려 감소해 등록금 수입마저도 줄어들어 적자 경영이 누적되어온 것을 보면 대학의 파산은 당연한 결과라 하겠다. 파산의 위험은 수도권의 대학보다 지방의 사립 대학이 훨씬 심각하다. 재학생 수가 줄어든 데다 신입생 정원도 채우지 못해 등록금 수입이 부족하여 기존의 많은 빚과 더불어 매우 심한 재정난에 허덕이고 있는 실정이다.

교육부가 대학 간 인수·합병(M&A) 등 구조조정과 함께 경영능력이 없는 대학에 대해서 '퇴출'이라는 강경한 카드를 들고 나온 것은 딜레마에 빠진 대학을 살리고 특성화를 통해 경쟁력을 높이기 위한 선택이다. 실제로 경쟁력이 비교적 낮은 대학끼리 합병을 이룬 사례로는 지난 1996년 부산수산대와 부산공업대가 부경대로 통합된 경우와 2001년 공주대와 공주문화대(전문대)가 공주대로 통합된 경우를 들 수 있다. 뿐만 아니라 수년 전 경북대와 안동대, 대구교대 등 경북 지역 5개 대학이 합병을 시도한 적도 있다. 그리고 이미 한려대가 퇴출되고 광주예술대가 폐교되기도 했다.

이제는 대학을 운영하는 것보다 경영해야 하는 시점이다. 교수는 학문에 전념토록 하는 한편, 총·학장은 전문경영인으로서의 역할을 더욱 확대해야 한다. 능력과 성과에 따른 보상제도를 운영하고 일방적으로 지식을 만들어서 내놓는 대학이 아니라 소비자, 즉 학생·학부모·기업의 욕구에 맞는 지식을 제공해 경쟁력을 갖춰나가야 한다. 팔릴 만한 지식을 생산하고 스스로 재원을 충당할 수 있는 재정구조가 마련돼야 한다.

5. 대학의 정체성을 찾아서

한국 사회에서 대학은 사회에 긴장을 제공하는 역할을 해왔다. 지적인 긴장은 물론이고 사회 내의 온갖 부조리를 고발하고, 변하지 않는 것들에 저항함으로써 사회로 하여금 자성하도록 하는 긴장을 제공해왔다. 민주화를 거론하면서 대학을 빠뜨릴 수 없을 정도로 대학은 독특한 사회적 역할을 수행해왔다. 지금은 대학문화와 대중문화의 경계가 허물어져 있지만, 한때는 대학문화가 대중문화에도 영향을 미쳐 날마다 새롭게 하는 역할도 담당하였다. 그런 과거 덕택에 사회는 아직도 대학에 대해 많은 신뢰를 보내고 있고, 천문학적 비용까지 아낌없이 지출하고 있다.

그간 높은 교육열과 학벌주의 등으로 대학은 태평성대를 누려왔다. 대학만 지어놓으면 신입생들이 구름처럼 몰려들곤 했다. 그러나 우후죽순으로 생겨난 대학들은 제 색깔을 잃어버린 채 표류하고 있다. 이제는 경쟁력을 확보하고 특성화 대책을 마련하지 않으면 폐과나 폐교가 되는 운명에 처한 것이다. 교육시장 개방으로 외국 대학들이 들어오면 중하위권 대학들은 더욱 경쟁력이 떨어지고 결국 문을 닫을 수밖에 없는 시대가 머지않았다. 그러나 대부분 대학이 특성화를 외면한 채 여전히 백화점식 학과 운영을 하고 있을 뿐, 학과 통폐합 등 몸집 줄이기에 자발적으로 나선 대학은 손꼽을 정도이다. 게다가 불합리한 교육제도와 국가의 지원이 진정한 의미의 대학 사회로 가는 발걸음을 가로막고 있다. 국가는 1년에 대학마다 평균 20억 정도의 재정지원을 하고 있다. 이 때문에 대학재정이 어려워질수록 정부의 대학지원 부담이 더욱 커지는 악순환이 계속될 수밖에 없다. 이런 고리를 끊기 위해 대학과 정부는 특성화와 전문화를 함께 추진해야만 한다. 결국 과감한 구조조정과 퇴출, 그리고 대학의 특성화를 통해 대학의 문턱을 높이지 않는다면 대학교육의 목표도 경쟁력도 회복될 수 없다. 그리고 대학이 어떠한 정체성도 비전도 제시하지 못한다면, 대학 진학을 앞둔 학생들은 학과를 선택하면서 극심한 혼란을 겪을 수밖에 없다. 그들은 이른바 명문대학을 선택하거나 졸업 후 취업이 보장되는 특정 학과로 몰리거나, 아니면 특별한 전망도 없이 선택한 후에 번민하는 대학 생활을 보내게 될 것이다. 어느 경우에나 학과 혹은 학문이란 중요하지 않다. 오직 대학 졸업장만이 사회에서 살아남기 위해 최소한 갖춰야 할 품목이 될 뿐이다. 그리고 대학생들은 세계화의 희생자가 되어 실업자로 전락할 것이고, 사회에 그들의 모든 사회적 정치적 발언권을 빼앗긴 채, 단지 소비의 주체로만 불려질지도 모른다.

어느 시대에나 그러하듯이 대학은 사회 안에서 일정한 영향을 받으면서 사회에 대한 일정한 대응양식을 갖게 되었다. 대학의 변화는 피부로 실감할 수 있을 정도로 확산되었다. 대학의 기능 변화에 대한 요구는 대학을 자본의 기능인 양성을 위한 공장으로 보게 하고, 대학생들에게 있어서 대학생활의 의미가 개인적인 생활과 사회적인 지위 확보의 공간으로 생각하게 하는 경향으로 나타나고 있다. 문제는 대학이 자신의 공간을 확보하지 못하고 학생들로부터 관심과 호응을 얻지 못하는 상황이 지속된다면 대학은 심각한 위기 상황을 불러올지도 모른다. 그것이 우리가 대학에게 제자리를 찾아주려는 이유이다.

^{8장} 좌초하는 모노가미

허미영_부경대학교 강사

1. 들어가며

최근 우리 사회는 사회 전역에 걸쳐 구조조정을 겪으면서 사회의
기본 틀이 바뀌고 있다. 남녀 간의 사랑, 결혼, 출산과 교육 모든 것이
카오스다. 결혼에 관한 의식과 배우자 선택의 기준, 그리고 결혼관계에
대한 인식의 변화도 예단하기 힘들 정도로 빠르게 변하고 있다. 이런
변화의 한가운데는 정보통신의 혁명이 한몫하고 있다. 사이버 공간 내에
서 이전에는 상상하기 어려운 기발한 아이디어로 미팅 정보를 제공하고,
은밀하고 사적인 통로를 통하여 부킹 정보를 주고받는다. 온라인에서의
채팅과 교류, 오프라인에서의 부킹은 남녀 간의 인간관계를 맥도날드화
시킨다.

오늘날 대다수의 사람은 혼돈의 세례를 경험하고 있다. '검은 머리가
파뿌리가 되도록'이라는 말은 이제 사라져야 할 듯하다. 연장된 수명으
로 개인의 일생이 길어졌고, 각종 질병과 사고로 인한 사별의 경험이
잦으며, 경제적인 여유에서 비롯되는 개인의 자유와 선택의 폭이 증가하
고 있기 때문에 일생 동안 한 배우자와 살아가는 것이 쉬운 일이 아니다.
이런 사회적 변화들은 지금까지 견고한 성처럼 고수되던 모노가미
(monogamy, 일부일처제)의 신화에 대한 도전적인 요소가 되고 있다. 남녀

가 결혼을 하고, 아이를 낳고, 그 아이의 양육에 공동으로 참여하는 중요한 가정의 기본적인 구조였던 모노가미에 변화가 나타나기 시작한 것이다.

이전에는 인간관계가 제한된 인적 자원을 중심으로 이루어진 반면, 요즘에는 다양한 채널을 통하여 이루어지고 있으며 이런 채널 다양화의 특성은 결혼관계에도 그대로 반영되고 있다. 결혼 당사자들을 둘러싸고 있는 인간관계의 중요성이 감소하고 있으며 채널의 특성을 반영하는 결혼 과정 및 의식(儀式)이 출현하고 있다. 뿐만 아니라 결혼의 사회적·문화적 의미 못지않게 경제적 의미의 중요성을 실감하게 하는 일련의 사회적 사실들이 현재 우리 사회에 빈번히 등장하고 있다.

현재 결혼과 관련하여 우리 사회에서 진행되는 일련의 변화는 너무도 급격하고 다양해서 한마디로 규정하기는 어렵지만 어쨌든 가부장적 남성 중심의 사회에서 개인의 자율성을 중시하는 사회로 자리를 이동하고 있음이 분명하다. 여기서는 사랑과 결혼의 어긋난 모자이크를 들여다보고 새롭게 등장할 다양한 삶의 양식을 전망하고자 한다.

2. 사랑과 결혼의 변주곡

1) 당신의 사랑은 어떤 그림?

어떤 사람은 첫사랑을 몇 년간이나 가슴속에 묻고 살지만, 어떤 사람은 없으면 죽고 못 살 듯이 하다가 어제 헤어지고 오늘 다른 사람을 만나기도 한다. 모든 사람이 사랑을 전제로 결혼하는 것은 아니지만 적어도 사랑의 감정은 중요한 요소임에 틀림없다. 사랑을 빼놓고 결혼을 이야기할 수는 없지 않은가?

심리학자 스턴버그(R. Sternberg)는 사랑이 친밀감, 열정, 개입으로 이루어진다고 주장한다. 이 이론에 의하면, 사랑의 감정은 이 세 가지 요소의

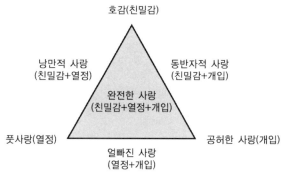

〈그림 8-1〉 스턴버그의 사랑의 3요소

호감(친밀감)

낭만적 사랑
(친밀감+열정)

동반자적 사랑
(친밀감+개입)

완전한 사랑
(친밀감+열정+개입)

풋사랑(열정)

공허한 사랑(개입)

얼빠진 사랑
(열정+개입)

출처: 이민규, 『현대생활의 적용과 정신건강』, 2001.

구성과 변화에 따라 달라진다. 친밀감이란 친구처럼 편하고 따뜻하게
느끼며 상대방을 이해하는 측면이다. 열정은 신체적 매력, 성적인 흥분이
나 욕망을 유발시키는 사랑의 뜨거운 측면을 반영한다. 개입(Commit-
ment)은 상대방과 관계를 유지하고자 하는 경향과 의지, 행동의 결정,
그리고 책임의식을 의미한다.

공허한 사랑은 개입만 있고, 풋사랑은 열정만 있고, 호감은 친밀감만
있다. 낭만적 사랑은 친밀감과 열정으로, 동반자적 사랑은 친밀감과
개입으로, 얼빠진 사랑은 열정과 개입만 있는 것이다. 어쩔 수 없이
무늬만 부부로 살아가는 부부들은 공허한 사랑(empty love)을 하는 것이
다.

2004년 초 미국의 유명한 가수 스피어스는 친구와 벼락치기 결혼을
하고 55시간 만에 이혼신고를 해서 화제가 되었다. 요즘 젊은이의 행동
양상을 단적으로 보여주고 있기 때문에 흥미롭다. 미래에 대한 진지한
고려 없이 순간적으로 느껴지는 흥분으로 사랑에 빠지는 경우이다. 연애
에서 결혼까지 초스피드로 진행되었다가 손쉽게 이혼하는 실태는 풋사
랑의 결과이다.

문제는 초기의 열정이 시간이 지나면서 친밀감으로 변하게 되는데,
이 과정에서 얼마나 상대방에 대한 책임감을 느끼느냐에 따라 관계의

양상이 달라진다. 이때 개입의 요소가 중요해진다. 다양한 남녀 간 인간관계의 양상은 개인의 자유의 증가와는 달리 사회적 책임의 감소와 맥을 같이한다. '연애 따로 결혼 따로'라는 말이 있다. 누군가가 '사랑은 뜨거운 이상이고 결혼은 차가운 현실'이라고 하였다. 지금 당신은 어떤 사랑을 하고 있는가?

2) 결혼의 퍼즐 맞추기

흔히 결혼할 때는 '콩깍지가 씌었다'고 한다. 그래서 주근깨도 아름답게 보여야만 결혼을 한다고 한다. 모노가미는 한 사람의 남편과 한 사람의 부인으로 이루어진 가족구조로 남녀 대칭적인 성관계가 중심이 된다. 인류학자 머독(Murdock)의 565개 사회의 비교연구에 의하면, 중요한 가정 이데올로기였던 모노가미가 실은 모든 사회의 지배적인 결혼 형태는 아니며, 많은 사회가 복혼제를 수용하였다.

역사상 사랑과 결혼은 엄밀히 분리되는 양상을 보여왔다. 유럽에서 결혼계약의 기초가 된 것은 서로 간의 성적 매력을 기반으로 한 애정공동체가 아니라 경제적 상황이었다. 그리하여 가난한 사람끼리의 결혼은 농업노동을 조직하는 수단이었다. 흔히 얘기하는 낭만적 사랑의 관념은 18세기에 와서야 사회적으로 구성되기 시작하였다. 낭만적 사랑의 이데올로기는 가부장적 사회를 지탱하게끔 여성의 눈을 감겼다. 따라서 남편의 사랑에 목매고 의존하며 자식을 위해 자신의 인생을 희생하는 것을 당연시하였다. 하지만 적어도 현대는 낭만적 사랑으로 여성을 구속하려는 공모는 깨지기 시작했다. 근대사회로 이행하면서 개인의 성·사랑에 대한 성찰적인 지식과 정보의 보급으로 개인 중심의 만족이 보편적 가치로 자리 잡게 되면서 실질적으로 사랑이 전제된 결혼이 이루어진 것이다.

이러한 일련의 변화는 역사상 주요한 획을 그을 수 있는 일련의 사건으로부터 시작되었다. '성혁명'이라 일컬어지는 「킨제이 보고서」, 성의 메커니즘에 대한 매스터스와 존슨(Masters & Johnson)의 성생리학적인 일련의 연구들, 임신과 출산을 둘러싼 재생산에 관한 의학적인 발전 등이 그러하다. 기든스(Giddens)가 언급한 재생산 없는 섹슈얼리티(피임)와 섹슈얼리티 없는 재생산(시험관 아기)을 지칭하는 조형적 섹슈얼리티(plastic sexuality)는 사랑이 결혼을 통해서만 섹슈얼리티와 연결되던 것에서 이제 굳이 결혼관계가 아니어도 성취될 수 있다는 것을 의미한다.

　다른 사람이 아닌 바로 그 사람이기에 내가 희생할 수 있고 자신의 부족한 부분을 채워준다고 느끼던 낭만적 사랑은 이미 물 건너간 것이다. 이제 그 자리는 특별한 사람이 아닌 특별한 관계를 중요시하는 사랑으로 채워진다. 이러한 사랑은 모노가미를 고집할 이유가 없고 굳이 이성애에 한정될 필요도 없다. 나아가 도덕적 규범이나 전통적인 예의보다 부부간에 애정과 성적 쾌락을 얼마만큼 확보할 수 있느냐가 결혼관계의 유지 혹은 소멸을 좌우하는 핵심 요소가 되는 것이다.

3. 좌초하는 모노가미

1) 넘쳐나는 이혼

통계 속 이혼 실태

　'흰머리가 파뿌리가 되도록'이라는 말은 이혼사의 패러디다. 통계청이 2000년 9월에 밝힌 '1999년 인구동태조사' 결과를 보면, 하루에 994쌍이 결혼해 가정을 이루고, 323쌍이 이혼하여 결국 3쌍 중 1쌍이 이혼한 것으로 나와 있다. 그런데 2002년 자료에 의하면, 하루에 840쌍이 결혼하여 가정을 이루고, 398쌍이 이혼을 하여 전체 47.4%가 이혼한 것으로 나와 있다. 반세기 전만 해도 꿈도 꾸기 어려운 일이 현실로 나타나고 있는 것이다. 하지만 최근에는 준비된 결혼과 준비된 이혼이 혼재한다.

결혼 생활 20년 이상 된 부부가 뒤늦게 갈라서는 이혼 비중이 같은 기간
두 배 이상 높아졌고, 특히 50세 이상 부부가 헤어지는 '황혼(黃昏) 이혼'은
3배 이상 증가한 것으로 나타났다. 통계청은 "작년 한 해 우리나라 성인
남녀의 결혼 건수는 25년 만에 최저 수준으로 떨어진 반면 이혼 건수는
매년 사상 최고 수준을 경신하고 있다"고 밝혔다.

(≪조선일보≫ 2003.3.28.)

위의 신문 기사는 남녀 관계의 친밀성 구조에 일대 혁명이 일어나고
있다는 점을 보여주고 있다. 기본적인 특징은 이혼율의 급격한 증가이다.
이혼의 기본적인 형태는 조기 이혼과 황혼 이혼으로 특징지을 수 있다.

2002년 처리된 3만 3,205건의 이혼소송사건 중에 부부의 동거 기간이
3년 미만인 경우는 1만 6,427건(49.5%)이었고, 3년 미만 부부의 이혼율은
1999년은 40.6%, 2000년은 42.8%였지만, 2001년에는 46.6%로 해마다
2~3% 가량 증가하였다(법원행정처, 2003). 조기 이혼의 문제는 결혼과
이혼을 쉽게 생각하는 젊은이들의 의식을 잘 보여준다. 일례로 혼인한
지 두 달 된 30세 여성이 가정법률상담소를 찾아와 "맞벌이를 하는데
남편은 가사를 전혀 도와주지 않고 이기적이며 독선적이어서 결혼 생활
을 계속하기 어려울 것 같다"며 이혼상담(≪한겨레≫ 2000.7.25.)을 하러
온 경우를 들 수 있다. 이것은 결혼 후 이혼을 고려하는 기간이 아주
짧아졌음을 나타낸다.

서로 코드가 맞지 않을 경우 결혼 자체를 언제든지 쉽게 파기할 수
있는 것으로 인식하는 신세대 부부가 많아지고 있다. 이들은 구세대에
비하여 쉽게 이혼을 결정하는데, 이혼 후에도 서로 크게 상처를 받지
않아도 된다는 사회적 분위기가 한몫하고 있다. 드라마나 영화 등 매스컴
에서 다루는 남녀 간의 사랑이나 결혼관은 너무 다양해서 '결혼도 이혼도
그야말로 선택'이라는 인식이 깔려 있다. 급기야 성급한 이혼 결정을
막기 위한 제도적 장치가 필요하다는 지적이 나오고 있지만, 그래도
결국은 자신들의 선택을 존중해야 한다는 입장도 만만찮다.

이혼율의 증가는 가족의 해체와 새로운 가족구성이라는 사회문제를 파급시키기 때문에 중요한 사회적 함의를 지닌다. 중장년의 경우에 미성년 자녀를 두고 있기 때문에 이혼으로 인한 가정의 해체와 재혼에 따른 가족의 재구성 및 그에 따른 적응은 중요한 개인적 과제인 동시에 사회문제가 되고 있다.

너와 나, 코드가 달라

1978~1996년 사이에 소송으로 이혼을 한 경우 '부부의 부정행위'가 41~52%를 차지해 이혼의 주된 원인이었지만[1] 최근 자료에 의하면, '배우자의 외도나 가정폭력' 같은 사유보다는 '성격 차이'로 인한 이혼이 44.7%로 가장 높은 비중을 차지한다. 이러한 변화는 이혼의 사유가 다양해졌다는 것을 나타낸다. 28세의 전문직 여성은 4년간 연애할 때는 몰랐는데 결혼하고 나니 오히려 불편하고 어려운 점이 많아서 이혼하였다. 또한 34세의 여성은 남편보다 부인의 월급이 많아지면서 남편이 열등감을 느껴 괜한 트집을 잡아 굳이 함께 살 필요가 없다는 판단하에 이혼하였다. 42세의 전직 교사는 결혼과 동시에 직장을 그만둔 아내에게 "돈을 못 번다"며 타박해서 이혼하였다. 이 외도 남편이 첫날밤을 못 치러 속았다며 두 달 만에 성급히 이혼했지만 성기능장애는 일시적인 것으로 판명된 경우도 있다(≪동아일보≫ 2003.3.29.). 이 사례들은 이혼 사례의 다양함과 이혼의 성급함을 극명하게 보여준다.

이런 세태를 두고 '어설픈 이혼' 혹은 '이유 없는 이혼'이라 말하기도 한다. '성격 차이'로 표현되는 이혼 사유는 부부간의 역학관계에서 구조 변동을 겪고 있다는 증거이다. 가정에서 여성의 경제적 주도권이 증가하고 직장 내 여성의 잠재적인 역량 또한 증가하면서 여성의 입장에는 많은 변화가 나타났다. 21세기 여성이 20세기의 남성에게 변화를 요구하

---

[1] 가정법원 소송에서 통용되는 민법상 이혼사유는 여섯 가지다. 배우자 부정행위, 악의적 가출, 배우자나 그 직계존속의 부당한 대우, 직계존속에 대한 배우자의 부당한 대우, 3년 이상 생사 불분명, 기타 혼인을 계속하기 어려운 중대한 사유이다.

고 있다. 특히 21세기에는 남성적인 특성보다는 여성적인 특성을 사회에서 더 요구한다(최재천, 2003). 이와 같은 사회적 변화로 여성들은 경제력이 없어도 더 이상 기존의 불합리한 부부관계를 유지할 필요성을 느끼지 않게 한다. 그래서 이전에는 같이 고생해서 참아내었지만 이제는 참지 않는다. 다른 측면에서는 혈연·친족 중심이나 자녀 중심의 가족관계보다 나의 행복과 개인 생활의 만족감이 더욱 중요한 가치로 부상하고 있기 때문이다. 이혼소송에서 분쟁의 요소가 자녀 양육 문제였던 것이 재산 분할 문제로 바뀐 것에서도 찾을 수 있다.

2) 한국은 부킹 공화국

결혼관계에서 개입되는 성문제는 이제 사적이고 은폐되어야 하는 것으로 보기보다 공적 영역으로 드러내고자 하는 담론이 일고 있다. 방송 프로그램 <구성애의 아우성>, <아름다운 성>에서 시작된 성담론은 영화 <바람난 가족>, <죽어도 좋아> 등에서 보여주듯이 드라마·영화 등에서 더욱 대담하게 다루어지고 있다. 이런 담론 못지않게 우리 사회의 성의식 또한 경계를 구분하기 어려울 정도이다. 가히 부킹 공화국이라 할 만큼 성을 매개로 한 밤 문화가 넘쳐난다. 그 요란스럽고 고독한 남녀들의 몸짓을 둘러보자.

지금은 부킹 중

지난 수년간 20~40대 미시족들 사이에서는 "애인 한 명 없는 사람은 숙맥"이라는 말이 나돌았다. 인터넷 동창회 사이트가 인기를 끌면서 요즘 동창회나 동문회 모임은 옛 애인 만나기의 장으로 둔갑하기도 한다. 일부 사이트에서는 유부남·유부녀의 불륜을 부추기는 미팅을 주선한다. 이름하여 '부킹'이다. 부킹(booking)은 원래 '예약하다'라는 의미였지만 우리 사회에서는 '즉석남녀짝짓기'를 의미한다.

지금 서울과 수도권을 비롯해 중소 도시의 나이트클럽은 30~40대

중년들의 해방구이다. 우리 사회의 성풍속의 밑그림은 밤 문화를 제하고
는 그릴 수가 없다. 한국에서 밤은 이성적 판단을 마비시키는 미묘한
분위기가 있다.

> 빠른 음악이 흘러나오면 무대로 나가 특수조명 아래서 수백 명이 뒤엉켜
> 정신없이 몸을 흔들어대고 느린 음악에는 재빠르게 짝을 맞춘 남녀가
> 손을 맞잡고 빙글빙글 돌아간다. (중략) 자정이 가까워지자 TV에 자주
> 출연하는 인기 가수와 코미디언이 등장하면서 분위기는 극에 달하고, 8층
> 나이트에서 75개의 룸을 갖춘 9층으로 운행하는 VIP용 엘리베이터의 운행
> 이 잦아진다. 나이트클럽에서 짝을 맞춰 끼리끼리 9층으로 자리를 옮겨
> 한잔 더하는 술자리가 계속되고 다시 6층 호텔로 이어지는 별도의 엘리베
> 이터를 이용하는 원스톱 서비스를 즐기고 있었다. (중략) 일부 룸살롱 형태
> 의 유흥주점 사이에도 한껏 고조된 분위기를 이어갈 수 있게 같은 건물
> 안에 여관이 있는 등 원스톱 서비스를 제공하는 것이 유행처럼 번지고
> 있다.   (≪국민일보≫ 2003.3.10.)

이와 같은 풍속도는 우리 사회 혼외정사의 현주소이다. 수년 전 일명
'묻지마 관광'으로 회자되던 성일탈은 이제 도심 한가운데에서 저렴한
시간 비용을 지불하는 것으로 옮겨가고 있다. 물론 여유 있는 남녀는
해외 원정부킹도 마다하지 않는다. '파트너(배우자) 이외의 여성과 섹스
를 해본 경험이 있는지'에 대한 대답으로 응답자의 78%가 '그런 적
있다'고 답했다. 또 '배우자 외에 주기적으로 만나거나 성관계를 유지하
고 있는 고정된 섹스 파트너(여자 친구, 애인 등)가 있느냐' 하는 질문에
응답자의 15%가 '있다'라고 하여 한국 남성 20명 중 3명꼴로 '바람'을
피우고 있다는 결과가 나왔다(성과학연구소, 2002).
　연령별로는 남녀 공히 30~40대(남편 58%, 아내 53%)가 전체의 절반
이상을 차지했다. 결혼 연수별로는 10~20년 된 부부의 외도율이 평균
37%(남편 40%, 아내 34%)로 가장 높았고, 결혼 5~10년 된 부부가 21%로

그 뒤를 이었다. 남편의 외도를 알게 된 아내의 경우 '결혼 생활을 지속하 겠다'는 답변이 52%로 '이혼하겠다'(21%)보다 2.4배나 높았다. 아내의 외도로 고민하는 남편들도 '이혼'(15%)보다는 '용서하고 살겠다'(28%) 는 대답이 훨씬 많았다(≪주간한국≫ 2002.1.2.).

과거에는 대부분 남성의 외도가 문제되었지만 이제 유부녀도 외도의 대열에 나서고 있다. 재미있는 사실은 배우자가 외도를 한다 해서 이혼을 결정할 만한 사안으로 인식하는 것이 아니라는 사실이다. 특히 여성이 외도한 경우 여성 자신이 '결혼을 끝내고자 하는' 반면에 남편은 '눈감아 줄 테니 가정을 지켜달라'는 반응이 늘고 있다. '남성의 전화'에 상담을 의뢰한 내용 중 다수가 아내의 외도에 관한 사항이라는 점도 이러한 현상을 반영한다.

성일탈의 원인은 여러 가지 요소가 복잡하게 얽혀 있어 한 가지로 설명하기 어렵지만 전 영역의 상품화라는 자본주의사회의 특성이 인간 의 성적 요소에도 적용되었다는 점이다. 성적 일탈을 부추기는 사회구조 와 성개방 풍조에 몸을 맡긴 욕망이 결합한 것이다. 시간당 임금이 비교가 되지 않을 정도인 데다, 식당 설거지보다 노래방 서비스가 훨씬 수월하기 때문에 한번 발을 들여놓으면 유혹을 뿌리치기 어렵다. 성적 서비스의 공급자와 욕망 분출을 위한 수요자의 이해가 일치하여 섹스 산업을 비롯한 일련의 왜곡된 성문화를 생산해내는 것이다.

성일탈의 심리를 분석하는 전문가들은 직업이나 사회적 지위를 망라 하여 일어나는 우리 사회의 각종 성일탈의 원인이 우리 사회에 만연한 이중적 성문화와 향락 지향의 문화에 있는 것으로 진단한다. 사회학적 관점에서 접근하면 이제까지 경제성장과 가족 이데올로기에 가려 있던 한국 사회 전반의 구조적 모순이 IMF를 계기로 남녀의 적나라한 욕구를 분출하게 한 것으로 설명할 수 있다. 여기에다 인터넷 등 첨단 기술이 익명성을 기반으로 안락한 자유로움을 제공하기 때문에 사회문화적인 변화에 적응하지 못하는 사람들이 강박증 형태의 성일탈(외도, 사이버 섹스, 성중독증, 원조교제 등)을 경험할 가능성이 높다.

변화의 핵심은 원조교제를 포함한 기존의 성일탈이 경제적 이익을 대가로 수행되는 것이었음에 비하여 이제는 경제적 대가가 개입되지 않는 성일탈이 빈번하게 일어나고 있다는 점이다. IMF의 위기 시기에 돈벌이로 시작된 여성의 일탈이 이제는 개인적 욕망을 충족시키는 형태로 변해가고 있는 것이다. 이러한 사실은 여성이 주체적으로 성적 욕망을 통제하기 시작했다는 증거이다.

뒤틀린 성: 사이버 섹스를 넘어 스와핑까지

다양하고 자극적인 성적 만족을 추구하는 사람들 중에 '사이버 섹스'라는 색다른 성을 즐기는 사람들이 있다. 전자 통신의 발달이 섹스 산업에도 영향을 미쳐 가상공간에서 성적 흥분과 쾌락을 추구하는 것이다. 사이버 섹스의 영역은 포르노 사이트를 통하여 전개되는 단순한 춘화의 탐닉에서부터 가상공간 내에서 파트너를 만나고 그 파트너와 섹스를 하는 것을 포괄한다. 이제 시공을 초월한 사랑이 아니라 시공을 초월한 섹스를 하는 것이다. 1991년『가상현실』이라는 책을 펴낸 하워드 라인골드는 사이버 섹스의 장점은 수천 km 떨어진 사람과도 유사 성행위를 할 수 있다는 점에서 성문화에 일대 혁명을 일으킬 것으로 예상하였고 그로부터 10여 년이 지난 지금 초보적이기는 하지만 사이버 섹스가 실현되고 있다.

사이버 섹스는 실제 성행위와 유사한 자극을 주어 성병이나 에이즈의 위험과 육체관계에 따르는 부담이 없으므로 사람들을 또 다른 탐닉으로 이끌 가능성도 있다. 앞으로 미국 성기구 제조업체인 비비드 엔터테인먼트는 2000년 초 사이버 섹스를 위한 잠수복 모양의 보디슈트를 시판할 계획을 밝혔다(≪동아일보≫ 1999.11.10.). 이 또한 상대방과의 직접적인 결합이 아닌 대체물을 사용하는 것이다. 성적 자극을 받을 수 있는 다양한 상품들이 개발되는 것도 이러한 현상의 연장선상에 있다. 신경정신과 전문의는 우리나라에서도 성중독증 증상을 보이는 인구가 전체의 약 5%로, 이들은 마치 알코올 중독과 마약중독자처럼 다른 일상적 활동에서는 결코 느끼지 못하는 쾌감과 행복을 섹스에서만 느낄 수 있는 사람들이라고 주장한다.

최근 성 담론에서 새로운 주제로 등장한 것이 스와핑이라는 또 다른 성문화이다. 2003년 매스컴을 통해 적나라하게 공개된 스와핑은 과장된 점이 없지 않지만 그것이 현실이라는 점에서 시사하는 바가 크다. 스와핑(swapping)이란 중고상품을 바꿔 쓰는 것을 가리키는 용어로 부부가 같이 다른 사람들과 성을 교환하는 성문화를 말한다. 어떤 이는 이것을 보고 인륜을 저버린 행위라고 하고, 어떤 이는 당사자의 동의에 따라 이루어진 것이라면 문제되지 않는다고 주장한다.

대전선병원 신경정신과 김영돈 과장은 "스와핑은 정신질환으로 분류돼 있지도 않고, 성도착증의 범주일 수는 있어도 변태성욕이라고 단정하기는 어렵다"면서도 "불안한 부부관계에서 비롯된 왜곡된 성생활의 한 단면으로 일종의 인격장애로 본다"고 밝혔다. (중략) 김 과장은 "자신이나 타인에게 파괴적일 때 비정상적인 성으로 정의한다"면서 "스와핑은 성에만 국한된 것이 아니라 현대인의 윤리의식 해이, 사회적 측면에서는 인격장애"라고 풀이했다. (중략) 이에 비해 서울 성의학클리닉 설현욱 원장은 "스윙잉(swinging: 부부 교환 행위)은 계약동거 같은 '개방 결혼(open marriage)'의 극단적 형태로 정신질환은 아니다"라고 주장했다.

(≪경향신문≫ 2003.10.22.)

이러한 신종 성문화는 이미 우리 사회가 획일성을 거부하고 억압되어 왔던 개인의 다양한 욕구를 분출시키는 사회로 나아감을 암시한다. 넘쳐 나는 성지침서는 개인의 성과 관련된 일상을 바꾸고 있다.

3) 결혼을 향한 거친 반란

IMF와 결혼의 의미 변화

우리 사회는 IMF 시기를 거치며 개인과 가족은 혹독한 시련을 경험하였다. IMF 시기는 지났지만 그 흔적과 영향은 아직까지 남아 있다. 위기를 경험하면서 사회의 기본 틀인 가족구조에 변화를 가져왔다. 즉, '가계부양자는 남편, 가사는 부인'이라는 전통적인 성역할 고정관념에 변화가 나타난 것이다. 이러한 변화는 남편의 실직으로 여성들은 한편으로는 더 많은 감정노동에 시달리고, 다른 한편으로는 여성이 경제 활동에 참여하는 과정에서 발생하였다. 가장의 소득원이 불안정해지면서 감소한 소득을 보충하기 위해 부인이 맞벌이로 나서지 않으며 안 되는 상황으로 몰리게 되었다. 이 과정에서 권위를 상실한 가장이나 이를 견디지 못하는 가정주부의 가출과 같은 가족해체 현상이 나타났다.

> '경제난과 이혼율 증가 등으로 가정해체 현상'이 가속화하고 있는 가운데 전국에서 매달 1,000여 명의 주부가 가출을 하고 있는 것으로 공식 집계됐다. 남성 가장들의 가출도 주부 가출자 숫자에 육박하고 있으며 이에 따라 성인 가출자 수가 미성년자 가출자 수를 2배 이상 크게 웃돌고 있는 것으로 나타났다. (중략) 경찰과 가족 문제 상담 단체들에 따르면 주부들의 가출 이유는 다양하다. 남편의 실직과 부도로 인한 생활고, 남편의 폭력 및 시댁과의 갈등 등 가정불화가 대부분이지만 주부 탈선의 경우도 상당수를 차지하고 있다. (≪문화일보≫ 2001.11.21.)

취업할 준비가 되지 않은 부인이 취업전선에 나섬으로써 여성의 의식과 입장에 상당한 변화를 가져오게 된다. 단적인 경우가 여성 자신이 더 이상 가정의 파수꾼이길 거부한다는 것이다. 생계를 위해서 일자리를 얻는 과정에서 냉혹한 경제논리를 터득하면서 돈을 '쉽게 많이' 벌 수 있는 쪽으로 차츰 이동한다. 극단적인 형태가 가정주부의 성매매이다.

여성들의 의식과 행동의 일련의 변화들은 초기에 경제적 이유의 성매매가 이제는 경제외적인 외도를 일상화시키는 촉매역할을 하였다.

가정 경제의 파탄에서 생겨난 여러 가지 부수적인 영향들은 부가적인 변화들을 몰고 왔다. 여성의 발언권 강화, 남성들의 육아 참여나 가사 분담과 같은 가족 내 역학관계에 변화가 생기고 이에 적응하지 못한 경우에는 역할 변화에 따르는 갈등 표출과 가출로 이어졌다. 한편으로는 가장이 가정 경제를 책임져야 한다는 가장으로서의 가혹한 짐을 벗어던지면서 차츰 가장의 권위는 줄어들고 가정을 공동으로 영위하는 형태의 변화가 나타났다.

이러한 과정에서 경제의 중요성이 부각되었다. 결혼 및 애정에서조차 경제가 중요한 요인으로 간주되었으며, 남녀 간의 애정관·결혼관도 경제 중심으로 바뀌었다. IMF 이후 일어난 일련의 변화는 청춘 남녀의 결혼관에도 영향을 주어 독신이나 만혼이 증가하였다. 무엇보다도 남성의 경제력과 여성의 맞벌이 여부가 결혼 선택의 중요한 요인이 되고 있다. 경제적인 이유로 이혼을 하는 경우도 차츰 증가하였다.

협약서 쓰는 부부

이전의 가부장적 부부 관계보다 당사자가 합의하여 계약하는 새로운 부부관계도 생겨나고 있다.[2] 결혼 당사자는 무의미한 결혼서약 대신에 각자의 결혼 생활 조건을 제시하고 협약할 날이 올지 모르겠다. 서로의 실천항목을 구체적으로 써서 나누는 결혼 약정서도 선보이고 있다. 가사

---

2 이 제도는 민법 828조 '부부재산약정제도'로 여권 신장에 기여하는 제도이지만 보수적인 사회 분위기 때문에 활용되지 않았던 제도이나, 부부재산계약이란 결혼을 앞둔 남녀가 결혼 후 재산을 어떻게 관리하고 이혼할 때는 어떻게 나눌 것인지 등을 사전에 약정하는 것이다. 특별한 형식 없이 내용은 자유롭게 정할 수 있다. 앞으로 취득하는 재산에 대해 반반, 혹의 6대 4의 권리로 하자는 것에서부터 사흘 연속 외박했을 때 용돈 10%를 삭감한다는 등의 세세한 내용까지 들어갈 수 있다. 혼인신고 전 부부재산약정 등기신청서를 작성해 관할 등기과(소)에 제출하면 제3자에게도 효력을 인정받을 수 있다. 결혼 후에도 부부합의하에 가정법원의 허가를 받아 수정이 가능하다. 이러한 예를 통해 가사노동이나 육아 참여뿐 아니라 재산상의 권리를 동등하게 나누는 것이 실질적인 남녀평등에 이를 수 있는 조건이 된다는 인식이 확산되리라 본다.

노동 분담, 출산 및 육아의 공동책임 등 결혼 후의 구체적인 실천방향을 선언하는 식이다. 경우에 따라서는 그러한 협약이 지켜지지 않을 경우 이혼을 한다든지 이혼할 경우 아이나 재산 분배는 어떻게 한다는 것까지 논의된다.

새롭게 부각되는 것이 부부재산약정제도이다. 부부재산약정제도란 결혼을 앞둔 예비 부부가 결혼 후 재산관리 및 이혼할 때의 처분권한 등에 대해 미리 계약을 하는 것으로 정식 명칭은 '부부재산약정 등기신청'이다. 공무원 김 모(31) 씨와 회사원 이 모(38) 씨는 결혼을 하면서 아내와 파격적인 계약을 하였다. 성실한 결혼 생활을 약속한 것은 물론이고 돈에 관한 권리는 대부분 아내에게 넘기고 자신은 의무만 가졌다. '혼인 중 취득 재산은 아내 이름으로 등기를 한다'는 계약 조항뿐만 아니라 '이혼하면 혼인 중 취득한 재산의 70%를 아내가 갖는다'는 조항도 있다. 이 씨는 '본가와 처가에 똑같이 베푼다', '가사노동에 적극 기여한다'는 계약을 했다. 김 씨와 결혼한 이 씨는 "신혼 초기에 의식적으로 계약조건을 지키기 위해 노력하다 보니 이젠 자연스럽게 몸에 배었다"고 말했다(≪동아일보≫ 2003.10.2.). 이러한 협약의 내용은 각자 부부가 처한 상황에 따라 달라질 수 있다.

여성이 이혼을 결정할 때 경제적인 문제를 어떻게 꾸려갈 것인가는 가장 핵심적인 문제가 된다. 이런 측면에서 신세대 부부들은 결혼 후의 재산분배와 이혼에 대비하자는 추세다. 이 외에도 아주 사소한 것이라도 서로가 싫은 것에 대하여 모종의 협약을 하는 것이 가족을 깨는 것보다 낫다는 인식이다. 이미 서구에서는 오래전에 계약결혼의 협약 조건으로 시시콜콜한 사항까지 제시되었다.3 결혼 후에도 이러한 성격의 협약을 맺는 부부가 있다.

---

3 배우자들이 휴가 장소를 교대로 선택하고 아이를 교육하는 데 평등하게 참가할 것, 서로 상대방에게 예전 성적 경험의 진상을 완전히 밝힐 것 등을 요구하는 내용의 협약서 작성이 증가하였음을 진하고 있다(≪인터내셔널 헤럴드트리뷴≫ 1986.9.24.).

중소기업을 운영하는 K(45) 씨는 지난 주 아내와 위약금 100만 원을 건 약속을 했다. K 씨는 밤 12시 이전에 반드시 귀가하는 조건으로, 아내는 오전 시간대 TV 드라마와 토크 프로그램을 안 보는 조건으로 내기를 걸었다. 사건의 발단은 K 씨 부부가 한 가정의 불륜을 다룬 모 방송국의 아침 프로그램을 보다가 심하게 부부 싸움을 한 것이 계기가 됐다. 그날 이후 K 씨는 아내에게 아침 방송을 보지 말 것을 제의했고, 아내도 반대 급부로 K 씨의 정시 귀가를 요구, 서로 합의를 보게 된 것이다.

(≪주간한국≫ 2002.1.2.)

협약을 맺는 것이 이전 세대의 시각으로는 자잘한 일로 보이지만 당사자에게는 결혼 생활을 더욱 알차게 하기 위해 서로 의견을 조정하고 협상하는 과정이 될 수가 있다.

다양한 결혼 세태

개인의 자유 확대라는 측면에서 보면 결혼문화의 다양성 또한 당연하다. 동거(사실혼)는 과거에는 경제적으로 어려운 사람, 결혼식을 치르지 못한 사람들이 식을 올리지 않고 결혼 생활을 하는 양식이었는데, 요즘에는 유부남·유부녀의 법적인 책임이나 절차, 결혼 제약으로부터 벗어나려는 대안적인 결혼제도의 형태를 띤다. 따라서 사회적 여건보다는 개인적 선택의 결과로 나타난다. 예를 들어, 둘이서 애인처럼 살면서 독립적인 자기 생활을 유지하고 친밀한 감정을 공유하려는 의도가 짙다. 그래서 '결혼의 예행 연습으로의 동거'와 '결혼을 전제하지 않는 선택적 동거'가 증가하고 있다.

혼인신고를 거부하고 1997부터 남자와 동거를 시작한 강 모 씨는 '결혼을 전제하지 않는 선택적 동거'의 대표적 사례이다. 그녀는 배우자와 2세를 부양해야 한다는 짐을 지우고 양쪽 집안과의 번거로운 관계를 맺어야 하는 결혼관계가 싫다고 말한다(≪주간동아≫ 2000.6.22.). 2년여의 연애 기간을 거쳐 서로 합의하에 동거를 시작했던 박 모(34) 씨는 동거한 지 한 달 만에 상대 여자와 헤어졌다. "연애 때와는 달리 서로 프라이버시가 적나라하게 드러나니까 트러블이 많았다. 그래서 도저히 함께 살 수 없었다"는 것이 이유이다. 그는 "결혼 후 이혼하는 것보다 백 번 낫다. 이혼을 말리는 집안 눈치 안 봐도 되고 혹시 아이라도 있었으면 어떻게 하나. 또 사회적으로 이혼에 대한 불이익을 안 받아도 되지 않나. 한번 경험을 거쳤으므로 다음에 결혼하면 잘 살 수 있을 것 같다"고 털어놓는다(≪주간동아≫ 2002.3.9.).

다양한 결혼 풍속도4의 하나로 성적으로 자유분방한 개방성을 추구하는 세미오픈커플도 있다. 세미오픈커플은 결혼하고 자식을 낳더라도 성적으로 서로를 구속하지 않는 개방된 부부로 남편 또는 아내가 각자 애인을 두고 성관계를 갖더라도 서로 간섭하거나 문제 삼지 않는다. 이들 대부분은 고학력층으로 부부 각자 자신의 일을 가지고 있으며 서로의 의사를 존중하는 특성을 지닌다. 특히 서로에 대한 신뢰가 없다면 지속적인 결혼관계를 유지하기 어려운 것이 바로 세미오픈커플형 부부다.

또 다른 결혼 세태로 딩크족을 들 수 있다. 딩크(DINK: double income no kids)족이란 '아이 없이 두 배로 벌어 잘살자'는 의미로 무자식 상팔자란 말에 잘 어울리는 것이다. 일반적으로 여자들은 모성애가 있어 아이들을 좋아하는 것으로 인식되지만 그렇지 않은 여자들이 늘어가는 추세다. 이런 변화는 우리 사회에서 아이 낳고 양육하고 교육하는 것이 얼마나 무력감을 느끼게 하는가를 여실히 보여준다. 그런 의미에서 아이에게 투자하는 비용과 노력을 줄이고 대신 자신의 여가와 자유를 즐기겠다는 것이다.

앞의 사례와 더불어 우리 사회에서 주목해야 할 다른 형태가 존재한다.

---

4 한편 성생활 없는 커플을 의미하는 딘스(DINS: double income no sex)족도 있다. 사회생활 및 가정생활에서 오는 스트레스, 갈등 혹은 불륜, 외도 등으로 성생활 자체를 거부하는 것이다. 또 다른 유형은 유럽에서 편재하는 경우인데, 결혼은 싫고 아이는 원하는 일명 싱글맘(Single mom)족이 있다. 이런 현상으로 미루어 자녀의 공동부모 관계를 유지하는 야마기시즘 (Yamagishism, 山岸主義)의 생활양식도 결혼의 대안으로 출현할 것으로 보인다.

이른바 요새가족(fortress family)이다. 이 유형은 형식적인 가정은 유지하지만 속으로는 곪아터진 부부 관계이다. 한집에 살아도 각자 방을 쓰며, 식사도 각자 해결하기도 한다. 남에게는 부부 문제를 결코 드러내지 않는다. 겉으로 보기에는 굳건한 가족의 성을 지키고 있지만 그 성은 애정 결핍과 무관심으로 잡초와 가시가 자라는 요새이다. 애정 결핍과 무관심한 부부 관계 속에서 아이들이 독초를 먹으며 자라난다. 황폐한 환경 속에서 부모는 애써 아이들의 고통을 눈감아버린다. 이미 폐허가 된 성에서 관계를 청산하지 못하는 이유는 이혼해서 겪는 고통보다 무늬만 부부로 사는 것이 더 낫다는 개인적 판단과 가족 이데올로기 때문이다.

세계적인 추세로 언급되는 또 다른 양상은 성인이 되어도 부모의 경제력에 의지해서 독신으로 살려는 캥거루족의 증가이다. 산업구조의 변화에 따르는 고용 인구의 감소는 실업자를 양산하고 있다. 정규직업을 가지지 못하기 때문에 소득 수준이 낮거나 아예 직업전선에 나서지 못하는 많은 젊은이들이 부모의 그늘 아래 머무는 것이다. 우리 사회에는 일정 수준이 아니면 결혼을 미루는 캥거루족뿐 아니라, 결혼한 후에도 노부모에게 의존하려는 캥거루족이 있다는 점에서 외국과 차이가 있다.

이상에서 보면 우리 사회는 결혼과 관련해서 점차 다양한 대안적인 실험이 진행되고 있다는 것을 알 수 있다. 어떻게 설명하든지 간에 우리 사회에서 점차 일부일처제의 기반이 약화되고 있음은 분명하다.

4. 합류적 사랑, 마침내 세력을 형성하다

앞에서 논의한 것은 우리 사회에서 남녀가 만나서 이루는 결혼 내지 가족관계가 얼마나 다양한지를 보여준다. 아직은 일반화하기 어렵지만 이런 변화는 더 가속화될 것으로 예상된다. 이제 우리 사회에서 만나는 사랑과 결혼의 변주곡은 과거 낭만적 사랑의 자리를 합류적 사랑이 대신할 것으로 보인다. 영국의 사회학자 기든스는 이러한 친밀성에서 나타나는 급격한 구조변동의 한 부분을 합류적 사랑(confluent love)의 증가라 보았다.

변화를 실감하는 지금 우리는 이 낯선 사랑이 이제 더 이상 낯설지 않다는 것을 알고 있다. 합류적 사랑은 각기 따로 흘러오던 두 개의 지류가 합쳐져 하나의 강물이 되듯 두 사람의 정체성이 각각 달랐음을 인정한 후에 미래의 다가올 시간을 향해 사랑의 유대를 공유하는 것이다. 그리하여 능동적이며 우발적인 사랑과 특별한 관계의 중요성이 부각된다. 무엇보다 합류적 사랑은 감정적인 주고받기에서 평등성을 추구한다. 그래서 '네가 나에게 하는 만큼 나도 너에게 한다.'

합류적 사랑은 파트너 각자의 섹슈얼리티를 두 사람의 관계를 일궈나가기 위해 꼭 협상되어야 할 하나의 요소로 인정하여 사랑 속에 포함시켰다는 점에서 완전히 새로운 사랑이다. 합류적 사랑은 성적 쾌락의 상호 성취가 결혼관계의 유지와 해소를 좌우하는 핵심 요소가 되어버린다. 따라서 반드시 모노가미가 지속될 필요가 없는 것이다. 여기에서 우리는 오랫동안 유지되어온 사회의 기본 틀인 모노가미가 좌초되고 있음을 목도한다. 바야흐로 필리프 브르노의 주장대로 머리를 맞대고 자기에게 맞는 커플 관계를 만들어야 할지 모른다. 오늘 바로 이 자리 우리 사회의 몸을 통한 권력행사와 남녀의 온갖 성찰적인 성(sexuality)의 추구는 합류적 사랑이 세력을 형성하기 시작했음을 상징한다. 이제 그냥 그들이 선택하게 두어라.

5. 나오며

결혼과 관련하여 앞에서 살펴본 논의는 이미 친밀성 영역에 구조변동이 일어나고 있음을 드러낸다. 현실화된 피임과 낙태, 시험관 아기 이외에도 생명공학기술이 임신과 출산의 전 과정에 적극적으로 이용될 즈음이면 이러한 변화는 가속화될 것이다. 더구나 조만간 배우자감의 유전자 정보에 대한 검색도 이루어질 전망이다. 질병에 걸릴 확률이 높은 남녀는 이제 결혼의 대상에서 제외되는 끔찍한 미래도 가능하다. 특히 여성의 자궁을 통한 출산이 아니라 의료기술을 통한 출산이 가능하다면 지금까지 모성의 이름으로 통제할 수 있었던 많은 일들이 변화될 것이다. 한국 사회가 세계 최저의 출산율로 기록되는 이유는 사회가 출산 파업을 권하기 때문이다. 이제 여성들만이 출산과 양육을 담당할 이유도 없고 책임을 지려 하지도 않는다. 우리 사회의 불평등한 남녀 간 사회적 관계가 변하지 않고, 육아의 고비용 체계를 지원해주지 않으면, 여성은 더 이상 출산과 양육을 부담하려 하지 않을 것이다.

한편으로는 이미 자리 잡은 동거와 독신 스타일, 계약결혼, 공거족(共居族), 미혼 독신모, 무자녀 가족, 동성애 가족 등등을 포함하여 전혀 다른 대안적인 가족이 만들어질 것이다. 결혼을 하든 독신을 선택하든 간에 결정은 개인이 하지만 그러한 결정 이면에는 사회적인 원인이 있다. 이런 다양한 형태의 변화들이 어떤 모습으로 정리될 것인지는 두고 보아야 할 것이다. 개인의 자유와 선택이 증가하는 만큼 개인이 담당해야 하는 역할과 책임이 커지기 마련이다.

결혼과 관련된 일련의 변화는 멈추지 못할 정도로 가속되다가 다시 한번 반전되지 않을까? 이러저러한 여러 가지 대안을 시도한 결과 그래도 자기 아이 낳고 사는 것이 낫다는 판단이 서면, 그때 애완용 강아지를 자식 삼아 키우는 사람들이 다시 성가신 아이 키우기에 나설 날도 올지 모른다. 단 다음의 조건이 전제되어야 한다. 출산 파업을 접을 만큼 공적 영역의 민주화가 진행된다 해도 사적 영역에서 역시 민주화가 진행되어야 한다. 그렇지 않으면 물거품이다. 이것은 개인들의 노력으로만 되는 것이 아니라 사회구조적인 변화가 동시에 진행되어야 한다는 점에서, 이제 사회가 다양한 부부들의 구체적인 삶의 질에 눈을 돌릴 때다.

^{9장} 불안과 혼돈의 잡노마드

윤명희_부산대학교 강사

1. 일한다, 고로 존재한다

근대 이래로 우리는 강력한 '일의 신화'에 사로잡혀왔다. 개미와 베짱이의 우화는 이를 단적으로 보여준다. 한여름 내내 빈둥거리며 게으름을 부리다 쓸쓸하게 얼어 죽는 베짱이와 부지런히 땀 흘려 일해 추운 겨울을 따뜻하게 보내는 개미를 통해 일하지 않는 자의 비참한 말로와 일하는 자의 희망적 미래라는 극명한 대비를 보여준다. 이 교훈적인 우화는 '일하기 않는 자여 먹지도 말라'는 일견 당연한 듯도 보이는 메시지를 전달함과 아울러 별일도 없이 빈둥거리는 자의 최후를 보여줌으로써 하루도 일 없이 살지 않기를 우리에게 강력하게 제시하고 있다. '시간이 없다'는 말을 밥 먹듯이 숨 쉬듯이 되뇌며 끊임없이 일하고 있는 현대인들의 자화상을 보자면 이 친절하고 교훈적인 메시지가 얼마나 교조적 영향력을 발휘해왔는지 알 수 있다.

그러나 과연 '베짱이의 권리'는 없는가, 일하지 않는다는 것은 단지 태만함과 무능력의 표시일 뿐인가 하는 의문을 던지지 않을 수 없다. 노동신화의 우화를 좀더 전개해보면 심각한 위험을 감지할 수 있다. 다음 해 여름 뙤약볕 아래 노동요도, 즐거운 음악회도 없는 오직 반복되는 일만 있는 개미의 미래는 단지 삶의 빈사 상태를 향해 나아갈 뿐이기 때문이다. 일하는 개미에게 노래하는 베짱이의 죽음이란 여가와 즐거움의 소멸이며 결국은 온전한 삶의 파괴를 의미하는 것이며 이는 근대사회를 이끌어온 노동의 사회적 통념이 지닌 함정을 보여준다.

전통적인 집단성이 개인으로 대체된 근대사회에서 카스트적인 세습신분이 아니라 성취지위로서 직업적 영역이 개인의 사회적 존재와 정체성을 드러낸다는 것은 새삼스러운 일이 아니다. 근대사회에서 일은 단지 노역의 고통이나 부자유의 영역이 아니라 개인의 목표를 성취할 수 있는 유력한 수단이며, 사회를 위해서도 바람직한 것으로 강조된다. 이에 따라 직업과 일, 노동의 영역은 개인의 존재·가치·자화상을 그려내는 총체적인 것으로 격상되었으며 더 나아가 개인의 정체성과 인격은 오로지 노동 속에서 훈련되고 확인되었다. 이렇게 노동사회에서 일과 직업이란 단지 생업의 의미를 넘어서 개인의 정체성과 가치, 사회공동체의 일원으로서 역할을 의미하며, 취업 노동에 포함되어 있지 않다는 사실은 일하지 않을 자가 겪을 호구지책의 어려움뿐 아니라 개인의 정체성과 사회적 관계에 있어 불안과 초조, 상실, 단절이라는 상황에 직면하게 한다.

그러나 근대 이래로 '일의 문화'가 생활의 전면을 지배하는 것으로 되어왔다면 오늘날의 개인과 집단은 마이 라이프라고 하는 자기만족적인 일상적 가치에 의미를 부여하고 있다. 나를 중심으로 도는 느린 세상, 게으름에 대한 권리, 즐거움에 대한 주장이 그것이다. 한국 사회 역시 새로운 첨단기술의 발달과 소비문화의 확산에 따라 취업자 1인당 일하는 시간의 단축 및 자기만족적인 여가권에 대한 요구가 높아지고 있다. 이에 따라 일과 직업에 대한 미래주의적 시각은 직업의 다양화에 따라 선택의 폭이 넓어지고 한 가지 재능과 전문지식만 있다면 누구라도 성공할 수 있으며 일하는 시간의 감소에 따라 자아실현을 위한 여가 영역이 확대될 것이라는 장밋빛 청사진을 제시한다. 과연 직업 세계의 변화는 노동사회 중심성을 벗어나 주변화된 인간적 가치들을 복원함으로써 일의 긍정적 미래는 물론이고 자아실현과 공동체적 유대를 위한 인간적 시간을 마련해줄 수 있을 것인가?

2. 직업 풍속도

1) 솟아오르는 직업, 사라지는 직업

오늘의 한국 사회에는 얼마나 많은 직업이 있을까? 2003년 『한국직업사전』에 따르면 전체 직업 수는 7,982개, 유사 직업 명칭까지 포함하면 1만여 개의 직업이 있는 것으로 추정된다. (한국산업인력공단·중앙고용정보원, 2003a; 2003b). 여기에는 아바타 디자이너, 푸드 스타일리스트, 웹마케터, 인터넷복권 개발원, 게임음악가, 초고속통신망 설치원, 정보보호 컨설턴트, 웹방송엔지니어, 운동처방사 등 기성세대에게는 낯설기만 한 생소한 직업이 대거 포함되어 있으며 애완동물 미용사, 텔레마케터, 시스템소프트웨어 개발자, 노무사, 변호사, 변리사, 수의사, 결혼상담원, 사회복지사, 바텐더(조주사) 등은 고용 전망이 좋은 10위권 내의 직업이다. 그리고 미래의 직업은 서비스 부문을 비롯하여 신소재, 생명공학, 정보산업 등과 같은 첨단산업 부문을 중심으로 죽음 문제 전문가, 수줍음증 상담가, 인조인간 전문가, 월면채광원, 유전자지도 판매사, 로봇 훈련원, 수중고고학 전문가, 나노기술 전문가, 복제이미지매니저 등과 같은 새로운 직업 유형들이 나타날 것으로 예측되고 있다. 이러한 직업 세계의 변화는 육체 경제에 기반을 둔 단순한 상품 생산이나 유통이 아니라 상품의 디자인, 개발, 기술, 마케팅, 판매 및 서비스에 종사하는 지식기반 경제로의 급속한 변화를 반영하고 있다.

이에 비해 무선호출기 관련 직업이나 시티폰 유지보수원 같은 직종은 휴대전화의 급속한 보급으로 직업의 뒤안길로 빠르게 접어들었으며, 주산을 주로 한 직업, 비행기 항법사, 대장장이, 굴뚝청소부, 염색공, 전당포, 버스 안내양, 전화번호 안내원, 광산표본 수집원, 곡마단 연예인,

톱 수선공, 양철공, 타자수, 타자기 제조원, 성냥갑 제조원, 성냥알 제조원, 소탄로조작원, 활판인쇄원, 연판교정원, 재봉사, 영사기 기사, 열차통제 기술자, 공작기계 운영자, 은행원 일부, 가사 요리사, 보모, 가정부, 농업, 제조업의 미숙련·반숙련 근로직종 등은 이미 없어졌거나 사라지고 있는 직종들이다. 골목 사이를 누비던 "뚫어"나 "찹쌀떡, 메밀묵" 하는 소리는 이제 아련한 향수 속에서만 들려올 뿐이다.

기존 직업 가운데에서도 새로운 가치 평가를 통해 의미 있는 직업으로 떠오르기도 한다. 고객관리 및 맞춤 서비스를 고안한 남자 파출부라든지 자장면 배달의 노하우로 대학 강단에 서기도 했던 중국집 배달원은 직업에 대한 고정관념을 파괴한 신지식인으로까지 평가되기도 한다. '—쟁이'라며 낮게 인식되었던 예술가에 대한 가치 재평가라든가 부모가 자녀를 연예인이나 스포츠 스타를 만들기 위해 발 벗고 나서는 현상은 이들 직업이 화려하고 동경받는 직업으로 변모되고 있음을 보여준다.

이러한 직업의 흥망성쇠는 한국 사회의 급속한 변화와 긴밀히 연관되어 있다. 1960~1970년대까지 한국 사회는 농업, 임업, 어업과 같은 1차산업 부문의 종사자가 여전히 많은 수를 차지하고 있지만 1970년대 중반부터는 뚜렷한 감소 추세를 보인다. 다른 한편 산업화와 도시화에 따른 근대적 산업생산직과 사무직, 판매·서비스직은 꾸준한 증가로 나타난다(통계청, 인터넷자료). 또한 1982년 1월 6일에 시행된 통행금지 해제는 밤이나 새벽에 일하는 판매 종사자, 서비스 종사자들과 같은 직업의 합법적인 확산을 가져옴으로써 일하는 시간의 외연적 확산을 더욱 촉진하였다. 이러한 근대적 직업의 형성과 시간성의 변화는 일의 능률과 효과를 급속히 확장시키기도 했지만, 다른 한편으로 일상의 소외와 일의 도구적 성격을 심화시키는 것이었다. 대표적인 사례로 일중독증을 들 수 있다. 이는 경제성장에 대한 국가적인 재촉과 함께 가난을 벗어나려는 부모 세대의 필사적인 노력이 혼합된 것으로서, 빵을 위한 노동이 일상을 전면적으로 지배하는 형태라고 할 수 있다.

하지만 1990년대 이후 소비주의와 디지털 문화에 익숙한 오늘날 신세대의 직업의식과 직업 선택 기준은 부모 세대와 뚜렷한 차이를 이룬다. 특히 영상문화와 인터넷 수용에 적극적인 10대의 경우, 백댄서·연예인 코디네이터·멀티미디어 PD·웹마스터·홈쇼핑 모델 등은 이들이 꼭 한번 도전해보고 싶어 하는 인기직종으로 꼽힌다. 그리고 한 직장에서 은퇴할 때까지 일하던 부모 세대와는 달리 신세대에게는 평생직업은 있되 평생 직장은 없으며 '사'자로 집약되던 권위적·학력 지향적 직업보다는 취미와 적성에 따라 직업을 선택하려는 경향이 나타나고 있다. 대학 졸업 후 노점상 좌판으로 개인사업을 한다든지 '웃기는 게 취미라서 직업으로 하고 싶다'는 행정고시 출신 개그맨의 예는 사회적 위세가 아니라 자신의 관심과 소질에 따라 직업을 선택하는 사례라고 할 수 있다.

2) 신세대 이 대리, 그는 어떻게 사는가?

L 시스템 이 대리의 일과는 하루 스케줄을 확인하고 입을 옷을 고르고 신선한 야채와 과일을 곁들인 아침 식사로 시작된다. 오전 7시 지하철 5호선에 올라 이어폰을 꽂고 다음 주에 있을 토익 시험에 대비해 실전모의 테이프를 꺼내 듣는다. 적성과 능력, 연봉을 고려해 선택한 직장이지만 경력이 쌓이고 준비만 된다면 마음 맞는 사람들과 자신만의 일을 한번 꼭 벌이고 싶은 꿈을 가지고 있기에 미래를 위한 준비를 늦출 수는 없다. 지난 번에 MSSE와 PMP, SISA 자격증을 따긴 했지만 이것만으로 충분하지 않다. 삶을 즐기는 시간과 공간은 반드시 한정되어 있지 않기에 전철에서 내려 회사까지 걷는 짧은 거리도 산책하는 기분으로 즐긴다. 회사일이 끝나면 일주일에 한두 차례씩은 작년 인터넷에서 의기투합해서 결성한 밴드 동호회 회원들과 함께 연주를 하거나 집 근처 한강공원에서 마라톤 연습을 한다. 아직 마음만큼 실력이 따라주진 않지만 이 시간만큼은 모든 의무로부터 벗어난 듯 가볍고 유쾌하다. 직장 동료나 상사들은 집에서 쉬고 싶지도 않냐고 한마디씩 건네지만 회사일에 얽매여 어떻게 사는지도 모르고 살았다는 술자리 푸념은 하고 싶지

않다. 이번 주말에는 가족들과 집에서 1시간 거리에 있는 주말농장에 가볼 예정이다. 다섯 살배기 아이가 고사리 손으로 뿌려놓은 상추씨는 얼마나 싹을 틔웠을지 궁금하다.

리눅스의 창시자 리누스 토발즈는 삶의 의미를 자극하는 요소는 생존 (survival)과 사회조직(social order), 오락(entertainment) 혹은 재미라는 세 가지 차원으로 진화한다고 얘기했다(Torvals, 2001). 이는 풍요로운 사회 와 개인이 경험하고 있는 바를 압축적으로 표현하고 있다. 오늘날 개인에게 삶의 의미는 '단지 살아남기' 혹은 '위하여 행동하기'가 아니라 진정한 자신의 즐거움에서 비롯되며 마이 라이프의 추구는 삶의 이유와 동일하게 간주된다. '그냥 재미로(just for fun)'는 이미 일상화된 생활 코드이다.

1990년대 이후 한국 사회의 일과 직업에 대한 인식 역시 '생존'과 '의무'의 영역이 아니라 '선택'과 '자기실현'이라는 차원에서 고려되고 있다. 이는 회사-일-회사라는 일중독증의 회사형 인간에서 벗어나 자기 만족적 지향과 가족적 가치를 추구하려는 형태로 나타나고 있다. 돈보다 삶의 여유를 선택하는 다운시프트(downshift)족이나 몸과 정신의 조화를 추구하는 웰빙(well-being)족, 슬로푸드 운동 들은 그 대표적인 예이다(≪한국일보≫ 2003.11.21.; ≪경향신문≫ 2004.1.29.). 유럽에서 유행하고 있는 다운시프트족은 고속으로 주행하던 자동차를 저속 기어로 바꾸듯이 생활의 패턴을 단순하고 여유롭게 바꾸어 여가를 즐기고 자기만족적인 삶을 추구하는 일종의 느림보족이라고 할 수 있다. 다운시프트족은 도시 속의 쫓기는 일상 대신 가족과 자기만족에 더 많은 가치를 두는 30~40대 와 증권, 금융, 정보통신 등의 중산층 전문직을 중심으로 형성되고 있다. 그리고 요가-피트니스-필라티즈-단학 등을 통해 몸과 마음의 건강을 추구하며 고기나 화학조미료, 탄산음료 대신 생선과 유기농 식품을 먹고 값비싼 레스토랑 식사 대신 가정에서 만든 슬로푸드를 선호하는 웰빙족 의 생활방식은 몸과 마음을 유기적으로 결합해 인생을 풍요롭고 아름답게 영위하고자 하는 새로운 라이프스타일의 문화 코드로 해석될 수 있다.

그리고 아버지 부재의 가족문화를 바꾸려는 신세대 직장인들의 '마이홈주의'도 이와 같은 맥락에서 해석될 수 있다. 노동부 집계에 따르면, 2001년 11월 남성육아휴직제가 도입된 이후 2001년 2명, 2002년 78명, 2003년 104명으로 꾸준히 늘어나 모두 188명의 남성들이 육아 휴직을 신청했다고 한다.[1] 이러한 젊은 아빠들의 육아휴직은 생업과 가부장적인 인식 때문에 집안일에 소홀했던 한국의 남성들이 가사의 상당 부분을 차지하는 육아 문제를 자신의 일로 인식하고 절반의 아버지 몫을 주장하는 세대적 변화를 보여준다. 아기 기저귀를 빨며 카타르시스를 느낀다는 신세대 아빠들에게 육아와 집안일은 당연히 아내와 여자의 영역이라는 이분법은 존재할 곳이 없다.

조직 속의 내가 아니라 내 안의 끼와 재능을 분출함으로써 자아실현을 추구하는 신세대 직장인들에게 직장은 생계를 해결해주는 고마운 것이긴 하지만 자신의 삶을 온통 옭아맬 수는 없다. 넥타이를 풀고 록밴드에서 기타를 치고 열정적으로 노래를 부르는 사람들, 예전 같으면 피곤하다며 잠이나 청했을 테지만 회사 문을 나서는 순간 마라토너·복서가 되는 사람들, 일상의 반복에 무디어지는 감각을 요리 개발이나 의상 디자인으로 새롭게 자극하는 사람들, 이렇듯 직장을 벗어난 곳에서 발산하는 에너지가 오히려 삶의 카타르시스를 주는 신세대 직장인들의 모습은 이미 낯설지 않은 도전이다. 세상은 매우 빠르게 돌아가고 있지만 이들에게 있어 이 몰입과 참여의 순간만큼은 자신을 중심으로 돌아가는 느린 세상이다.

그리고 수직적이고 경직된 조직을 벗어나 수평적이고 부드러운 직장을 위한 새로운 양상도 나타나고 있다. 아랫사람이 알아서 분위기 파악해

---

1 아직까지는 남성들의 육아휴직에 대한 제도적 한계와 사회적 편견이 매우 높은 편이다. 정부 보조금으로 지급되는 육아휴직비가 2004년 8월부터 현재 30만 원에서 40만 원으로 인상될 것이라고 해도 생계유지가 곤란할 뿐 아니라 육아휴직을 내는 아빠를 탐탁치 않게 보는 기업문화와 직장 복귀 때 보직 등에서 불이익을 받을 수 있다는 위기감 등은 육아휴직을 선뜻 신청하기 어렵게 하는 요인으로 작용하고 있다.

야 했던 권위적인 직장 분위기에서 오히려 윗사람이 먼저 변화를 감지하고 맞춰야 하는 분위기이다. 신세대 직장 상사는 신세대 직장인의 눈높이에 맞춰 스타크래프트, 인터넷 게임을 배워야 한다. 그래야 새로운 업무 진행 중에 "그냥 (테란 종족) 핵을 떨어뜨려!", "틈새로 빈집털이하자"라는 말이 오가더라도 전쟁통에 도둑이라도 든 것이냐고 오해하지 않고, "큰 화젯거리를 터뜨리라", "경쟁사들이 다른 일로 바쁠 때 허를 찌르자"라는 스타크래프트식 의미를 알게 될 것이다(≪매일경제≫ 2003.12.24.). 이것뿐만이 아니다. 부하 직원의 자기계발을 도와라, 일방적인 지시나 간섭을 배제하고 스스로 알아서 하는 업무 분위기를 만들라, 부하 직원의 경조사를 챙기라, 칭찬을 자주 해주라, 재테크 정보를 제공하라, 부하 직원이 싫어하는 태도나 말투 등을 고치라, 열심히 하는 부하 직원이 상을 받도록 힘쓰라, 부하 직원의 아이디어를 적극 반영하라, 공동체적 운명으로 항상 자신의 곁에 두도록 노력하라는 직장 상사의 십계명은 변화되고 있는 직장문화의 한 단면을 보여준다.

기존의 권위적인 직함 호칭과는 달리 하급자나 상급자, 동급자 간에 모두 '-님'이라는 호칭으로 바꿈으로써 권위감·거리감을 없애고 관계의 평등화와 자유로운 의사소통을 도모하려는 '호칭 파괴' 분위기라든가, 영문 도메인이 새겨진 모자나 티셔츠를 입은 평상복 차림에 IC칩이 내장된 출입용 카드를 목에 매달고 킥보드를 타고 출퇴근하는 청바지의 '벤처패션'(≪한겨레≫ 2000.3.15.) 역시 지난날 권위적인 직장문화와 정장에 넥타이 일색의 화이트 칼라들과는 사뭇 다르다.

3. 하이테크 유목민의 비애

1) 뿌리 뽑힌 평생직장

그렇다면 과연 빵을 위한 일은 사라지는가? 그러나 한국 사회는 IMF

이래로 안전핀은 이미 뽑혀 달아난 지 오래며 언제든 터질 폭탄을 껴안고 있는 듯한 불안감이 사회 전체에 깊숙이 자리 잡고 있다. 이는 평생직장의 해체, 실업 위기의 일상화에서 단적으로 드러난다.

IMF 이래로 한국 사회에서 평생직장이라는 용어는 사라진 지 오래다. 더욱이 계속되는 경기불황과 구조조정의 여파는 어느 날 갑자기 직장에서 잘릴지도 모른다는 불안감에 주눅 들게 하고 있다. 40~50대의 조기퇴직을 의미하는 오륙도나 사오정은 이미 옛말이 된 지 오래고 38선을 넘어 36.5세의 체감실직에까지 이르고 있다. 여기에는 직급의 상하가 따로 없이 바늘방석이다. 구조조정의 불안감 속에 간부의 눈치를 살피며 하루를 시작하고 직장 상사가 면담을 요청하거나 이메일을 보내오면 즉각 권고 사직이나 명퇴가 연상되는 살얼음판을 걷고 있다.

국가 부도위기 이후 어떠한 최후의 버팀목도 없다는 상실적 불안감은 미래를 위한 온갖 열풍으로 불어닥치고 있다. 직장인 10명 가운데 6명은 대열에 합류할 계획을 가질 정도로 유행처럼 번지고 있는 투잡스(two jobs) 열풍, 건강보험·종신보험·연금보험 등의 각종 보험가입 열풍, 개미군단의 주식투자 열풍에서 로또 열풍으로 이어지는 비상기류들은 현재의 일상화된 퇴직 압력과 경제 불안을 타개하기 위한 개인적인 대비책들이다.

또한 고용불안을 대체할 새로운 돌파구로 여겨졌던 벤처 거품이 잦아들면서 예비 취업자들의 안정 지향적인 직장 선택 경향이 두드러지고 있다. 즉, 얼마나 더 주느냐보다는 얼마나 안정적인 고용이 보장되느냐는 것이 중요하게 간주됨으로써, 인기를 구가하던 IT벤처로의 발걸음은 다시 대기업으로 되돌려지고 있는 실정이다(≪한겨레≫ 2000.6.21.). 한때 벤처는 새로운 성공신화의 진원지로 인식되었다. 벤처로 간 동료들이 스톡옵션을 받아 수십억대의 부자로 대박을 터뜨리는 상황은 더 늦기 전에 뭔가 해야 될 것 같다는 막연한 기대감을 부추겼고 이는 벤처 열풍으로 나타났다. 하지만 성공한 벤처는 부러움과 축복의 대상이지만 창업한 벤처들 가운데 성공할 가능성은 거의 1% 내외이며, 벤처 창업에서 성공하면 벤츠타고 안 되면 벤치에 눕는다는 말이 생겨날 정도로 모험적인 일이 아닐 수 없다. 이러한 무분별한 벤처 거품이 빠지면서 벤처에서 안정적인 대기업으로 유턴하는 현상이 나타나고 있는 것이다.

그리고 상시적인 구조조정 과정에서 기업의 채용이 수시채용이나 경력직 위주로 바뀌고 대학 졸업자의 수가 1985년 21만 5,000명에서 2003년에는 50만 5,000명으로 늘어남으로써 청년실업은 이제 장기화된 사회문제로 떠오르고 있다. 우리나라 청년실업률은 경제위기 직후인 1998년에는 12.2%까지 증가하였다가 2002년 6.6%로 하락하였으나, 2003년 11월에는 8.0%로 다시 지속적인 증가 추이를 보이고 있다. 이는 전체 실업률의 두 배 이상이며 1990년대 중반의 청년실업률 4.6%를 훨씬 능가하는 심각한 수치라고 할 수 있다. 이러한 청년실업 시대에 이태백은 술 한 말에 시 한 수를 읊조리던 낭만의 적선인(謫仙人)이 아니라 강제된 여가 – 실업에 눈치 보며 주눅 드는 이십대 태반의 백수·백조를 일컫는 말로 절가하락된 지 오래며, 그리하여 발렌타인데이에 청춘 커플들이 가장 주고 싶은 선물은 이제 취업 소식이 되었다. 속도를 늦추고 자기만족적 삶에 대한 여유를 부리는 다운시프트족이나 웰빙족도 이들에겐 능력 있는 사람이 하면 문화인이고, 그렇지 않은 사람은 그저 백수·백조가 될 뿐인 문화적 사치에 다름 아니다.

이러한 심각한 고용불안과 실업위기의 일상화라는 상황은 새로운 IT기술의 확산에 따른 직업구조의 양극화 현상과 밀접히 연관되어 있다. (Castells, 2001: 223-290) 한쪽은 실직 또는 단순노동자, 주변노동자층으로 전락하고 스스로 정보를 창조하고 다룰 수 있는 소수의 사람들만이 상층부를 형성하면서 사회구조는 양극화된 이중도시로 바뀌고 있는 것이다. 더 이상 모호한 중산층은 존재하지 않으며 자신을 중산층이라고 생각하는 다수의 화이트칼라 노동자들도 전문능력을 키우지 않는 한 단순노동자 그룹으로 전락할 위험은 상존하고 있다. 신기술의 노동절약적 효과는 상층부의 지식노동자들에게 쾌적한 업무환경과 최고의 보수를 약속하지만, 단순기술 보유자와 파트타임 노동자에게는 실업이라는 우울한 미래만을 제시할 뿐이다.

실제로 한국노동연구원이 조사한 최근 10년간(1993~2002년) 창출된 일자리의 특성과 추이를 살펴보면, 상위 30%(144만 8,000개)와 하위 30%(118만 7,000개)의 직업에서 일자리가 크게 늘어난 반면, 중위권 직업인 40~70%의 직업(26만 6,000개)에서는 일자리 증가가 거의 정체 상태로 나타난다(한국노동연구원, 2003). 그리고 중위 임금 일자리에서의 정규직의 소멸과 저위 임금 일자리에서의 비정규직화가 급속하게 진전되고 있으며 대기업의 일자리 창출방식에는 소수 양질의 일자리만 남기고 나머지 일자리는 털어버리는(shedding) 경향이 강화되고 있다. 이는 제조업에서도 마찬가지로 나타나고 있다. IT산업의 경우 새로운 고용창출에 기여할 것으로 예측되고 있지만 주로 고위 일자리 중심으로 새로운 일자리가 만들어지고 있으며 IT제조업의 경우는 중위 수준의 일자리 창출에 일정 부문 기여하고 있는 실정이다. 이렇듯 외환위기 이후 전반적으로 중산층적 삶을 유지하는 데 필요한 보수와 고용안정성을 보장하는 대기업, 금융업, 공기업 일자리가 전반적으로 빠르게 줄어드는 데 반해 기존의 정규직에서 저임금·고용불안이 예상되는 비정규직 부분의 일자리로 대체되는 현상이 빠르게 진행되고 있다.

또한 직업구조의 양극화 현상은 소득격차의 불균형 현상을 심화시키고 있으며 이는 사회의 불안정성을 더욱 구조화하고 있다. 실제로 상위 10%의 소득이 하위 10%의 9배에 이르면서 고위층과 하위층 간의 격차가 강화되는 한편 중산층의 감소와 저소득 빈곤층의 급속한 증가는 20 : 80 사회라는 새로운 부익부 빈익빈의 위험수위에 다다르고 있다. 통계청의 2003년 경제활동 인구조사 부가조사 분석 결과에 따르면, 임시직이나 일용직에 비해 임금 수준이 높은 상용직에서 지난해보다 임금인상률이 높게 나타나면서 임금근로자들 간의 부익부 빈익빈 현상이 두드러지고 있다. 2003년 6~8월 평균임금을 전년도와 비교해볼 때 상용직은 195.8만 원, 임시직은 103.2만 원으로 각각 18.9만 원(10.7%), 6.1만 원(6.3%) 증가한 반면, 일용직은 75.9만 원으로 오히려

0.1만 원(-0.1%) 감소하였다(통계청, 2003). 또한 2002년 종합소득세 신고 현황에 대한 국세청의 분석에 따르면 연간 소득이 5억 원을 넘는다고 신고한 납세자는 2001년 2,511명에서 3,081명으로 570명이 증가한 반면, 연간 소득이 1,000만 원에 못 미친다고 신고한 저소득층은 2001년 108만 7,227명에서 119만 5,334명으로 10만 8,107명이 늘어나 저소득 빈곤층이 급격히 늘어나고 있음을 보여준다(≪한국경제신문≫ 2004.1.19). 또한 이는 중산층 몰락이라고 섣불리 단언할 수는 없지만 중산층의 지속적인 감소 추세가 뚜렷하게 나타나고 있다(KDI, 2003). 1998년 이후 중산층의 비율은 3% 정도 하락한 반면, 빈곤층은 2% 정도 늘고 상류층은 1% 늘었으며 이러한 변화는 현재까지도 지속되는 경향을 보이고 있다.

이러한 직업 구조의 양극화 현상은 단순히 저소득 빈곤층을 양산한다는 측면에 그치지 않고 사회적 기초를 뒤흔드는 상황을 초래하고 있다. 일상화된 고용불안과 실업 위협이 실직자의 자살 충동, 가출과 함께 가족해체의 위기까지 불러일으키고 있는 상황은 이를 여실히 보여준다 (안병철, 인터넷 자료). 물론 경제위기가 언제나 이혼이나 가족의 해체를 가져오는 것은 아니다. 외국의 경우를 보면, 경제위기가 가족 간 결속력을 높이는 데 기여하기도 한다(Liker and Elder, 1983). 그런데 한국 사회는 사회 전반적인 가족주의적·집단적 가치에도 불구하고 IMF 경제위기 이후 오히려 가족의 위기와 해체 현상이 증가해왔다. 여기에는 경제위기가 오기 전에 이미 그럴 개연성을 내포하고 있었던 우리의 권위적이고 가부장적인 가족구조의 취약성에서 그 이유를 찾아볼 수 있다. 한국의 가장들은 회사일에 쫓겨 가족과의 시간을 갖지 못하거나, 설령 시간이 난다 해도 근엄하고 권위적인 아버지 문화는 변화해온 자녀들의 자유로운 문화와 갈등을 빚기 쉽다. 또한 고민이 있다 해도 가족과 공유하기보다는 술 마시며 혼자서 삭이는 것을 당연하게 여겨왔다. 경제적 영역으로서 바깥일은 남성, 정서적 영역으로서 집안일은 여성이라는 이분법적인 구조와 남자는 태어나서 세 번만 울어야 한다는 남성성을 강조하는 문화 속에서 가장으로서 권위를 지탱해주던 직업적 위세가 위태롭고 거세당하는 오늘의 시점이 왕따 아버지의 소외감, 실직 가장의 자살 충동과 같은 정신적 공황 상태를 넘어 가출과 가족위기, 가족해체로 나타나는 것은 어쩌면 당연한 귀결일지도 모른다.

2) 강자필승, 혼돈의 직장문화

> 다른 더 좋은 회사를 찾으셨나요? 그렇지 않으면 버티세요. 연봉을 많이 주는 회사로 옮기세요. 옮길 곳이 없으면 연봉이 오를 때까지 버티세요. 혹시, 처갓집이 부자인가요? 아니면 그냥 회사에서 버티세요. 이 꽉 물고 버티세요. 법 없습니다. 그냥 버티세요. 경제적으로 자유롭고 싶습니까? 로또 사세요. 아니면 돈 많이 모을 때까지 직장에서 버티세요……. '버티는 것' 외에 다른 대안은 없다.   (성공 직딩 디지털 처세 중에서)

우리의 직업 현장은 고용불안과 실업위기의 일상화 속에 오히려 강화되는 강자필승의 경쟁적 현실이 여전히 엄존하고 있다. 끊임없는 자기관리와 전문성을 확보하지 못하면 조직 내에서도 설 자리를 잃는 정보화 사회의 냉혹한 현실 속에 새로운 스트레스는 늘어만 가고 있다. 아이디어 중심의 팀제 조직에서 샐러리맨들은 놀면서 일하는 여유와 즐거움은커녕 오히려 신체적·정신적·감정적 피로감은 높아지고 있다. 일에 대한 자율성은 창조적인 업무를 원활히 할 수도 있지만 책임의 개인화로 인해 스트레스를 과중시키는 요인으로 작용할 수 있기 때문이다. 실제로 고도의 자율적 조직이라고 할 수 있는 벤처기업이 밀집한 테헤란 밸리의 직원들은 불규칙한 생활과 과로로 인해 견갑통·위질환·시력감퇴·안통·불면증·발기부전 등의 증세가 복합적으로 나타나는 테헤란 밸리 증후군이라는 독특한 질환에 시달리고 있다(≪경향신문≫ 2000.10.8.). 이들은 기술개발에 앞서 경쟁사보다 빨리 제품을 출시해야 한다는 압박감에 대해 토로하며, 경쟁업체가 제품을 출시하기라도 하면 밤샘은 물론이고 일주일 이상 집에도 들어가지 못하고 시달려야 하는 아이디어 회의, 제품개발회의는 피를 말리는 일이라고 말한다.

그리고 안정된 화이트칼라는 어디에서도 찾을 수가 없는 현실 속에서 언제 어떻게 올지 모를 실직의 위험은 계속되는 자기계발과 전문성 유지라는 명분 아래 명품 직장인으로 몸값을 올리기 위한 부단한 노력을 강요하고 있다. 직장을 다니면서 외국어 공부, 전문서 독서, 컴퓨터 공부, 자격증 준비 등 수험생이 따로 없다. 몸값을 올리기 위해, 연봉인상을 위해, 직장에서 뒤처지지 않기 위해, 승진을 위해, 상사로부터 인정받기 위해, 부하 직원을 관리하기 위해, 이 모든 바깥의 압력으로부터 주어진 '위하여'를 위해 직장인들은 여전히 눈물겹고 분주하다. 이러한 노력에도 불구하고 전(前) 직장에서 성공적인 성과를 보여주지 못했다면 이직할 수 있는 범위와 조건은 크게 축소될 수밖에 없으며 섣부른 이직은 경력 관리에 오히려 마이너스로 작용하고 짧게는 3~5년, 길게는 10~20년의 중장기 경력 관리 계획을 세워 이직을 해야 한다. 하지만 이런 이직 계획이 가당키나 한가? 혹여 사전에 이직 계획이 직장 상사나 동료들에게 알려지기라도 하면 싸늘한 시선을 감당해야 한다.

또한 안정된 직업이 사라진 시대의 불안만큼이나 옛것과 새것의 충돌와 공존이 일상화된 오늘의 직장문화는 혼돈 자체라고 할 수 있다. 경쟁과 투쟁, 상명하복과 폐쇄, 오너 중심과 수직성, 집단주의와 비공식성이 직장문화의 관성을 대변하는 용어들이라면 대화와 타협, 개성 존중과 공개, 구성원 중심과 네트워크, 개인주의와 시스템은 새로운 흐름을 관통하고 있는 표현이라 해도 과언이 아니다. IMF의 화산이 폭발한 이곳에는 기존의 직장관행과 새로운 직장문화의 혼돈스러운 힘겨루기가 불협화음 속에 공존하고 있다.

흔히 한국의 직장문화는 상명하복적이며 폐쇄적인 경향이 강하다고 말한다. 안 된다고 했다가도 윗사람이 지시하면 아랫사람은 정해진 시간까지 코끼리라도 냉장고에 넣어서 온다. 어떤 일을 추진하기 전에 대화를 나누면서 문제점과 효과적인 방법을 모색하기 전에 일단 윗사람이 시키면 그냥 하는 분위기가 아직도 팽배하다. 더욱이 장기불황에 따른 구조조정 상황은 직장 상사와 윗사람에 대한 눈치보기를 더욱 악화시키는 측면이 있다. 삼성경제연구소가 직장인 3,545명을 대상으로 "당신은 지금 어떤 상사와 일하고 있습니까"라는 질문에 "제멋대로 하는 전제군주형"이라는 응답이 37.6%로 제일 많았다는 사실은 불황과 구조조정의 조건에서 냉랭하고 권위적인 상하관계를 받아들여야 하는 상황을 보여준다.

한국의 직장문화에서 개인의 소신과 윤리는 여전히 허약하기 짝이 없다. 한국 사람들은 비판하는 것이 쉽지 않다. 대체로 자기 생각을 드러내놓고 말하지 않는 편인데, 비판하면 상대방이 기분 나쁘게 생각하지 않을까 우려하기 때문이다. 이러한 직장문화 쇄신을 위해 요즘 직장마다 지위고하를 막론하고 직원들 간의 긍정적인 의견과 비판을 허용하기 위한 자리를 마련하고 있다. 하지만 형식적인 치레에 그치는 경우가 허다하다. 멋모르고 의욕적으로 문제제기나 의견제시를 하다가는 분위기 파악 못하는 사람으로 낙인 찍히거나 윗사람에게 불려가서 한소리 듣기 십상이다.

그리고 업무를 수행하는 데 있어서 아직도 공식적인 시스템에 의해서 이뤄지기보다 비공식적이고 사적인 관계가 중요한 의미를 갖는다. 각 부서 간에도 사람을 모르면 정보교환이나 협의를 할 수 없으며 업무 본위보다 관계 중심적인 직장 분위기에서 상사나 동료, 부하 직원과의 관계는 개인의 성장에 매우 중요하게 작용한다. 직장인이 회사를 그만두려는 이유로 상사나 동료들과의 갈등이 의미 있게 꼽히는 것은 그만큼 조직 내의 인간관계가 중요하다는 것을 보여준다. 우리의 일상화된 술자리 문화는 이를 대표적으로 보여준다. 한국인의 직장생활에서 술은 필수적인 것으로 간주된다. 20대에서 50대에 이르기까지 대다수의 직장인들은 원만한 직장생활을 하려면 반드시 술을 마셔야 한다고 생각하고 있으며 주 1회 이상 술을 마시고 술로 인해 건강 이상을 호소하는 경우도 적지 않다. 하지만 최근 들어서는 부서별 기업카드 지출 한도액이 급감하는 기업 형편으로 인해 회식 기회는 줄어들고 있다. 이는 공식적인 의사소통체계가 자리 잡히지 않은 상황에서 살벌한 직장 만들기를 거들고 있는 형편이다.

　이러한 기존 직장문화의 고질적인 경향으로 지적되어온 폐쇄성·집단주의·인맥 중심적 경향은 신세대 직장인의 자율성과 개성 존중에 대한 요구와 상당한 갈등을 빚고 있다. 신세대 직장인들이 가장 싫어하는 업무와 직장관행으로 '결재받기', '연줄대기', '상급자의 반말·무조건적인 명령'을 꼽은 것은 신세대 직장인들의 자유로운 정서와 의식을 상징적으로 보여준다. 즉, 그동안 직장인이 당연한 것으로, 어쩔 수 없는 것으로 받아들였던 일들을 자기 업무에 대한 자율성과 개성을 억압하는 불만 사항으로 지적하고 있다. 또한 직설적인 화법과 파격적인 언행으로 표상되는 이른바 신세대 직장인의 튀는 태도는 경직된 조직에 활력을 불어넣는 청량제 같은 의미로 해석되기도 하지만 영어로 'noonchi'라고 별도로 표기될 정도로 독특한 한국의 눈치문화에서는 권위부재의 상황으로 비치기도 한다.

　정당하고 합법적인 시스템에 따르는 직장 공동체는 분명 안전하고 건강한 공동체이겠지만, 만일 그렇지 못하다면 직장 내의 끝없는 대립과 갈등, 불신에 따른 권위부재가 팽배하기 마련이다. 하지만 기존 권위에 대한 일방통행적 존중이나 복종은 이미 시대적 대세가 아니다. 오히려 권위부재의 상황은 오늘날 일상화되고 있다. 이것은 평등한 인간관계를 지향하는 우리 사회의 바람직한 성과이기도 하다. 권위부재의 직장 내 상황은 때로는 혼란과 무질서에 직면하게 될 것이지만 새로운 창조를 위한 기회로 작용할 수 있다. 그런 의미에서 우리의 직장문화는 새로운 권위의 회복을 절실하게 필요로 한다고 볼 수 있다.

4. 노동사회에서 벗어나기

우리는 그동안 좀더 안락하고 아름다운 미래를 위해 현재를 저당 잡혀왔다. 더 열심히 일하면 더 빨리 좋은 미래가 오리라고 믿었다. 그러나 만성화된 고용불안, 실업위기, 다시 강화되는 경쟁적 노동문화, 혼돈 속의 직업 현실이라는 현재화된 상황을 보노라면 예측대로의 미래가 쉽사리 오지 않을 것만 같다. 불안이 영혼을 잠식하듯, 삶의 최소한의 기초마저 뒤흔들리는 우리의 불안정한 사회적 상황은 노동사회로부터 벗어나 삶의 총체적 가치를 추구하려는 모든 경향을 위협하고 있기 때문이다. 더불어 소득 2만 달러 시대의 기치를 내세우는 오늘의 시점은 '증기선에 연료를 넣기 위해 바이올린을 태우는' 일의 반복을 다시 범할 우려를 안고 있다. 하지만 비관할 것만은 아니다. 노동사회 중심성을 벗어나고자 하는 느린 세상에 대한 주장과 게으름에 대한 권리, 즐거움과 자기만족에 대한 지향은 이미 새로운 사회를 향한 움직임이 노동사회의 내부로부터 이미 출발했음을 보여준다. 물론 이들 지향이 갖는 개별적이고 자기만족적인 경향은 연대적 가치와 실천으로 보완될 때 가속화될 수 있을 것이다.

울리히 벡은 아름답고 새로운 노동 세계에 대한 구상에서 이렇게 말한다(Beck, 1999).

노동사회에서 다양한 활동성의 사회로의 이행기에는 노동 — 그것은 무엇인가 하는 질문에 대한 새로운 대답이 제시된다. '활동성 사회'에서 취업노동은 가사노동, 부모노동, 자기노동, 명예관직, 정치 행위 등의 다른 활동들과 나란히 존립하는 활동의 한 가지일 뿐이다. 우리의 머릿속에는 몇 가지 변하지 않으면 안 되는 것이 있다. 사회적 정체성과 지위가 오직 직업노동과 경력을 통해 매개된다는 생각부터 깨고 극복해야 한다. 그리고 사회적 체면과 사회적 안정도 취업노동과 연결시키는 것을 사실상 그만두어야 한다. 취업노동과 아울러 다방면의 소득원천을 개척할 태세와 능력을 전제할 뿐 아니라 불연속적 노동 생활에 대한 권리를 내용으로 하는 기초적 사회보장체계가 창출되어야 한다.

이렇듯 아름답고 새로운 노동 세계의 실현은 취업노동을 최우선으로 내세우는 단일화된 가치로부터 벗어나는 것, 자기실현을 위한 다양한 발견, 사회적 안전망의 확보를 위한 집단화된 실천과 연결되어 있으며 이것이 종국에는 노동사회를 벗어나 인간적 세계로 향하는 길이 될 수 있을 것이라고 본다.

^{10장} 키덜트 · 사주카페 · 로또

김문겸_부산대학교 사회학과 교수

1. 키덜트

장난감은 어린이 것인 줄만 알았는데, 이제는 어른 것도 되었다. 굳이 말하자면 어린이 같은 어른들이 등장한 것이다. 이것은 '키덜트'라는 용어로 표현된다. 키덜트(kidult)는 아이(kid)와 어른(adult)의 합성어로, 20~30대의 어른이 되었음에도 여전히 어렸을 적의 분위기와 감성을 소유한 성인을 일컫는다.

키덜트의 유형은 크게 두 가지로 분류된다. 어린 시절의 향수를 자극하는 물건에 애착을 보이는 복고지향형 키덜트와 완구·의상·팬시용품 따위를 소비하면서 동심을 만끽하는 현재 지향형 키덜트가 그것이다.[1]

1990년대 말부터 우리 사회에 불기 시작한 복고풍은 단순히 과거에 유행했던 형식이 재해석되어 다시 유행하는 것만 아니라 과거를 연상하게 할 수 있는 물건 자체가 다시 관심의 대상이 되고 있다. '굳세어라 금순아' 같은 육칠십 년대의 '촌티' 나는 막걸릿집이 등장하고, 이른바 불량식품이나 딱지·종이인형 등 과거 시대의 물건들이 다시 팔리는 현상이 일어나고 있는 것이다.

그러나 복고 현상의 모든 양상이 키덜트와 관련되는 것은 아니다.

---

1 《시사저널》 704호, 2002.4.24.

복고 현상의 사회적 심리인 '좋았던 과거에의 향수'가 키덜트 현상의 한 축을 이루기는 하지만 키덜트는 '어린아이화'라는 퇴행적 측면도 있기 때문이다. 이것은 현재 지향형 키덜트에게 더 두드러지게 나타난다. 이에 대한 구체적 양상을 살펴보기로 하자.

1) 키덜트의 현황

완구

먼저 완구류에서는 주로 여성들이 선호하는 인형과 남성들이 선호하는 프라모델이 대표적이다. 어른이 돼서도 인형에 애착을 갖는 사람들을 '인형족'이라고 하는데, 이들이 주로 구매하는 인형은 100만 원대인 경우도 흔하며, 인형에 씌우는 가발은 3만 원에서 6만 원, 인형 옷은 10만 원을 넘어가며, 인형 속옷까지 있다.[2] 인형족은 주로 20대에서 30대의 여성이 전형적이다. 특히 이들은 핵가족화로 인해 외동으로 자란 경우가 많으며, 애완견에게 애정을 들이듯이 인형을 가족처럼 여긴다. 특히 외국의 인형족은 단순한 수집이 주된 관심사인 데 반해 한국의 인형족들은 '꾸며주기', '사진찍기', '인형끼리 혈연 맺어주기' 등에 집착하는 데서도 잘 드러난다. 실제로 인터넷 인형동호회 게시판 등에는 "데려온 아이를 예쁘게 꾸며줄 형편이 안 돼 미안한 생각이 든다. 입양을 보내고 싶다"라는 사연이 심심찮게 올라오는 데서도 인형족들에게 있어 인형이 지닌 의미를 알 수 있다. 그러나 최근에는 남성들도 30%에 이를 것으로 추산되고 있다.[3]

이러한 인형족의 등장으로 2001년도에는 '돌스'라는 인형 전문잡지가 탄생했으며, 인터넷상에는 인형동호회나 인형족들의 개인 홈페이지가 수백 개에 이른다. 또한 대표적인 경매 사이트인 '옥션'에 따르면 2001년에는 인형 거래가 800여 건에 불과했지만, 2002년도에는 9,100

---

2 ≪문화일보≫ 2003.3.31.

3 ≪문화일보≫ 2003.3.31.

여 건으로 증가했다.[4] 그리고 최근에는 서울의 한 여자대학 앞에 인형을 주제로 한 카페가 개업하기도 했다.

플라스틱으로 된 부품들로 각종 비행기, 차량, 배, 로봇 등을 조립하는 '프라모델'에 대해서도 성인들의 소비가 늘어나고 있다. 동네 문구점에서는 어린이들이 주 고객층이지만, 프라모델 전문점에서는 20대에서 30대에 이르는 성인들이 주요 고객이다. 실제로 인터넷 프라모델 동호회 중 하나인 '모형꾼들'은 회원 수만 3,400명에 이르며, 대부분 대학생 이상 성인들로 구성되어 있다.[5] 이들은 각종 프라모델을 조립하여 전시하기도 하며, 과거에 생산되었던 프라모델을 수집하기 위해 오래된 문구점 들을 함께 뒤지기도 한다. 따라서 과거에 몇백 원 하던 프라모델이 수만 원에 거래되기도 한다.

대중문화

키덜트의 원산지라고 할 수 있는 대중문화 부분에서는 키덜트적인 경향이 더욱 강화되고 있다. 원작자가 1조 3,000억 원을 벌어들인 소설 『해리포터』 시리즈 역시 어린이뿐만 아니라 성인 사이에서도 인기를 끌었으며, 영화로도 만들어졌다.[6] 영화에서도 <스타워즈>, <반지의 제왕> 등 동화적인 소재와 구성을 가진 '키덜트 영화'들이 '대박'을 터뜨렸다. 만화영화의 경우 키덜트들이 가장 열광하는 장르인 만큼 영향력이 막강하다. 2002년 개봉한 <슈렉> 같은 3D 만화영화의 경우 서울에서만 120만 명의 관객을 모았고, 70% 이상이 성인이었던 것으로 추정하고 있다.[7] 또한 국산 만화영화의 대표라고 할 수 있는 <로보트 태권V>는 최근 만화 단행본으로 출간되었으며, 새로이 제작하려는 논의가 진행 중이다.

---

4 ≪동아일보≫ 2002.4.10.

5 ≪매일경제≫ 2002.2.26.

6 ≪문화일보≫ 2003.1.3.

7 ≪시사저널≫ 704호, 2002.4.24.

패션

패션 전문가들은 2002년 패션계 10대 뉴스 중의 하나로 '키덜트 패션의 유행'을 꼽았다. 처음에는 아동복 브랜드 매장에서 옷을 사는 젊은 여성들이 늘어나자, 아예 아동복과 같이 귀여운 디자인의 옷을 만드는 성인복 브랜드들이 나타난다. 키덜트적인 패션 스타일을 걸리시(girlish) 패션이라고 부르는데, 말 그대로 소녀 취향의 복장을 의미한다.

2001년 등장한 '바닐라 B'라는 브랜드가 대성공을 거둔 이후 여러 개의 새로운 걸리시 패션 브랜드가 출현하였고, 기존의 의류 브랜드에서도 뒤따라 이러한 디자인의 옷을 출시하였다. 키덜트 전문 브랜드뿐만 아니라 이른바 명품 브랜드에서도 키덜트 상품을 내놓기도 하고, 골프웨어에도 귀여운 캐릭터가 그려진 의상이 선보이기도 했다. 이들 키덜트 패션의 주요 소비층은 10대 후반부터 30대 '미시족'까지 이른다.

팬시 상품

캐릭터를 이용한 팬시 상품은 대표적인 키덜트 상품 중 하나이다. 전통적으로 팬시 상품 하면 문구류에 국한되었으나, 키덜트 현상과 함께 주방용품, 가전제품, 자동차용품, 욕실용품 등에까지 캐릭터로 꾸며진 상품이 등장하였다. 가장 대표적인 것이 일본 '산리오' 사의 '헬로 키티'이다. 일본에서는 "키티 젖병으로 우유를 먹고 큰 아이는 분홍색 키티 가방에 분홍색 도시락을 넣고 학교에 가서 키티 연필로 공부를 한다. 중학생이 되면 키티가 그려진 파우더로 얼굴을 다듬기 시작한다. 그러나 키티팬은 소녀만이 아니다. 숙녀가 되어서는 자동차 핸들을 키티 커버로 싼다. 그리고 엄마가 되어서 또다시 아이 손을 붙잡고 키티 숍으로 향한다"란 말이 나올 정도이다.

1975년 일본서 첫선을 보인 귀여운 고양이 캐릭터인 '헬로 키티'는 산리오 사를 경영위기에서 건져냈을 만큼 대단한 히트 상품이다. 상품 종류만 1만 5,000여 종이고, 전 세계 매출은 30억 달러(약 3조 9,000억원). 키티 상품의 대부분이 여성용임을 감안하면 이 같은 시장 규모는 어마어마한 것이다.8 우리나라의 경우에도 2001년 '마시마로' 캐릭터의 인기에 힘입어 국산 캐릭터를 응용한 가전제품이 출시되었다.

2) 키덜트 현상의 의미

감성의 시대

키덜트 현상은 부성원리의 쇠퇴와 감성적인 모성원리의 비대라는 맥락에서 해석할 수 있다. 기든스가 강조했듯이 모성의 발명은 근대화 과정에서 잉태된다(Giddens, 1992: 41-47). 핵가족 제도의 발전과 더불어 근대사회에서 엄한 아버지상(像)은 다정다감한 어머니상과 동전의 양면 처럼 기능적 보완성을 갖는다. 그러나 전통적인 권위의 쇠퇴와 더불어 엄부(嚴父)의 상은 더 이상 위력을 발휘하지 못한다. 특히 신세대의 가정 에서 엄한 아버지는 거의 찾아보기 힘들다. 이성의 이름으로 미화된 부성(父性)은 법과 질서, 권위의 상징으로 수직적·권위적 인간관계의 구성원리를 제공하면서 남성성의 가치를 부각시켰다. 그렇지만 그것은 친밀한 인간관계의 감수성을 희생한 대가였다.

친밀한 인간관계의 감수성은 감성적인 어머니의 영향력이 주도한다. 감성의 이름으로 비하된 모성(母性)은 오히려 수평적·호혜적 인간관계의 구성원리로 작동하면서 가정의 기능을 강화시켰다. 공적인 노동의 세계 에서 시달린 남성들은 사적인 가정에서 따뜻하게 위무받는다. 이러한 기능적 보완성이 근대사회에 탄생된 핵가족 제도의 핵심이었다. 그러나 점차 부모와 자식 간의 따스한 감정 교류가 중시되고, 아동 양육에 대한 여성의 통제권이 증대하면서 모성원리에 의한 인간관계의 장이 확장된다. 이것은 인간관계를 구성하는 데 있어서 한편으로는 기존 질서 의 붕괴를 의미하고, 다른 한편으로는 새로운 질서의 창출을 의미한다. 여기서 새로운 질서란 일상적 삶의 민주화, 사적 세계의 민주화를 뜻한 다. 즉, 친밀성에 근거한 수평적인 인간관계 맺음이다. 여기서 문제가

---

8 ≪한국일보≫ 2002.5.11.

되는 가장 핵심적인 쟁점은 새로운 권위의 창출이다. 그리고 그것의 정당성 문제이다.

베버에 의하면 권위의 정당성은 전통, 카리스마, 합리성으로부터 나온다. 그가 예견했듯이 합리성은 근대사회 이후 거스를 수 없는 대세로 그 물결을 이어왔다. 그 여파로 이제는 오히려 그것을 비판하는 포스트모더니즘이라는 물결이 휘몰아치도록 대세를 주도해왔다. 합리성의 가장 대표적인 결실로 정치적 민주주의의 발전을 꼽는다면, 이제는 민주주의의 확장이 이루어진다. 여기에 문화적 민주주의도 있고, 사적 세계의 민주화도 있다. 그 결과, 인간의 관계 맺음은 기존의 권위에 의존하는 방식이 더 이상의 설득력을 상실한다. 친밀성에 근거한 수평적 관계 맺음이 인간관계의 중요한 구성원리로 등장한 것이다. 남녀의 관계도 그렇고, 부모와 자식의 관계도 마찬가지다. 여기에는 부성원리보다 감성적인 모성원리가 지배적으로 작동한다. 남성성과 여성성의 경계도 붕괴되고, 어른과 아이의 경계도 붕괴되면서, 감성적인 키덜트 현상이 자리 잡을 수 있는 공간을 마련하게 되는 것이다. 이성의 권위에 제자리를 빼앗겼던 감성은 이제 더 큰소리를 내며 상업적인 대중문화 시장에 포섭된다. 키덜트 현상의 확산은 이러한 맥락에서 이해할 수 있다.

어른 가치의 쇠퇴(탈권위주의)

우리나라는 유교 전통 속에 뿌리 깊은 장유유서의 질서가 있었다. 나이에 따른 사회적 권위를 인정한 것이다. 전통 사회에서 어른은 노동에서의 축적 경험, 변화무쌍한 자연에 적응하는 지혜 등 새로운 세대에게 물려줄 주요한 삶의 자산을 가지고 있었다. 그러나 산업화와 공업화는 새로운 지식과 기술의 중요성을 강조하고, 따라서 세대 간의 경쟁에서 기성세대의 지식과 경험은 효용성을 상실한다. 즉, 근대 이후 산업사회로 이행되면서 노인층의 몰락과 청년층의 지위 향상이 보편화된다. 특히 포스트 포디즘(post-Fordism) 이후 가속화된 생산방식의 변화는 중·장년층의 퇴출로 이어지기도 한다. 강퇴·명퇴·황퇴라는 말이 우리 사회에서 유행한 지도 벌써 몇 년째 접어든다. 지혜보다는 기능적 지식이 중시되는 사회이기 때문이다. 더욱이 어른다움이 지니던 사회적 권위도 실추된 지 오래되었다.

어른다움은 어른이라는 용어 속에 내포된 사회적 권위에 의해 유지된다. 예전에는 어른의 덕목으로 삶의 지혜, 품위 있는 세련된 자세, 책임감 있는 행동 등을 꼽았다. 여기에서 연유하는 사회적 권위에 이제는 허세 또는 위선이라는 부정적 이미지가 녹아든다. 노동 현장이나 정치 현장에서 불어닥친 세대 교체의 바람 속에는 '탈권위'라는 의미가 함축되어 있다. 세대 갈등의 양상으로까지 나타나는 탈권위주의는 서구의 경우에도 나타난다. 1968년 학생운동이 그 대표적인 예이다. 그러나 우리의 경우에는 또 다른 무엇이 있다. 압축된 근대화 과정과 6·25는 제대로 된 어른의 이미지를 구축하는 데 치명타를 가했기 때문이다.

치열한 경쟁에서 살아남아야 하는 생존의 급박성은 도덕적 불감증을 조장하고, 한국의 지도층은 부정과 부패의 고리에서 헤어나지 못한다. 또한 전통성을 유기한 채 이루어진 근대화의 물결 속에는 천박한 미국 중류층의 물질주의가 자리 잡았다. 한국의 아버지들은 근대화의 역사 속에 처절한 삶을 살아야만 했다. 품위 있고, 세련된 삶이란 그들의 것이 아니었다. 후세에게 보여줄 바람직한 삶의 자세를 구성하기에는 현실이 주는 중압감이 너무 컸다. 더욱이 전통의 단절에서 오는 준거틀의 상실은 삶의 방향타를 상실케 했다. 무분별한 외래문화의 수용으로 채워진 그 공백이 정체성 있는 한국의 어른상을 구성하기에는 한계가 있었기 때문이다. 현재 우리 사회에서 기성세대의 권위 실추는 심각한 수준이다.

이러한 상황은 어른다움에 대한 가치를 추락시킨다. 키덜트 현상은 이러한 맥락에서 해석할 수 있다. 즉, 어른다움이라는 것에 사회적으로 큰 의미를 부여하지 못할 때, 키덜트 현상이 부상할 수 있는 발판이 마련되는 것이다.

한편 어른다움에는 자유 선택에 따른 책임이라는 무거운 짐도 동시에 주어져 있다. 치열한 경쟁에서 오는 공포감은 어른으로부터의 탈주 욕구를 불러일으킨다. 동심의 세계가 주는 안락감이 있기 때문이다.

1983년 미국의 심리학자 댄 카일러는 『피터팬 신드롬』이라는 책을 펴냈다. 이것은 사회에 적응하지 못하는 남성들이 대량으로 발생하는 원인을 분석하면서 사용한 개념이다. 신체적으로는 어른이 되었지만 그에 따른 책임과 역할을 거부하고 어린이의 심리 상태에 머무르고자 하는 심리적 퇴행 상태에 빠진 어른들을, 영원히 늙지 않는 동화 속 주인공에 비유한 것이다.

그러나 키덜트 현상은 '피터팬 증후군'과 같은 심리적 퇴행 현상과는 다르며, 오히려 성인들이 스트레스를 풀기 위한 하나의 심리적 기제로 볼 수 있다. 서울대학교병원 신경정신과 권준수 교수는 "피터팬 신드롬과 키덜트는 어린 시절을 그리워한다는 심리적 측면에서 비슷하지만 책임감 없고 보호받기만을 원하는 피터팬 신드롬과 달리 키덜트는 정상적인 심리 상태와 현실적인 행동을 바탕으로 한다"고 말한다. 그는 또 "키덜트들은 일시적으로 동심으로 돌아감으로써 스트레스 해소나 정신적 힘을 얻는 긍정적인 측면이 있다"고 덧붙인다.[9]

치열한 생존경쟁에서 오는 성인 세계의 공포감은 유아적 순수의 세계를 동경하게 만든다. 치열한 경쟁주의로 삶의 에너지가 소진된다면 단순하게 오락적 가치를 추구하는 것은 어쩌면 자연스러운 일인지도 모른다. 여기에 유아적 순수성으로의 도피는 더없이 편하고 안락한 안식처가 된다. 더욱이 물질주의의 만연으로 삶의 궁극적 가치를 설정하기 어려운 현실이 이를 더 부추긴다.

동심의 상품화

리스먼은 1950년대의 미국 사회를 소비사회, 1960년대를 낭비사회라고 불렀다. 그리고 그는 1950년대 대중 소비사회의 주요한 상징으로 자동차와 장난감의 대중화를 들었다(Riesman, 1977). 예리한 그의 사회학적 통찰력을 감지할 수 있는 대목이다. 특히 어린이용 장난감을 대중

---

9 ≪세계일보≫ 2003.1.17.

소비사회의 상징으로 꼽은 것은 탁견이다. 대중 소비시장이 어린이까지 확장되는 것을 의미하기 때문이다.

그러나 이제는 역으로 어른들이 어린이화되는 현상이 발생한다. 어른들이 어린이용품 시장에 포섭된 것이다. 키덜트를 대상으로 하는 마케팅 전략은 크게 세 가지로 나누어볼 수 있다. 첫째, 처음부터 어린이와 어른 모두를 겨냥해 만든 경우로, 대표적으로 '키덜트 영화'를 들 수 있다. 두 번째는 애초에 어린이를 대상으로 해서 만든 상품이 어른들에게 호응을 얻는 경우이다. 세 번째 유형은 어른들의 '키덜트'적인 감성에 호소하기 위해 기존 상품에 디자인과 광고 전략을 도입한 경우이다. 이러한 '키덜트 상품'은 전형적인 어린이 상품인 완구류만이 아니라, 대중문화, 패션, 팬시 상품, 식품, 그리고 컴퓨터와 자동차에 이르고 있다.

이러한 현상은 여가 생활의 다양화로 현실화되고 다원주의 이데올로기로 정당화된다. 여가 생활의 다양화는 재미를 추구할 수 있는 선택의 폭이 그만큼 넓어졌다는 것을 의미한다. 호이징가가 말하듯 인간은 호모 루덴스이기도 하다(Huizinga, 1998). 모든 문화가 놀이 정신의 발로라는 그의 말을 굳이 인용하지 않더라도, 어떠한 조건에서도 인간은 즐거움을 추구하는 존재이다. 이러한 인간 본성을 감안한다면 대중 소비사회에서 키덜트적인 현상이 등장하는 것은 당연한 일이다.

동심의 세계는 누구나 선망하는 것이다. 프랑스 말에 "7세에서 77세까지의 아이들(Les enfants de 7 à 77 ans)"이라는 표현이 있다. 예컨대 <반지의 제왕>같이 누구나 좋아할 만한 영화는 어른 아이 할 것 없이 많은 사람이 좋아한다는 의미로 쓴다. 여기서 주목할 것은 '아이들'이라는 용어이다. 이 표현은 보통 '좋아한다, 즐긴다, 열광한다' 등의 의미를 지닌 술어와 연결되어 대체로 긍정적 뉘앙스를 지닌다. 이 표현에 내포된 것은 성인의 내부에 잠재되어 있는 천진난만한 아동성이다. 즉, 누구에게나 있을 수 있는 키덜트적인 경향을 긍정적으로 표현한 것이다. 이러한 의미는 동양의 노장 사상에서도 찾아볼 수 있다.

그러나 천진한 아동성을 상품화시키는 자본의 전략 또한 간과할 수 없다. 동화적 상상력을 상품화하는 문화자본의 논리에 의해 새로운 시장이 개척된 것이다. 어른과 어린이 문화의 경계를 허물어버리는 키덜트 문화는 우리 시대 소비문화의 새로운 상품이고 시장이다. 키덜트 문화는 타락한 기성세대의 현실을 경고하는 강력한 메시지를 담고 있지만 소비자본주의의 논리가 그 이면에서 작동하고 있다는 점을 간과해서는 안 된다.

2. 사주카페

1) 사주카페의 현황

역술에 대한 선호도는 나라마다 다르다. 예컨대, 한국인은 사주가 중요하다. 아랍은 손금, 중국은 관상 등 나라마다 고유한 점술이 있다. 종교와 미신을 배격하는 북한에서조차 민간에서는 점을 치거나 관상·수상을 보고, 사주팔자를 알아보려는 전통적인 습속이 사라지지 않았다. 띠를 따지거나 관상·수상과 사주팔자를 보는 것은 미신 행위로 간주돼 엄격히 금지되고 있지만 기독교나 불교를 믿는 것에 비하면 관대한 편이다.[10]

더욱이 첨단기업이 몰려 있는 실리콘밸리에서도 '점쟁이'는 인기 투자자문가로 떠오르고 있다. 새너제이 머큐리 뉴스는 "한 치 앞을 내다보지 못하는 첨단기술시장의 속성상 실리콘밸리 과학두뇌들이 운명론에 기대는 경향이 점차 심해지고 있다"고 전했다. 실제로 이들 점쟁이들은 사주팔자, 풍수지리, 관상 등을 동원하며 투자가들과 첨단기업가들을 유인하고 있다. 투자회사에는 어느 기업에 투자를 해야 할지를 귀띔하고 첨단기업에는 누구와 합작을 하고 언제 기업 공개를 하는가에 대한

---

10 《조선일보》 2002.1.4.

상담을 도맡고 있다는 것이다.[11] 이와 같이 길흉화복을 예견하는 점은 동서양을 막론하고 또 계층과 세대를 막론하고 현실적인 인간 행위에 많은 영향을 미친다.

최근 우리나라의 역술계는 새로운 국면을 맞고 있다. 인터넷 역술 사이트와 기존의 오프라인 점집 간에 치열한 경쟁을 벌이고 있다. 궁합에 따라 채팅 연결, PC카메라로 관상과 손금 보기 등 신기술을 이용한 인터넷 역술 사이트의 약진에 맞서 오프라인 점집은 자동응답 상담, 고급스런 사주카페 개설 등으로 세력 확장을 꾀하고 있다. 인터넷 역술 사이트는 사주·관상·궁합 등 전통적 영역을 넘어 다양한 서비스로 점술의 영역을 확장하고 있다. 타로카드·수정구슬점·부적내려받기를 비롯해 주가 예측, 종목별 주가등락(askfuture.com) 등이 역술의 새로운 영역으로 떠올랐다.[12]

인터넷에는 2004년 1월 현재 약 1,000여 개의 '사주·점 인터넷 카페' 가 인기를 끌고 있다.[13] 사주닷컴(sazoo.com)은 하루 6만~10만 명 수준의 방문객을 상대로 한 달 평균 6억 원 가량의 매출을 올리고 있으며, 산수도인(fortune8282.co.kr)은 회원 수가 100만 명이 넘는다.

사이트마다 차별화된 서비스를 내세우지만 한 해의 운세를 보는 기본 서비스는 대동소이하다. 오프라인 철학관도 온라인 점집에 뒤질세라 속속 변신에 동참하고 있다. 사주카페 개업, 통신 상담뿐만 아니라 이동통신 업체들과 제휴해 캐릭터 부적을 판매하는가 하면 아예 역술 사이트로 일대 변신을 꾀한다. 그럼에도 과거 점집의 대명사로 통하던 미아리고개 70여 개 철학원도 압구정동 사주카페 50여 곳에 '지존' 자리를 내줬다.[14]

우리나라에서 역술인과 무속인의 수에 대한 공식적인 집계는 나와

11 《문화일보》 2000.9.14.

12 《한겨레》 2003.1.7.

13 《조선일보》 2004.1.25.

14 《한겨레》 2003.1.7

있지 않다. 다만 한국역술인협회나 무속인 조직인 대한승공경신연합회에 따르면 역술인은 회원 10만 명(정회원 5만, 준회원 5만)에다 비회원 수가 10만 명에 이를 것으로 추산한다. 무속인의 수도 전국적으로 25만 명(정회원 14만 2,000여 명)을 헤아린다. 역술인과 무속인을 합치면 45만 명이 되는 셈이다. 역술인협회에서 공식적으로 배출하는 인원만도 한 해 100~200여 명이다. 사설학원과 일부 대학, 일부 철학원에서는 '속성 코스'까지 만들어 역술인을 양산하고 있다.[15]

2) 사주카페가 번창하는 이유

사주닷컴이 2001년 4월 말부터 5개월간 상담 내역을 분석한 결과, ① 이성 문제(32.13%), ② 진로 및 시험운(16.33%), ③ 사업 방향 및 재물운(11.39%) 등의 순서로 문의가 많았다. 또한 이대 앞 S 사주카페에서 카운슬러로 일하는 A 씨는 "취업 문제와 연애 문제에 대한 문의가 주류를 이룬다"고 밝혔다.[16]

사주팔자를 보는 것은 불확실한 미래에 투영하는 현재적 기대가 있기 때문이다. 이것은 단순한 재미·오락이 될 수도 있고, 불만족스러운 현실에 대한 탈출구가 될 수도 있다. 그러나 현재의 삶이 어찌 되었건 본성적으로 인간은 계속해서 어떤 행복을 유지하고, 찾고자 하는 욕구가 있다. 현실적으로 그러한 욕구를 완벽하게 충족시키기란 거의 불가능하다. 일반적으로 사람들은 그 불가능성보다는 가능성에 기대는 경우가 더 많다.

더욱이 현재의 삶이 곤궁하고, 합리적인 계산으로 현재의 불만스러운 상태를 탈출할 수 없을 때, 사주팔자에서 새로운 희망의 메시지를 구하려는 욕구는 더욱 강렬해진다. 자기충족적 예언 효과가 있기 때문이다. 빈민가에 점집이 많은 것도 이러한 맥락에서이다. 또 다른 면으로는

---

15 ≪서울신문≫ 2001.12.19.

16 ≪서울신문≫ 2001.12.19.

사주팔자를 통해 자신의 불가능성을 확인하고 자신의 책임을 회피할 수 있는 변명을 얻고 고통으로부터 도피할 수 있기 때문이다.

여기서 우리는 점복의 순기능적 측면을 엿볼 수 있다. 사주카페는 일종의 카운슬러 역할을 한다. 신경정신과가 공적인 영역에서 상담을 한다면, 사주카페는 민간요법이다. 현실적 애로 사항에 대한 하소연의 창구이기도 하고, 체념을 통한 현실 적응의 기능도 담당하며, 불확실한 미래에 대해 불안감을 해소시켜주는 기능도 한다.

오늘날 대학가 앞에 사주카페가 등장하고, 젊은 세대가 주로 애용하는 인터넷에 수많은 사주카페가 성업한다는 사실은 우리나라 젊은이의 불안감을 상징적으로 말해준다. 이성 문제와 취업 문제가 그만큼 심각하다는 것이다.

이성 문제가 젊은이들의 세계에서 최고의 관심사로 떠오르는 것은 어찌 보면 당연하다. 그러나 이것은 이성 교제 문화가 부재한 우리 사회의 현실에서 파생된 문제일 수도 있다. 남녀유별의 전통문화와 남녀가 분리된 학제는 기성세대에게 이성 교제의 기회를 제도적으로 차단했다. 물론 개별적 차원에서 이루어진 자유 연애는 수없이 많다. 그러나 제도적 차원에서 이성 교제의 문화가 보편적으로 성숙될 수 있는 기회는 그동안 차단되어 있었다. 이성 교제의 준거틀이 제대로 형성되지 않은 상태에서 막연하게 자유의지에 맡겨진 우리의 현실은 젊은 세대에게 많은 일상적 실험을 강요한다.

한편 진로 및 취업 문제에 대한 문의가 많다는 점도 지금의 우리 현실을 반영한다. 대학 인구의 과포화 상태에서 청년실업이 사회적 문제로 대두되고, 고학력 실업자가 속출하는 현실은 젊은 세대의 삶을 기형화시킨다. 자기 자신의 의지로는 어찌할 수 없는 구조적 모순 앞에 우리나라 젊은이들은 지금 떨고 있다.

예전에는 대학 인구도 적었고, 고속적인 경제성장은 취업의 문제를 대학의 낭만성에 묻어버렸다. 정치적 정당성이 허약한 독재정권은 안정된 삶을 유도하는 경제정책보다는 결과주의 우선의 정책을 펼쳤다. 자립

경제의 기반은 무너지고 수출 지향형 경제구조가 유발한 구조적 불안정성은 농촌 경제의 착취와 수많은 산업예비군으로 지탱되었다. 이제 과포화 상태에 이른 산업예비군은 한국 경제의 구조적 모순을 고스란히 감내해야 하는 지경에 이르렀다. 구조적 모순이 개인의 책임으로 전가된 것이다. 이 불안감이 젊은이들로 하여금 사주카페의 문을 두드리게 만든다.

3. 로또 광풍

국내 주요 일간지는 2003년도 10대 뉴스 중의 하나로 특이한 것을 꼽았다. 바로 '로또복권'이다. 2002년 12월 2일 첫 발매를 시작한 로또는 다음과 네이버 등 인터넷 포털 사이트에서 2003년 올해의 검색 순위 '통합 챔피언'에 올랐다. 많은 사람을 '인생역전'의 꿈에 부풀게 한 로또복권이 '로또 신드롬'을 탄생시키며 전국을 강타한 한 해였다.

서점에선 '로또 비법'을 전수하는 책들이 불티나게 팔렸고, 인터넷에는 로또 정보교환 사이트와 커뮤니티들이 인기를 끌었다. 평생 벼락한 번 맞을 확률(50만분의 1)보다 열 배 이상 어렵다는 1등 당첨 확률(814만 5,060분의 1)도 매주 평균 3~4명의 당첨자가 나온다는 사실 앞에서는 머나먼 '천문학'의 숫자놀음으로밖에 비치지 않았다. 그러나 실제로 56회(2003년 12월 27일 추첨)까지 전체 판매액과 1등 당첨자 수(211명)를 놓고 따졌을 때, 실제 1등 당첨 확률은 '905만 6,139분의 1'로, 이론상의 확률보다 더 낮았다.

하지만 407억 2,300만 원(실수령액 317억 원)을 독차지한 강원도의 한 경찰관 이야기는 로또 열기에 기름을 부었다. 의경에게 심부름시켜 산 것이 당첨됐다. "이민 간다"며 직장을 그만두고, 32억 원을 사회에 기부했다. 서울 강남의 초호화 주상복합 아파트에 입주했다가 뉴질랜드로 떠났다. 그의 신상에 관한 전설 같은 소문은 로또에 대한 환상까지

키우고, 로또 열풍이 로또 광풍으로 변하게 했다.17

로또는 기존 가판점에서 판매하는 추첨식 종이복권 대신 통신전용망과 단말기를 사용하고, 이미 정해진 번호를 사는 대신 고객이 직접 번호를 고르는 것이 특징이다. 무엇보다 당첨자가 없으면 당첨금이 이월된다는 점, 1회분 발행 복권 수에 제한이 없고 참여자가 많을수록 당첨금이 늘어나는 점 등에서 기존 복권과는 확연히 구분된다. 로또는 1부터 45까지의 숫자 중에 자신이 원하는 6개의 숫자를 임의로 고르는 '로또 6/45' 형식이며, 추첨 결과 6개의 숫자가 모두 맞으면 1등이다. 참여자 수가 많을수록 당첨금이 늘어나고, 1등이 나오지 않을 경우엔 다음번으로 넘어가기 때문에 당첨금이 기하급수적으로 늘어난다.18

1) 복권의 역사와 로또 현황

우리나라에서 복권의 역사는 그리 길지 않다. 근대적 의미의 복권은 16회 런던올림픽 참가 비용을 마련하기 위해 지난 1947년 발행했던 '올림픽후원권'을 효시로 본다. 이후 1949년 10월부터 1950년 6월까지 3회에 걸쳐 이재민 구호자금을 마련하기 위해 액면가 200원짜리 '후생복표'가 발행되기도 했다.

복권이 본격적으로 인기를 끈 것은 1969년 주택복권이 나오면서부터이다. 국민주택건설기금 조성을 목적으로 시작된 주택복권은 올림픽복권(1983년 4월~1988년 12월) 때문에 6년간 중단됐던 것을 제외하곤 지금까지 꾸준한 인기를 끌고 있다. 이후 즉석식 엑스포복권(1990년 9월~1993년 12월), 체육복권(1990년 9월~현재), 기술복권(1993년 3월~현재), 복지복권(1994년 5월~현재) 등이 잇따라 등장하여 복권 다양화 시대를 열었다.19 특히 1998년 인터넷복권을 판매하기 시작하고, 2001년 5월 인터넷즉석

---

17 《한겨레》 2003.12.29.

18 《한국일보》 2002.11.29.

19 《문화일보》 2003.7.31.

복권이 등장하며, 같은 해 10월 모바일복권의 서비스가 시작되면서 변화된 시대에 발맞췄다.

그러나 복권시장은 정부의 규제가 심해 1998년까지 큰 주목을 받지 못했다. 그러다가 인터넷을 이용한 복권이 등장하고, 복권 당첨금에 대한 규제가 해제된 1999년 이후 연간 33.34%씩 성장, 2002년도에 처음으로 1조 원을 넘어섰고, 2003년 상반기에 이미 2조 원을 넘어섰다. 이것은 전적으로 로또복권의 등장 때문이다.[20] 이것은 다른 복권을 제외하고 로또 자체만의 시장 규모를 보면 알 수 있다.

로또는 2002년 12월 2일 첫 발매 후 2003년 12월 27일(56회차) 현재까지 3조 8,000억 원어치가 팔려, 국내 성인 3,450만 명으로 나누면 한 사람당 1만 원어치 이상을 구입한 꼴이 된다고 한다. 정부가 당초 예상했던 연간 매출 3,500억 원대의 10배를 넘어섰다.[21]

로또복권 1등에 당첨될 확률은 공식적으로 814만분의 1이지만, 그동안 이 희박한 가능성을 뚫고 1등이 된 사람은 지난 53회차(12월 6일 추첨)까지 모두 202명이다. 당첨금 액수별로는 200억 원 이상이 3명, 100억 원 이상~200억 원 미만 5명, 50억 원 이상~100억 원 미만이 50명 등으로, 100억 원 이상 당첨금을 받은 사람만 8명에 이른다. 최고 금액을 거머쥔 주인공은 19회차(2003년 4월 12일)에서 1등에 당첨된 경찰관으로, 약 407억 원(세금 떼기 전)의 돈벼락을 맞았다.

당첨금과 각종 비용 등을 제외한 로또 판매금액의 30%는 10개 정부 중앙부처와 지방자치단체에 '공익기금'으로 배분되어 각종 정부·지자체 사업에 쓰이고 있다. 53회차까지 약 1조 891억 원(3조 6,305억 원×30%)의 공익기금이 조성된 셈이다. 기획예산처 관계자는 "올해(2003년) 초만 하더라도 로또복권 판매에 따른 공익기금이 기껏해야 연간 1,000억 원 정도 모일 것으로 보았는데, 로또 열풍에 힘입어 예상치의 10배를 넘어섰다"며 "순이익이 1조 원대의 기업과 같다"고 말했다.[22]

---

20 《문화일보》 2003.7.31.

21 《한국일보》 2004.1.7.

한편 복권시장의 절대 강자로 등극한 로또는 국내의 대표적인 종이복권 또또복권마저 '퇴출'시켰다. 국내의 대표적인 다첨식 복권인 또또복권이 10년 만에 폐지된 것이다. 국민은행은 2003년 12월 28일 제91회 추첨을 끝으로 또또복권 발행을 중단시켰다. 국민은행 관계자는 "종이만 쓰는 추첨식 복권이 점차 전자화하는 것이 세계 복권시장의 추세"라며 "통합 온라인복권인 로또가 출시된 만큼 또또복권은 그동안의 역할과 소임을 다했다고 판단했다"고 말했다.23

로또복권이 도입된 이후 처음으로 또또복권이 발행 중단됨에 따라 각 기관과 정부부처가 발행하고 있는 49개에 달하는 복권이 본격적인 구조조정에 접어드는 것이 아니냐는 전망이 나오고 있다. 국민은행의 대표적 복권인 주택복권도 로또 출시 이후 월 매출이 작년 대비 40% 급감한 200억 원 수준에 그치고 있다.24

2) 로또 광풍의 원인

불만족스러운 현실 탈출의 기회로 로또에 거는 기대는 가히 폭발적이다. 출범 때부터 '한탕심리 조장'과 '인생역전 대박의 꿈'이라는 뜨거운 찬반 논쟁을 불러일으킨 로또는 "대박의 꿈은 짧고 허탈은 길다"라는 유행어를 만들어냈다. 그렇지만 로또 구매자는 대박의 꿈을 안고 예찬론을 펴는 사람이 훨씬 많다.

2003년 11월 20일 ㈜로또가 최근 로또복권 구매자를 대상으로 실시한 설문조사 결과에 따르면, 복권 구매자의 80.5%는 "한 해 동안 로또복권이 불경기 때문에 힘이 들었던 서민들에게 꿈과 희망을 줬다"며 로또 예찬론을 폈다. '혹시나'가 '역시나'가 되지만 1만 원 투자해서 일주일이 즐겁다는 것이다. 또한 공익기금 조성에도 한몫한다는 점을 들어 긍정론

22 《조선일보》 2003.12.10.
23 《국민일보》 2003.12.24.
24 《국민일보》 2003.12.24.

을 펴는 사람도 있다.25

반면에 학계나 지식인 사회에서는 사행심 조장과 오도된 한탕주의를 유발한다는 점을 들어 대체로 부정적이다. 사행심 조장은 땀의 의미를 무력화시키고, 절차를 무시한 결과주의를 유발한다. 건강한 노동가치가 제대로 대접을 받지 못하고 황금만능주의가 팽배해진다. 이러한 해석은 사행성 오락에는 항상 따라다니는 풀이다. 우리가 문제 삼아야 할 것은 로또 열풍이 왜 로또 광풍으로까지 번지게 되었는가 하는 점이다. 여기에 대한 해석은 우리 사회의 특수성을 감안하지 않으면 안 된다. 압축된 근대화의 과정에서 유발된 구조적 모순이 여기에 들어 있기 때문이다.

압축된 근대화의 과정을 거치면서 우리 사회는 일종의 아노미 상태로 빠져든다. 새로운 삶의 원리로 도입된 경쟁주의가 제대로 정착하지 못하고, 정당한 삶에 대한 지향점을 유실한 채 천박한 물질주의가 만연하기 때문이다. 경쟁의 원리는 자유주의 정신과 함께 찬란한 근대의 장을 개막한다. 경쟁주의는 한때 근대화를 견인하는 고귀한 인간 해방의 찬란한 빛이었다. 그러나 우리나라의 근대화는 출발부터 참으로 문제가 많았다. 일제에 의해 심각하게 왜곡되고, 그 유산이 아직까지 남아 있기 때문이다. 광복군의 자식은 몰락하고, 일제의 앞잡이가 득세하는 현실이 엄연히 존재하기 때문이다.

한마디로 봉건적 잔재가 청산되지 못하고, 일제의 잔재가 청산되지 못한 한국의 현실은 근대화의 출발점에서부터 심각한 모순을 안고 있었다. 올바른 삶의 지향점이 유실된 것이다. 이러한 경향은 1950년대 6·25를 거치면서 이미 강화되었다.

6·25는 물질적 생존의 문제를 지상 과제로 각인시킨 중요한 사건이었다. 생존을 위해서라면 많은 것을 묵인하고 용납하는 사회적 분위기가 조장된 것이다. 6·25는 도덕적 불감증과 천박한 물질주의가 대중적으로 확산되는 주요한 계기였다. 더욱이 삶의 모범적 전형을 보여주어야 할 한국의 지도층은 오히려 한술 더 떠 도덕적 불감증을 선도해나간다.

---

25 《동아일보》 2003.11.21.

이것은 정치적 정당성의 문제에서 첨예하게 드러난다. 김구·장준하의 피살과 박정희의 득세는 불행한 현대사의 단면이다. 정치적 정당성은 경제성장이라는 과실로 덮어버린다. 민주적인 절차는 무시되고, 결과 우선주의 사고가 한국의 지도층에서부터 자행된다. 이러한 경향은 1960년대 한국의 압축된 근대화 과정에서 더욱 심화된다. 그것은 정경유착의 고리에서 심화된다.

대기업 위주의 경제정책으로 시작된 1960년대 근대화는 수많은 자생적 중소기업을 초토화시켰다. 정경유착으로 형성된 대자본이 추풍낙엽 같은 중소자본을 쓸어버렸다. 그리고 이것은 부의 축적의 정당성을 상실한 계기가 되었다. 경쟁의 올바른 규칙은 정립되지 못한 채, 인맥과 학맥을 동원한 정글의 법칙이 만연하였다. 과정이나 절차가 어떻든 무조건 이겨야 한다는 논리가 팽배하였다. "성실한 사람이 잘사는 사회"라는 캠페인을 벌여야 할 정도로 성실함이 주는 대가는 허탈감이었다. 더욱이 세계화의 열풍과 테크놀로지의 발달은 새로운 경쟁방식을 유발하면서 기성세대의 삶의 안정성에 치명타를 가한다.

영어 시험과 컴퓨터가 승진의 주요 요소로 등장하면서, 기성세대는 없는 시간을 쪼개어 변화된 노동환경에 재적응하기에 급급해진다. 컴퓨터에 익숙한 N세대에게 기성세대의 권위는 추락되고, 명예퇴직과 조기퇴직이라는 함정이 또아리를 틀고 눈앞에 다가온다. 여지껏 축적된 경험은 미래의 설계에 도움이 되지 않고 오히려 쓰레기가 된다. 직장에서의 불안은 지금까지의 경험이 경륜으로 쌓이지 않는 세상에 대한 불안이다. 외환위기 이후 기업의 일상화된 구조조정, 노동계층은 물론이고 중산층에까지 확대된 고용불안, 청년실업, 날로 커지는 빈부격차 등이 더욱더 한탕주의를 부채질한다.

경기침체가 지속되면서 취업문은 더욱 좁아졌다. 대졸이든 고졸이든 취업했다는 것 자체가 부러움의 대상이 된 지 오래되었다. 직장인들도 언제 닥쳐올지 모르는 감원과 명예퇴직에 가슴 졸이며 한 해를 보냈다. 이들의 불안과 자조는 기존 단어들에 새 뜻을 담아 유행시켰다. '이태백'

은 '20대 태반이 백수'의 준말, '삼팔선'은 '38세에도 명예퇴직당할 수 있다'는 뜻으로 젊은 사람들도 안전하지 않다는 자조가 섞여 있다. '사오 정'은 '45세 정년', '오륙도'는 '56세까지 남아 있으면 도둑'의 준말로서 직장인들이 느끼는 암울한 미래를 함축하고 있다.26

이태백, 삼팔선, 사오정, 오륙도라는 말의 유행은 우리의 불안한 현실을 반영한다. 여기에 로또는 새로운 구세주로 등장했다. 천박한 물질주의의 우산 아래 불만스러운 현실과 불안한 미래에 대한 일시적인 탈출로 로또라는 종교는 수많은 신도들을 거느리게 되었다.

2003년 새해 덕담은 "대박 터뜨리세요!"였다. 2002년 "부~자 되세요"에서 한 걸음 더 나아간 이 표현에서는 "새해 복 많이 받으세요"라는 부에 대한 은유의 흔적은 조금도 남아 있지 않다. 부에 대한 욕망을 그대로 드러낸 이 표현에는 천박한 물질주의의 망령이 서려 있다. 인간보다 물질이 앞서는 참담한 현실은 한동안은 지속될 전망이다. 물론 물질주의를 극복하고자 하는 탈물신주의적 길항력도 동시에 커나가겠지만 말이다.

---

26 《경향신문》 2003.12.26.

^{11장} 몸살 앓는 몸

김현숙_동아대학교 강사

나는 보지 못하되, 타자는 그것을 보며, 타자 또한 스스로를 보지 못하지만, 나는 타자의 그것을 본다. 더러는 뚫어지게, 혹은 격정적으로, 더러는 분노나 슬픔으로 가득 차서 그것을 바라본다.

1. 왜 몸인가?

최근 연예인들의 '벗기' 경쟁이 날이 갈수록 치열해지더니, 급기야 누드 열풍으로 나타나고 있다. 비단 자신의 벗은 몸을 드러내는 것이 어디 연예인뿐이겠느냐마는, 연예인은 우리나라에서 자타가 인정하는 공인이니만큼, 그리고 불과 몇 년 전만 해도 스타급 연예인들이 누드 촬영에 응하지 않았던 것을 생각해보면, 우리 사회에 '누드'에 대한 대단히 놀랄 만한 인식의 변화와 국민적 '동의'가 있음을 알 수 있다. 즉, 누드는 이제 상업적 포르노냐 예술이냐의 가치의 경계를 넘어 개인의 '표현방식'이자 '상품가치'로서 인식되고 있다.

누드 열풍이 불기 전부터 이미 우리 사회는 몸에 대한 대중적 관심이 높았다. 살빼기와 몸매관리 업종이 수조 원을 벌어들이는 산업이 되었는가 하면, 각종 대중매체들은 몸의 이미지, 성형수술, 육체를 젊고 섹시하고 아름답게 유지할 수 있는 방법들에 관한 기사와 프로그램으로 가득 차 있었다. 먹고살기조차 힘들었던 시절에 좋은 옷을 걸치는 것만으로도 충분히 비난의 대상이었고, 하물며 부모로부터 물려받은 신체에 칼을 대는 것은 상상조차 할 수 없었던 점을 생각하면 참으로 격세지감(隔世之感)이 아닐 수 없다. 또한 이리저리 변하는 몸은 이미 믿을 것이 못 되고, 몸을 다스린다는 것은 정신을 수양하기 위한 방편이었지, 결코 몸을 다스린다는 것 자체가 목적은 아니었다. 그러나 이젠 현대 대중문화 속에서 몸은 '정치와 문화 활동의 주요 분야'가 되었다. 이것은 전례 없는 몸의 개인화(individualization)를 반영하고 있다. 몸의 건강, 형상 및 외모를 개인의 정체성의 표현으로 보고 여기에 관심을 갖는 사람들이 점점 더 많아지고 있는 것이다.

몸에 대한 관심의 증가는 비교적 최근의 현상이다. 이러한 변화의 근저에는, 첫째, 근대 이후 과학 및 의학기술이 발달하면서 인간의 몸에 대한 통제력이 증가했으나, 반면 개인의 외부에서 존재론적·실존적 확실성을 구성하고 지탱해주었던 종교적 세계가 쇠퇴했음을 의미한다(Shilling, 1993). 둘째, 노령 인구의 증가와 출산율 감소와 같은 인구학적 변화는 늙어감/죽음의 의미를 새로운 차원에서 부각시켰다. 셋째, 물질적 삶의 비대화로 현세적 삶을 중시하는 태도가 팽배해졌기 때문이다. 넷째, 특히 젊은 세대에서 특징적으로 나타나는 자기 정체성과 자율성에 대한 강한 자기의식이 팽배하면서 나타나는 현상이다. 즉, 근대가 인간의 삶을 점점 세속화시켰으나, 종교적 확실성을 과학적 확실성으로 대체하지 못한 채 현대사회에서 삶의 의미는 점차 개인적 차원에서 부여되고 있다. 더구나 젊고 잘 가꾸어진 육감적인 육체에 전례 없는 가치를 두는 시대에서 자아를 상징하는 것은 바로 몸의 외적 영역, 즉 표면이다.

이제 몸은 끊임없는 노력과 세심한 주의를 기울여야 할 대상이다. 몸은 개인의 정체성을 표현하는 수단이자 그 자체가 목적이 되었다. 몸은 그 자체가 자아이고, 계급 표시이고, 상품이다. 그래서 배부른 몸은 게으름의 상징이고, 몸은 자신이 가진 모든 것을 담을 수 있는 패스포트이자, 자본주의적 가치가 배태한 음흉한 상품이 된다. 따라서 더욱 젊고 건강한 몸, 날씬한 몸, 섹시한 몸을 목표로 삼고 효과적이고 합리적인 수단을 찾아서 계획하고 체계적으로 자신의 몸을 관리하는 개인들에게 몸 관리는 일종의 프로젝트가 되었다. 그리고 몸 '관리'가 일상화된 삶이 되면서, 인간의 몸은 더 이상 고정된 본질적인 속성을 갖는 자연적 실체로 인식되지 않음을 의미한다. 즉, 몸은 시간과 금전을 투자해서 끊임없이 '재구성'해야 할 대상으로 설정되었고 자아를 표현하는 대표적인 수단으로 부각되고 있다.

2. 인조인간 시대

피에르 부르디외가 제시한 사회적 재생산 이론의 핵심은 상징가치를 담지한 몸이다. 즉, 몸이란 다양한 사회적 힘과 연관되어 발달하는 미완의 실체이며 사회적 불평등을 유지하는 데 필수적인 것이다(Shilling, 1993). 근대 이전만 하더라도 사람들을 구별짓는 것은 몸의 외피를 둘러싼 갖가지의 치장이었다. 주로 의상을 통해 사회적 지위는 표현되었고, 풍부한 몸은 사회적 부를 과시하는 상징이었다. 그러나 자본주의가 발달하고 물질적으로 풍부해지면서 더 이상 값비싼 의상만으로는 자신과 타자의 경계를 규정짓지 못하게 된다. 즉, 화장이나 의상을 이용해 사회적 지위를 드러내거나, 외모의 결점을 일시적으로 가리는 데 만족하지 못한 개인은 미용성형을 통해 근본적으로 자신의 몸을 개조하고 싶어 한다. 이러한 욕망은 한국 사회의 경우 1인당 국민소득이 1만 달러를 넘어서면서 폭발적으로 증가했는데, 한국 갤럽이 실시한 1994년부터 1999년까지 성형수술에 대한 욕구 조사에도 잘 나타난다. '성형수술을 고려해본 적이 있다'는 응답이 1994년 13.9%에서 1999년 59%로 4배 이상 증가했다고 한다. 그리고 1998년 미혼 여성을 대상으로 실시한 설문조사에서도 약 67.4%가 성형수술을 할 용의가 있거나 고려하겠다는 반응을 보였다고 한다(≪동아일보≫ 1999.9.24.; 임인숙, 2000 재인용).

한국 사회에서 성형수술에 대한 사회적 허용도가 이렇게 급작스럽게 높아진 이유는 무엇인가? 우선 임인숙에 따르면 몸가꾸기가 일상화되고 프로젝트화되는 사회현상은 상당 부분 몸 관리 산업들에 의해 조장된다. 즉, 몸 관리가 일종의 자아 구성 활동으로 강조되는 사회에서 개인들은 자신의 이미지를 점검하고, 일상적으로 몸에 관심과 투자를 아끼지 않으며, 무수히 많은 몸 관리 산업들로부터 쏟아져 나오는 상품을 소비한다. 불과 20세기 초반까지만 해도 성형수술은 선천적인 기형, 전쟁이나 사고로 인한 외모의 손상을 복원·교정하거나 비정상적인 몸의 기능을 정상화시키기 위해 실시되었는데, 지금은 건강한 사람의 몸에 칼을 대는 미용성형으로 확장되었다. 이는 정상적인 몸에까지 의학 지식과 기술을 적용하는 사회 전반에 걸친 의료화 경향의 단면이다. 실제로 우리나라에서도 1인당 국민소득이 1만 달러가 된 1995년부터 성형외과 광고가 공격적으로 펼쳐지기 시작했다. 국내 여성 월간지 127부를 대상으로 미용성형 광고의 변천에 대해 조사한 결과를 보면, 1995년 이전까지 한 호당 평균 1~2개에 불과했던 것이, 2000년에 들어서서는 30개 가까운 것으로 밝혀졌다. 1980년대까지만 해도 여성지는 유방 수술이 잘못되어 가슴이 썩어가는 사진, 파라핀을 잘못 넣어 코가 뭉개지는 사진 등 부정적 시각으로 성형수술을 다뤘다. 그러나 그와 같은 경향은 감소되다가 1995년을 기점으로 환자들의 신뢰가 높은 성형외과 병원 순례 등의 기사로 독자를 세뇌하기 시작했다(임인숙, 2000).

한편 부르디외의 논의를 따르면, 우리는 "각 사회계급의 구성원들이 자기 신분을 증명할 수 있는 몸 관리 방식으로 서로 다른 체형을 생산하는 시대에 살고 있다." 예를 들어 성형수술을 통해 자신의 몸을 근본적으로 개조하고 싶어 하는 욕구는 세대에 따라 차이가 난다. 한국의 40대 이후 중·장년층의 성형문화는 사회적 지위(social status)를 자타에 확인하기 위한 성격이지만, 10~20대의 성형문화는 40대와는 양상이 다르다. 즉, 10~20대 초반 여성들은 성형수술에 대한 태도가 분명하고 부끄러워하지 않으며, 얼굴의 변화가 아니라 '변신'을 추구한다는 것이다. 그리고 성형수술의 목적이 단순히 아름다움을 찾기 위한 것에서 부드러운 대인 관계를 위한 수단으로 확대되면서 수요자의 연령과 성별이 점차 넓어지고 있다. 이런 추세를 반영하듯 남자들의 성형수술 비율이 30%를 넘어섰다(≪한겨레≫ 2000.11.16.). 즉, 성형수술이 노동력의 매매와 밀접한 관계가 있다는 것뿐만 아니라, 몸이 더욱 포괄적인 형태의 '육체자본'이 되고 있음을 가리킨다. 몸은 이제 육체자본의 형태로 다양한 자원들을 축적하는 데 필수적인 권력과 지위 및 남과 구별되는 상징을 소유하고 있는 것을 의미한다. 따라서 성형수술을 한다는 것은 사회 분야에서 가치를 인정받을 수 있는 방식으로 몸을 개발한다는 것을 뜻한다(Shilling, 1993).

그러나 오늘날 일상적인 몸의 관리가 남녀를 불문하고 정체성의 자원으로써 중요성을 얻어가고 있지만 그 중요성은 여전히 남성보다는 여성에게 훨씬 크다. 1995년 ≪중앙일보≫의 조사에 따르면, 외모로 불이익을 당한 경험이 있는 사람일수록 성형수술을 할 의향을 가지고 있고, 특히 외모로 인해 불이익을 받은 여성들(37.7%)이 그런 경험을 가진 남성들(14.5%)보다 더 큰 성형 욕구를 가지고 있다고 한다. 특히 취업난이 극심할수록 용모 차별에 관한 기업체의 관행이 더욱 극성을 부리는데, 2002년 서울의 여자 실업계 고등학교에서 2년 동안 접수된 기업 추천 의뢰서를 대상으로 외모 차별과 경제와의 상관관계를 분석한 보고서에는 경제적 상황이 중요한 변수로 작용한다는 사실이 드러났다. 즉, 외모 차별적 요구가 가장 심각했던 1988년은 대량 실업 사태가 발생해 실업계 고졸 여성의 취업률이 가장 낮았던 때였다는 사실이다. 한 인터넷 사이트에 올라온 말을 인용해보면, 한국에서 몸 관리라고 하면 무조건 살빼기, 작고 갸름한 얼굴 만들기와 직결되는 이유를 잘 설명하고 있다.

…… 인간은 이성적 동물이라는 말에서의 인간은 곧 남성이었고, 여성은 육체로 규정되는 감성적 존재에 지나지 않았다. 그래서 우리나라의 성형

광고는 여성의 비하와 교묘하게 맞물려 있다. '36-24-36'이란 규격은 여성 체형의 KS마크로 우리의 뇌리에 각인되어 있고, 이상적인 몸무게는 48kg 으로 수렴된다…….

여성이 지닌 모든 가치로운 것이 몸으로 환원되고 그 몸 또한 성적 유혹의 장소이자 재생산 도구로만 표상될 때, 몸이 가진 '자연적' 기능이 부여하는 역할 이외에 다른 어떤 사회적 역할도 여성들에게 허용되지 않을 때, 몸은 여성이 가진 정체성의 유일한 자원이 될 수밖에 없다(배은경, 1998). 성형수술의 필요성을 펼쳐 보이기 위해 가장 많이 쓰이는 광고 전략은 낙인찍기(stigma)이다. 수술의 필요성을 설득하기 위해 수술 전의 모습과 이후의 모습을 나란히 비교하는 기법이 그 프로젝트의 좋은 예다. 그리고 거리 곳곳에서 다이어트 식품, 건강보조 식품, 비만/체형/피부 관리실 및 헬스 센터 등 각종 몸 관리 산업의 광고로 지나가는 시선을 잡는다. TV에 등장하는 수많은 얼굴들은 지방제거술, 피부박피술, 유방성형, 얼굴윤곽술, 보조개성형, 배꼽성형, 입술을 도톰하게 만들어 주는 기술 들의 전시장이 되었다. 미용성형은 몸의 근본적인 구조까지 변형시키면서 이루어지는 가장 극단적인 몸 관리 양식이다. 그리고 미용성형 산업은 여성들로 하여금 있는 그대로의 몸을 부정하게 하고 변형의 수단으로 성형을 선택하게 한다. 그러나 미용성형 광고에서 정의하는 이상적인 몸의 기준은 대부분의 여성들에게 억압적으로 작용한다. 몸의 이상적인 기준이 상품 생산자에 의해서 조장되듯이 재구성된 여성의 몸에 대한 평가도 그런 몸을 만든 여성 자신의 온전한 몫이 아니기 때문이다.

3. 새 생활 건강 프로젝트

온 나라가 '건강한 삶을 위한 새 생활 설계' 프로젝트에 동참 중이다.

마치 이 프로젝트에 참여하지 못한다면 현대인으로서의 자격을 갖추지 못한 것으로 보인다. 특히 국민 1인당 의료비가 증가하면서, '불건강'은 나라에 사회경제적 손실을 끼치는 최대의 적이 되고 있다. 그리고 이러한 현상이 잘못된 생활습관에서 비롯된다는 것이 알려지면서 너도나도 생활개선운동을 실천하고 있다. 좋은 식습관, 적절한 운동과 금연, 저염분, 저지방, 육류보다는 과일이나 야채의 섭취 등이 권장된다. 따라서 '건강'은 운동, 감량, 그리고 담배와 알코올 등 '불건강한' 제품의 억제와 같은 몸 관리 활동으로 개념화된다.

이제 건강 관련 활동은 현재 개인의 삶에서 핵심적인 부분을 차지하고 있다. 이 '새 생활 건강 프로젝트'의 기획을 크게 두 가지 차원에서 살펴보자. 먼저 요즘 건강을 위해서 스포츠에 참여하는 사람들이 크게 늘고 있다. 헬스, 수영, 테니스, 요가, 인라인 스케이트, 마라톤 등 종류도 다양하고, 그것을 즐기는 연령층의 벽도 예전에 비해 높지 않다. 즉, 연령에 관계없이 많은 사람들이 다양한 스포츠에 참여한다고 볼 수 있는데, 이것을 스포츠 문화의 다양화와 연령 파괴 현상이라고 할 수 있을 것이다. 많은 사람들이 자신의 건강 회복 또는 유지를 위해 병원이나 의료기관을 찾지 않고 스포츠 센터나 운동장 또는 체육시설을 찾는 이유는 무엇보다도 건강과 스포츠 간에 일종의 인과적 상관관계가 존재한다고 믿기 때문이다. 즉, 스포츠를 하면 상실된 건강을 회복하거나 현재의 건강 상태를 증진시킬 수 있다고 믿기 때문이다. 그러나 근본적으로 스포츠에 대한 국민적 관심이 증대한 것은 몸이 가지는 사회적 위치가 변했기 때문이다. 즉, 근대 산업사회는 작업 분화의 결과 파생된 노동의 소외(의미를 상실한 노동 과정), 컨베이어 벨트처럼 판에 박힌 듯한 일상생활, 목적합리성이 지배하는 현대인의 의식세계와 복잡다단한 현실을 초래하였다. 이와 같이 근대 산업사회의 탈신체화/탈감성화는 우리의 건강을 위협했기 때문에, 몸과 감성을 강조하는 움직임이 등장하고 있다. 그러나 현대인의 건강을 위협하는 요인을 살펴보면 운동 부족과 같은 지극히 신체적이고 생리적인 요인들을 지적할 수 있겠지만, 그 못지않게 중요한 것이 정신적·사회적 요인이다. 인간관계의 합리화 과정에서 발생하는 친밀성의 감소는 '대중 속의 고독'을 낳았으며 우리의 정신건강을 해치는 결과를 초래하였다. 이와 같은 상황에서 재미없고 지루하며 외롭게 수행하는 이른바 '건강 스포츠'는 결코 건강에 도움이 되지 않는다. 스포츠가 건강에 도움이 될 수 있기 위해서는 무엇보다도 두 가지 전제가 충족되어야만 한다. ① 건강관이 바뀌어야만 한다. 오늘날 우리는 소유 지향적 건강관을 갖고 있다. 이와 같은 건강관을 존재 지향적으로 바꾸어야만 한다. ② 스포츠가 놀이적 성격을 회복해야만 한다. 스포츠가 건강이라든가 기록·체력 등과 같은 '합리적인' 목적으로부터 자유로워질 때 스포츠 참여의 '부수적 효과'로서 건강이 찾아올 것이다.

둘째, 건강에 대한 관심은 이제 우리가 먹는 먹을거리 하나하나에도 나타나고 있다. 유기농 농산물, 채식 위주의 식단, 각종 생식 제품 등을 통한 식사량 조절, 그 밖에 건강보조식품 등 시장에 가보면 온통 건강식품들로 가득 차 있다. 예전에는 우리의 몸에 좋지 못한 음식을 마구 먹어대는 무지한 행위를 했지만 적어도 현대인은 현대적 삶의 양식에 적합한 '먹을거리에 대한 규제'가 필요하다는 것이다. 그리고 특히 먹을거리는 기호성과 수용성, 그리고 안전성이 유달리 강조된다는 점에서 앞으로 건강식품 시장은 한층 다원적으로 발달할 것이며, 특히 환경오염이 날로 심해지고 있기 때문에 먹을거리는 어느 때보다도 중요한 의미를 가질 것이다. 그러나 이러한 관심의 증대와 그에 따른 시장의 확대는 인간의 몸을 철저히 개인화시킨다. 건강식품에 대한 소비자의 인식 부족은 건강식품에 대한 소비가 철저히 개별적 소비에 의해서 이루어지고 그것에 대한 책임을 개인이 지고 있음을 보여준다. 예를 들어 '건강식품에 대한 소비자의 의식조사' 보고서에 의하면, 건강식품에 관한 이용 실태에서는 조사응답자의 58.8%가 건강식품을 사용한 경험이 있었으며, 68.2%는 건강식품의 효능을 믿는다고 응답하고 있어 건강식품에 대한 관심도가 매우 큰 것으로 나타났다. 그러나 건강식품에 대한 기대 효과는 어떠한 과학적 확실성을 바탕으로 해서 획득되는 것이 아니라,

개인의 기대치에 의존하고 있다. 즉, 건강유지에 도움을 주는 것이라고 생각해서 구입하지만, 이용 후 효과는 별로 크지 않은 것으로 보고된다. 응답자의 과반수 이상은 건강식품에 대해 과대선전(52.1%), 건강보조식품의 등록관리 사실을 모른다(63.7%)고 답하였다. 그리고 건강식품과 약품(또는 한약)과의 차별인식 조사에서도 응답자의 84.2%가 건강식품과 한약이 다르다고 생각하면서도 전체적으로 건강식품과 약품의 구별을 제대로 하지 못하는 것으로 나타나고 있다. 또한 건강식품에 대한 관심과 대대적인 비용을 들인 실천에도 불구하고, 가공식품, 미국식 패스트푸드, 규격화된 전통식품 등으로 맛이 서로 비슷해지고 각종 식품 첨가물들로 식탁이 오염되고 있다. 그리고 이러한 수요를 채우기 위해 개인들은 철저히 규율화된 삶을 살아가게 되고, 따라서 더 많은 근무를 해야 하는 필요성이 늘어나면서 운동 부족으로 대사 이상이 생겨 고혈압·당뇨병 등 성인병이 만연하는 악순환이 반복된다.

우리는 모두 건강하게 살기를 바란다. 인간사를 통틀어 어느 시대고 건강에 관심을 갖지 않았던 때는 없었다. 그러나 현대, 위험과 불확실성의 시대에서 건강에 대한 관심은 철저히 개인화되어가고 있고, 개별화된 건강 프로젝트 속에 인간의 삶은 설계된다. 우리가 건강해지고 싶어 하는 이유는 건강해야만 인간답게 살아갈 수 있기 때문이다. 1946년 6월 19일 국제 연합(United Nations)의 한 분과인 세계 보건기구(World Health Organization) 회의가 뉴욕에서 개최되었을 때 건강에 대하여 다음과 같이 정의하였다. "건강이란 허약함과 질병이 없이 신체적으로, 정신적으로, 그리고 사회적으로 안정을 누릴 수 있는 완전한 상태"를 말한다. 그러므로 건강하다고 하는 것은 질병이 없는 상태, 정신적으로 건강하여 명랑하고 쾌활한 상태, 사회적으로 안정을 누릴 수 있는 상태를 말하는 것이다. 따라서 건강은 이 세 가지가 충족되어야만 가능하고, 그러기 위해서는 운동·식생활의 개선도 중요하지만, 무엇보다 삶의 질을 개선하기 위한 분위기가 조성되어야 할 것이다.

4. 날씬하면 좋죠!

우리나라 남성 10명 중 8명이 정상적인 체중을 가진 여성을 비만으로 오인하고 있다(연합뉴스, 2003.4.27.)고 한다. 그런데 이러한 오인은 오인으로 끝나는 것이 아니라, 우리나라의 대다수의 여성들로 하여금 '죽음'을 담보로 한 다이어트를 강요한다. 한 해에도 수십 명의 여성이 다이어트 과정에 목숨을 잃고, 심지어 한창 신체적 성장이 필요한 10대뿐만 아니라, 유치원생까지도 다이어트로 인한 스트레스와 우울증으로 정신과 치료가 필요한 상태(≪한국일보≫ 2002.9.1.)라고 하니 다이어트는 우리나라에서 여성으로 살아가기 위한 필수조건임에 분명한가 보다. 이러한 다이어트의 열풍은 TV를 통해 예쁜 얼굴에 날씬한 몸매의 스타들만 등장하고, 날씬하다 못해 마른 몸을 이상적이라고 선전하는, 즉 뚱뚱한 것이 죄악시되는 사회 분위기의 산물이다.

서구의 경우 '아름다운 몸'의 역사에서 진정한 혁명적 변화가 일어난 것은 20세기에 들어서면서부터이다. 이때부터 시각적 이미지를 주된 표현 수단으로 하는 대중매체의 등장으로 '날씬함'의 이상이 단지 상류계층의 유행에서 벗어나 거의 전 사회계층으로 확산된 것이다. 그러나 몸에 대한 이상적 기준의 변화가 단지 대중매체의 확산에만 기인한 것은 아니다. 몸에 대한 관심의 증가는 해당 사회와 시대의 생산력이나 계층 문화의 발달 등 사회적 조건과 끊임없이 영향을 주고받는 가운데 이루어져 온 것이다. 즉, 자본주의가 급속도로 발달하면서 사회적 권력을 가진다는 것이 더 이상 물질적 부를 '축적'하는 것이 아니라 다른 사람의 노동과 자원을 '통제'할 수 있는 능력으로 가늠되었기 때문이다. 이에 따라 권력을 가진 남성들은 자신의 몸을, 통제와 조절을 통한 힘의 증대를 상징하는 근육질로 만들기 시작했다. 남자들과 완전히 구분될 것을 요구받았던 여성들은 더욱 날씬해져야 했다(한서설아, 2000).

현재 몸의 이상적 기준은 남성의 경우 근육질의 몸, 여성의 경우 날씬한 몸으로 대변된다. 많은 여성이 몸을 '축소'시키기 위해 발버둥치고 있는 현실과 대조적으로 남성의 몸 관리는 주로 근육과 골격의 '증강'에 치중된다. 여기서 지적해야 할 중요한 사실은 '근육질의 남성과 날씬한 여성'이라는 신체 이미지가 규정된 데에는 여성이 남성 주도적인 세계에 도전하더라도 남성의 강인한 신체에는 도전할 수 없다는 것을 강조하고 싶은 심리적 요인이 도사리고 있다(임인숙, 1999)는 것이다. 즉, 여성에게 날씬함이 하나의 자격증으로 취급되는 것은 노동시장이 여성성을 통해 여성의 몸에 가하는 또 하나의 억압이 된다. 노동력으로서 여성의 상품 가치는 업무 능력이나 인격과 같은 노동력 가치가 아닌 외모에 의해 평가되고, 결국 여성들에게는 공적 노동의 장이 몸이 교환되는 일종의 '육체시장'이 되고 있는 셈이다. 여성들의 취업 욕구에 비해 턱없이 모자라는 취업 기회는 여성들의 구직을 전쟁으로 만들고 있으며 미의 사회적 통념에 따라 '몸가꾸기 전쟁'으로 비화된다(배은경, 1998).

날씬함을 이상적인 여성미로 선전하는 문화적 압력에서 자유로울 수 있는 여성은 많지 않다. 여성에게 '외모'라는 주제는 여성의 삶과 자아 정체감에서 비중이 너무 크다. 외모가 가진 위력은 여성들이 갖고 있는 다양한 자원과 능력의 가치를 너무나도 쉽게 무화시켜왔다. 자신의 인생을 긍정하고 스스로를 사랑하고 싶은 여성들의 인간적인 욕구는 '외적인 아름다움에만 부여되는 사회적 존중과 사랑'이라는 벽 앞에서 끊임없이 좌절을 겪고 있다. 또한 여성들은 외모의 힘을 간파하고 자신의 몸을 관리하면서 심각한 고통을 겪는다. 외모 관리는 자신의 몸을 있는 그대로 사랑하지 못하는 철저한 자기비하의 경험이고, 자신의 욕망을 존중하지 않고 억압하면서 몸과 마음을 극단적으로 황폐화시키는 경험이다(한서설아, 2000).

몸가꾸기가 자본주의 사회의 생존 전략이 되면서 각종 몸 관리 상품들이 난무하고 있다. 그러나 최근 유행병처럼 번지는 몸 관리는 몸을 배려하는 방식이 아니라 몸을 억압하는 차원에서 이루어지고 있다. 몸에 관심을 갖는다는 것은 인간에게 가장 가까운 '자연'인 몸과의 친화성을 회복하는 과정으로 볼 수 있다. 그러나 몸에 대한 관심이 지나쳐 육체제일주의로 빠지는 것은 인간에 대한 온전한 이해를 방해한다. 특히 여성의 육체적 매력을 상품화하는 사회에서 여성은 남성처럼 지성과 감성을 지닌 인격적 존재가 아니라 몸으로써만 존재 가치를 인정받는 대상으로 전락할 수 있다. 몸에 대한 배려는 겉모습에만 매달리지 말고 몸의 내면으로부터 전달되는 소리에 귀 기울이면서 이루어져야 한다. 날씬한 몸매에 대한 이상이 우리를 억압한다는 점도 경계하면서 말이다. 몸은 수동적이기도 하지만, 인간의 억압적인 욕망에 저항하면서 한계를 보여 주는 능동적 존재이기도 하다(임인숙, 1999).

5. 얼짱! 몸짱!

2003년에 또다시 한국 사회는 '얼짱'·'몸짱'이 되어 봄날을 되찾고자 한다. 한 해에 수십만 명의 여성이 성형수술, 다이어트로 곤욕을 치르고 있는 마당에 또다시 새로운 몸만들기 프로젝트가 개인들의 기억을 깨우고 있는 것이다. 모 인터넷 카페를 중심으로 '얼짱'이 유행하더니, 원조얼짱·스포츠얼짱·노래방얼짱·강도얼짱·정치인얼짱, 심지어 베이비얼짱까지 생겼다. 그리고 이제 외모는 모든 사회적 차이, 계급적 불평등, 정치적 신념, 도덕성을 뛰어넘을 수 있는 단일한 척도가 된다.

'얼짱 프로젝트'가 한국 사회에서 '최고의 얼굴'을 만들기 위해 사진술의 발전과 성형수술의 치밀함을 발전시키는 동안, 조잡한 얼굴틀 맞추기를 비웃기나 한 듯 "너희에게 봄날을 되찾게 해주마"하며 '몸짱 아줌마'가 등장했다. 몸 전도사임을 자처하는 '몸짱' 아줌마의 등장은 예쁜 몸매가 젊은 사람이나 연예인만의 특권이 아니라, 일반인도 "열심히 노력하면 젊은 날의 영광을 되살릴 수 있음"을 각인시킨다. 그리고 지금까지 여성의 몸을 훔쳐보기만 하던 남성들도 옷을 훌훌 벗어던지며 왕(王)자 마크를 드러낸다.

'얼짱'·'몸짱'의 등장은 본질적으로 외형이나 외모지상주의라는 매트릭스와 소비자본주의의 산물이다. 얼짱·몸짱이 등장하기 전에도 어떤 분야에서의 최고를 지향하는 '짱' 문화는 존재했고 그 종류는 다양했다. 그러나 유독 '얼짱'·'몸짱'만 뜨는 이유는 그것이 상업술에 끌어들이기 가장 적합하기 때문이다. 즉, '육체'가 자본과 똑같은 지위를 부여받으면서, '육체'는 소비의 가장 아름다운 대상이 된다. 특히 한국 사회에서 독재권력처럼 군림하면서 줄기차게 사회 다수의 암묵적 동의를 얻어왔던 외모지상주의와 오늘날 상대방의 얼굴을 보면서 나누는 화상 채팅에 익숙해진 젊은 세대들의 이미지 문화 현상, 그리고 자본주의의 상업성 속에 신데렐라, 왕자 프로젝트는 그 행진을 계속하고 있다. 이 프로젝트의 전략은 '얼짱 콘테스트', '얼굴이 가장 잘생긴 스포츠 스타 뽑기', '스타 만들기', '성형수술하기' 등을 통해 '얼짱'·'몸짱'을 유행처럼 번지게 하는 것이다.

얼짱·몸짱이 가지는 위험성은 몸에 대한 지나친 관심에만 있는 것이 아니다. 단지 그것은 몸이 가지는 근원적 함의를 고려하지 않고 사진과 같이 단지 외부로 보이는 이미지에만 집착하는 외모지상주의에 그치고 있기 때문이다. 그리고 우리가 몸에 대한 관심에 오랫동안 매달릴수록, 인간이 지닌 모든 가치로운 것이 몸으로 환원될수록 외모가 가지는 권력은 더욱더 커질 것이다.

'짱' 문화의 긍정적이고 고무적인 측면을 보자면 기성 사회가 제공하지 못하는 사회의 다양성이 있다. 사실 얼짱·몸짱 말고도 글짱·노래짱 등 수많은 짱들이 1인 미디어 세대에서 탄생되고 있다. 또한 최근 맘짱·얼꽝이 등장하면서, 지난친 외모지상주의에 경종을 울리며 사회적으로 의식을 환기시키고 있다. 이 얼짱·몸짱 신드롬에서 벗어나기 위해서는 다양성에 눈을 떠야 하고, 외모지상주의를 쉽사리 걷어내기는 어렵겠지만 얼짱·몸짱 열풍을 더 이상 부추겨서는 안 된다. 그리고 세대를 뛰어넘어 각 분야로 퍼지고 있는 이 '짱' 문화가 생명력을 갖기 위해서는 신데렐라나 '일시적 거품'을 만들기보다는 정당한 노력과 공정한 경쟁이 더 강조되는 현상으로 바뀌어야 한다.

6. 육체관리산업

오늘날 우리가 가장 탐닉하는 대상은 바로 몸이다. 현대인에게 몸은 가장 중요한 소비의 목표이자 대상이다. 노동의 도구로서, 생존의 수단으로 혹사되던 몸은 이제 휴식하고 가꾸고 관리해야 하는 배려의 대상이 되었다. 즉, 후기 근대사회에서 몸은 자아 정체성이나 육체자본과 같은 상징 가치의 담지체로 부상하고 있다. 개인의 몸, 정확히 몸의 표면은 그 사람의 내적 기질과 태도의 재현물로 인식되고 개인의 정체성은 자신의 몸의 치수와 형태에 부여된 사회적 가치들과 연결되기(Shilling, 1993) 때문이다. 그러나 이와 같은 인식이 가능했던 것은 전통적·종교적 가치관의 쇠퇴와 더불어, 과학기술의 발달로 인간의 몸에 대한 탐구가 가능했기 때문이다. 더구나 후기 근대사회로 접어들면서 몸의 관리방식이 집단에서 개인에게 맡겨지면서 몸은 전례없는 개인화의 과정을 거친다.

이런 상황에서 몸 관리 산업이 팽창했다. 우리나라의 경우도 몸 관리 산업이 팽창한 것은 대략 1995년부터인데, 이때부터 자신의 몸에 금전과 시간을 투자하라고 설득하는 광고들이 몸 관리 산업으로부터 줄기차게 쏟아지고 있다. 특히 시각적 이미지들이 영향력을 발휘하는 사회가 되면서 우리는 어느 때보다도 자신의 몸과 스타일에 비판적인 눈을 갖지 않을 수 없고, 즉석 사진기나 비디오 같은 도구들도 개인들의 나르시시즘과 자기감시를 조장한다. 날씬해지고 싶은 욕망을 가진 사람들에게 다이어트 식품을 복용해라, 헬스클럽에 들러 운동을 해라, 비만/체형관리실의 토닝 시스템을 이용해라, 성형외과에서 지방흡입술을 받으라고 몸 관리 산업은 경쟁적으로 외친다(임인숙, 2000).

이런 과정에서 과학적이고 체계적인 지식과 기술을 동원해 소비자들이 원하는 몸을 만들어줄 수 있다고 선전하는 이른바 '몸 전문가'들이 등장한다. 다이어트 상담가나 피부관리사 등 몸 관리에 관련된 수많은 신종 산업이 출현하고 있다. 특히 성형외과 의사들은 그들의 과학적 기술과 지식으로 기형적인 몸을 복원하거나 치유하는 데 그치지 않고, 기존에 없던 아름다움을 만들어내거나 '강화'하기 위해서 정상적인 외모를 가진 사람들의 몸에까지 영역을 확장하고 있다. 그리고 점차 산업이 발전해 사회적인 '부'가 축적되면서 삶의 질에 대한 기대치가 높아지는 가운데 성장하기 시작한 '보험회사'들이 보험 계약자들의 건강 상태와 사망의 개연성에 큰 관심을 기울이면서 건강과 체중의 관계에 대한 탐구는 의학의 영역을 넘어서고 있다. 이 과정에서 초기에는 35세 이상인 사람의 과체중만을 문제 삼았으나 점차 기준이 하향했고, 결국 유아를 포함해 거의 모든 세대의 과체중과 비만을 건강의 적신호로 보아 의학적 치료의 대상이 된다는 인식이 성립되었다. 이에 많은 사람들은 자신의 체중을 정확히 알 필요성을 느끼게 되었고, 이는 '신체검사', '건강검진'의 형태로 제도화되었다(한서설아, 2000).

이제 외모 관리는 철저하게 자기의 콤플렉스를 극복하기 위해 벌이는 자신과의 싸움이 된다. 외모의 문제가 철저하게 자기 육체를 통제하는 개인적인 문제가 되며 개인에 대한 가치평가와 관련되는 영역이 되면서, 외모강박증이 낳은 정신질환으로 병원을 찾는 사람도 늘고 있다. 신체에 대한 불만이 대인공포증과 우울증을 낳고 자신의 외모에 과도한 결함이 있다고 믿는 '신체변형장애'와 '망상장애'를 불러오기도 한다고 전문가들은 경고한다. 신체변형장애와 망상장애, 섭식장애는 20세기의 대표적인 병이고, 특히 이 질병은 대부분의 여성에게 나타난다. 수잔 보르도는 여성이 특히 잘 걸리는 병을 자세히 살펴보면 그러한 병과 '정상적인' 여성의 관행 사이에 뚜렷한 연관성이 있다고 한다. 섭식장애증 환자의 몸에는 현대의 여성성을 지배하는 규범이 직접적으로 새겨져 있다. 그래서 여성이 가족을 먹이고 돌보는 것은 지극히 당연하지만 여성 자신을 위해 음식을 먹는 것은 '탐욕'이 된다. 이 탐욕은 자본주의적 사회질서에서 공공의 선을 해치는 악이다. 그래서 풍뚱한 몸은 사회질서에 '저항하는 몸'이 되고, 날씬한 몸은 모두를 위한 가장 바람직한 도덕적 가치를 실현한 표상이 된다.

7. 몸살 앓는 몸

몸이 몸살을 앓고 있다. 몸에 대한 전례 없는 관심으로 우리는 우리의 몸을 개조하고 아예 새롭게 창조하는 수고까지 마다하지 않는다. 도대체 몸이 무엇이기에 이러한 수난과 모욕을 기꺼이 감수하는가? 몸은 인간의 지성사에서 정신에 비해 시시각각 변화하고 변덕스럽고 불안정한 존재였기 때문에, '몸'은 '정신을 담는 그릇'에 불과했고 심지어 '정신을 가두는 감옥'으로 인식되었다. 그러나 이러한 이성 중심의 사고는 니체 이후 서구 철학에서 정신과 몸을 나누고 정신에 더 큰 비중을 두던 데서 벗어나 그동안 경시되어온 몸에 대한 새로운 관심을 갖게 되었다. 특히 페미니즘에서 오랫동안 여성에게 주어진 사회적 차별을 정당화하는 가장 강력한 근거로써 '몸'을 분석해왔다. 그리고 무엇보다도 과학기술의 발달로 몸에 개입하는 것이 점점 수월해지면서 '몸이란 무엇인가'에 대한 우리의 지식이 흔들리고 있다. 또한 이러한 상황은 과학에 의한 몸의 개조를 어느 정도까지 허용해야 하는가에 대한 우리의 도덕적 판단 능력을 앞지르고 있다(Shilling, 1993). 그리고 최근 이식수술 및 가상현실과 같은 분야의 발전은 몸과 몸 사이에, 그리고 과학기술과 몸에 전통적으로 존재했던 경계를 무너뜨리겠다고 위협함으로써 몸의 불확실성을 심화시키고 있다.

불확실성의 시대에 이제 사람들은 자신의 몸에서만 확실한 정체성을 가질 수 있다. '정신은 고귀하고 육체는 천하다'는 생각은 '나는 몸이며 몸은 곧 나'라는 생각으로 판이하게 바뀌었다. 신체를 혐오하던 시절을 보상이라도 하듯 요즘 현대인들은 몸을 가꾸고 다듬는 데 많은 돈과 시간을 할애한다. 그래서 몸은 이제 인간의 행복을 가늠하는 바로미터가 되었다. 그러나 몸이 자아를 상징하는 기념물이 되었지만, 우리가 가꾸는 것은 여전히 몸의 외피이다. 그래서 정신에 의해서 억압되었던 몸이 해방감을 맛보기도 전에 몸은 욕망에 의해 다스려지고 있다. 이 욕망은 자본의 욕망이요, 타자에 의해 다스려지는 자아의 욕망이요, 권력의 욕망이다. 그래서 이 욕망은 인간에 대한 온전한 이해를 방해한다. 특히 여성의 육체적 매력을 상품화하는 사회에서 여성은 남성처럼 지성과 감성을 지닌 인격적 존재가 아니라 몸으로써만 존재 가치를 인정받는 대상으로 전락할 수 있다. 그래서 언제나 자기 자신 안에 있는 나르키소스를 타인을 통해서만 확인해야 하기 때문에 여성에게 타인은 지옥이다. 여성은 또 불행해지고 있다.

도대체 몸이란 무엇인가? 몸이 사회적 관계로부터 자유로우면서도 스스로 자율성을 확보한다는 것이 가능할까? 이제 겨우 사유의 출발점이었던 몸에 눈을 돌리기 시작했는데, 이 몸을 제대로 성찰하기 위해서는 몸의 외형이 아니라, 몸에 흐르는 에너지를 감지할 수 있는 감수성을 길러야 한다. 몸은 몸이다. 몸을 향한 온갖 시선으로부터 자유로울 때 우리는 몸 속의 욕망과 몸을 길들이려고 하는 권력의 욕망의 경계를 분리할 수 있으리라.

^{12장} 관광이 넘쳐나는 사회

인태정_부산대학교 강사

1. 일상 탈출의 환상적 메시지

투명한 햇살이 비추는 낙원의 섬 사이판!
오직 천진무구한 자연만이 우리를 반기는 한적한 휴식의 섬 로타!
고대 역사의 숨결 인도차이나 반도!
망고처럼 향긋한 휴양지 필리핀!
신들도 쉬어가는 섬 발리!

관광지에 대한 이러한 광고는 일상적인 지역의 저 바깥 어딘가에 엄마 품처럼 아늑하고 편안한 곳, 청정무구한 자연이 느껴지는 곳, 낙원과 같이 환상적으로 아름다운 곳이 존재하며 그곳을 사람들이 찾아갈 것을 유인하고 있다. 혹은 관광을 유혹하는 광고는 로맨스에 호소하기도 한다.

스위스의 아름다운 자연과 알프스의 설원에서 둘만의 아름다운 추억을. 소중한 사람과 영원한 사랑을 속삭이고 싶으십니까? 그러면 ××투어로 오세요.

이러한 광고는 사람들이 관광을 통해 일상과는 전혀 다른 낯선 곳에서 둘만의 시간과 공간을 공유하고, 둘만의 추억을 쌓을 수 있음을, 관광이 야말로 사랑의 깊이를 더해주는 촉매제임을 암시하고 있다.

한편, 관광홍보는 아니지만 한때 사람들의 이목을 집중시켰던 H카드의 광고가 있다. 요란한 타이핑 소리와 이마에 맺힌 땀방울, 그 뒤에 이어지는 시원한 바람과 달리는 자동차의 장면, 그리고 일상탈출을 유혹하는 명령조의 선전 문구, '열심히 일한 당신 떠나라!'

이 광고를 통해 전해지는 이미지는 성실하고 진취적인 삶과 과감한 일상 탈출을 시도하는 관광 여가 활동이 잘 어우러진 모습이다. 다시 말해서, 노동의 영역에서 일의 만족도가 높고 성취적인 삶을 지향하는 사람들에게 선택적 친화력이 있는 여가 활동이 관광임을 암시하는 것이며, 따라서 관광이라는 여가 활동은 노동에 대한 보상이자 상대적으로 높은 계층적 정체성의 표현임을 나타내는 것이다.

또 다른 한편, 관광에 대한 유인 전략으로서 관광이 소중한 인간관계를 지속적으로 유지시키는 구체적인 실천방안으로 제시되고 있다. 특히 가정의 달인 5월을 겨냥해서 여행업체뿐만 아니라 카드사에서도 가족여행 패키지 상품과 효도관광 상품을 경쟁적으로 내놓고 있다. 이는 다음의 신문 기사를 통해서 확인된다.

"5월엔 가족과 함께" 카드사 기획행사 다채

가정의 달인 5월을 앞두고 신용카드사들이 중저가 효도관광 상품, 어린이 놀이공원 할인 입장 등 다양한 기획 상품을 내놓았다.

적은 비용으로 효도하세요: 비씨카드는 5월 6~7일 출발하는 2박 3일 제주 특선상품(21만 5,000~33만 5,000원)을 내놓았다. 65세 이상 노인들에 대해서는 요금을 5% 할인해주며 참가자 전원에게 카네이션과 소정의 기념품을 나눠준다.   (≪동아일보≫ 2003.4.22.)

현대사회를 살아가는 사람들은 자식의 도리를 수행하기 위해서는 부모님께 효도관광을 보내드려야 하고, 부모와 가장으로서 역할을 수행하기 위해서는 가족여행 상품을 소비해야만 한다.

여행사나 여행 관련 업체에서 아름다운 절경으로, 아니면 로맨스에 대한 환상으로, 혹은 계층적 정체성으로, 또는 소중한 인간관계를 유지하는 의무적 실천으로 관광 활동을 유인하지만 이러한 유인 행위는 관광과 관련된 사적 기업에만 국한된 것이 아니다. 즉, 국가기관과 지자체에서도 외국인 관광객뿐만 아니라 내국인 관광객을 유치하기 위해 다양한 관광 홍보전략, 다각적인 정책적 방안과 프로그램 개발에 고심하고 있다.

한국에서는 1960년대부터 국가가 외화벌이의 수단으로서 관광의 중요성을 인식하면서 국가 주도적으로 관광산업을 육성하였다. 1989년 국민해외여행 자유화조치를 기점으로 관광사업의 주요 대상은 외국인보다 내국인 쪽에 무게가 실리게 되었는데, 이는 내국인의 해외여행을 국내 관광 소비로 전환시키기 위함이었다. 예컨대, 김대중 정부 시기에는 국민들의 애국심에 호소하면서 해외여행에 앞서 국내 관광지를 먼저 찾아보는 '내 나라 먼저 보기' 캠페인을 벌이기도 하였다.

또한 1990년대 들어 한국에서 지방자치제도가 본격적으로 실시되면서 각 지자체들은 취약한 재정자립도를 향상시키기 위한 수익사업으로서 관광사업에 치중하게 되었다. 그래서 문화관광부의 지원하에 각 지역의 문화관광축제로, 1997년에는 10개, 1998년 18개, 1999년 21개, 2000년 25개, 2001년에는 30개 축제에 이어, 2002년에는 29개 축제가 선정되었고, 1999년까지 지방축제는 총 793개 사례에 달한다(문화관광부, 2002).

따라서 현대 한국 사회에서 폭발적으로 일어나는 관광 소비의 대중적 붐은 관광의 생산 영역, 즉 사적 기업, 국가, 지자체들의 이해 관심과 결코 무관하지 않을 것이다. 그러나 관광의 생산 영역에서 이루어지는 관광 소비로의 유인이 즉각적이고 일방적으로 관광객의 관광 소비와 이어지지는 않는다. 여기서 관광 소비의 사회적 상황과 심리적 기제에 대한 파악이 필요한 것이다.

여가활용 실태조사에 의하면, 관광 혹은 여행이 실제적인 여가 활동으

로는 0.3%로서 가장 낮지만 희망하는 여가 활동으로는 10.7%로서 제1
순위를 차지하고 있다(문화관광부, 2000).

관광에 대한 이러한 선호도는 관광이 가지는 일상적 단절성과 구조적
전치성에서 기인한 것이다. 대부분의 여가 활동은 일상적 구조 내에서
이루어질 수 있는 반면, 관광 활동은 일상적인 시·공간을 탈피하고 일상
적 구조와 단절되는 속성이 더 강하다.

현대 자본주의 사회에서 사람들의 일상적인 생활구조가 다람쥐 쳇바
퀴 돌듯이 반복되는 일상사, 치열한 생존경쟁과 강도 높은 노동으로
인한 사회적 스트레스의 증가, 정의적이고 인간적인 관계 대신에 타산적
이고 물질적인 관계로 전환되어가는 인간관계 등으로 얼룩질수록 그로
부터 탈출하고자 하는 욕망은 더욱 강렬해지는 것이다.

또 한편, 관광 소비의 심리적 기제에 대해 맥켄넬(MacCannell, 1994:
189-190)은 다음과 같이 설명하였다.

관광객의 관점에서 현대 세계 속의 자신의 일상생활은 가짜이다. ……
이러한 의사 요소들로 자신의 일상생활과 자신의 과장된 경험을 구성하게
하는 것보다 개인이 '부적절한' 것을 느끼게 만드는 데 더 적합한 것은
아무것도 없다. 그래서 바로 여기, 바로 지금은 아니더라도 어딘가에, 아마
도 다른 나라, 다른 라이프스타일, 다른 사회계층 어느 곳엔가 진짜의
사회가 존재한다는 믿음을 유발하고 그러한 진짜의 것을 찾고 싶어 하고,
또 찾기 위한 행동이 바로 관광여행이다.

그의 말을 요약하면, 관광 욕구란 진짜보다 가짜가 더 많은, 위조와
의사 사회(spurious society)인 현대사회의 구조적 특성에 기인한 사회·심리
적 현상이라는 것이다. 결국, 위조와 가상과 의사로 구축된 사회 장치들,
단조롭고 비창조적인 노동의 소외, 단순하고 반복적인 따분한 일상,
철저히 계산적이고 비인간화된 인간관계 등이 편재한 현대사회에서,
관광은 진정한 고유성의 추구, 소외된 노동에 대한 보상, 지겨운 일상의

탈출, 새로운 경험과 견문 확대 등의 상징을 내포하는 기호(sign)로 변신하면서 현대인의 질병을 치유하는 만병통치약으로 등장하게 되었다.

이는 국민 관광여행 통계를 봐도 확인할 수 있다. 2001년 국민들의 국내 관광여행률은 96.7%(한국관광공사, 2002)에 이르고 있으며, 이는 국민 대부분이 관광여행에 참가하고 있다고 해도 과언이 아니다.

이러한 관광 소비의 대중적 붐은 국가와 지자체, 기업들의 적극적인 홍보와 광고, 그리고 관광 소비자들의 사회심리적 요인의 상호작용을 통해서 이루어졌으며, 그 결과 현대사회에서 관광 행위는 일상생활에서 반드시 해야만 하는 필수적인 생활양식이 되었다.

국가, 지자체, 여행사뿐만 아니라 산림청, 농촌진흥원, 한국도로공사, 국민연금관리공단, 국립공원관리공단, 고속도로시설관리공단, 혹은 관공서와 사기업의 합작투자 등 관광 생산 주체가 엄청나게 다양해졌다. 그에 따라 관광 상품은 봇물 터지듯 쏟아져 나오게 되고, 또한 각 지역축제로 현대인의 일상은 1년 내내 축제의 도가니 속에 있으며 전 국토는 온통 관광지로 변신하고 있다. 관광이 넘쳐나는 시대, 관광을 강권하는 사회에서 관광 욕구와 행위는 '사회적 사실'이자 사람들이 외면할 수 없는 현대의 '집합의식'(Durkheim, 1994)이 되는 것이다.

2. 신기루가 되어버린 관광신화: 관광의 소외

떼 지은 철새들의 이동처럼, 주말이나 휴일이면 일상을 탈출하고자 너나없이 관광지나 휴양지로 향하는 긴 행렬의 살풍경을 우리는 쉽게 찾아볼 수 있다. 그러나 일상 탈출의 환상적 메시지와는 달리 현실에서 보이는 관광의 모습은 어떠한가? 휴식과 재충전의 기회라고 여겨진 관광 여가 활동이, 붐비는 차량 행렬을 피하기 위해 출근 시간보다 더 빨리 준비해야만 하는 고달픈 여정이 된다. 근교의 유명한 산이나 공원, 휴양지 등의 목적지에 도착하면 느릿느릿 줄지어 오르고, 좋은 장소를 차지하기 위한 자리 쟁탈전이 시작되고, 그러고 나면 너도나도 밥 짓고 고기 굽고, 밥 먹고 나면 화투판이 벌어지든지 아니면 자리 깔고 모자란 잠을 청하기도 한다. 그리고 집으로 돌아올 때는 차가 밀릴 것이 걱정되어서 오후 서너 시부터 일찌감치 출발한다. 그렇게 하지 못한 사람들은 집으로 되돌아오는 차들로 인산인해를 이룬 도로에서 한두 시간이 걸릴 거리를 서너 시간이 경과한 후에야 가까스로 돌아올 수 있다. 이렇게 생존경쟁을 방불케 하는 여가 전쟁을 치르고 난 후 대부분의 사람들은 집에서 쉬는 게 가장 좋은 휴식임을 다시 한번 뼈저리게 절감한다. 그러면서도 가장들은 가족을 위해 다음을 다시 기약해야만 하고 그래서 주말이나 연휴가 그들에게는 또 다른 노동일이 되어버렸다.

일상 탈출이자 즐거움 자체이며 삶의 재충전이자 자아실현의 계기라고 기대했던 관광 활동이 실제로는 고달픈 여정이자 사회적 의무이고 또 다른 구조화된 일상이 되어버린 것은 무엇 때문일까? 한국의 특수한 상황에 비추어 원인을 찾아보면, 한반도가 땅이 좁고, 도로의 확장 속도보다 차량의 증가 속도가 폭증하였기 때문이다.1 이는 또한 선택할 수 있는 관광지가 적은 공간적 제약과 주말·연휴·휴가일이 집중되어 있는 시간적 제약에서 기인한 것이기도 하다. 그러나 국내 관광뿐만 아니라 해외 관광의 경험에서도, 한국인뿐만 아니라 외국인들의 경험에서도, 기대감에 가득 찼던 관광신화가 신기루가 되어버리는 것은 단지 관광지의 특성이나 각 국가의 특성만은 아닌 것으로 보인다. 즉, 세계인들이 보편적으로 관광에서 경험하게 되는 실망감과 소외감의 근본적인 요인을 세계 자본주의 체제의 일반적인 특성에서 찾아도 크게 무리는 없을 것 같다.

따라서 이 장에서는 자본주의의 구조적 맥락에서 관광의 소외 현상을 살펴보고자 한다. 자본주의 체제는 사회적 필요의 충족보다는 사적 이윤

---

1 2001년 말 현재 도로 총길이는 9만 1,396km이며, 이 중에서 포장도로는 7만 146km, 도로 포장률은 76.7%이다. 1km당 자동차 대수는 1970년에는 3.1대, 1980년에는 11.2대, 1990년에는 59.9대, 2000년에는 135.8대이며 2001년에는 141.3대에 이르고 있다(통계청, 2002: 102).

추구를 위한 확대재생산을 기본원리로 하고 있다. 확대재생산을 위한 기제로는 기존 소비를 양적으로 팽창시키든지, 또는 새로운 욕구를 생산하고 그에 따른 새로운 사용가치를 발견·창출하는 것이다. 관광 역시 전통산업 분야의 과잉자본투자와 과잉생산에 대처하여 새로운 영역을 개척하고자 하는 자본가들의 극심한 경쟁을 통해 상품으로 전환되면서 대중적 소비 형태가 되어왔다.

자본주의 체제하에서, 관광이 상품으로 전환되면서 나타나는 관광의 소외 현상을 다섯 가지 측면에서 고찰해보겠다.

첫째, 이윤추구를 위한 자본의 논리가 관광의 영역에 침투되면서 관광 소비의 대중화와 관광 상품의 다양화가 이루어졌다. 관광의 대중적 소비와 관광 상품의 다양화는 소비자들에게 여가 선택의 폭을 넓히고 탈출과 휴식의 공간을 확대시킨 것처럼 보이지만 일반 소비자 대중은 상품의 생산과정으로부터 배제되고 자신이 통제할 수 없는 상품의 홍수 속에서 오히려 무력감과 소외감을 느낀다.

둘째, 사회적 필요의 충족보다 사적 이윤추구를 위해 관광 상품이 생산되는 과정에서 관광 상품의 사용가치와 교환가치의 분리 및 사용가치에 대한 교환가치의 우위 현상이 나타난다. 즉, 상품의 교환가치를 실현하기 위해 여러 가지 미적 형태로 상품기호가 조작되면서 사람들의 허위적이고 과잉적인 소비욕구가 조장되는 것이다. 예를 들면, 인간의 가장 깊은 요구, 욕구, 환상, 에로티시즘에 호소하면서 교환가치를 위해 관광이 과대 포장된다든지, 또는 관광 상품에 행복, 효도, 로맨스, 이국적 풍취, 성공 등의 이미지를 투입해서 사회적으로 승인받는 가치, 자기 정체성에 대한 욕구실현을 오로지 관광 상품에 대한 욕구와 소비로 전환시킨다.

그러나 교환가치를 위해 조작된 상품기호가 약속한 만큼의 사용가치를 보장하는 것이 아니라, 오히려 사용가치(실제의 관광 경험)와 교환가치(과대 포장된 관광 상품)의 간극과 괴리감만을 안겨줄 수도 있다. 또 하나의 사례를 들면 사용가치에 대한 교환가치의 우위는 관광 경험에서도 나타난다. 즉, 관광 상품화를 위하여 평범한 대상이나 장소, 경험에 불과한 것들이 광고를 통해서 환상적이고 신비로운 관광지로 탈바꿈하며, 그러한 상징적 변용은 관광 경험의 질(사용가치)을 반드시 보장하는 것은 아니다. 예를 들어 관광지 홍보를 위해 사진 전문가들이 며칠 동안이나 작업하여 가장 아름답게 찍은 정동진의 일출 장면은 관광객들이 언제나 자신의 경험과 항상 일치시킬 수 있는 광경은 아닌 것이다.

게다가 사용가치에 대한 교환가치의 우위가 점증하면서 극단적인 사례도 빈번히 행해진다. 눈앞의 이익만 챙기기 바쁜 여행사의 횡포로 인해 여행 일정이 멋대로 변경되거나 쇼핑관광, 옵션관광이 강권되고 웃돈까지 요구하는 사례가 횡행하는 것이다. 그래서 여행업자의 계약·약관 위반행위로 인하여 발생하는 소비자 피해를 예방하기 위해 이러한 사례를 처벌하는 법률이 최근에 제정되기도 하였다.

셋째, 관광이 상품화되는 과정에서 이윤의 극대화를 추구하기 위해 관광의 동질화·표준화 현상이 나타난다. 이러한 현상은 자본주의하에서 사회적 삶의 표준화라는 공통된 특성을 공유하고 있다. 관광의 동질화·표준화 현상이 나타나는 대표적인 관광 상품은 패키지 관광이다. 패키지 관광 상품의 보급은 관광산업의 초기 단계나 비교적 저개발국가에서 두드러지게 나타난다. 예컨대 한국에서 제주도 신혼여행이 대중적으로 확산되었을 때, 일생에 단 한번뿐인 제주도 신혼여행에서 찍은 사진은 특정한 장소, 배경, 포즈 등이 어느 집이나 동일하다. 신혼여행지가 노선화(Routing: 숙박, 음식점, 판매소 등의 동일성)와 지대화(Zoning: 관광객들을 분산시키기 위해 관광 지역을 분할하는 것)2되면서 신혼여행 일정이 비슷하고 방문하는 장소도 거의 비슷해진다. 심지어 어느 특정한 관광지의 명물은 대다수의 관광객의 손끝에 유난히 닳아서 퇴색한 빛을 발하고 있다. 패키지 관광이 관광 소비자들에게 편안함과 효율성을 주는 반면 자발성과 고유성과 다양성이 부정되는 것이다.

---

2 S. Papson, "Spuriousness and Tourism: Politics of Two Provincial Canadian Go Vernments," *Annals of Tourism Research*, 8(2), 1981, p.227에서 노선화와 지대화를 참조하시오.

관광이 상품화·동질화·표준화된다는 것은 관광이 자본주의의 보편시장의 일부로 편입된다는 것이며, 이러한 과정은 특정 세력의 이해관계에 의해 비노동시간, 여가 시간이 다시 사회적으로 구조화되는 체계로 이어지는 것을 의미한다. 따라서 자유, 해방, 탈출, 자발적 의지, 자유선택은 또 다른 일상화·상품화·패키지화의 과정 속에서 심각하게 제한받는다.

넷째, 관광이 상품화되는 과정에서 장엄하고 수려한 자연환경, 뿌리 깊은 전통과 찬란한 역사적 유산뿐만 아니라 운송, 서비스, 오락도 상품화되고, 심지어는 미소, 환대, 친절한 민족성조차도 상품화된다. 또한 관광이 상품화되는 과정에서 고유한 질적 경험이 가격표가 명시된 상품으로 전환되며, 인간관계도 금전적 가치로 축소되거나 화폐적 관계로 표현되고 전환되면서 화폐물신주의와 인간의 사회적 관계의 물상화가 나타난다. 부모에 대한 효도, 자식에 대한 자애, 연인이나 부부간의 사랑은 관광 상품을 구입하고 소비함으로써 표현되고, 인류애와 세계 평화에 기여도가 높은 관광산업을 통해 만나는 인간관계는 구매력이 있는 관광객에 대한 주인의 미소와 환대로 형성·유지됨으로써 인간의 사회적 관계가 물상화된다. 그로 인해 관광 활동의 인간적 의미나 가치가 소외되는 것이다.

다섯째, 자본주의 체제는 사적 이윤추구를 위한 경쟁의 원리를 근거로 발전하고 있다. 이러한 경쟁원리는 일상생활의 전반에 경쟁심리를 영속시키고 경쟁의 정치에 의해 영향을 받게 한다. 이는 관광의 생산 영역뿐만 아니라 소비 영역에서도 예외가 아니다. 전근대사회에서 소수 특정 신분만이 독점하던 관광 행위가 근대 이후 대중화되는 과정은 관광 소비의 민주화나 평등주의가 아니라 계급 간의 경쟁적·위계적 소비를 통해 불평등이 확대되어가는 과정이다.

즉, 관광 행위의 대중화가 관광 경험의 질적 동등성을 보장하는 것이 아니라 계급적 불평등에 따른 관광 소비의 불평등 체계를 전제로 발전하는 것이다. 간단한 예로 여행사에서 발간되는 관광여행지 홍보물을 보면, 거리, 숙박, 여행일정에 따라 일정한 금액이 책정되어 있으며 싼 가격부터 비싼 가격까지 위계적으로 정렬되어 있다. 위계화된 관광 상품을 선택하는 데 있어 결정적인 요인은 개인적 취향의 차이라기보다는 사회 경제적 조건에 따른 계층적 차이인 것이다.

특히, 초고가 관광 상품의 출시는 계급적 위계의 장벽을 관광에서도 실감하게 한다. 이러한 현실은 다음의 신문 기사에서 확인할 수 있다.

4,100만 원짜리 관광 상품

28일 관련 업계에 따르면 미국 S 사의 한국 판매대행사인 T 사는 오는 7월 두 차례에 걸쳐 각각 12일 일정으로 1912년 북대서양에서 침몰한 타이타닉 호를 탐사하는 여행 상품을 내놓았다. 1인당 참가비용은 3만 6,000달러(한화 약 4,100만 원). T 사 측은 이번 프로그램을 위해 영화 <타이타닉> 촬영에 쓰였던 심해 잠수정을 동원하고 3명의 해양 전문가도 동행시킨다고 홍보하고 있다. 타이타닉 뱃머리와 주 계단, 대형 무도회장 등 잔해를 살펴보는 데 걸리는 시간은 대략 3~4시간이 예상된다.

T 사 측은 이어 내년 중순엔 미국과 러시아에서 각각 우주선을 타고 지구궤도를 벗어났다가 돌아오는 9만 8,000달러(1억 2,000만 원)짜리 상품도 검토 중이라고 밝혔다.　　　　　　　　　　　　(≪문화일보≫ 2003.1.28.)

게다가 한국인의 지나친 과시적 소비문화와 과도한 쇼핑 관광의 문제점에 대해서는 신문 지상을 통해 종종 접하곤 한다. 이는 불평등한 현실에 기인한 계층적 위화감의 표현인 것이다. 또한 관광 활동에서 사람들이 느끼는 불평등감은 '관광인식에 대한 국민여론조사'(한국관광공사, 1995: 23-31)를 통해서도 잘 드러난다. 즉, 관광이 미치는 나쁜 영향에 대한 의견조사에 의하면, 낭비/소비 촉진(49.6%), 허례허식 조장(29.2%), 계층 간 위화감/갈등 조장(10.1%), 각종 범죄요건 구성(5.8%) 등으로 결과가 나타났다.

이러한 조사결과는 관광의 영역이 평등을 경험하는 곳이 아니라 계층적 불평등과 위화감을 경험하는 곳임을 입증하는 것이며, 그로 인해 관광의 소외가 야기된다.

3. 한국 관광문화의 독특성

근대적 관광의 형성은 자본주의 체제의 발전이라는 사회구조적 요인과 불가분의 관계이다. 그러나 한국의 관광문화는 자본주의의 요인만으로 설명할 수 없는 독특성이 있다. 한국의 관광문화(근대적 의미의 관광)는 서구에 비해 역사가 짧고, 식민지와 급속한 근대화의 굴절되고 왜곡된 역사적 경험 때문에 그다지 성숙하지 못한 실정이다. 해외여행이 전면적으로 자유화된 이후 10여 년을 지나는 동안 한국의 관광문화는 졸부들의 싹쓸이 쇼핑관광, 곰을 함부로 도살하는 보신관광, 카지노에 들어가 일확천금을 노리다가 망신당하는 도박관광, 일본인들이 물려준 섹스관광의 모방 등으로 '어글리 코리안'이라는 오명을 벗지 못하고 있다.

혹자는 한국의 문화와 서구의 문화를 평면적으로 비교하면서 한국 문화의 특성을 한국인의 고질적인 본성 탓으로 돌리고 서구의 선진문명을 이식하거나 본받을 것을 주장하기도 한다. 그러나 한국의 문화적 특성은 민족성이나 자연적 본성에서 기인한 것이기보다는 한국의 전통문화적 특징과 근대 이후의 독특한 역사적 경험들이 상호작용하면서 형성된 결과이다.

따라서 한국의 독특한 관광문화가 나타나게 된 과정과 요인을 역사적·사회적 맥락에서 살펴보면서 한국 관광문화의 독특성을 네 가지로 요약하고자 한다.

첫째, '음주가무를 즐기는 유흥적 문화'를 한국 관광문화의 특징으로 들 수 있다. 한국인의 신명과 유흥적 기질을 거슬러 올라가면 무교적 영향에서 찾을 수 있다. 『삼국지』 위지 동이전에서 전해진 바에 의하면, 우리 민족은 무교적 제의를 올리는 동안 밤낮을 먹고 마시고 춤추며 놀았다고 한다.

현대 한국인의 관광 행태에서도 음주가무를 즐기는 기질과 행태를 쉽게 발견할 수 있다. 산이나 들에서, 심지어 달리는 관광버스나 기차 안에서도 한국인들은 먹고 마시고 노래하고 춤을 춘다. 차가 급정거하거나 사고가 났을 때 인명피해를 막기 위해 최근에 정부는 차 안에서 음주가무를 금지하는 법적 조치를 마련하였다. 그럼에도 불구하고 한국인의 타고난 신명과 유흥의 기질은 쉽게 변하지 않는다. 이러한 행태는 다음의 신문 기사에서도 확인된다.

> 며칠 전 퇴근길에서 경부고속도로 하행선 부근에서 대여섯 대의 관광버스가 열을 지어 진입하는 것을 보았다. 버스 안에서는 나이트 클럽을 방불케 할 정도로 40~50대의 아주머니들이 신나게 춤을 추고 있었다. 플래카드에 적힌 "관광버스 안에서 음주가무를 하지 말자"는 계도 문구가 무색할 정도였다. 경찰 순찰차가 대기 중인 톨게이트 앞에서까지 흥에 겨워 차가 흔들릴 정도로 일어서서 춤을 추고 노래를 부를 정도라면 다른 관광지로 이동할 때도 그랬을 것이라는 것은 쉽게 짐작된다.
>
> (≪세계일보≫ 2003.10.25.)

심지어는 음주가무와 도박을 즐기기 위해 관광버스까지 개조하는 사례도 발생하였다. 이러한 유흥적 관광 행태는 다른 나라에서 찾아볼 수 없는 한국인의 독특한 행태이다.

둘째, 음주가무를 즐기는 한민족의 기질은 '현장주의·현세주의적 경향'과 결합되어 상승작용을 일으킨다.

현장주의·현세주의적 경향은 서양인의 시간관이 미래를 향해 나아가는 반면 동양인의 시간관은 주기적이고 순환적인 데서 연원한다. 우리의 전통문화에서도 시간은 끝없는 미래를 향해 무한정으로 펼쳐 있기보다 일정한 주기로 되돌아오는 것으로 생각되었다. 이러한 시간관은 우리 고유의 역사적 경험과 상호작용하여 우리의 일상적 삶에 독특한 현장주의와 현세주의적 경향을 드러나게 했다(박재환, 2001: 18).

"산 개가 죽은 정승보다 낫다", "개똥밭에 굴러도 이승이 좋다"라는 속담에도 우리 민족의 현실 지향적 성격이 잘 나타난다. 우리 민족의 현장주의·현세주의적 성향은 근대사의 경험과 맞물려 독특한 현장주의, 현세주의, 그리고 쾌락주의를 낳았다.

박정희 정부의 "잘살아 보세"라는 새마을운동의 기치 아래 전 국민이 허리띠를 졸라 매고 대동단결하여 급속한 경제개발을 이루어냈던 것도 "영원히 달성되지 않는 미래를 위해서 오늘은 억제하는 것이 아니라 정해진 그 미래에서의 더 큰 현세적 충족을 위한"(박재환, 2001: 18) 성실과 금욕이었던 것이다. 1980년대 중반에는 3저 호황을 계기로 국민들은 상대적인 풍요를 경험하게 되었고, 쿠데타로 집권한 전두환 정부가 탈정치화의 수단으로 물량공세와 3S 정책을 펼치면서 소비주의와 쾌락주의는 급속도로 사회 전반에 전파되었다.

한국인의 현장주의·현세주의적 성향은 한국인의 보신관광 행태에서도 나타난다. 옛말에도 "먹고 죽은 귀신은 때깔도 좋다"라는 말이 있듯이 살아 있는 동안은 원기 왕성하고 즐겁게 살고자 하는 욕구가 정력과 연결되어 한국의 보신관광 행태를 낳게 되었다. 한국의 보신관광의 사례는 다음 신문 기사를 통해 잘 나타난다.

최근 태국에서 물의를 일으켰던 야생곰 밀도살 사건은 빙산의 일각이다. 그들은 '재수가 없어서' 발각되었을 뿐 여행사들은 지금도 호시탐탐 곰 쓸개 관광에 정신이 팔려 있다. 곰 1마리에 최소 2,000만 원이라도 이를 원하는 손님들은 얼마든지 있기 때문이다. 성사만 되면 여행사 측은 50%의 커미션을 얻어낼 수 있다.

사이판의 영양탕 집, 방콕의 독사연구소, 파타야의 코브라 집은 한국인이 없으면 장사가 안 된다. 한국 관광객들은 녹용·웅담·뱀 쓸개 등 몸에 좋다는 것은 그것이 진짜인지 가짜인지, 또 몸에 좋은지 나쁜지도 모른 채 마구 먹고 마신다.

방콕의 한 무역업체 직원은 태국인들이 "한국 사람은 전부 다 정력이

약하고 남자에 비해 여자가 부족하냐"라고 물을 때마다 참담한 심정이라고
털어놓았다.   (≪국민일보≫ 1996.7.19.)

한국인의 이러한 보신관광 행태는 전통적인 현장주의·현세주의적
성향과 더불어 서양의 감각적이고 말초적인 저급문화의 유입, 건강이
상품화되면서 확산된 건강염려증, 남근 중심의 왜곡된 성지식의 합작품
이다.

셋째, '폐쇄된 공간에서 은밀한 문화'를 한국 관광문화의 특징으로
들 수 있겠다. 이러한 특징의 연원을 역사적으로 멀리 거슬러 올라가면
동양의 유교문화에서 부분적으로 찾을 수 있다. 혹자는 동서양의 문화를
비교하면서 서양의 문화가 프로테스탄트적 기독교 윤리에서 나온 원죄
문화라고 한다면 동양의 문화는 유교 윤리를 바탕으로 도의와 체면을
중시하는 수치문화라고 주장한다. 이러한 동서양 문화의 차이는 원죄문
화권에 사는 사람들이 자신의 비행과 일탈을 신의 존재 때문에 자책하는
데 반해, 수치문화권에 사는 사람들은 자신의 비행과 일탈이 남에게 알려
지지 않는 이상은 그다지 자책감에 시달리지 않는 경향에서 확인된다.

또한 유교가 성행했던 조선조의 사대부들은 유교적 예법을 내세워
기층 계급의 무속적 신명을 억압하고 절제의 미덕을 강요했지만, 그들
스스로는 첩과 기생을 제도화시켜 성적 쾌락과 음주가무를 마음껏 즐겼
다. 즉, 조선 사대부들은 사회적 질서유지를 위해 공공장소에서의 절제되
고 기품 있는 규범적 여가를 권장하였지만, 스스로는 폐쇄된 공간에서
본능적 여가를 즐겼던 것이다(오순환, 2000: 128). 폐쇄적 공간에서 은밀한
여가를 즐기려는 성향은 현대 한국인에게서도 발견된다.

40대 중반의 한 대기업 중견 간부인 이 아무개(45) 씨는 북한산성 쪽 음식점
에서 행사를 가졌다. 5쌍이었다. 불행하게도 참석자 중 한 남자와 여자가
아는 사이였다. 부인의 친구였다. 분위기가 일순 어색해졌다. 그러자 이런
모임에 익숙한 한 여자가 나섰다. "두 사람이 아는 사이고 보니 절대로

밖에 알려지지는 않겠네요." 어색함은 질펀한 웃음으로 바뀌었다. 이날 한 쌍을 제외하고 나머지는 '본 행사'를 즐긴 것 같았다고 그는 전했다.

(≪한겨레≫ 1996.10.30.)

폐쇄적 공간에서 은밀히 즐기려는 여가문화는 상혼이 개입되면서 '묻지마 관광'으로 나타난다. 어느 지역에 사는지, 직업은 무엇인지, 미혼인지 혹은 기혼인지를 서로가 전혀 알 수 없다. 하물며 이름과 성, 신분, 나이도 일체 묻지도 않고 말하지도 않은 채 남녀가 만나 관광을 떠나는 것이다. '묻지마 관광'은 남녀를 불문하고 신세대에서 노년까지, 국내에서 해외로까지 묻지마 미팅, 묻지마 만남 등의 다양한 형태로 널리 확산되어 있다.

'묻지마'의 연원은 '묻지마 관광'이었지만, 유행가 가사에도 "내 나이 묻지 마세요"가 있고 유행어로도 "묻지마 다쳐"가 있을 정도로 '묻지마'의 열풍은 한국 사회 전반에 만연해 있다. 한국 사회에 편재하는 '묻지마' 문화는 다음의 신문 기사에서 언급되었다.

'묻지마 투자'는 불로소득의 한탕주의와 투기를 조장하고, '묻지마 정책'은 정치적 인기전술로 국민을 시행착오의 희생자로 만들기 예사다. 우리나라를 교육의 불모지로 만들자 유행된 '묻지마 유학'은 학생의 교육 목표와 능력, 재능과는 무관하여 세계 최다수의 유학생을 배출하는 웃지 못할 현상을 연출한다. 젊은이들의 순수한 사랑보다 조건만을 앞세우는 '묻지마 결혼'은 세 쌍 중 한 쌍꼴의 이혼율을 낳게 되었다.…… '묻지마 고향' 열풍이 특정 지역에서는 유행 중의 유행이라고 한다. 그 지역 임부들이 남몰래 비행기를 타고 미국에 가서 출산한 후에 다시 돌아오는 일이 많다. 그래야만 시민권을 얻어 안전하게 미국인이 될 수 있다는 것이다. 그 과정이 보편화되다 보니 아이의 고향은 미국이 되었고, 너도나도 같은 형편이니 아기의 출생지는 서로 묻지 않는 것이 예의인 것이다.

(≪국민일보≫ 2002.6.12.)

이러한 현상은 급격한 산업화 과정에서 목적달성을 위해서는 수단·방법을 가리지 않고, 과정보다는 결과가 우선인 결과주의가 보편적인 가치로 통용되었던 한국 사회의 특수한 역사적 경험에서 비롯되었다. 게다가 경제·정치·사회 전반에 정정당당한 경쟁과 합리적 규칙이 적용되기보다는 연줄과 뒷거래와 비합리성이 더 현실적 영향력을 발휘할 때 그 내용과 과정은 불투명하고 생략되며 심지어는 은폐되기 마련이다. 다시 말해 정당한 과정과 절차보다 업적과 성과와 결과를 중시하는 사회적 기조는 목표달성을 위한 과정과 내용에 대해서 불문에 부치는 '묻지마' 문화를 낳을 수밖에 없는 것이다.

논의의 초점을 다시 '묻지마 관광'으로 옮기면 묻지마 관광의 심리적 기제는 현대사회의 특성과 연관되어 있다. 프로이트도 인간의 역사를 인간 본능을 억압하는 역사로 보았듯이 현대에 올수록 인간의 본능적 욕구는 도덕적 규범과 사회적 규제에 의해 억압받고 길들여지고 통제당하고 있다. 이러한 억압과 긴장상태가 오래 지속될수록 그러한 본능을 발산시키고자 하는 욕구는 더욱 강렬하게 된다.

'묻지마 관광'이 성행하는 심리적 동기는 익명의 공간이 주는 편안함과 안전함 속에서 억압된 본능을 마음껏 분출시키고 해소시키고자 하는 유혹에 기인한다. 이는 다음의 신문 기사에서도 나타난다.

> '묻지마 해외 관광' 제의를 받은 적이 있다는 사업가는 "사실 해보고 싶었다"고 털어놓았다. 쾌락 그 자체보다는 모든 것을 숨길 수 있다는 사실, 즉 '익명의 공간'이 주는 편안함에 이끌렸다는 것이다.
>
> (≪한겨레≫ 1996.10.30.)

특히 한국 사회는 서구에 비해 유교적 전통에서 나온 남의 눈을 의식하는 체면문화가 저변에 깔려 있고 개인주의보다는 가족주의와 집단주의가 더 지배적이기 때문에 익명성을 더 절실히 원하는지도 모른다. 즉, 한국 사회는 개인의 선택과 행동의 결과를 개인 스스로가 책임지는 개인주의보다는 가정에 대한 의무감이 강한 가족주의가 지배적이기 때문에 들킬 위험이 없는 한에서 쾌락을 추구하고자 하는 심리가 묻지마 관광 행태를 낳는 것이다.

서울대학교 차재호(심리학) 교수는 익명의 공간의 유희심리를 한국과 서구를 비교해서 다음과 같이 언급하였다.

> 미국의 경우 익명이 필요 없다. 가정을 갖고 있는 사람이 즐기다 들켜도 대부분 죄지었다는 생각을 하지 않는다. '미안하다'고 말하지, '잘못했다'고 사과하지 않는다.　　　　　　　　　　　　(≪한겨레≫ 1996.10.30.)

게다가 '묻지마 관광'을 떠나는 한국인들의 행태가 개별적으로 떠나기보다는 동네 친구, 동창 등 두세 명에서 대여섯 명까지 집단적으로 무리를 지어서 떠난다. 이는 일탈에 대한 불안감과 죄책감을 혼자서 감내하기보다는 집단의 힘을 빌려 극복하는 것이다. 만약 배우자에게 들켰을 때 "난 처음에 묻지마 관광인 줄 몰랐어. 그냥 친구들끼리 놀러 가는 것으로 알았어"라고 발뺌하든지, 아니면 의기투합과 만장일치의 과정을 삭제하고 "난 갈 맘이 없었는데, 자식들이 하도 꼬드겨서 할 수 없이 갔어"라고 친구 핑계를 대는 것이다.

결국 한국의 '묻지마 관광' 행태는 유교의 체면문화, 과정보다는 결과 우선주의인 '묻지마' 문화의 편재, 허약한 개인주의, 가족주의, 집단주의가 상호작용하면서 이루어낸 공동작품이다.

넷째, 한국인의 관광 행태에서 쉽게 발견할 수 있는 것은 '무질서와 조급증의 문화'이다. 해외여행이 자유화된 직후 어디서든 한국인임을 알 수 있는 것은 '빨리빨리'의 행태였다.

> 비행기가 정상고도에 오르기도 전에 안전벨트를 풀고 담배를 피우는 승객, 목적지 공항에 도착해서 비행기가 완전히 정지하기도 전에 입구 쪽으로 걸어나가는 승객은 십중팔구 한국인이다.

연방여행사 해외여행부 차장 정하룡(35) 씨는 "태국 홍콩 등 한국 관광객이 많이 나가는 동남아 지역에서는 호텔 종업원들이나 현지인들이 우리말로 '빨리빨리' 하면서 한국 단체 여행객을 맞이한다"고 한다. 1986년부터 관광가이드로 수십 차례 해외여행을 했다는 정 씨는 현지인들로 하여금 이 말을 가장 먼저 배우게 만든 한국인들의 행동 사례로 공항에서 비행기에 탑승할 때 먼저 타려고 몰리고, 식당에서 식사가 빨리 나오지 않는다고 재촉하고, 식사를 다른 나라 사람보다 몇 배 빨리 끝내고 관광지에서 가이드 설명을 듣지 않고 우선 사진부터 찍은 뒤 다음 여행지로 빨리 가자고 재촉하고, 엘리베이터가 늦게 올라오면 발로 차고 에스컬레이터를 뛰어올라 가고, 공항 등에서 수속이 늦어지면 참지 못해 빨리 해달라고 재촉하는 것 등을 꼽았다.   (≪조선일보≫ 1990.6.18.)

이러한 무질서와 조급증의 문화는 한국인 본연의 민족성이나 고질적인 본성이기보다는 역사적 경험에 기인한 것이다. 급속한 경제발전에 맞추어 사회, 문화, 제반 법률과 제도 등이 내일을 예측할 수 없을 만큼 급격하게 변화하는 상황에서 뒤처지거나 불이익을 당하지 않으려면 민첩하게 행동하지 않을 수 없다. 또한 급격한 산업화 과정에서 목적 달성을 위해서는 수단·방법을 가리지 않고, 질서를 지키기보다는 어떻게든 남보다 앞서는 것이 현명한 처세술이 된 것도 한국 사회의 발전 과정에서 나타난 역사적 형성물이다. 특히 무질서의 문화는 일제시대나 해방 후 특권층의 특혜와 기회독점으로 인한 정직과 질서의 무용성과 부재에서 기인한다. 일제시대에는 한국인이라는 이유로, 혹은 권력 배경이 없는 사람들은 정당하게 경쟁할 수 있는 기회가 주어지지 않았던 것이다.

해방 후에도 공공기관의 요직에 낙하산 인사가 성행하는 일, 아무리 성실하고 정직하게 일해도 권력층과 연계되지 않으면 사회적 신분 상승의 기회가 지극히 제한된 연줄문화, 특정 계층일수록 특혜가 용인되고 예외적인 규칙이 적용되고 지름길이 통용되는 구조 속에서, 질서 지키기는 아둔하거나 무력한 사람들의 몫이었던 것이다.

따라서 한국인의 관광 행태에서 나타난 무질서와 조급증의 문화는 장기적인 정책적 전망과 안정된 제도가 부재하고, 공정한 절차와 질서가 사라진 상황에서 필연적으로 나타날 수밖에 없는 자연발생적 산물인 것이다.

4. 현대사회에서 관광은 무엇인가?

현대사회에서 관광은 경제적 영역뿐만 아니라 사회·문화적 영역에서도 의미 있고 중요하다.

우선, 관광의 경제적 기능을 살펴보면, 관광산업은 항공업·숙박업·여행업·음식업·오락 상품 등을 제공하는 복합적인 산업으로서 관련 산업의 발전을 유도하는 등 경제적 파급효과가 큰 산업이다. 게다가 세계 관광 성장추세를 보면 1960년대에 비해 관광 인구는 10배 정도 증가했고 수입의 측면에서도 60배 이상의 고성장을 이루어서 관광산업은 세계 거대 산업의 선두대열에 오르고 있다(WTO, Tourism Highlights 2001, 잠정치). 그러므로 관광은 경제적 의미에서도 현대 자본주의 체제를 확대재생산하는 중요한 기제임이 분명이다.

둘째, 관광은 평등, 민주화, 여가사회, 부유함, 성취적인 삶 등을 상징하는 기호가 된다. 특정 계층에 독점되었던 관광여행이 현대 자본주의 사회에 와서 대중화가 이루어졌는데, 그러한 관광 소비의 대중화 현상은 사회의 민주화이자 향상된 삶의 징표로 인식되도록 의식적으로 조장한다. 게다가 관광 경험률이 각 나라 간의, 체제 간의 비교지표가 되고, 삶의 질을 측정하는 지표로서 사용되기도 하는데, 이는 특정 사회의 텔로스(최종목적)와 구조적 메커니즘, 그리고 관광 소비와 연관된 지배적 힘들의 이해관계와 권력관계를 은폐하는 피상적인 지표에 불과한 것이다. 더구나 포스트모던 사회는 생산보다는 소비의 사회적 의미와 가치가 더 높아지고, 노동보다는 여가에서 자신의 정체성을 확인하고 삶의 의미를 추구하는 사회라고 한다. 다양한 여가 형태 중에서 노동과 일상으로부터 가장 확실하게 벗어날 수 있는 것은 관광이며 관광이야말로 과거 역사와의 만남과 세계 인류와의 화해의 장이라고 관광산업 자본가들은 유인한다.

이러한 주장은 노동과 일상생활의 소외를 불가피한 것으로 여기게 함으로써 현실적 모순들을 개혁할 의지와 에너지를 관광에 투사하게끔 만든다. 이는 또다시 일상의 재구조화이자 재조직화이며, 최소한 긍정적인 의미에서도 현실로부터의 도피에 불과하다.

셋째, 관광은 개인화 과정을 내면화·생활화시키는 훈련의 장(場)이다. 현대사회에서 관광여행은 관광 소비자들에게 하나의 의례적 행위로서 의미를 가진다. 졸업여행, 신혼여행, 회갑여행 등과 같이 인생의 한고비를 넘어가는 통과의례적 행위이기도 하고, 봄의 꽃놀이, 여름의 바캉스, 가을의 단풍놀이, 겨울의 눈꽃놀이 등과 같이 일 년을 주기로 시간의 변이를 감지하는 세시 의례적 행위이기도 하다. 이러한 관광의 기능은 현대사회의 특성에서 기인한 것이다.

벡(Beck 외, 1998: 29-30)에 의하면, 현대사회는 집합적이고 집단에 따라 고유한 의미의 원천(예컨대 계급의식 또는 진보에 대한 신념)이 고갈·붕괴·상실되어가는 사회이다. 그래서 그러한 의미의 추구와 모든 결정에 대한 수고를 개인이 부과하게 된다. 다시 말해서 과거에는 가족, 마을 공동체 또는 사회계급이나 집단에 의지함으로써 극복할 수 있었던 생애의 기회, 위기, 동요를 현대에는 점차 개인 자신이 인지하고 해석하고 처리해야 하는 개인화된 사회로서의 특성을 가진다는 것이다.

이전의 전통사회에서는 통과의례나 세시 의례가 집단적으로 수행되었는 데 반해, 개인화·개별화되어가는 현대사회에서는 그러한 의례의 실천이 개인 단위에서 개인적 선택 행위로 이루어져야 한다. 따라서 현대사회에서 관광행위는 통과의례와 세시 의례를 개인적으로 수행하는 행위이며, 동시에 그러한 개인화 과정을 내면화시키고 훈련시키는 장으로서 관광은 기능하는 것이다.

마지막으로, 관광은 세계화의 지배적인 가치를 확산시키는 전령이기도 하다. 특히 관광은 전통적인 정착사회에서 폄하되었던 이동성과 개방성의 가치를 전도시키고 현대의 중요한 가치로 고양시키는 데 일등공신이다. 현대사회에서 떠나지 않고, 이동하지 않는 것은 집이나 자동차나 중요한 자산을 소유하지 못한 박탈감과 남보다 뒤떨어진 낙오자로서의 소외감을 느끼게 한다.

또한 여행과 관광의 사회적 조직화는 세계화·개방화의 긍정성과 불가피성을 전제하고 이러한 추세에 적응하도록 훈련시킨다. 이를 어리(Urry, 1998: 375)는 다음과 같이 지적하였다. 즉, 관광을 통해 사람들이 지리적으로 아주 멀리 있기 십상인 타인들에게 '열어놓는' 법(일종의 세계주의적인 태도를 발전시키는 법)을 배우게 한다는 것이다.

각 국가에서는 세계화의 추세에 적극적으로 동참하기 위해서 국민들 모두를 손님 맞는 데 손색이 없는 민간 외교관이 되도록 교육한다. 그리고 중산층은 자신과 자녀들에게 세계화를 익히기 위한 산 교육의 체험장으로 관광을 인식하고 또 그러한 교육적 기능을 가진 관광을 위해 자신의 집을 처분하기를 주저하지 않는다.

해외로 떠나는 배낭가족여행

새해 벽두부터 배낭을 꾸려 길을 떠나는 이들이 있다. 혼자서 훌쩍 떠나는 게 아니다. 온 가족이 함께 미지의 세계를 향해 먼 길을 떠난다. ……고액과외를 하는 것보다 더 많은 교육적 효과를 거둘 수 있고, 돈을 주고도 살 수 없는 가족애를 체험하는 데 이보다 좋은 수단이 없다는 것이다. 주부 정계숙(인천 연수구 동춘동, 46) 씨는 오는 10일 박민수(중 3, 16), 정수(초등 6, 12) 두 아들과 함께 영국, 프랑스, 스위스, 로마 등 유럽 4개국으로 보름간의 배낭여행을 떠난다. 그가 말하는 길 떠남의 이유는 학교나 학원에서 '지식'만을 배웠던 아이들에게 세계여행을 통해 살아가는 '지혜'를 깨우쳐주기 위해서다.   (≪한겨레≫ 2002.1.1.)

결국 관광이야말로 현재 자본주의 체제를 지속시키는 유력한 경제적 기제이자, 관광 소비의 대중화를 통해 평등·민주화를 상징하면서 현대 사회질서를 정당화시키는 이데올로기가 되며, 개인화된 의례로서, 그리고 세계화에 가장 적합한 여가의 이데올로기가 되는 것이다.

1. 들어가며

1999년 개봉한 영화 <매트릭스(Matrix)>에서 인간은 기계가 만들어 낸 가상현실을 살아가는 존재로 그려지고 있다. 미래 사회에서 인간은 인공지능을 가진 컴퓨터에 의해 지배당한 채, 인공 자궁 속에서 키워지며 기계에 생체 에너지를 제공하는 존재로 전락하고 만다. '매트릭스'는 자궁 또는 행렬을 뜻하는 말로, 영화 속에서는 가상현실을 만들어내는 컴퓨터 프로그램과 그것이 만들어낸 가상현실을 말한다. '매트릭스'는 단순히 한 개인의 환상에 불과한 것이 아니라 많은 사람들이 그 속에서 살아가는 거대한 체계를 가진 또 하나의 세계를 구축하고 있다.

이렇게 가상세계를 하나의 체계를 가진 또 다른 현실로 봤을 때, 돈이 구성하는 체계 역시 또 하나의 세계를 구성한다고 볼 수 있다. 자본주의 사회에서는 모든 것이 상품화된다고 말한다. 지구 상의 모든 것은 환금화될 수 있다는 것이다. 돈은 세상의 모든 것으로 바꾸어질 수 있다는 것이고, 따라서 돈 속에는 세계의 모든 가능성이 들어 있다고 할 수 있을 것이다. 즉, 돈은 또 하나의 세계이다.

가상세계를 다룬 또 한편의 영화를 보자. 1992년 <론머맨>이란 영화는 '가상현실' 기술 개발을 위해 한 청년을 실험하는 내용을 담고 있는데, 가상현실과 접목된 청년은 결국 가상현실의 세상 속으로 들어가고 만다. 현실 세계의 존재 여부와 무관한 가상현실의 존재가 된 것이다. 오늘날 우리 주위에서 돈의 존재도 비슷한 양상을 보이고 있다.

우리의 일상생활 속에서 동전이나 지폐의 사용은 점점 사라지고 있으며, 돈은 카드나 전자기기, 컴퓨터상의 숫자로만 나타난다. 두툼한 지갑과 커다란 금고는 더 이상 부를 표현해주지 못하고 높은 숫자가 찍힌 은행 잔고와 플래티넘 카드가 이를 대신하고 있다. 돈은 점점 현실에서의 실체를 잃어가고, 온라인상의 부호로 표시되고 있다.

2. 돈의 출현과 역사

'돈'이라는 말은 사람들 사이에서 '돌고 돈다'라는 말에서 유래되었다고 한다. 이러한 유래를 반영하듯 대한제국 시기와 1950년대 우리나라 화폐 단위였던 '환'은 돈다는 뜻의 한자였다.

이러한 돈은 물품화폐에서 금속화폐로, 이후 명목화폐의 순서로 발달해왔다. 단순한 물물교환 단계에서는 화폐가 필요하지 않았으나, 인간의 생산활동이 활발해지고 물물교환이 빈번해짐에 따라 특정한 물품이 교환을 매개하는 수단으로 채택되었다. 이러한 물품으로는 조가비·곡물·모피·가축·칼 등이 사용되었다. 그러나 이러한 물품화폐는 운송과 저장이 불편하였으며, 따라서 본격적인 의미의 화폐라 할 수 있는 주조화폐가 등장하기 시작했다.

영어 'money'의 어원인 라틴어 'moneta'는 이러한 주조화폐의 흔적을 담고 있다. 'Moneta'는 '경고하거나 조언하는 여자'란 뜻으로 로마신화의 여신 '유노(Juno)'의 별칭이었다. 로마인들은 '유노' 여신의 보호하에 돈을 주조하여야 한다고 생각하여 그녀의 신전에서 화폐를 주조하였다고 한다.

주조화폐는 주로 귀금속으로 만들어졌는데, 그 표면에는 재료가 된

귀금속의 실제가치에 상응하는 숫자와 같은 추상적 기호가 표시되었다. 이러한 본격적인 화폐의 출현으로 물건의 가치는 또 다른 물건으로 표현되는 것이 아니라 추상적인 숫자로 표현되기 시작했다.

경제가 발달함에 따라 화폐는 운송과 저장이 용이한 지폐로 대표되는 명목화폐로 발전해나갔다. 주조화폐는 물질적인 재료가 화폐가 상징하는 금액에 해당하는 가치를 지니고 있었으나, 지폐는 표면 위에 인쇄된 금액을 추상적으로 상징할 뿐, 그 자체는 아무런 가치를 가지지 못하는 것이었다. 따라서 화폐는 이제 완전히 물질(상품)세계와 분리되어 그 자체로 가치의 체계를 구축할 수 있게 되었다.

인쇄술의 발달과 아울러 명목화폐가 통용되기 위해서는 강력한 권력이 필요했다. 앞서 말했듯이 명목화폐는 그 자체로서는 아무런 가치를 가지지 않기 때문에 그것이 표시하는 가치를 사람들에게 약속하고 받아들이게끔 해야 하기 때문이다. 서구에서는 봉건제가 몰락하고 강력한 중앙집권적인 국가가 출현하여 이를 뒷받침하였다.

자본주의가 발달하면서 활발해진 상거래 속에서 운송의 편리와 원활한 유동성을 확보하기 위하여 등장한 것이 어음·수표 등의 신용화폐이다. 신용화폐는 추후에 지불을 약속하는 일종의 외상거래이지만 우리가 일상생활에서 행하는 외상과는 다르게 은행 신용을 바탕으로 하여 이를 보증한다. 신용화폐가 생산과 유통을 활발히 하기 위하여 생산자 신용의 형태로 나타난 것이라면, 소비를 촉진시키기 위하여 소비자 신용의 형태로 나타난 것이 할부제도와 신용카드이다.

3. 신용카드의 출현: 빚을 찬양하라

할부제도는 19세기에도 존재하였으나 20세기 초반 미국 사회에서 본격화되기 시작했다. 제1차세계대전 이후 세계 최대의 채권국이 된 미국은 1920년대 엄청난 호황을 맞으면서 자동차와 가구 등 내구재의 소비가 급증했다. 신용카드가 등장한 것도 이 무렵이었다. 백화점 등 유통업체에서 발행하는 회원카드가 그것이었는데, 이 당시에는 주로 부유층에게 고가품을 판매하고 그들을 단골로 확보하기 위한 것이었다. 따라서 신용카드는 특권을 상징하거나 편리함을 추구하는 수단 정도로 인식되었다. 그러던 것이 20년대를 경과하면서 신용카드는 점점 중산층까지 파급되기 시작했다(R. D. Manning, 2002: 162-163).

그러나 1930년대 대공황을 맞이하면서 할부와 신용카드의 확산 흐름은 중단되었다. 제2차세계대전 이후 세계 자본주의가 케인스주의와 포드주의를 양대축으로 하는 소비자본주의 체제로 성립되면서 소비주의는 전 세계적으로 퍼져나가기 시작했다. 이러한 흐름 속에서 범용 카드로서 본격적인 신용카드는 1949년에 처음 등장하였다. 미국의 사업가였던 '프랭크 맥나마라(Frank McNamara)'가 '다이너스 카드' 회사를 설립하면서부터였다.

미국과 마찬가지로 우리나라에서도 최초의 신용카드는 백화점 고객 카드부터 사용되었다. 1969년 7월 신세계 백화점을 시작으로, 1974년 미도파 백화점, 1979년 롯데 백화점과 코스모스 백화점에서 카드를 발행하였다. 본격적인 신용카드가 출현한 것은 은행계 카드가 발행되면서부터라고 할 수 있다.

은행계 카드는 1978년 외환은행이 Visa International의 회원사로 가입하여 해외여행자를 위한 비자카드를 제한적으로 발행한 것이 처음이었다. 이후 1980년에 국민은행이 국내 통용을 위한 카드를 만들었고, 1982년 조흥·상업·제일·한일·서울은행 등 5개 시중 은행이 은행신용카드협회를 공동 설립하여 은행신용카드를 발행하였다. 한편 비슷한 시기에 카드 전문회사도 등장하였다. 1978년 Korean Express와 한국신용카드가 설립된 것이다.

신용카드는 초창기에는 부유층의 상징처럼 인식되어 사용층이 한정되어 있었다. 그러다가 1988년 서울올림픽을 전후로 LG·삼성 등 대기업이 카드업에 진출하면서 사회 전반적으로 확산되기 시작하였다. 1990년대 내내 신용카드 이용실적은 IMF 시기를 제외하고는 계속 증가하여 연평균 33.4%라는 꾸준한 성장률을 보였다. 특히 2000년에는 148%의 성장률을 보였다(김인국, 2001: 15).

이는 정부정책에 힘입은 바가 크다. 1999년과 2000년 초에 정부는 소비촉진을 통한 내수부양과 투명거래를 통한 세원확대 차원에서 신용카드 사용을 적극 권장하는 정책들을 추진해왔다. 1999년 5월에는 현금서비스 한도 70만 원 규제를 폐지했으며, 같은 해 8월에는 법인세의 접대비 손비를 신용카드 사용 분에 한하여 인정하였고, 개인 사용자들에게는 신용카드 사용액에 대한 소득공제 제도를 도입하였다. 다시 2001년 1월에는 기업 접대비의 신용카드 사용 의무화, 카드 영수증 복권제 등의 정책을 더했다. 그러고 나서 5월에는 신용카드업에 대한 신규진입을 허용하였다.

법에서는 신용카드를 다음과 같이 정의하고 있다.

> '신용카드'라 함은 이를 제시함으로써 반복하여 신용카드가맹점에서 물품의 구입 또는 용역의 제공을 받거나 재정경제부령이 정하는 사항을 결제할 수 있는 증표로서 신용카드업자(외국에서 신용카드업을 영위하는 자를 포함한다)가 발행한 것을 말한다.　　　　(여신전문금융업법 제2조 3항)

기존의 신용화폐인 수표·어음 등이 단 1회의 사용으로 수명이 다하는데 반해, 신용카드는 유효기간 동안 반복적으로 사용이 가능하다. 아울러 수표·어음 등이 표면에 신용의 구체적인 금액이 표시되는 반면, 신용카드는 신용대상자에 대한 정보만이 표시될 뿐이다.

2004년 현재 우리나라에는 9개 신용카드사가 발부하는 신용카드가 있으며, 이들이 발행한 카드 매수는 2002년 12월 말 현재 1억 480만 개로 경제활동 인구 일인당 4.6매의 카드를 가지고 있다. 또한 2002년 한 해 동안 카드이용액은 669조 8,352억 원으로 세계에서 두 번째로 큰 신용카드 시장을 형성하고 있다(금융감독원, 2003).

그러나 이러한 신용카드의 확산은 커다란 사회문제를 가져왔다. 신용불량자 양산이 그것이다. 2003년 말 현재 우리나라의 신용불량자는 372만 31명으로 집계되는데, 그중 신용카드로 인한 신용불량자가 절반이 넘는 239만 7,185명에 이르는 것으로 나타났다.

카드 신용불량자의 문제는 앞서 말한 정부의 적극적인 신용카드 활성화 정책과 함께 카드회사들의 무분별한 이윤논리가 크게 작용했다. 카드사들은 더 많은 회원을 확보하기 위해 개인의 신용도나 소득 정도도 고려하지 않고 길거리에서까지 마구잡이로 카드를 발급하였으며, 신용카드의 본래 기능인 구매결제 서비스보다 대출 서비스에 열을 올린 것이다. 실제로 2002년 카드이용액 669조 8,352억 원 중 구매결제 서비스는 257조 142억 원인 데 반해 대출 서비스는 그 1.6배인 412조 8,210억 원으로 나타났다.

개인적으로는 무슨 이유로 이 많은 사람들이 카드 빚을 지게 된 것일까? 한 주간지에서는 은행에서 연체자나 신용불량자들을 담당하는 채권추심직원들의 일과를 보도하면서 '생계형', '낭비형', '방탕형', '사업형', '한 건형' 등으로 분류하고 있다. 보통 가장 먼저 생각할 수 있는 것이 '생계형'으로 실직 등으로 인한 경제적 곤란으로 카드 빚을 지게 되는 경우다. '낭비형'은 비대해진 소비 욕망을 충족시키다 보니 신용불량자가 된 경우이다. '방탕형'은 낭비형과 유사하게 나이트나 단란주점 등 유흥비를 감당하지 못해 생긴 경우이다. '사업형'과 '한 건형'은 대출 서비스와 주로 관련되는데, '사업형'은 사업가들이 급전을 융통하기 위해 현금 서비스 등을 이용하다 자금회전이 안 되어 생기는 경우이며 '한 건형'은 주식투자나 도박 등에 대출 서비스를 받은 경우이다. 특히 멀쩡한 직업을 가졌거나 심지어 대기업 간부이면서 신용불량자가 된 경우는 '한 건형'인 경우가 대부분이라고 한다(《주간조선》 2003.4.24.).

신용카드로 인한 문제는 우리나라만의 문제는 아니다. 로버트 D. 매닝은『신용카드 제국』이란 책을 통해 미국 사회에서 나타나는 신용카드의 문제를 분석하였다. 그는 신용카드와 관련하여 미국에서 일어난 실제 사례를 역사적 변화와 사회경제적 배경에서 파헤쳤다. 미국의 전통적인 소비의식은 근검절약과 '번 만큼 쓴다'는 청교도적 윤리에 기초하고 있었다. 그러나 미국은 1970년대 후반의 경제침체와 1980년대 신자유주의적 흐름 속에서 산업의 구조조정으로 금융산업에 대한 규제완화가 일어나게 되었다. 한편 경제침체와 신자유주의적 경제정책으로 중산층과 노동자들은 구조조정, 실질임금 하락, 실업률과 소비자물가의 상승, 줄어든 복지혜택 등 엄청난 고통을 겪어야 했다. 신용카드회사는 길거리로 내몰린 중산층과 노동자층을 파고들었다. 즉, 규제완화와 사람들의 생활고에 따른 자금수요라는 쌍두마차가 신용카드 제국을 이끌고 있는 것이다.

이러한 신용카드의 확대는 미국인이 몇 세대를 거치면서 유지해왔던 노동-소비, 수입-지출의 조화를 송두리째 흔들었고 소비지상주의 문화를 조장하고 강화했다. 어느덧 번 만큼 쓴다는 청교도적 윤리의식이 붕괴되고 충동적인 소비에 탐닉하는 사회가 되어버렸다는 것이 매닝의 주장이다. 나아가 매닝은 미국의 신용카드회사가 유럽과 아시아 여러 나라의 중산층을 공략해 수억 명의 회원을 확보하고 '미국식 문화'의 수용을 강제하고 있음을 지적하며, 영국·아일랜드·멕시코·일본·홍콩 등에서 나타나고 있는 미국과 비슷한 '신용카드 제국'의 현상을 우려하고 있다. 우리나라도 세계화 시대에 맞추어나가고 있는 것이다.

4. 전자화폐와 전자상거래

우리나라에서 카드 이용실적이 급격히 늘어난 2000년 즈음은 홈쇼핑 등 온라인 판매가 본격화한 시기이다. 온라인 판매는 케이블방송 판매, 인터넷 판매, 카탈로그 판매 등으로 나뉜다. 우리나라에서는 1995년 삼구쇼핑을 필두로, 같은 해 LG홈쇼핑이 방송판매를 시작하였다. 이후 2001년에 농수산쇼핑, 우리홈쇼핑, 현대홈쇼핑 등이 추가로 등장하면서

2004년 현재 5개 사가 케이블방송 판매에 진출해 있다. 그리고 독자적인 채널을 가진 방송판매사 이외에도 인포머셜업체라 불리는 여러 소규모 방송판매사들이 존재한다. 이들은 정부의 승인을 받은 전문 홈쇼핑 사업자와 달리 사전 광고심의 후 종합유선방송 등에 일정 시간대를 할당받아 상품광고를 하는 업체들이다. 그리고 인터넷 판매의 경우 1990년대 말 급속히 인터넷이 보급되면서 폭발적인 성장세를 보이고 있다.

이러한 온라인 판매에서 결제수단으로는 먼저 무통장입금을 들 수 있다. 쇼핑업체에 전화나 인터넷 등을 통하여 해당 상품에 대한 구매를 신청한 후 해당하는 금액을 쇼핑업체의 은행계좌로 입금하는 것이다. 현금을 직접 입금하기도 하지만, 계좌이체를 통하여 자신의 계좌에서 해당 계좌로 입금하기도 한다.

무통장입금보다 좀더 편리하게 결제수단으로 이용할 수 있는 것이 신용카드이다. 우리나라에서는 원칙적으로는 카드실물제시제도를 적용하고 있어 카드 사용 시 반드시 신용카드를 제시하게끔 되어 있다. 그러나 전자상거래가 급속도로 증가하고 지불수단으로 신용카드가 주로 사용되면서 사실상 카드실물제시는 유명무실화되고 있다. 2001년 11월을 기준으로 보면, 전자상거래 지불수단으로 신용카드를 70.8%, 무통장입금을 26.1%, 전자화폐를 1.9%, 기타 1.2% 가량 이용하는 것으로 나타났다.

계좌이체나 신용카드 사용의 활성화는 이미 현금 없는 소비의 초기 단계를 이루고 있다고 할 수 있다. 물론 자신의 은행계좌에 현금을 넣어두어야 하나, 대다수의 봉급생활자들에게 월급봉투는 이미 사라졌고, 수입은 자신의 계좌에 숫자의 형태로 들어오고 있다. 즉, 금융 시스템의 발전이 점점 더 실생활에서 현금을 만질 기회를 줄어들게 하고 있다.

전자상거래가 활발해짐에 따라 새롭게 주목받고 있는 것이 전자화폐이다. 전자화폐는 전자적 매체에 화폐가치를 전자기호로 저장했다가 상품구매 등에 사용하는 전자지불수단을 말한다.

전자화폐는 크게 카드형과 네트워크형 전자화폐로 나뉜다. 카드형 전자화폐는 온·오프라인 겸용으로 사용할 수 있는 플라스틱 카드 형태의 지불수단으로 카드에 IC칩을 내장해 사용자 정보를 담을 수 있는 형태와 버스카드와 같이 일정금액을 충전해 특정 분야에서만 사용이 가능한 선불카드 방식으로 구분된다. IC카드는 신용카드와 직불카드를 겸용해 사용할 수 있지만 PC를 통해 인터넷상에서 결제하기 위해서는 별도의 카드판독기를 구입해야 하고 사회 전반적으로 거대한 인프라를 요구하는 장치산업 성격이 강하다.

네트워크형 전자화폐는 사이버 공간에 화폐의 가치를 저장해놓았다가 필요할 때 꺼내 쓰는 일종의 사이버 지갑으로 현재 우리나라에서 개발되고 있는 형태는 크게 직불형과 선불형으로 나뉜다. 직불형 전자화폐는 은행권과 직접적으로 연동되어 은행이 전체적 관리대행을 맡고 사이버머니와 실제 화폐 간 이체 및 사용자 간 자유로운 자금이체가 가능하다. 선불형 전자화폐는 크게 전자지갑 프로그램을 소프트웨어 형태로 자신의 PC에 다운받아 사용하는 다운로드형과 다운로드할 필요 없이 서비스업체의 메인 지불 서버를 통해 인터넷상에서 구동되는 지불 서버형, 그리고 실물카드에 고유번호를 부여해 그 가치를 발행자의 서버에 인식하고 고유번호 입력 시 결제가 가능하도록 처리하는 선불형 소액결제카드로 나뉜다.

카드형 전자화폐 형태로 우리 주위에서 흔히 볼 수 있는 것이 교통카드이다. 교통카드는 1990년대 말부터 등장하기 시작하여 2001년 현재 전국적으로 2,000여 만 장이 보급되었다. 가장 대표적인 것이 부산 지역에서 사용되는 하나로카드인데, 하나로카드는 처음에는 버스·지하철·택시 모든 교통수단에 사용하게끔 기획되었다. 이후 택시에는 제한적으로 사용되었으나, 시행 2년 만에 300만 장이 넘게 발급되고, 사용률도 60%를 넘어섰으며, 도로요금 지불에도 사용할 수 있게 되어 사용처가 확대되었다. 이러한 하나로카드의 사용 증가는 실제 화폐의 감소로 나타났다.

27일 시가 한국은행 부산지점을 통해 집계한 부산 지역 화폐수급 현황에 따르면 주화 공급량(유통량)은 계속 줄어드는 반면, 회수량은 급증하고 있다.

지난달 한 달 동안 부산 지역에 공급된 10원, 50원, 100원, 500원짜리 주화는 모두 22만 5,022개로 지난해 같은 기간의 154만 2,410개에 비해 무려 86%나 줄어들었다.

반면 이 기간 동안 각 금융기관을 통해 한은 부산지점으로 회수된 주화는 모두 1,919만 5,392개로 지난해 같은 기간 16만 1,676개에 비해 거의 118배 가량 늘어난 것으로 조사됐다.

또 1,000원권 지폐의 회수량은 626만 7,000장으로 지난해 같은 기간에 비해 23% 감소하는 등 주화의 유통 추세와는 대조를 이뤘다.

이에 대해 한국은행 부산지점 심사역 신찬영(50) 씨는 "수요가 줄면서 각 금융기관을 통해 한은 부산지점으로 회수된 주화가 주화 보관금고에 가득 차 있다"며 "이는 하나로카드 보급과 유통업체 및 자판기의 주화 사용량 감소 때문일 것"이라고 밝혔다.　　　(≪부산일보≫ 1998.4.27.)

이후에는 단순히 교통카드를 넘어 자판기에서도 이용할 수 있게 되면서 전자화폐의 성격을 띠게 되었다.

온라인 공간에서 신용카드를 제외하고 많이 사용되는 것은 전화결제 방식이다. 전화결제는 유선전화를 이용하거나 휴대전화를 이용하는데, 유선전화는 '인터넷상에 사용할 전화번호 등록(사용자)→이메일이나 휴대전화 단문 메시지(SMS)로 사용자에게 인증번호 전송(업체)→080이나 060 번호로 전화한 뒤 인증번호 입력(사용자)→입력 전화번호와 발신 전화번호 일치 여부와 인증번호 확인(업체)→사이버머니 적립 및 결제'의 절차를 밟는다. 16자리 카드번호와 13자리 주민등록번호, 4자리 비밀번호 등을 알아야 하는 신용카드 결제나 현금이 있어야 하는 무통장입금과 달리 눈앞에 전화기만 있으면 누구든지 돈을 낼 수 있다. 휴대전화의 경우도 이와 유사한데, 단 080, 060 번호로 전화하여 인증번호를 입력하는 것이 아니라 휴대전화로 전송된 인증번호를 인터넷상으로 입력하면

된다. 또한 유선전화는 결제금액이 해당 080이나 060번호에 대한 전화 요금 형태로 부과되며, 휴대전화는 부가 서비스 요금의 형태로 부과된다.

휴대전화는 나아가 카드 기능을 포함하는 형태로 발전하고 있다. 휴대 전화 내부에 전자 IC칩을 삽입하여 비접촉식 카드로 이용하는 것이다. 이러한 서비스는 2002년 말부터 시작되었다.

휴대전화 결제 서비스는 다음과 같은 과정을 걸쳐 이루어진다. 우선 휴대전화 액정화면에서 신용카드 결제 메뉴를 선택한다. 그런 다음 결제 방식을 선택하면 비밀번호를 입력하는 화면이 뜬다. 미리 지정해둔 비밀 번호를 넣으면 이용자 정보가 리더기로 넘어가고, 인증 과정을 거쳐 카드 전표가 출력된다. 여기서부터는 일반 신용카드와 똑같다. 영수증에 사인을 하면 결제가 끝나는 것이다. 플라스틱 신용카드를 쓰는 것과 별반 다를 바가 없는 셈이다. 카드를 긁는 대신 휴대전화를 대는 것만이 다를 뿐이다.

최근에는 여기에서 더 나아가 휴대전화로 계좌조회-이체-출금-교통 카드 기능까지 가능한 서비스까지 나타나고 있다. 게다가 카메라폰이 증가하자, 구매에서 결제까지 한꺼번에 처리해줄 수 있도록 하는 기능까 지 선보이고 있다.

코드 서비스는 신문이나 잡지 등에 소개된 상품과 상품 옆에 인쇄된 바코드 형태의 코드를 카메라폰으로 비추기만 하면 바로 구매가 가능한 서비스다. 코드 기능이 내장된 카메라폰으로 코드를 비추면 주문 페이지로 이동, 더욱 자세한 상품정보를 확인할 수 있고 주문 버튼을 누르면 결제까지 완료된다. (≪주간동아≫ 2003.11.13.)

언론학자인 김신동(2001)은 현대인들을 휴대전화를 갖고 도시의 빌딩 숲을 헤매는 21세기의 유목민으로 표현하며 '호모 텔레포니쿠스(Homo telephonicus)'라고 했다. 이런 면에서 보자면 전자화폐는 호모 텔레포니쿠 스의 화폐라고 할 수 있다.

5. 가상의 화폐, 가상의 소비

우리 주위에서 현찰이 사라지기 시작한 지는 이미 오래되었다. 버스요금이 토큰으로 바뀌고, 동전의 가장 중요한 용도였던 공중전화도 카드전화로 바뀌어버렸고, 달마다 지급되던 월급봉투는 이젠 숫자가 찍힌 월급명세서로 대체되었다. 누군가의 얼굴을 떠올리며 한닢 한닢 투입하던 동전과 한 달간의 피로를 잊게 해주던 두둑한 지폐의 손맛은 사라져버린 것이다.

은행의 전산화가 이루어지면서 지폐의 사용은 점차 줄어들게 되었다. 1970년대부터 시작한 은행의 온라인화는 개별 은행의 각 지점들을 연결하던 단계에서 1990년대에 들어서면서 은행 상호 간의 전산망이 연결되는 단계에 이르렀다. 따라서 도시로 공부하러 간 자식에게 학비를 부치거나, 아니면 도시에서 돈을 벌어 고향에 있는 가족에게 보내기 위해 우편을 이용하던 풍경은 옛날이야기가 되고 말았다. 돈의 이동은 계좌이체로 대체되었으며, 심지어는 결혼식이나 장례식의 경조비마저 계좌로 입금하기까지 한다. 이제 돈의 이동은 계좌상의 숫자의 증감으로 표현될 뿐이다. 현금자동지급기가 늘어나고, 폰뱅킹이나 인터넷 뱅킹까지 가능하게 되면서 돈의 이동은 훨씬 더 쉽게 이루어지고 있다. 돈은 점차 전산망에서 전자기호화되고 있는 것이다.

한편 현실 세계의 돈과 직접적인 관련이 없음에도 불구하고, 현실의 구매력을 가지는 가상의 숫자들이 있다. 각종 업체에서 사용실적에 따라 부여하는 마일리지나 적립포인트들이 그것이다. 과거에는 항공사나 소매업체에서 구매실적에 따라, 포인트 적립한도에 따라 자신의 업체에서 사용할 수 있게 하거나, 사은품을 제공하는 식이던 것이 1990년대 중반 카드회사에서 포인트 제도를 도입함에 따라 그 사용 범위가 넓어지게 되었다.

1995년 외환카드가 포인트 제도를 도입하면서 현재는 거의 모든 카드회사가 포인트 제도를 실시하고 있는데, 일정 포인트 이상이 되면 특정

상품이나 서비스에 구애받지 않고 카드 사용 시 포인트로 결제할 수 있게 되었다. 심지어 모 카드사의 경우에는 포인트를 현금으로 지급해주기까지 하였다. 이렇게 포인트를 현금으로 돌려주거나 현금처럼 사용할 수 있게 한 서비스를 '캐시백(cash back)'이라고 하는데, 대표적인 것이 'OK캐쉬백'이다.

OK캐쉬백은 처음에 모 정유회사에서 자신의 주유소에서 주유하면 포인트를 적립해주던 것을 확대하여 각종 상품을 구매하거나 음식점, 서비스업체, 쇼핑업체를 이용할 때 포인트를 적립할 수 있게끔 한 것이다. 이 역시 포인트로 상품을 구매하거나 현금으로 받을 수 있어, 1999년 서비스가 시작한 이래로 2,000만 명 이상이 가입한 것으로 알려져 있다. 최근에는 예금이자를 아예 캐시백 포인트로 주는 금융상품을 내놓은 은행도 있다.

기업은행은 "지난달 10일 처음 선보인 'fine캐쉬백통장'이 고객들의 관심을 끌면서 15일(영업일 기준) 만인 지난달 28일 판매실적이 1만 계좌를 돌파했다"고 밝혔다.

이처럼 'fine캐쉬백통장'이 고객들의 인기를 끌고 있는 것은 SK(주)와 제휴를 맺고 가입고객들에게 다양한 방식으로 OK캐쉬백 포인트를 제공해주기 때문. 급여이체나 자동이체 시에는 월 이체액의 일정 비율을 OK캐쉬백 포인트로 제공하고, 이자수령액의 20%에 대해서도 이자우대 포인트를 지급한다. 또 기업은행과 첫 거래를 하는 고객들에게는 500포인트를 별도로 제공해주고 있다. 이렇게 적립된 OK캐쉬백 포인트는 주유 시 또는 제휴사에서 물품을 살 때 사용할 수 있고, 인터넷 쇼핑몰이나 사이버머니로도 활용할 수 있다는 게 기업은행 측 설명이다.

기업은행 관계자는 "특히 젊은 층과 주부들이 많은 관심을 보이고 있다"며 "다양한 장소에서 유익하게 활용할 수 있는 서비스를 제공한 것이 주효했던 것 같다"고 말했다.　　　　　　　　　　(≪내일신문≫ 2003.12.2.)

이러한 각종 포인트들은 사용 범위가 넓어지기는 했으나, 모두 특정 업체의 가맹점에서만 사용할 수 있다는 한계가 있다. 따라서 각 개인이 가지고 있는 각종 마일리지나 포인트를 교환·통합해주는 곳까지 등장했다. '마일리지스와핑(mileage swapping)'이라고 불리는 것으로 특정포인트를 다른 종류의 포인트로 바꾸어주거나, 마일리지 스와핑을 제공해주는 업체의 포인트로 바꾸어주는 것이다. 이를 통하여 분산되어 있던 마일리지를 모아 '마일리지 목돈'을 마련해주는 것이다.

이러한 마일리지는 네트워크형의 전자화폐에 가깝다. 이와 유사하게 가상공간에서만 쓰이는 돈이 있다. 사이버머니가 그것인데, 가상공간에서만 돈의 기능을 수행한다.

사이버머니는 인터넷 관련 서비스를 이용하기 위하여 사용된다. 대표적인 서비스가 인터넷상에 가상하드를 만들어 인터넷이 연결된 곳이면 어디서든지 자신의 자료를 올리거나 다운받을 수 있는 웹하드 서비스이다. 이들 서비스들은 이용에 있어 직접적으로 현금을 지불하거나 하지 않고, 해당 서비스상에서만 통용되는 사이버머니를 충전하고, 충전한 사이버머니로 서비스 이용요금을 지불하게끔 되어 있는데, 사이버머니의 충전은 앞서 언급하였듯이 주로 신용카드나 전화를 이용하여 결제한다.

사이버머니는 한편 가상세계에서 가상의 물건을 구매하는 데도 쓰인다. 온라인상에서 자신을 드러내주는 것이 아이디(ID)이다. 자기표현에 대한 욕구가 강한 현대인들은 남들과 구별되는 자신을 드러내기 위하여 독특한 아이디를 지어내기도 한다. 근래에 들어서 영상문화에 익숙한 젊은이들은 문자로 표현되는 아이디를 넘어서, 자신의 분신으로 표현되는 아바타(avatar)를 많이 이용한다. 아바타는 고대 인도에선 땅으로 내려온 신의 화신을 지칭하는 말이었으나 인터넷 시대가 열리면서 3차원이나 가상현실 게임 또는 웹에서의 채팅 등에서 자기 자신을 나타내는 그래픽 아이콘을 가리키는 것이 되었다. 그러나 아바타는 비교적 단순한 그림 형태를 띠고 있으므로, 그 자체만으로는 비슷비슷하거나 다양한 표현이 어렵다. 따라서 인형놀이 하듯이 다양한 옷이나 액세서리 등으로 치장할 수 있게 되어 있는데, 이를 구매하기 위하여 사이버머니가 사용된다. 그런데 재미난 것은 이러한 가상의 패션에도 명품이 존재한다는 것이다. 즉, 현실세계의 패션 명품인 '구찌', '페라가모', '버버리', '나이키' 등의 제품의 스타일을 본뜬 가상의 패션이 인기를 끄는 것이다. 사람들은 현실 공간에서 이루지 못한 '명품구매'의 꿈을 가상공간에서 이루는 것이다. 이런 가상의 패션 상품들은 친한 사람들끼리 서로 선물해주기도 하는데, 이를 위한 상품권까지 등장했다.

> 직장인 이알뜰 씨는 남자 친구한테 인터넷으로 선물 하나를 받았다. '아바타 무한이용권'. 이 상품권 하나면 프리챌 아바타 아이템을 1년 내내 무한대로 사용할 수 있다고 했다. 마침 이 씨의 아바타는 알뜰한 주인 탓에 아직도 1년 전에 산 물빠진 청바지 하나 달랑 입고 있던 터. 그는 얼른 패션몰에 들어가 아바타에 새로 나온 원피스와 구두를 사 입힌 뒤 남자 친구한테 아바타가 담긴 인스턴트 메시지를 보냈다. "고마워, 나 이뻐?"
>
> (≪Economy21≫ 2002.5.30.)

이런 아바타를 꾸미는 데 드는 비용은 한 품목당 보통 100원에서 5,000원 정도로 그다지 큰돈은 아니다. 그러나 하나둘씩 사다 보면 몇만 원을 넘기기 쉬워, 한때 10대들의 아바타 관련 상품 구매 때문에 문제가 되기도 하였다. 아바타 서비스를 처음 선보인 프리챌의 경우 2001년 한 해 동안 아바타 관련 판매로 130억 원 매출을 올렸으며, 그해 삼성경제연구소가 선정한 10대 히트 상품에 오르기까지 하였다.

가상의 물품을 사기 위해 사용되는 경우보다 더 현실 세계의 돈을 닮은 경우가 각종 게임 사이트에서 사용되는 돈이다. 여기서 사용되는 사이버머니는 보통 '게임머니'라고 불리는데, 고스톱, 포커 등 주로 카드 게임에서 판돈의 역할을 함으로써 박진감과 흥미를 북돋우는 역할을 한다. 게임머니는 다른 사이버머니와는 달리 사행성을 줄이기 위해 직접 현금으로 충전하는 것은 법으로 금지되어 있다. 게임 사이트에 가입을 하면 기본적으로 일정액의 게임머니를 주거나, 게임 화면에서 보이는 자신의 아바타 관련 상품을 구매하거나, 다른 인터넷 서비스를 이용하면 주는 식이다. 그러나 이러한 제한에도 불구하고 게임머니는 종종 가상공간을 넘어서서 현실 세계로 튀어나온다. 사람들은 게임머니를 잃고 나면 이를 되찾고자 하는 욕구, 즉 본전 생각을 하게 되는데, 특히 많은 돈을 가지고 있다가 잃은 사람들은 다시 그만큼을 모으기 위해서는 오랜 기간이 걸리므로 사이버머니를 현금거래하는 유혹에 빠지기 쉽다. 이를 위해 사이버머니 환전상이 등장하고, 해킹이나 개인정보를 이용해 사이버머니를 빼돌리는 범죄가 일어나기도 한다.

100여 대의 컴퓨터를 이용해 천문학적 규모의 사이버머니를 모은 뒤 현금으로 되팔아 부당이득을 챙긴 5명이 최근 서울경찰청 사이버수사대에 적발됐다. 이들은 빼돌린 개인신용정보로 게임 사이트에 계정을 만들고 계정끼리 게임을 시켜 한 계정에 게임머니를 몰아주는 수법으로 사이버머니 5경 9,000조 원을 모은 뒤, 불법 사이버머니 환전상에게 팔아 7,000여만 원을 받은 혐의를 받고 있다.　　　　　(≪한겨레≫ 2003.6.17.)

사이버머니는 가상공간에서만 사용되는 돈으로 현실 세계에서는 어떠한 가치도 가지지 못한다. 그러나 의식이 인터넷을 향해하고, 가상공간 속에서 커뮤니티를 만들고 생활한다고 해도 그 주체로서 인간의 몸은 현실 속에 존재하고 있다. 사이버머니는 가상 세계의 현실적 뿌리를 따라 현실 세계에 스며들고 있는 것이다. 가상의 옷이 현실의 돈과 교환되고, 가상의 돈이 현실의 돈으로 교환되는 것은 현실의 돈이 인간의 욕망을 투영하는 것과 마찬가지로 가상의 돈에도 결국 인간의 욕망이 투영되고 있기 때문이다.

6. 빛의 속도를 얻다

IMF 이후 많은 사람들이 경제적 어려움을 겪게 되면서, 생계형 범죄가 증가하였다. 그중에는 은행을 터는 사람들도 늘어났다. 따라서 과거에는 은행강도라면 비교적 전문적인 범죄자들을 떠올렸으나, 이제는 도리어 평범한 사람들이 되어버린 것 같다. 아마도 이제 전문적인 은행강도들은 더 이상 복면을 하고, 무기를 들고 은행을 털지는 않을 것 같다. 돈이 컴퓨터 속에 전자기호로 저장되는 이상, 은행강도들은 키보드와 마우스를 들고 컴퓨터 통신망을 타고 몰래 들어와 돈을 강탈해갈 것이기 때문이다.

> 서울경찰청 사이버범죄수사대는 23일 은행의 인터넷 뱅킹 서버에서 고객 개인정보를 빼내고 이들의 은행계좌에서 7,000여 만 원을 인출한 혐의(정보통신망이용촉진 및 정보보호 등에 관한 법률위반 등)로 인터넷 프로그램 개발사 직원 고 모(21) 씨와 김 모(무직, 강남구 역삼동, 21) 씨를 구속했다. 경찰에 따르면 H 은행의 인터넷 뱅킹 서비스 프로그램을 개발하는 외주업체 직원인 고 씨는 인터넷 동호회에서 알게 된 김 씨와 공모해 지난 4일 이 은행 인터넷 뱅킹 서버에 접속, 고객 18명의 이름과 계좌번호, 비밀번호 등 개인정보를 알아냈다. 고 씨 등은 서버에서 빼낸 은행 고객들의 명의로 인터넷 뱅킹 인증서를 발급받고 3명의 계좌에서 10여 차례에 걸쳐 모두 7,070만 원을 빼낸 혐의를 받고 있다. (중략) 서울 경찰청 사이버 범죄수사대의 한 관계자는 "최근 간단한 해킹 기술로 타인의 돈을 훔쳐가는 사이버 '봉이 김선달'들이 급증하고 있다"며 "유사범죄를 막기 위해선 은행이 스마트 카드, 생체인증 등을 도입, 본인확인 절차를 강화해야 할 것"이라고 말했다. (≪세계일보≫ 2002.5.24.)

이렇게 네트워크형 전자화폐가 서버를 해킹함으로써 일어나는 데 반해, 카드형 전자화폐는 카드를 위조함으로써 이루어진다.

농협 단위조합의 카드위조 현금인출 사고뿐 아니라 시중 은행에서도 카드 위조 사고가 잇달아 발생한 것으로 드러나 금융권의 파장이 갈수록 확산되고 있다.

22일 금융감독원에 따르면 부산은행에서 지난달 말 농협과 비슷한 수법으로 고객 2명의 현금카드를 복제해 각각 430만 원과 700만 원의 현금을 인출해가는 사건이 발생했다. 부산은행은 그러나 이 사건이 농협과 달리 조직적으로 이뤄진 것이 아니라고 판단, 현금카드를 교체하지 않기로 했다.

광주은행에서도 지난해 12월 20일부터 3일간 고객 9명의 현금카드가 위조돼 예금계좌에서 2,000여 만 원이 인출되는 사고가 일어난 것으로 드러났다. 광주은행은 이에 따라 현금카드의 보안문제를 보완하기 위해 발급카드를 업그레이드하고 있다.

우리은행에서도 지난해 11월 카드 보안체제를 강화하기 전에 20여 건의 카드 위조로 인한 현금인출 사건이 발생한 것으로 밝혀졌다. (중략) 경찰은 이에 따라 이번 사건이 단독 범행이 아닌 3~4명 이상의 카드위조단이 조직적으로 범행한 것으로 보고 동일전과자 등을 상대로 수사를 펴는 한편 농협 전산망 해킹이나 내부직원에 의해 개인카드 비밀번호가 유출됐을 가능성도 배제하지 않고 있다.　　　　　(≪국민일보≫ 2003.1.23.)

전자화폐의 이동·보관의 편리함은 그만큼 범죄에도 적용되어 한번 범죄가 일어나면 고액화하는 경향을 보인다. 한편 화폐는 물리적 제약 없는 전자적 부호가 됨에 따라, 빛의 속도로 이동할 수 있게 되었다. 따라서 국제적 수준에서 금융거래가 훨씬 더 용이해졌다.

1980년대부터 지구 상에 불어닥친 신자유주의로 말미암아 자본의 이동을 제약하던 국가라는 장벽이 약해지고, 정보기술의 발달로 전 세계적인 금융거래망이 구축됨에 따라 세계금융산업은 폭발적으로 성장하였다.

1980년대 초까지만 하더라도 나라마다 각각의 금융시장이 존재하였다. 이들 시장은 각기 고유의 법률이나 규정에 따라 움직였다. 그러나 오늘날에는 따로 놀던 이 시장들이 모두 직접적으로 연결되어 움직인다. 각국의 금융이 전산화되고 그것이 서로 연결됨에 따라 이제는 모든 외환 및 주식의 시세는 공간을 뛰어넘어 어디서든지 알 수 있게 되었으며, 어디서든지 거래할 수 있게 되었다. 이제 금융거래는 일개 국가의 차원에서 일어나는 것이 아니라 세계적 차원에서 세계가 하나의 단위로 움직이게 된 것이다. 돈은 국경을 뛰어넘어 빛의 속도로 전 세계를 이동하며 이윤을 찾아다니게 되었다. 예컨대 투자신탁의 매니저들은 고객으로부터 받은 수십억의 돈을 불과 몇 시간 안에 각국 각처로 투자한다. 미국 정부의 공채는 전화 한 통화나 컴퓨터 단말기를 통해 순식간에 영국 정부의 국채로, 또는 일본 시장의 주식·증권으로, 또는 터키 정부의 공채로 변신하게 된다. 주식과 채권 같은 유가증권뿐만 아니라 영국의 파운드화가 되었다가, 다시 독일의 마르크화가 되고, 일본의 엔화가 되었다가, 미국의 달러화가 될 수도 있다. 이렇게 끊임없이 사고파는 가운데 싸게 사고 비싸게 파는 시세차익을 쫓아 움직이는 것이다(H. P. Martin & H. Schumann, 1997: 90-128).

대규모의 돈이 전 세계적으로 연결되어 매우 빠르게 움직이며 교환됨에 따라, 한곳에서의 금융사고는 전 세계적으로 확대되어 나타날 수 있다. 1990년대 중반에 우리나라에는 IMF로 나타난 전 세계적인 금융위기도 바로 이러한 데서 기인하는 것이다. 기존의 경제불황이 과잉생산이나 적자 등에 기인한 것인 데 반해, IMF는 돈이 돌지 않는 금융위기의 형태로 나타난 것이다.

마르크스는 화폐 자체가 자본이라고 보지 않았다. 화폐가 가지는 기능을 기초로 해서 스스로 증식시키는 역할을 함에 따라 자본으로서 기능하게 된다고 보았다. 즉, 화폐가 자신에게 필요한 물품을 얻기 위해 교환되는 것이 아니라, 화폐를 투자하여 상품을 만들거나 구매하고 이 상품이 팔아 더 많은 화폐를 얻기 위해 사용할 때 자본으로서 역할을 한다는 것이다. 마르크스는 이러한 자본의 자기 증식 논리가 지배하는 사회를 자본주의사회로 본 것이다.

그러나 오늘날에 돈은 더 이상 자기 증식을 위하여 상품으로 교환될 필요가 없어 보인다. 전자화되고 세계화된 돈은 끊임없이 자신의 외모만을 바꿔가며 그 자체로 자기 증식을 해나가고 있기 때문이다. 돈이 돈을 낳는 것이다.

7. 나오며

글머리에서 말했듯이 돈은 돈다고 해서 돈이다. 돈은 물품화폐에서 주조화폐, 지폐, 신용화폐를 거쳐 전자화폐로 변하면서 점점 더 가벼워지고 움직임은 빨라지고 있다. 돈의 물리적 속도의 증가와 함께 전자상거래의 경우에서 보이듯 유통 단계가 줄어듦에 따라 사회적인 회전속도역시 빨라지고 있다. 그리고 이러한 변화는 돈의 범위를 한 국가를 넘어서서 전 세계로 확대하고 있다.

독일의 사회학자 짐멜(Simmel)은 『돈의 철학』이란 저작을 통해 돈이 인간의 사회적 삶에 미치는 영향을 설명하고자 하였다. 그는 돈을 통하여 사람들 간의 관계가 변화한다고 보았다. 화폐경제 이전의 사회에서는 인간관계가 수량적인 면에서는 소규모였지만, 질적인 면에서는 끈끈한 인정에 의해 밀착되어 있었기 때문에 어느 특정인과의 인간관계를 다른 사람과의 인간관계로 대체할 수 없었으나, 화폐경제가 지배하는 사회가 도래하면서 특정인을 향한 온정에 넘친 인간관계는 자취를 감추게 되고, 화폐를 매개로 모든 인간에게 균일하게 적용되는 차가운 인간관계로 돌변하게 되었다는 것이다(이흥탁, 2001). 즉, 돈이 인간관계를 형식화·추상화시켜버린다는 것이다.

마르크스 역시 이와 유사하게 물신주의에 대해 언급하고 있다. 물질적 교환관계가 그것을 배태시킨 사회적 관계를 대치해나간다는 것이다. 특히 현대사회에서는 물질적 교환관계는 화폐라는 추상물에 의해 매개되는 교환이므로, 극단적으로 인간의 사회적 관계는 화폐로 표현될 수도 있다는 것이다.

돈이 금속이나 종이 같은 최소한의 물질적 실체마저 사라짐에 따라 추상화는 더욱 극대화되고, 따라서 인간관계도 더욱 추상화·형식화되고 있다. 동전과 지폐를 오가는 관계는 대면적 접촉을 통해 최소한의 존재감을 느끼는 관계였으나, 이제 내가 돈을 주고받는 상대는 전자기기나 차가운 모니터일 뿐이다.

소비행위뿐 아니라, 아내에게 월급봉투를 던져주며 으쓱하던 가장의 뿌듯함도, 용돈을 손에 쥐어주시던 부모님의 따뜻함도, 경조사에 함께 기뻐하고 슬퍼하며 내밀던 봉투도 점차 사라지고 있다. 요즈음 인터넷 유머로 유행하는 것 중에 초등학생들의 엉뚱하고 재미난 답안지가 있다. 그중 한 초등학생의 시험 문제에 이런 것이 있었다. "할머니께 드릴 생일카드를 그려보도록 합시다." 답안에는 네모난 카드가 그려져 있고 그 안에는 비뚤비뚤한 글씨로 이렇게 써 있다. "삼성카드"

화폐가 발달하면서 돈은 서서히 물질세계의 종속으로부터 벗어나기 시작했다. 물질의 가치를 표현해주기 위해 화폐가 존재하는 것이 아니라, 화폐가 표시해주는 만큼 가치가 결정되는 것이다. 잘 안 팔리던 물건에 가격을 높게 붙이니 잘 팔리더라는 얘기는 이를 단적으로 보여준다. 돈은 전자기호화됨으로써 드디어 최소한의 물질적 근거마저도 벗어버리게 되었다. 가상화된 체계를 이룬 화폐는 마침내 돈의 매트릭스를 완성한 것처럼 보인다. 과연 인간이 그 굴레를 벗어날 수 있을 것인가?

14장 자살 바이러스

오재환_부경대학교 강사

1. 들어가며: 생존 연장 시대, 목숨을 버리는 패러독스

평균수명 75세, 특히 여성 평균수명이 80세에 이르는 생명 연장의 시대에 스스로 생명을 단축시키는 자살은 왜 일어나는 것일까?

고대 진시황은 불로장생을 꿈꾸며 영생불멸의 불로초를 찾으려고 애썼고, 현대의 재벌이나 독재자들 역시 삶을 영위하기 위해 부단히 노력했다. 삶의 반대편에 자리 잡고 있는 죽음에 대한 거부는 인간 사회 대대로 이어져 오는 소명이었다. 그리고 현대에 들어와 많은 이들이 과학 혹은 문명이라는 이름하에 생명 연장의 행운을 갖게 되었다. 그 결과 현대인은 과거의 어느 때와도 비교할 수 없는 긴 수명을 영위하고, 오히려 고령 사회에 진입하는 것을 걱정하기에 이르렀다.

그러나 이러한 생명 연장의 시대에 오히려 삶을 포기하는 현상이 생겨나는데, 바로 자살(自殺)이다. 현대의 자살 경향은 가히 광풍이다. 자살 신드롬이라고 불릴 정도로 높은 자살률과 패턴화된 자살의 양상들은 마치 대박을 꿈꾸는 로또의 열풍처럼 여겨진다. 자살과 로또의 광풍은 삶의 절망적 심리 상태로 '광(狂)'적이다. 로또 당첨을 통해 앞으로의 인생역전을 꿈꾸는 이들이나, 자살을 통해 그동안의 인생을 역전하려는 이들은 모두 한 방에 무언가를 끝내려는 광적 심리를 가지고 있다.

그러나 자살이 난무하는 사회라고 해서 누구나 자살을 꿈꾸는 것은 아니다. 다만, 자살에 대한 신드롬은 다른 일반적인 죽음과는 달리 살아 있는 자들에 대한 관심이 아니다. 자살은 죽은 이들에 대한 관심을 유발시키고, 삶과 죽음의 양면성에 더 몰입하게 하는 심각성을 갖고 있다. 그리하여 죽음은 더 이상 신성한 것으로 속세를 넘어서 존재하는 개념이 아니라, 삶 속에 존재하게 된다. 그런 의미에서 자살은 타인의 삶에 영향을 주는 심각한 사회적 파장력을 갖는 죽음이 된다.

근대사회는 합리적인 인과성을 전제로 발전해왔다. 특히 이성을 통한 논리적 인과성, 연유를 캐어물음으로써 얻어지는 많은 해답들은 사회의 동력이 된다고 굳게 믿고 살게 했다. 이는 사회학의 시초이자 전개 논리이다. 뒤르켐이 말한 사회적 사실들은 단순한 파편으로 존재하는 것이 아니라, 사회의 구성인자로서 사회를 설명할 수 있는 가능성을 가지고 있다. 그래서 우리는 타인의 죽음에 나름의 근거를 부여해 죽음의 의미를 해석하고자 한다. 각기의 죽음마다 찬양을 받기도 하고, 비난을 사기도 하며, 때로는 그런 죽음에 이르게 한 사회 자체를 전복하려는 시도가 나타나기도 한다. 자살은 우리 사회를 해석하는 또 다른 이슈가 된다. 오늘날의 사회에서 발생하는 '근대적 자살'은 다양한 모습으로 우리 앞에 펼쳐진다. 마치 한 편의 스펙터클한 영화처럼 말이다.

2. 자살과 죽음의 의미

현대인들은 삶에서 죽음을 추방해버렸다. 죽음을 입에 올리는 것만으로도 불경스러운 일처럼 되어버렸다. 필립 아리에스는 『죽음의 역사』(1998)에서 20세기를 '금지된 죽음'의 시대로 정의한다. 그리하여 죽음은 일종의 금기가 되었다. 병자나 죽음을 앞둔 사람은 의사에 의해 '관리'되고 시체는 장의사에 의해 '처리'된다. 왜 죽음이 현실에서 소외되어버린 것일까? 이를 아리에스는 오늘날의 사회가 집단적으로 행복을 추구하고 슬픔을 억압하는 사회이기 때문이라고 지적하고 있다.

노베르트 엘리아스는 한 걸음 더 내딛는다. 그는 『죽어가는 자의 고독』(1998)에서 오늘날 삶에서 죽음이 배제된 것을 '문명화 과정'의 산물로 설명한다. 죽음은 인간 생활에서 가장 큰 생물적·사회적 위험이다. 문명화 과정에서 이런 위험은 이전 시기보다 안정되고 세분화된 방식으로 통제되어야 했다. 산 자는 죽은 자를 격리시키고 죽은 자와 가까이 있는 데서 느끼는 위협을 가능한 한 멀리 하려 한다. 이것은 결국 죽음의 공포를 관리함으로써 산 자들의 권력을 증대시키려는 욕망 때문이기도 하다.

이처럼 생물학적으로 자연스러운 죽음조차 금기시되는 사회에서 자살은 어떻게 대접받을까? 자살은 삶에 대한 치욕이며, 산 자에 대한 모욕으로 여겨졌다. 그래서 더욱더 터부시되고 은폐되었다. 죽음은 모든 삶에 대한 반대 논리이므로. 그러나 죽음을 일상에서 억압하고 추방한다고 해서 '죽음'이 죽어버리는 것은 아니다.[1] 점차로 죽음과 삶의 경계가 사라지고 있기 때문이다.

자살의 어원은 라틴어 sui(자신)와 caedo(죽이다)라는 두 단어의 합성어, 즉 스스로의 의지로 목숨을 끊는 행위다. 이러한 자살을 사회적 사실로 인정하며, 자살이라는 현상에 대한 사회학적 의미를 부여한 사람이 뒤르켐이다. 뒤르켐(1994)의 정의를 따르면, 자살은 피해자 자신이 일어날 결과를 알고 행하는 직접적인 또는 간접적인 행동의 결과로 발생하는 모든 죽음의 사례이다. 기존의 자살에 대한 입장은 개인의 심리적·사적 사유에 원인을 돌렸지만, 뒤르켐의 사회적 사실에 입각한 자살 연구 이후 개별적인 행위로만 인식되는 것을 넘어서 개인의 행위에 미치는 사회적 영향력에 대한 관심으로 눈을 돌리게 되었다.

각 사회는 특정한 형태의 자발적인 죽음을 발생시키는 경향을 보이며,

---

1 오늘날 죽음의 위기는 곧 삶의 위기다. 우리는 죽음 때문에 삶에 달라붙어야 한다. 그 죽음으로 없어질 삶이라면, 우리는 한사코 그 삶에 마음을 붙여야 하고 사랑을 붙여야 하는 것이다(김열규, 『메멘토 모리, 죽음을 기억하라』, 궁리, 2001).

이는 개인에 의해 변화될 수 없는 예정된 경향으로써 사회학의 특별한 연구 대상이 된다. 개인적인 자살의 문제가 아니라 공통적인 환경 속에서 구성원들로 하여금 같은 방향의 자살 성향을 갖게 하며, 그 강도에 따라 일정한 수의 자살자를 양산하는 어떠한 힘, 즉 사회적 사실에 대한 관심을 가지도록 환기시켜주는 것이다. 그러므로 자살은 특정인이나 한 개인의 죽음이 아니라, 특정한 사회에서 일정한 기간에 일어나는 사건이며, 개별적인 행위의 문제로 그치는 것이 아니라 사회적 특성을 갖는 사회문제로 제기되는 것이다.

뒤르켐의 자살 연구를 통해서 알 수 있듯이, 더 이상 죽음도 자살도 하나의 독립적인 현상이 아니다. 고로 집단에 의해서 금기시되거나, 억압되어야 하는 윤리가 아니다. 자살을 통한 죽음은 사회적 사실로 존재하며, 사회 속에서 영향받아 표출된 사실인 것이다. 이에 자살은 한 사회에 드러나는 지표로 해석되어야 한다. 앞으로는 한국 사회에서 나타나는 다양한 자살의 양태와 의미를 살펴보고자 한다. 과거 정절녀들의 윤리덕목으로만 여겨진 자살이 아닌, 현대사회에서 강요되고 수락되는 자살의 변화를 통해 사회적 의미를 도출해낼 수 있을 것이다.

3. 살기 위한 자살

2003년 발표된 경찰청 통계를 보면, 국내에서 하루 평균 36명, 매시간 1.5명꼴로 스스로 목숨을 끊었다. 총자살 건수도 역대 최고인 1만 3,055건으로 2001년의 1만 2,277건보다 6.3%가 늘었다. 이런 수치는 1992년 7,400명 정도보다 2배 가량 증가한 수치다. 인구 10만 명당 자살률은 2002년 27.4명, 2001년 15.5명으로 1990년대 말 9.7명에서 점차 크게 증가하고 있다.

이러한 자살률의 급격한 증가는 급속한 사회변동, 심각한 가치관의 갈등, 공동체의 해체와 사회적 안전망의 부재, 그리고 서로에 대한 냉담과 잔인함을 원인으로 들 수 있겠다.

자살은 단순한 도시화 경향, 산업화 이후의 공황 상태, 비인격적 관계에서 발생하는 아노미적 심리 상태에서 기인한 것이기도 하다. 허나 우리 사회의 자살은 삶의 경계선인 계층에 따라 다른 모습을 나타낸다. 상류층은 주로 가치관의 혼란으로 윤리적 문제 등을 극복하지 못하고 자살하는 반면, 하류층은 경제적 변동기에 경제난이 심각해지면서 자살이 많아진다. 즉, 다른 도시 사회에서 찾을 수 있는 자살의 원인과는 다른 요인인 생계의 문제, 삶의 커다란 격차에서 오는 괴리감이 자살로 유도하는 큰 원인이다.

경제적 이유로 자살하는 이들을 필자는 살기 위한 자살로 파악한다. 즉, 이들은 살고자 하는 의욕을 상실하여 현재의 삶을 포기한다. 살기 위해서 죽을 수밖에 없다는 아이러니 속에서 자살을 택하는 것이다. 마찬가지로, 무한자본에 대한 억압에서 벗어나고자 하는 노동자들의 삶의 의지를 반영하는 분신자살 또한 삶을 유지하고자 하는 자살로 분류된다.

1) 생계형 자살

자살은 개인의 심리적 차원의 문제, 우울증·신경증 등 정신적 요인에 의해 발생할 수도 있지만, 현대에 두드러지는 자살은 스스로 목을 맬 수밖에 없는 문제, 즉 생계 문제가 원인인 경우가 많다. 빈부격차가 커지면서 이를 따라잡지 못하는 사람들은 자신의 처지를 비관하여 자살하는 경우가 많다.

뒤르켐이 말하는 통제와 규제의 문제로 발생하는 이기적·이타적 자살, 아노미적 자살의 유형과 달리 생계형 자살의 경우 목숨을 유지하고 싶지만, 유지책을 찾지 못해 목숨을 끊는 것이다. 한국 사회의 경우, 특히 생계형 자살이 혼자가 아닌 가족 전체의 동반자살로 이어져서 가족이라는 조직의 파괴로 연결되기도 한다.

생계형 자살은 단순히 개인적인 죽음에 그치는 것이 아니라, 사회적 안전망과 연결되어 있어 사회적 죽음으로 보아야 한다. 빈곤층의 문제가 새롭게 대두되는 가운데 빈곤을 이유로 한 자살자의 비중은 점차로 늘어나고 있다. 2003년 자살자 중 빈곤을 원인으로 한 자살은 3년 전보다 2배 이상 급증하였다. 특히 2000년대 이후 카드 빚으로 인한 자살, 청년실업 자살 등 생계를 유지하지 못해서 자살하는 경우가 늘고 있다. 2002년 사망원인 통계에 따르면 20대 사망자들의 사망원인 가운데 자살이 2위를 차지했을 정도로 청년 세대의 사회·경제적 입지가 위협받고 있는 현실이다.

IMF 경제위기를 맞은 1998년 1만 2,458건에 이르렀던 자살 사건은 경기가 회복되기 시작한 1999년 1만 1,713건으로 줄었다. 그 뒤 2000년 1만 1,794건으로 약간 늘어난 이후 계속 늘어나고 있다. 주요 원인은 경제난으로 인한 실업과 신용불량, 사업 실패 등이다. 지난 2000년 생활고와 사업 실패에 따른 자살은 786건이었지만, 2001년에 844건, 2002년 968건 등으로 해마다 큰 폭으로 늘어나고 있다. 특히 경제 활동이 왕성한 30대의 자살이 2000년 2,444건에서 2001년 2,446건, 2002년 2,655건으로 급증하는 추세이며, 경제난으로 인한 좌절이 큰 원인으로 꼽히고 있다(≪한겨레≫ 2003.8.5.).

"카드 빚 때문에 강도짓 면목 없어" 20代 회사원 2명 동반자살

(≪동아일보≫ 2003.5.22.)

'카드 빚' 40대 家長 목매 자살　　　　(≪서울신문≫ 2003.6.17.)

생활苦 비관 30代 주부 자녀 3명과 투신자살 (≪한국일보≫ 2003.7.18.)

파산선고 일가족 넷 자살기도　　　　(≪세계일보≫ 2003.9.14.)

사업실패 비관 일가족 6명 자살　　　　(≪한국일보≫ 2003.9.17.)

농사 망친 30代 자살　　　　　　　(≪한국일보≫ 2003.9.17.)

생활苦라지만…… 30代, 차량 불질러 세 자녀·아내와 동반자살

(≪한국일보≫2003.9.27.)

끝없는 불황 속 생활고, 카드 빚에 '동반자살' 급증

(≪경향신문≫ 2003.7.31.)

이러한 제목의 기사들에서 생계형 자살은 먹고살기 힘든 우리 세태를 고스란히 반영하고 있다. 일찍이 파슨스는 그의 사회체계 이론에서 AGIL이라는 기능적 요건을 제시하면서, A에 해당하는 적응(Adaptation)에 경제체제를 연결지었다. 이는 "목구멍이 포도청"이라는 속담처럼, 인간 삶의 가장 기본적인 사회적응 또는 문화환경의 적응의 가장 기본적인 것을 해결해주는 경제체제의 역할을 강조한 것이다.

이런 의미에서 기능적 요건의 부재나 체계의 이상은 인간의 사회적 관계를 단절시키는 결정적인 계기가 된다는 것을 암시하고 있다.

2) 무한자본에 대한 분신

자살은 분명 자신의 선택이지만 죽음으로 이르게 하는 과정을 보면 사회적 타살인 경우가 많다. 사회가 누르고 강제하는 어마어마한 힘 아래에서 소외되는 개인들은 그들의 존재를 알리기 위해서, 자신이 속한 조직의 힘을 배가시키기 위해서 자살을 선택하기도 한다. 이 경우 적극적이며, 의무적으로 자신의 임무를 완수한다는 확신에 의한 것이 많다. 그러나 이러한 자살을 사회적 통합이 너무 강해서 자기 삶의 목적보다는 외부의 집단적 목표를 위해 희생하는 이타적 자살로만 볼 수 있을까?

그들의 유서에 나타나는 개인적 고뇌와 죽음에 대한 두려움은 엄청난 사회의 힘에 대한 어쩔 수 없는 선택으로 보인다. 인간답게 제대로 살고 싶어서 자살을 택한다는 이들의 자살 직전의 대사는 살기 위한 죽음을 대변한다.

전태일 열사의 분신 이후 1980년대 수많은 노동운동, 학생운동가들이 분신자살하였다. 그리고 현재에도 많은 사람들이 유사한 자살방식을 반복적으로 선택하고 있다. 이들의 죽음은 극단적인 선택을 강요당하고,

거대한 권력의 작동에 의해 희생당한 개인의 안타까운 결과로 나타난다. 결국 사회에 대한 원망과 미래에 대한 희망을 대중에게 던져주는 죽음의 결과들이다.

이들의 유서에는 "나 한 사람 죽어서 많은 동지들을 살릴 수만 있다면……"(김주익 한진중공업노조지회장), "제발 나 한 사람의 죽음으로…… 노동자가 고통받는 지금의 세상이 바뀌어지기를"(이해남 세원테크 노조위원장)이라고 쓰여 있고, 사회적 항의나 미래사회에 대한 희망을 담고 있다는 공통점을 갖고 있다.

두산重 노조원 분신자살 배달호 '해고자 복직 투쟁을' 유서

(《한국일보》2003.1.10.)

농업개방을 막기 위해 칸쿤에서 할복한 이경해 씨

(《중앙일보》 2003.9.11.)

한진重 노조위원장 김주익 씨 자살　　(《조선일보》 2003.10.18.)

세원테크 노조 지회장 분신 중태　　　(《내일신문》 2003.10.24.)

비정규직 차별철폐를 위한 집회 도중 분신자살을 기도한 근로복지공단 비정규직노조 광주전남지역본부장 이용석(31)

(《서울신문》 2003.11. 1.)

때로 이들도 부모, 부인, 자식 등 가족에 대한 미안함을 표현하기도 하지만, 개인적 마음은 이미 이타성에 가려져 있고, 지나친 사회적 압력을 이기지 못한 자신의 무능함을 질책할 뿐이다. 죽음으로 해결되지 않음을 알면서도 죽음을 택할 수밖에 없는 이들에게 자살은 또 하나의 생존을 위한 해결책인 것이다.

4. 자살의 속도, 빨리빨리……

각 시대마다 대표적인 죽음들이 발견된다. 과거에는 복수를 위한 죽음, 예술가들의 지적 죽음, 조직충성을 위한 할복, 정절을 지키려는 여성들의 죽음 등이 자살의 대표적 유형이었다. 이러한 죽음은 준비 기간을 거쳐 엄숙하고 비장하게 치러졌다. 자살 방법도 지금과 같은 투신이 아니라 대부분 음독이나 목매달기였다. 도구가 필요했던 것이다. 그래서 사람들은 자살을 시도하기 전에 '준비'해야만 했다. 준비의 시간이 필요했고, 그사이에 생각이 바뀌어 자살을 포기한 사람도 많다. 나무에 목을 매다 떨어지기도 하고, 문지방에 천을 매었지만 금방 가족에게 발각되어 실패하기도 했고, 극약을 먹었지만 의식만 잃었을 뿐 병원으로 호송되어 살아나기도 하였고, 동맥을 끊는 것으로는 상처만 남길 뿐이었다.

하지만 요즘은 그렇지 않다. 투신이라는 방법은 잠깐 동안의 결심이면 충분하다. 현대의 자살하려는 사람들은 오랜 시간의 준비물이 필요하지 않다. 살기 위해 스피드해져야 하는 시대에, 죽음 또한 빠르고 신속하게 진행되는 것이다. 그들은 자기가 서 있는 곳에서, 살고 있는 곳에서 죽음을 택한다. 심각한 마음의 준비를 하는 눈물 어린 시간보다는 그 순간의 선택에 의해서 빠르게 몸을 던진다. 그리고 죽음을 맞이하는 것이다.

1) 기찻길 옆 오막살이엔 추억이 없다

몇 년 전까지만 해도 일 년에 두세 건 일어나던 지하철에서의 죽음은 — 그것도 사고로 일한 실족사가 자살보다 더 큰 비중이었는데 — 2003년 이후 하루 걸러 한 건씩 보도되었다. 2003년 자살이 가장 많이 일어난 현장은 지하철역이다. 이제 지하철은 자살철로 불리고, 지하철역은 자살하기 좋은 장소, 쉽게 죽을 수 있는 곳이 되었다.

<박하사탕>(이창동 감독, 1999)의 주인공이 열차 선로에서 과거로

돌아가길 희망하며 달려오는 열차에 몸을 던졌듯이, 일터를 잃은 외국인 노동자는 돌아가야 할 고향 대신 지하철 선로를 택했다. <박하사탕>의 주인공 영호와 이 외국인 노동자의 죽음에서 다른 것을 찾자면, 열차의 경우 선로에 서서 멀리서부터 오는 열차를 홀로 서서 기다리지만, 지하철의 경우 플랫폼에서 다른 사람들과 함께 서 있다가 다가오는 지하철에 스스로 몸을 던진다는 것이다. 과거 열차를 기다리며 죽음을 선택하던 영화 속의 혹은 현실 속의 주인공들보다 지하철 자살자들은 더 빨리 죽을 수 있고, 많은 목격자들에 의해 신속하게 보도된다. 더 이상 지하철은 시민의 편의 시설·공간이 아니라, 죽기 좋은 곳으로 선택되어버렸다.

고향길 대졸 실업 20대 전철 투신자살　　　　(≪한겨레≫1994.9.18.)
아들 카드 빚 고민 어머니 진입 전동차에 투신자살
　　　　　　　　　　　　　　　　　　　　(≪서울신문≫2003.12.8.)
中동포 지하철 투신자살…… 일자리 못 구해 비관한 듯
　　　　　　　　　　　　　　　　　　　(≪세계일보≫ 2003.12.22.)

그리고 지하철 투신은 자살한 사람의 시체만 남는 것이 아니다. 그 광경을 목격한 자와 그에게로 돌진한 기관사 모두에게 영향을 미친다. 스피드한 죽음은 그 파장 또한 빠르게 번지는 효과를 지닌다.

"자살鐵 불명예……심적 고통이 더해요." 7년차 지하철 기관사 김복수 씨는 늘 반복되는 업무지만 갈수록 겁나고 불안감을 떨칠 수 없다고 말한다.
　　　　　　　　　　　　　　　　　　　(≪국민일보≫ 2004.1.9.)

이렇듯 어릴 적 낭만과 향수로 가득 차서 부르던 동요는 산업성장의 결과, 추억이 남아 있지 않은 '기찻길 옆 오막살이'로 전락하고 만 것이다. 아니 두려움과 상실의 표상으로 우리 기억 속에 자리하게 되었다. '당신의 약속을 정확하게 지켜준다'는 약속철은 죽음을 빠르게 진행시키는 자살철로 변하였고, 죽음의 속도는 빨라지고 있다.

2) 추락하는 것은 날개가 없다

언젠가부터 자살 기사에서 가장 많이 등장하는 것이 투신이라는 단어
이다. 자살의 방식 중 투신자살은 성공률이 높다고 한다. 자살기도 끝에
사망하는 사람은 10명 중 1명이라고 하는데, 요즘은 평균 2~3명으로
늘었다. 다른 자살 방법들은 자살기도에 머무르고 마는 경우가 많지만,
투신자살은 그대로 생을 마친다. 추락사는 한국인이 가장 많이 선택하는
자살 유형은 아니었다.

2001년도 자살자(1만 2,277명)를 유형별로 나눈 경찰청 자료에 따르면
음독 3,360명(27%), 목을 매는 액사(縊死) 3,085명(25%), 추락사(투신)는
1,546명(12%), 익사 454명(3.6%)의 순서였다. 음독과 액사는 준비 과정이
필요하지만 투신과 익사는 별다른 준비가 요구되지 않는다는 차이점이
있다.

과거에는 자신이 있는 곳에서 조심스레 죽음을 선택하고 천천히 죽어
가길 바랐지만, 현대의 사람들은 죽음의 절차도 빠르게 진행시킨다.
사람들은 점점 높은 층에서 뛰어내리고 있다. 아무도 보지 않는 늦은
밤, 새벽에 아파트 옥상으로 가서, 혹은 더 높은 아파트로 찾아가서
뛰어내린다.

다음은 한 해 동안 투신자살 기사 제목만 나열해보았다(≪뉴스메이커≫,
2003).

고교생 교육제도 신랄 비판 투신 '입시 시달려 너무 힘들다'(12월 19일)
정몽헌 현대아산이사회 회장 투신자살   (8월 4일)
'임신해서……', '공부 못해서……' 여고생 2명 아파트 공사 현장 15층
옥상에서 동반 투신자살   (7월 31일)
"때리는 아버지 무서워" 아파트 10층에서 투신자살   (7월 20일)

현장조사 받던 10대 절도범 11층 옥상서 투신자살   (7월 19일)

생활고 비난 30대 주부 자녀 3명과 아파트 14층과 15층 계단 창문으로
동반 투신자살   (7월 17일)

군복무 중 선임병에게 구타당해 정신질환 증세로 전역한 20대, 아파트
투신자살   (7월 15일)

선임사병에게 성추행당한 사병 부대복귀 앞두고 25층 아파트에서 투신자
살   (7월 12일)

여고생 3명 아파트서 투신자살   (5월 21일)

홍익대 영문학과 명예교수 삼일빌딩에서 투신자살   (4월 22일)

위의 기사 제목에서 보듯 10대에서 재벌 기업가까지, 세대별·계층별
구분이 없다. 성적에서 자신의 결백까지 이유도 각양각색이다. 그리고
투신자살은 깊게 생각하고 행하기보다 쉽게 반응하여 곧바로 실행하는
경우가 많다.

짝사랑 호소 여고생 교회서 투신자살   (≪서울신문≫ 1994.11.16.)

'때리는 아버지 무서워' 투신자살   (≪한국일보≫ 2003.7.22.)

"박사과정 채점기준 의견 묵살 배신감" 音大 교수 교내서 투신자살
                                        (≪세계일보≫ 2003.11.29.)

자살 부른 과제물 '유서'-유서쓰기 숙제 발표하다 창문으로 투신
                                        (≪서울신문≫ 2003.11.14.)

이처럼 투신자살은 충동적이다. 자신의 감정을 호소하기 위하여 혹은
충동적으로 자살을 하는 경우 대부분은 투신이다. 지하철에서 빠른 죽음
을 택하듯, 현대의 투신자살은 쉽게 고통을 덜 느끼며 죽을 수 있는
방법으로 선택된다.

5. 욕망의 좌절

IMF 이후 가족 동반 자살이 많이 발생했을 때, 다른 사회에서 찾아볼 수 없는 독특한 현상이라는 이유로 화제가 되었다. 동반 자살은 자신과 자식을 하나로 연결하는 한국적 사고방식에 기인한 것으로 전형적인 한국적 자살 유형인 것이다. 그러나 이러한 한국적 자살 유형은 가족 자살만이 아니다. 앞의 무한자본에 투쟁하는 분신자살의 경우 역시 사회적 힘에 대항하는 노동자들의 상황을 보여주는 한국적 자살로 볼 수 있고, 지하철 투신 역시 마찬가지이다. 그러나 앞으로 볼 10대들의 자살, 현대에 새롭게 나타나는 미모에 대한 좌절에서 오는 자살, 노년층의 자살 역시 한국적 자살이다.

이들은 비관 자살로 볼 수 있는데, 성적비관 등 여타의 비관으로 인한 자살이 한국 사회에서는 유독 많다. 2002년 자살자 1만 3,055명 중 11~20세 자살자 405명의 자살 동기를 분석한 경찰청 자료에 따르면 '비관 자살'이 163명으로 가장 많았다. 이는 한국 사회에서 개인의 욕망을 펼칠 상황이 마련되지 않아 삶을 포기한 것으로 욕망의 포기와 욕망의 좌절로 볼 수 있다.

스스로의 욕망을 실현할 수 없음을 느낄 때 비관하게 되고, 이는 삶에 대한 비관으로 이어져 생을 포기하게 된다. 사회에서 주어지는 강압과 무관심한 시선 아래에서 욕망은 굴절되고 좌절하게 된다.

1) 행복은 성적순이다: 10대 욕망의 포기

10대들의 자살 대부분은 성적 부진을 비관한 자살이다. 서구의 경우 청소년이 성적을 원인으로 목숨을 끊거나, 여학생이 임신을 했다고 해서 자포자기 끝에 목숨을 끊는 예는 거의 없다.

한국 사회에서 청소년은 과도한 억압 아래 살고 있으며, 이들의 욕망 또한 사회가 부여한 것에 한정되어 있다. 그래서 이들은 사회나 부모가 원하는 성적·행동을 낳지 못하면 스스로 좌절하여 미래를 포기하고, 현재적 삶에 멈추어버리는 선택을 한다. 바로 자살을 통해서 앞으로 남은 미래와 욕망을 현재 주어진 욕망의 좌절에 귀속시켜버린다.

초등생까지…… 성적비관 투신자살   (≪한겨레≫ 2003.11.17.)

고교생 교육제도 신랄 비판 투신자살 "입시 시달려 너무 힘들다" 유서

(≪경향신문≫ 2003.12.19.)

수능비관 여고생 또 아파트 투신자살   (≪조선일보≫ 2003.11.7.)

수능성적 비관 잇단 투신   (≪한겨레≫ 2003.12.4.)

성적부진-실연 비관 여고생 둘 동반 자살   (≪세계일보≫ 2003.8.1.)

10대의 자살은 대부분은 개인적인 것으로 치부된다. 자살한 청소년의 평소 행실이나, 가정 배경에 따라 죽음을 설명하는 것이 대부분이다. 그러나 이것은 사회가 개인에게 강요한 대표적인 자살 유형으로 볼 수 있다. 10대는 자아 정체성과 연관하여 사회의 영향을 가장 크게 받는 집단이다. 그러므로 사회화의 과정에서 자신을 둘러싼 사회적 타자들이 자신에게 보이는 태도에 민감하게 반응하는 10대가 좌절감을 느낄 때, 쉽게 선택할 수 있는 것이 자살이다.

2) 굴절된 욕망과 좌절

현대의 새로운 자살 풍경은 굴절된 욕망과 그로 인한 좌절로 설명할 수 있다. 특히 10대, 20대 등 젊은 층의 자살은 사회를 향한 그들의 욕망과 억압에 의해 일어난다. 미(美)를 강요하는 사회를 살아가는 사람들은 그들의 욕망 기준 또한 사회에 맞추어 설정한다. 그래서 날씬하고 예뻐지려고 노력한다. 그리고 그 시도가 실패하면 좌절하는 것이다. 사회가 바라는 요구에 자신을 맞추어가는 개인들에게 자신의 욕구를 설정하는 것은 점차로 어려워진다.

성형 후유증 20대 음독자살 　　　　　(≪한겨레≫ 2003.4.19.)
다이어트 실패 20대 자살 　　　　　　(≪경향신문≫ 2003.8.9.)

　사회적 열풍과 유행은 개인에게 가려진 자신을 선택하기를 강요한다.
현대사회의 개인은 소비하기보다는, 소비되어지는 개인의 영역에서 삶
을 살아가기를 강요당한다. 현재 한국 사회에서 나타나는 '열풍'이나
'신드롬'은 소비사회의 대표적인 일면을 보이고 있다. 나아가 육체적
영역의 소비를 통해 자신의 신체 규격화, 신체 우상화를 정당화하고
있다. 슬리밍·다이어트·미용은 개인적 치장을 넘어 사회가 요구하는
해결해야만 하는 과제로 인식되고, 이를 달성하지 못한 개인들에게 상실
감을 안기고 좌절하게 만든다. 이처럼 과잉 억압은 개인을 죽음으로
내몰고 있다.

3) 황혼 자살

　어차피 살 수 있는 생이 얼마 남지 않은 노인 자살이 큰 문제가 되고
있다.
　우리 사회의 '연령별 자살 현황'에 따르면 전체 자살 인구 중 61세
이상 노인이 차지하는 비율은 1998년 17.2%, 1999년 19.4%, 2000년
19.8%로 늘었고, 2001년에는 24.6%로 급증했다. 이처럼 60대 이상의
황혼 자살은 매년 급증하는 추세다. 경찰청이 해마다 발간하는 ≪범죄분
석≫에 따르면 지난 1998년 자살한 사람은 모두 1만 2,458명이며, 자살
자는 해마다 꾸준히 증가하여 2002년 1만 3,055명으로 늘었다. 4년
사이에 6%가 증가했다. 그러나 61세 이상 노인 자살자는 1998년 2,142
명에서 2002년 3,195명으로 무려 49%나 증가했다.
　그들이 생을 포기하는 가장 큰 이유는 병고와 처지 비관이다. 이제까지
자살은 미래의 삶이 많이 남은 이들이 현재의 생을 거부하는 형태였다.
노인들은 남은 생을 연장하는 것이 그들의 소원인 줄로만 알았다. 그러나

현대의 새로운 자살 충동은 황혼 자살이라는 용어를 만들어내었다. 노인 들은 과거의 삶과는 상관없이 흘러가는 현재를 받아들이지 못하고, 우울 증과 무력감으로 남은 삶을 포기한다. 전통적 대가족제도가 무너지고 평균수명이 길어지는 고령화 사회에서 노인 자살률이 크게 늘어나고 있는 것이다.

특히 황혼 자살은 노인 문제의 사회적 해결책이 미비함으로 발생하는 경우가 허다하다. 황혼 자살은 하루 8명꼴로 발생하는데, 주된 원인으로 자식에게 버림받고, 우울증에 시달리거나, 오래된 지병에 의한 경우가 대부분이다(≪서울신문≫ 2004.1.14.).

70대 노부부 '방화자살', '지병-외로움 더 못참겠다' 비관

(≪세계일보≫1991.12.26.)

자식들 홀대에 비관, 50대 가장 목매　　　(≪서울신문≫ 1995.1.30.)

신병비관 90대 노인, 아파트서 투신자살　　(≪서울신문≫ 1995.1.16.)

자식들 홀대에 비관, 50대 가장 목매　　　(≪서울신문≫ 1995.1.30.)

특히 젊은 층 중심으로 돌아가는 사회적 분위기에 적응하지 못하는 노인들의 소외감 증가가 더욱더 황혼 자살을 부추기고 있다. 이미 한국 사회는 고령화 사회로 접어들었고, 몇 년 후면 노인 인구가 전체 인구의 14%가 되는 고령사회로 진입할 것이다. 이러한 고령 사회로의 진입은 경제적 해결 능력뿐만 아니라 노인들의 소속감이나 심리적 안정감을 줄 수 있는 새로운 사회 프로그램을 요청하고 있다.

6. 선택의 자유

『자살하기: 자유죽음론』을 쓴 장 아메리(1976)는 '자기살해', '자살' 대신 '자유죽음'이라는 개념을 사용했다. 아메리는 정신적으로 건강한

것과 병적인 것의 경계선은 언제나 자의적이며 그때그때 통용되는 사회의 기본 체계에 따라 달라진다고 봤다. 휴머니즘과 존엄성을 새롭게 적용한 그의 결론은 이렇다. "존엄성과 자유가 삶을 죽음으로 이르게 하는, 삶을 파멸로 이르게 하는, 자연을 거스르는 괴물과도 같은 상태를 금할 때, 살아서는 안 된다는 것은 명령이 된다. ……자유죽음은 우리가 도달할 수 있는 가장 극단적이며 마지막 형태의 자유다."(《한겨레 21》 2003.1.22., 재인용).

과거 일본의 사무라이들이 사무라이의 도를 지키기 위해서 할복했듯이, 라이더들이 죽음을 두려워하지 않고 스피드를 즐기듯이, 현대의 자살은 스스로 선택할 수 있는 마지막 형태로 자리 잡고 있다. 이들은 함께하는 이들을 찾아 판타지 소설 속의 주인공처럼 죽음을 택하고, 유언장 작성을 통해서 죽음을 맛본다.

바타이유가 자살과 섹스의 공통점을 쾌락적 본능, 이탈에 대한 욕구로 본 것처럼 사람들은 삶에 대한 의지를 죽음을 통해서 찾고, 생의 쾌락을 자살을 통해 실현한다.

이러한 '비합리성의 합리성'에 의한 신개인주의형 자살은 뚜렷한 동기가 나타나지 않는 자살이다. 포스트모더니즘 시대의 신종 자살 유형인 것이다.

현대사회의 병폐 중에 죽음을 가볍게 여기는 '리셋(reset) 증후군'이라는 것이 있다. 삶과 죽음을 단 한번뿐인 숭엄한 것으로 여기지 않고, 컴퓨터 게임처럼 몇 번이고 다시 시작할 수 있는 것으로 여기는 현상을 일컫는다. 한 예로 서울공대생이 방에서 줄넘기에 목을 매어 자살하기 전 동호회 사이트에 올린 글을 보자.

"줄넘기나 해야지. 어, 줄에 걸렸네. 잠깐 이대로 있어도 괜찮겠지." 그리고 디지털 카메라로 줄넘기를 찍어 사이트에 올려놓았다. 그리고 유서에는 "게임이랑 비슷한 것 같애. 지금 나야 레벨이 아직 낮으니까 이런 게임 관두면 되는 거잖아"라고 썼다. 이들에게 자살은 한번 해봄직한 놀이, 게임인 것이다. 마니아적 폐쇄성과 신세대적 냉소주의, 그리고 신개인주의가 절충된 듯한 행동 양식에서 자살은 삶의 또 다른 선택의 일면으로 여겨진다.

죽음 부른 여대생 자기 모델로 자살 모습 찍으려다 실수
(≪동아일보≫ 1999.10.29.)

10代 소녀 3명 동반 자살 '충격', 인기 판타지 소설 팬 사이트서 만나 '함께 죽자'
(≪경향신문≫ 2003.5.22.)

"마약·장물 팝니다… 자살 친구 찾아요" 범죄 사이트 기승
(≪조선일보≫ 2002.1.18.)

"10代 소녀가 자살 사이트 개설"
(≪문화일보≫ 2001.11.10.)

이런 경향은 젊은 층에서 더욱 광범위하게 나타나고 있다. 소수의 젊은 층에게 자살-죽음은 인터넷 사이트를 검색하고 취미 생활을 선택하듯이 선택의 한 영역으로 여겨지는 것일지도 모르겠다.

7. 자살, 그 이후

전체 자살 시도자 가운데 자살 성공률은 15% 정도라고 한다. 그리하여 자살을 시도한 대다수의 사람들이 자살 기도 실패 후 자살 후유증에 시달리고 있다. 또한 자살은 개인의 문제에 머무르지 않는다. 지하철 투신자살을 목격한 이들 모두에게 영향을 미치고, 빈번하게 보도되는 자살 사건의 뉴스는 자살을 생각해본 적 없는 이들에게도 막연히 미래와 자살을 연결시키게 한다.

즉, 죽음의 경고와 자살의 유혹이 동시에 행해지는 것이다. 한번에 죽는 법, 안전한 자살 도구 등 자살 성공률을 높이기 위한 방법들을 제공하는 자살 방조자들이 생겨나고, 한편으로는 죽음을 예감함으로써 죽음에서 벗어나려는 노력이 진행된다.

삶의 증거인 유서 읽기는 자살 이후 죽음의 진정한 의미를 말해준다. 유서가 있는 경우와 없는 경우에 따라 준비된 죽음인지 아닌지를 말해주기도 하며, 그들이 죽음을 택할 수밖에 없었던 마지막 이유를 알려준다. 그래서 우리는 간혹 자살 이후 유서가 자신의 모든 것을 밝혀줄 것이라는 이유로 유서를 미리 써봄으로써 죽음 이후를 상상하기도 한다.

유언장 사이트 '만약 당신의 삶이 3일밖에 남지 않았다면?'
유언장을 작성해서 보관해두는 인터넷 서비스 유언장닷컴(www.yooun jang.com)에는 8만 명이 넘는 사람이 이곳을 다녀갔고 이 중 2,000명 가까이 비공개 유언장을 작성해놓았다. 유언장을 작성하고 자살한 사람은 아무도 없다. 이 사이트는 자살을 조장하기 위해서가 아니라 삶이 너무 힘들 때 유언장 형식으로 자신을 되돌아보고 삶의 의지를 새로 다지라는 취지에서 만들었기 때문이다.　　　　　　　　　　　(≪조선일보≫ 2003.12.29.)

이처럼 산 자들에게 제공되는 죽음에 대한 상념은 진정으로 죽음은 삶의 반대인가를 반문하게 한다.

일본 영화 <자살관광버스>(2001, 시미즈 히로시 감독)에서 주인공은 "죽고 싶어"라는 독백으로 시작한다. 시종 영화는 죽음과 삶을 고민하는 인간들을 보여주는데, 특히 주목할 만한 것은 이들이 '끝말잇기 놀이'라는 단순한 게임을 통해서 삶의 의미를 하나씩 찾아간다는 것이다. 요컨대 삶의 의욕을 잃고 자살을 택한 이들을 구해내는 것은 결코 거창한 언설이나, 설득의 심리학이 아니라 일상의 단순한 단어들이었다. 이는 자살의 가장 큰 원인이 자신과 세계와의 단절에 있음을 말해준다. 즉, 인간이 사회적 상황에서 살아가는 존재임을 다시 한번 의미 있게 보여준다.

엘리아스가 말한 것처럼 죽음 자체는 위협적이지 않다. 사람들은 기나긴 꿈속으로 떠나가고 세상은 사라진다. 두려운 것은 죽어가는 고통이며, 또 사랑하는 사람이 죽었을 때 산 자가 느끼는 상실감이다. 죽음이 환기하는 공포의 독성을 완화하고 유한한 삶이라는 소박한 현실을 그에 맞세우는 것이 산 자들의 과제다.

죽음은 여전히 살아 있다.

15장

빠른 정년, 연장되는 노년

김형균_부산발전연구원 연구기획실장

1. 들어가며

요즘 직장인들 사이에는 '삼팔선', '사오정', '오륙도'라는 말이 유행이다. 삼팔선은 '38세도 선선히 퇴직을 받아들인다'는 뜻이며, 사오정은 '45세가 정년', 오륙도는 '56세까지 직장에 있는 것은 도둑'이라는 말로 모두 조기퇴직과 이에 따른 실업을 자조적으로 지칭하고 있다.

IMF 경제위기를 극복했다고는 하지만 조기퇴직 또는 명예퇴직과 실업은 우리 사회에 더 이상 새로운 양상이 아니다. 20대는 취직하기 어렵고, 30대는 구조조정에 불안하고, 40대는 조기퇴직을 고민하고, 50대는 노후를 걱정할 만큼 이제 실업은 우리 사회의 큰 문제로 대두되었을 뿐만 아니라, 전 세대에 걸쳐서 '노동인'으로서의 우리의 일상을 휘감고 있는 음울한 아젠다이기도 하다.

우리 주변에 젊고 건강한 노인이 부쩍 눈에 띄지만 실제로 노인이라고 하기에 미안하다. 서구 사회에선 75세까지는 젊은 노인(young old)이라고 해서 노인 대접도 않는다. 그만큼 그 나이까진 현역으로 뛰어야 한다는 것이 그들의 생각이며 실제로 열심히들 일하고 있다. 이에 반해 우리 주위에서는 얼마 전까지만 해도 환갑잔치가 거창했다. 그리고 환갑을 맞이한 당사자는 온 마을에서 노인으로 예우했다. 하지만 요즘은 환갑이라고 부산을 떨지는 않는다. 심지어는 칠순 때마저도 조용히 넘어가려는 분위기가 팽배하다. 이렇게 되고 보니 누가 노인이냐 하는 문제에서 나이에 관한 사회적 통념을 새로 정립하지 않으면 안 되게 되었다.

그런데 불행하게도 우리 한국의 실업구조는 이러한 일상생활에서 체감되는 나이 감각과는 거꾸로 가고 있다. 100세 시대에 살고 있으면서 체감 정년이 서른 중반이라니? 사오정은 또 무슨 말인가? 안타깝게도 이것이 오늘 우리가 겪고 있는 현실이다. 겨우 손에 일이 익어갈 중년의 나이에 일을 손에서 놓아야 하는 '빨라지는 정년 구조'와 나이 70대에도 사회적으로 어른대접받기 힘든 '연장되는 노년의 삶'과의 괴리 속에서 우리의 일상생활은 참으로 갈등을 겪지 않을 수 없게 되었다.

실질적으로 사오정 세대야말로 조직의 중추요 사회의 기둥이다. 이들의 신분이 불안하면 조직에 활력이 있을 수 없고 나아가 그런 사회가, 혹은 그런 나라가 건전할 수 없다. 후배를 위한 용퇴가 미덕인 양 이야기되고 있지만 그 역시 바람직한 것만은 아니다. 원론적으로 보자면 오히려 더 열심히 해서 후배들을 위해 새로운 일자리를 창출해내야 하건만, 우리 사회에서는 대규모 명예퇴직, 감원 등으로 직장인들의 체감 정년이 계속적으로 낮아지고 있는 것이 현실이다.

이러한 현상에 대해 혹자는 마르크스의 공산당선언의 첫 구절을 패러디하여 "하나의 유령이 한국을 배회하고 있다. 실업이라는 유령이"라는 구절로 구조화된 실업 현상을 비유하고 있다(김만수, 2004). 일찍이 마르크스는 자본주의 체제하에서 실업의 구조적 불가피성을 『자본론』에서 '자본의 유기적 구성의 고도화 경향'으로 갈파한 바 있다. 그러나 여기에서 우리의 관심은 일반적인 실업 현상 혹은 경제구조로서의 실업 문제가 아니다. 우리가 주목하고자 하는 것은 바로 늘어나는 수명에 비례하여 연장되는 노년, 그에 반비례하여 빨라지는 정년 사이에 무기력하게 놓여 있는 우리 일상생활의 곤궁함과 이를 극복하려는 삶의 공고함에 관한 것이다.

2. 빠른 정년과 연장되는 노년의 패러독스

우리 사회에서 실업의 불안감 혹은 고통에서 벗어나 취업 관문을 뚫더라도 안도의 순간은 잠깐이다. 그 다음은 경쟁의 압박감과 빠른 정년의 불안감이 도사리고 있다. 흔히 우리는 명예퇴직 하면 지긋한 50대 후반을 떠올렸던 시절이 있다. 일흔 정도가 평균수명이면 육십을 바라보는 나이에 퇴직하여 직장 생활의 소용돌이 속에서 잃어버렸던 자아 찾기를 시작할 만도 하다. 그러나 이제 우리의 현실은 명예퇴직 하면 이런 고정된 연령대를 떠올리기 힘들다.

새로운 밀레니엄과 함께 이미 UN이 정한 고령화 사회에 진입한 우리 나라는 세계에서 가장 낮은 출산율과 가장 빠른 속도로 진행되는 고령화 로 불안정한 물구나무서기형의 인구구조로 급속도로 진행되고 있다. 실업과 빨라지는 정년의 불안은 사회적 구성원으로의 편입을 늦추는 역할유예(role moratorium)의 사회적 행태를 확산시키게 되며 나아가 급격 한 저출산의 한 요인으로 이어지게 된다.

문제는 이러한 저출산과 고령화는 사회적 노동력을 감소시켜 경제성 장을 위협한다는 경제 중심적 우려가 높다는 사실이다. 줄어드는 인구로 인해 성장신화가 붕괴되어 나누어 가질 파이가 줄면, 파이의 분배를 둘러싼 싸움은 더욱 치열해질 것이라고 한다. 또한 고령자가 늘어남에 따라 고령자 복지대책을 요구하는 퇴직자와 그 부담의무를 지는 생산연 령층 간의 갈등도 오늘날 날로 심화되는 세대갈등의 잠재적·경제적 근원이라고 주장되기도 한다(안종범, 2003: 160-226).

최근 많은 사람들이 저출산 고령화 대책의 필요성을 느끼고 있지만, 문제가 심각해지는 시기는 10년 후 또는 20년 후일 것이라고 낙관적으로 보기도 한다. 그러나 문제는 그리 간단하지만은 않다. 한국의 미래에 인구구성의 급격한 변화가 가져올 부정적 영향에 대한 문제는 단순히 미래학자나 인구학자 혹은 여성학자들만의 걱정은 아니고 현실적으로 빠른 정년에서 비롯되는 가족의 부양부담 능력, 부양 주체, 사회보장

문제 등 다양한 문제로 나타나고 있다. 특히 고령화 사회에 있어서 소득보장과 의료보장 문제는 큰 부담으로 나타나는데, 사회로부터 보호를 받아야 할 사람은 늘어나는 데 비해, 저출산으로 인한 부담주체는 빨리 줄어드는 불균형의 문제는 건강보험료의 증가 등 사회적 비용의 증가로 이어지게 된다(안종범, 2003: 210). 따라서 빨라지는 정년과 늘어나는 노년의 삶의 역설적 구조와 밀접한 관련이 있는 고령화와 저출산의 사회적 추세는, 전통사회에서는 미덕으로 여겨져 왔던 노인의 봉양 혹은 가족부양의 가족적 덕목이 점차 사라지게 만들며, 나아가 사회적 피부양 계층과 사회적 생산층 간의 잠재적 갈등 혹은 세대 간 갈등의 물질적 토대로 작용하고 있다. 이러한 가운데 우리의 일상생활은 '요람에서 무덤까지'의 복지국가의 구호와는 달리 전 세대에 걸쳐서 더욱이 나이가 들수록 곤궁함의 위협에 노출되어 있다.

3. 빨라지는 정년

1) 철옹성은 사라지고

얼마 전까지만 해도 직장을 구한다는 것은 곧 평생직장을 얻는 것과 동의어에 가까웠다. 따라서 직장은 인생이라는 전쟁을 치를 철옹성(鐵甕城)을 마련한 것이나 다름없었으며, 직장인은 그 철옹성의 성주와 다름없는 안정을 구가하였다. 따라서 영원한 직장이라는 신화는 영원한 가정이라는 성채(城砦)와 함께 우리 사회의 탄탄한 삶의 바탕이 되는 양 날개로 추호의 의심이 없던 시절이 있었다. 20년 혹은 30년 동안 한 직장에 근속 근무한 상패 하나쯤은 고급 액자에 잘 표구하여 거실 입구를 장식하여, 한 가정과 그 집안 가장의 근면과 성실의 징표로 보이기에 부족함이 없었던 것이 엊그제의 일이다. 그러나 이제 그 철로 쌓은 옹성과 성채는 모래성보다도 더 허망하게 무너져 내리고 있다. 그 출발은 바로 명예퇴직이라는 기이한 제도가 확산되기 시작하면서부터였다. 그나마 한동안 잠잠하나 싶더니 우리 사회에서 명예퇴직이라는 바람은 이제 바람으로서가 아니라 하나의 사회적 현상으로 고착되고 있다. IMF 경제위기로 인해 자의 반 타의 반으로 명예퇴직이 유행하던 1990년대에 이어 최근 경기침체가 장기화하면서 새롭게 번지고 있어, 이제는 특정 시기가 아니라 주기적으로 명예퇴직의 바람이 불고 있는 것이다. 이제 '건국 이래 최대', '사상 초유' 정도의 그럴싸한 수식어가 붙지 않으면 명퇴란 단어는 그다지 거창하게 들리지 않는 우리의 일상이 되었다.

명예퇴직제도는 능력주의와 사회보장제도가 구축된 선진국에서는 보기 드문 제도이다. 반면 유교적 관념이 강한 우리나라나 일본같이 연공서열제와 정년제가 보편화되어 있는 배경에서 명예퇴직제도라는 변형적 제도가 생겨났다는 사실은 일종의 아이러니이다. 즉, 연공서열과 정년제를 떠받치고 있는 덕목이 명예라는 사실을 감안한다면, 이들 사회에서의 명예와는 상반되는 '명예'퇴직 제도의 보편화는 그 자체가 역설임에 분명하다.

명예퇴직제는 정년에 도달하기 전에 근로자가 자발적인 의사결정으로 일정액의 보상을 받고 미리 퇴직하는 형태를 말한다. 명예퇴직제는 기업에 따라 희망퇴직제, 조기퇴직제, 선택정년제 등의 이름으로 불린다. 우리나라 명예퇴직의 역사는 1974년에 공무원을 대상으로 실시한 것이 효시로 알려져 있다. 이후 명예퇴직 제도는 공기업 부문으로 확산되어 1985년에 대한주택공사가 처음으로 실시한 이래 한국통신, 한전, 한국도로공사, 한국담배인삼공사 등으로 확산되었다. 이어서 1992년에는 조흥은행을 선두로 한일은행, 상업은행, 국민은행, 주택은행 등 금융권이 이를 실시한 바 있어 그 기원을 추적하면 그렇게 낯선 것만은 아니다. 그러나 1990년대 초반까지의 이 제도는 실제적인 의미에서 우리가 현재 일상에서 체감하는 것과는 다소 다르다.

이처럼 조용히 진행되던 명퇴가 사회적인 문제로 등장한 것은 1996년에 국내 굴지의 대기업인 S 그룹의 한 제조업 계열사가 종업원의 25%를 명퇴라는 이름으로 감원시킨 것이 계기가 되었다. 그 후 대기업을 중심으로 명퇴 바람이 마른풀에 붙는 들불처럼 확산되어, IMF 외환위기 당시에는 중소기업을 포함하여 한국 사회에서 전방위적으로 확산되어 실시되었다.

당시 우리 기업들이 명퇴를 도입한 배경으로 한국 기업이 경쟁력을 확보하기 위해서는 노동시장의 유연성이 뒷받침돼야 한다는 IMF의 경고와 위협은 인력관리와 임금관리의 경직성에 시달리는 우리의 기업들로서는 명료한 지침을 받아든 것과 같았다. 그러나 이때까지도 노조의 반대로 정리해고가 불가능할 정도로 노동시장은 대단히 경직되어 있었다. 기업의 임금체계 역시 연령과 근속 연수에 따라 인건비가 증가함으로써 임금의 동기유발 기능이 상실되었으며 승진적체 현상으로 사기 또한 저하되어 있었다. 이렇게 눈 덩이처럼 불어나는 인건비와 비효율적인 인력구조를 타파하기 위하여 기업은 노동시장 유연화 전략의 일환으로 명예퇴직 제도를 적극 활용하기에 이르렀다. 사실 이때까지도 이를 받아들이는 직장인들은 그들의 희생이 마지막이어야 한다는 심정이었다. 이후에도 한국의 사정은 경기가 회복될 기미를 보이지 않고, 경기전망이 불투명한 가운데 기업들이 구조조정에 나섬에 따라 명예퇴직 바람이 다시 불어 닥쳤다. 그러나 IMF로 대표되는 1990년대의 명퇴와 2003년 이후의 명퇴는 유사점이 많지만 차이점도 확연하다.

첫째, 명퇴 대상의 연령이 낮아지고 있다는 것이다. 과거의 명퇴는 40~50대가 주류를 이루었으나 최근에는 30대까지 내려감으로써 사회적 충격을 던져주고 있다. 2003년의 예를 들더라도 KT의 경우 대리급의 명퇴자가 전체의 70%에 육박하였고, 은행권의 명퇴 리스트에도 30대 대리급이 포함되기도 하였다.

둘째, 준비된 명퇴가 늘었다는 것이다. IMF 외환위기 이전에 시행된 명퇴는 짧은 시간에 전격적으로 이루어지는 것이 대부분이었기에 차라리 나았다는 자조적인 얘기가 나오기도 한다. 떠나는 자와 남는 자 간의 갈등을 우려했기 때문이다. 나갈 사람은 빨리 나가는 것이 좋다는 식으로 명퇴 이후에 대한 훈련이나 준비 없이 무조건 떠나보내는 경우가 많았다. 그러다 보니 그만큼 부작용도 많았다. 말 그대로 대책 없는 백수를 만드는 명퇴였던 셈이다. 그러나 최근에는 떠나기 전에 전직(轉職) 훈련(outplacement)을 통해 재취업이나 창업에 대한 준비를 하고 떠나려는 경향을 보이고 있다. 따라서 공개적으로 전직 훈련을 실시하는 기업이 늘어나고 있으며, 이와 관련한 컨설턴트가 새롭게 뜨는 직업으로 각광받고 있는 것이 이를 입증한다.

셋째, 대상자들이 명퇴 신청에 신중한 자세를 보이고 있다. 1990년대 명퇴자들은 대상자에 포함되기까지는 고통스러웠으나 대상자로 선정되고 나면 그래도 자위할 수 있는 소망이 있었다. 명예퇴직금과 퇴직금으로 구멍가게라도 차려서 샐러리맨의 서러움을 벗어나겠다는 소박한 기대가 있었기 때문이다. 뿐만 아니라 퇴직 보상금을 은행에 맡기면 높은 이자 덕택에 어느 정도는 생활이 가능해 큰 두려움이 없었다. 하지만 요즈음은 장사를 하는 것도 쉽지 않은 데다가 금리가 낮아 그 돈으로 생활비를 감당한다는 것은 상상조차 할 수 없는 일이 되어버렸다. 그래서 직장인들이 명퇴 신청에 소극적인 모습을 보이기도 한다. 명퇴자들이 주로 선택하는 소규모 자영업의 경우 내수경기에 민감하게 반응하는 구조적 특성을 가지고 있어서 경기침체가 오면 제일 먼저 타격을 입는 경우가 많다는 데 그 사회적 심각성이 더해진다.

넷째, 명퇴가 상시 구조조정의 일환으로 진행된다. 이러한 상시 구조조정의 흐름 속에서 오륙도가 사오정이 되고, 사오정이 삼팔선이 된 것이다.

이러한 결과로 우리나라 중년 및 고령층 노동시장의 특징 중의 하나가 연령-임금 곡선이 40대 중반에서 정점에 달하다가 그 이후 빠른 속도로 하락한다는 사실로 나타나고 있다. 이러한 현상은 임금수준이 50대에 정점에 달하며 이후의 하락속도도 완만한 선진국들의 연령-임금 곡선과는 뚜렷하게 대비되는 것이다(최경수, 2003: 399-401). 결국 이러한 40대 중반을 정점으로 한 연령-임금 곡선의 급격한 하락은 사회적 활동과 이를 통한 사회적 부양을 담당해야 할 계층의 폭이 급격히 줄어드는 사실을 나타낸다.

이러한 맥락에서 우리의 노동력 인구의 비중을 살펴보면 15세 이상 65세 미만의 생산연령인구는 2000년의 3,370만 2,000명에서 2030년에는 3,247만 5,000명, 2050년에는 2,441만 7,000명으로 감소하여 총인구 중 생산연령인구 비중은 71.7%에서 64.6%와 55.1%로 각각 하락할 전망이다(통계청, 「장래인구추계」, 2001).

결국 빨라지는 정년의 사회적 확산은 아예 노동시장에 진입조차 못한 미취업 실업층과 노동시장에서 명퇴 등으로 조기 퇴출된 층이 노동 참가층을 양면에서 사회적으로 압박함과 동시에, 역으로 주 노동 참가층이 이러한 양 실업층의 사회적 행태 혹은 사회심리적 무력감에 동화되는 현상이 나타나고 있다. 오늘날 어쩌면 새로운 의미의 사회해체의 한 징후로서 나타나는 이러한 사회적 무력감의 확산이 가져오는 일상생활의 급격한 형태 변화를 우리는 주의 깊게 살펴볼 만하다.

2) 젊어지는 실업

우리 사회에서 물가에 부담을 주지 않고 달성할 수 있는 경제성장률, 잠재성장률은 5% 중반으로 추정되고 있다. 따라서 잠재성장률에 못 미치는 경제성장을 이룰 때에는 고용에 압력을 줄 수밖에 없다. 또한 고용안정을 유지할 수 있는 최소한의 경제성장률은 4% 안팎이라고 보는 것이 정설이다. 이론적으로는 경제성장률이 1% 하락할 때마다 약 10만 명이 일자리를 잃게 된다는 분석도 있다. 따라서 우리 사회의 최근 감원 폭풍은 이러한 경기하락에 따른 필연적 결과이며, 여기에다가 취업예비군이 실업 대열에 가세함에 따라 고용대란으로 치닫고 있다는 것이 노동경제학의 주류적 접근이다. 실제로 우리나라 전체의 연령별 취업참가율을 보면 2002년 기준으로 30대가 75.1%, 40대가 78.8%, 50대가 68.9%로 40대의 취업참가율이 가장 왕성하게 나타나나, 이마저도 지난 10년간을 살펴보면 30대는 1993년에 75.7%에서 0.6%가 줄어들었으며, 50대도 71.2%에서 2.2% 가량 줄어들었음을 볼 수 있다. 단지 40대만 1993년 78.6%에서 0.2%가 증가하였다. 이는 왕성한 사회활동기와 가정부담 연령대를 고려해보면 그 증가폭은 오히려 줄어든 셈이라고 할 수 있다(한국노동연구원, 2004:260).

나아가 더 심각한 문제는 경기가 되살아나더라도 일자리가 비약적으로 늘어날 가능성이 매우 낮다는 점이다. 이른바 고용 없는 성장(jobless growth)에 대한 우려가 그것이다(황인성 외, 2004: 6; 최희선, 2004). 산업경기를 주도하는 정보통신 기업은 노동력의 투입효과가 줄어드는 이른바 '생력화 효과(省力化效果)'의 진전에 따라 고용흡수력이 매우 낮아지고 있으며, 반면에 고용창출 여력이 높은 섬유, 식음료품 등 전통산업은 경쟁력 상실로 사양화됨에 따라 고용 없는 성장은 구조화되어가는 양상이다. 세계화와 기술발전에 의한 노동 분업으로 기업의 생산성이 향상되어 경기회복이 즉각적인 고용증가로 연결되지 않을 수 있다는 지적이 나오는 것이다(황인성 외, 2004: 6). 특히 정보통신 분야를 중심으로 한 이른바 첨단산업 분야의 발전에 대해서는 언론매체의 호들갑에 가까운 소개와는 별개로 취업 과정에는 극히 제한적으로 느낄 수밖에 없는 이유가 바로 이러한 첨단산업 분야에서 고용효과의 한계와 밀접한 관련이 있다.

나아가 외환위기 이후 기업 구조조정이 상시화되고, 고용관행이 정규직보다는 임시직이나 비정규직을 우선 채용하는 쪽으로 변화됨에 따라 이러한 고용 없는 성장의 영향은 취업 양상에 직접적인 영향을 미치고 있다. 결국 젊은 실업자 이태백 문제는 한시적인 유행어가 아니라 영구적인 단어로 자리 잡을지도 모른다는 음울한 분석이 나오는 것도 이 때문이다.

따라서 앞으로는 경기적 실업 혹은 마찰적 실업보다 구조적 실업이 더 큰 사회문제로 다가올 것으로 예상된다. 정보화는 컴퓨터와 관련된 전문직종을 창출해내지만 동시에 사무자동화와 공장자동화를 통해 일

〈표 15-1〉 청년층 실업률 추이

(단위: 천 명, %)

	1997	1998	1999	2000	2001	2002	2003 (3/4)
전 체 실업률	568(2.6)	1490(7.0)	1374(6.3)	913(4.1)	845(3.8)	708(3.1)	756(3.3)
청년층 실업률	322(5.7)	655(12.2)	574(10.9)	402(7.6)	388(7.5)	341(6.6)	350(7.0)
경 제 성장률	5.0	-6.7	10.9	9.3	3.1	6.3	2.33

자료: 통계청, 「경제활동인구」, 각연도.
주: ( ) 안은 실업률.

자리를 더욱 감소시킨 것이다. 이렇게 보면 우리 사회의 청년실업은 제레미 리프킨의 『노동의 종말』로 상징되는 정보사회의 도래에 따른 또 하나의 어두운 결과인 셈이다. 즉, 정보화에 따라 관리직 근로자들의 수요와 필요성이 점점 줄어들고 있는 것이다. 엄밀히 말해 정보화가 지속될수록 일자리 창출이라는 구호는 인간을 대상으로 하는 것이 아니라 기계를 대상으로 하는 말인 셈이다.

이제 뭐니 뭐니 해도 실업 문제는 우리 사회 최대의 화두가 되었다. 우리 속담에 "가난은 나라님도 어쩌지 못한다"는 말이 있으나, 오늘날 그것의 의미는 '국가도 실업은 어쩌지 못한다'로 읽혀야 할 것이다.

한국 경제가 고도성장을 구가하던 시절에는 실업률이 2%대에 불과하였다. 그러나 우리 경제는 이미 저성장시대에 들어섰다. 잠재성장률이 7%대에서 4~5%대로 떨어지고 있으며 이마저도 아무도 장담하지 못하는 수치가 되었다. 1인당 국민소득은 1995년에 1만 달러를 기록한 이후 8년째 제자리걸음을 하고 있다. 그럼에도 우리는 끊임없이 소득 2만 달러를 외치고 있다. 우리는 그동안 고도성장 덕택에 실업 문제를 개인적 차원의 문제로 여겼으나 이제는 모든 정책에서 우선순위를 차지하고 있다.

우리 사회에서 청년실업 문제는 재취업 전망이 불투명한 30~40대 화이트칼라들의 감원 폭풍보다 더 우려할 만한 수준이다. 청년실업률은 전체 실업률의 2배에 이른다.

정부는 수시로 각종 연수훈련 기회를 늘려 청년실업률을 떨어뜨린다는 등의 대책을 내놓았지만 정작 기업의 정규직 일자리를 원하는 대졸자들에게는 피부에 와 닿는 것 같지는 않다. 청년층 역시 그들의 아버지 세대처럼 번듯한 직장에서 일하기를 원할 것이다. 하지만 청년층이 고집하는 화이트칼라 일자리는 나날이 줄어들고 있는 것이 현실이다. 대졸자들이 주로 취업하기를 원하는 대기업, 공기업, 금융 산업 등 소위 '괜찮은 일자리'(decent job)는 최근 5년 동안 32만 6,000개나 줄어들었다는 분석도 있다(한국노동연구원, 2003: 4). 또한 기업 입장에선 능력 있는 대졸자를 새로 뽑고 싶어도 이미 일자리가 포화상태이니 그렇게 쉽게 해결될 것 같지는 않다.

물론 실업자와 잠재실업자의 대오가 늘어나는 것은 한국만의 특수한 현상은 아니다. 리엔지니어링, 포스트포디즘, 인원감축, 다운사이징 등의 용어가 세계 각국의 산업 현실을 대변하고 있는 것을 감안하면 전 세계적 경향이나 흐름으로 봐야 할 것이다. 북미·유럽·일본 등은 고성장 이후의 만성적 실업 문제로, 개발도상국에서는 고용창출을 위한 주력 산업 부재로 인한 실업으로 몸살을 앓고 있다. 그야말로 실업이라는 유령이 전 세계를 떠돌고 있는 셈이다. 이제 노동환경은 생산성 향상이 고용증대가 아니라 기계 수 증대로 이어지는 초생산자동화의 시대로 달려가고 있다. '노동의 종말'은 우리 젊은이들에게는 '일할 희망의 종말' 혹은 '이태백'으로 어둡게 읽히고 있는 것이다.

상식적으로 일자리가 늘려면 기업의 투자와 창업이 늘어야 한다. 그렇게 되면 우리나라에서 한 해 40만 명씩 배출되는 신규인력을 모두 수용할 수 있을까? 이에 대한 해답에 일치를 보이는 것은 아니다. 먼저 성장론자들은 기업하기 좋은 나라를 만들어 일자리를 늘려야 한다는 점과 노동시장의 유연성을 확보해 기업의 경쟁력을 제고하고 재취업과 신규취업의 기회를 늘려야 한다고 강조한다. 반면 분배론자들은 노동과 복지를 결합한 사회적 일자리로 상징되는 공공부문의 일자리 창출과 일자리 나누기

(job sharing) 확대의 필요성을 제기한다. 그러나 어떠한 방법이든 간에 이른바 신산업의 확산에 따른 고용흡수력이 적은 첨단 정보기술을 중심으로 한 산업구조의 재편이라는 메가트렌드 앞에 젊은이의 설자리는 점점 줄어들고 있는 것만은 분명하다.

4. 늘어나는 고령

1) 고령 인구구조의 변화

최근 선진국을 중심으로 고령인구가 급속히 증가하면서 고령화가 세계적인 화두로 떠오르고 있다. UN은 1982년에 이미 고령화의 심각성을 제기하면서 '고령화에 관한 세계회의'를 개최한 바 있다. 이때까지만 해도 한국은 솔직히 느긋한 입장이었다. 이후 경제협력개발기구(OECD), 세계은행, 국제결제은행(BIS) 등이 잇달아 발표한 고령화 보고서는 현재의 상태가 계속될 경우 세계 주요 각국의 공적연금제도는 지탱될 수 없을 것이라고 지적하여 고령화 위기에 대한 경종을 울린 바 있다.

UN에서는 65세 이상 노인 연령층의 비율이 전체 인구의 7%를 넘을 경우 고령화 사회(aging society), 14%를 넘을 경우 고령사회(aged society)라고 규정하고 있다. 우리나라는 이미 1999년 말 노인인구가 7.1%(337만 명)로 고령화 사회로 진입했으며, 앞으로 20년 후인 2020년경엔 노인인구의 비율이 15%가 넘는 고령사회가 될 전망이다(통계청, 「장래인구추계」, 2001). 우리나라의 인구구조는 1960년 65세 이상 노인인구가 2.9%에 불과했으나, 1970년 3.1%, 1980년 3.8%로 증가하였고, 2000년 새로운 밀레니엄의 시작과 함께 7.2%로 전체 인구의 7%를 넘어선 고령사회의 전 단계인 고령화 사회에 진입한 것이다(통계청, 「경제활동인구조사」, 2003). 또한 2018년에는 13.9%, 2019년에는 14.4%로 65세 이상 노인의 비중이 전체 인구의 14%, 2026년에는 20%로 높아져 초고령 사회에

	전체 인구 중 비중			생산가능인구 중 비중		
	0~14세	15~64세	65세 이상	15~24세	25~49세	50~64세
2000	21.1	71.7	7.2	22.8	58.8	18.4
2010	17.2	72.1	10.7	18.3	56.8	25.0
2020	13.9	71.0	15.1	16.4	50.8	32.9
2030	12.4	64.6	23.1	14.8	49.1	36.0
2040	11.5	58.4	30.1	14.7	49.4	35.9
2050	10.5	55.1	34.4	15.4	47.0	37.6

자료: 통계청, 「장래인구추계」, 2001.

직면할 전망이다.

향후 급속하게 진행될 인구의 고령화로 말미암아 경제사회적 변화가 막대한 가운데 노인층의 증대로 인한 노후소득보장과 관련한 사회적 비용의 증가와 비용분담의 과제는 우리 사회에서 가장 중요한 정책 이슈로 떠오르고 있다. 현재의 인구 변화 추세라면 2050년에 이르러서는 한국은 일본, 체코 등과 함께 세계에서 부양비가 가장 높은 국가 중의 하나가 될 것이다.

우리나라의 고령화 현상이 특히 심각성을 띠고 있는 것은 바로 이 고령화의 속도가 어느 선진국보다도 빠르다는 점이다. 고령 인구 비율이 7%에서 20%로 증가하는 데 걸린 기간을 국가별로 비교해보면 가히 충격적이다. 프랑스가 156년, 영국이 92년, 미국 86년, 이탈리아와 독일 이 각각 80년, 일본이 36년 소요된 반면 우리나라는 26년에 불과하다(노 동정책연구소, 2002).

우리나라의 경우 젊은 층의 재학연령이 길고 군복무 등으로 본격적인 경제활동 개시 연령이 선진국에 비해 4~5년 이상 늦어 현업 세대의 근로생애가 상대적으로 짧은 특징을 가지고 있다. 현업 세대의 근로생애 가 짧다는 것은 그만큼 각종 사회보장에 기여할 수 있는 기간이 짧아 노인인구 부양에 대한 사회적 부담은 그만큼 더 크다는 것을 의미한다. 본격적인 근로생애의 시작이 늦을 뿐만 아니라 고용구조상 기업에서

〈표 15-3〉 주요국의 고령사회로의 진입시기 및 노령인구 증가속도

	일본	미국	영국	프랑스	서독	스웨덴	한국
고령화 사회	1970	1945	1930	1865	1930	1890	1999
고령사회	1996	2020	1975	1980	1975	1975	2022
소요 연수	26	75	45	115	45	85	22

한국노동연구원, 「퇴직연금제도 실행방안(Ⅱ)」, 2003.

퇴직하는 연령이 선진국에 비해 5~10년 이상 짧은데, 평균수명이 점점 길어짐으로 인해 발생하는 퇴직 후 노후소득보장 대책은 사회정책적으로 더욱 중요한 과제가 될 것이다. 우리나라 기업의 평균 정년이 55세 미만인 데 비해, 평균수명은 향후 계속 늘어 2022년에는 79세가 될 전망이어서 퇴직 후의 노후생활 기간이 24년 이상이 될 전망이다.

이처럼 지난 1960년대 이후 우리의 평균수명이 55.3세에서 40년이 지나는 동안 74.3세로 20세 가까이 늘어난 데 비해서, 그 속도는 느리지만 2010년에는 76.1세까지 연장되어 2022년에는 거의 80세까지 연장될 것이라는 전망이다(통계청, 「장래인구추계」, 1990~2021). 무엇보다도 사태의 심각성은 노인인구를 생산연령인구(15~64세)로 나눈 노인부양비는 2002년 11.1%로 생산연령인구 약 9명이 노인 1명을 부양하고 있으나, 2019년쯤에는 생산연령인구 4명이 노인 1명, 2030년에는 약 2명이 1명을 부양하는 수준이 될 것으로 예상된다는 점이다(국민연금발전위원회, 2003). 따라서 '젊은 백수가 늙은 백수'를 '늙은 백수가 더 늙은 백수'를 부양하는 어처구니없는 시대가 예상되는 셈이다. 무엇보다도 중요한 사실은, 현행 정년 연령이 55~60세 정도에 머무르고 있기는 하나, 조기 퇴직·명예퇴직이 광범위하게 이루어짐으로써 정년 전에 직장을 그만두는 경우가 많기 때문에 일할 의욕도 있으며, 또한 당장 일하지 않으면 생계를 위협받을 수밖에 없는 많은 고령자가 직장에서 밀려나고 있으나 고령자의 재취업은 어려운 실정이라는 점이다. 우리나라의 고령 근로자(55~64세)의 경제활동 참가율은 60.4%, 실업률은 1.6%로 OECD 국가 평균(경제활동 참가율 51.9%, 실업률 4.9%)에 비해 상대적으로는 양호한

수준이다. 그러나 그 내용을 들여다보면 우리나라의 55세 이상 취업자의 40% 이상이 농림어업에 종사하고 있기 때문이며 향후 농림어업 비중이 줄어들 경우 고령자의 경제활동 참가율도 급격히 감소될 전망이다(재정경제부, 2003: 8).

더군다나 최근 어지러울 정도로 급속하게 발전하는 생명공학과 유전공학 등의 눈부신 진전은 인간의 수명을 매우 빠른 속도로 연장시킬 가능성이 있다. 이럴 경우 연장된 노년을 유지할 삶의 기반에 대해 미처 준비할 겨를도 없이 수명연장만 될 경우 이른바 '고통스런 노년의 연장'이 될 우려가 높다. 물론 여기에다가 고령사회의 복지 문제, 출생률 저하 등의 사회적 변수를 고려하면 예상되는 일상생활의 변화는 선순환과 악순환의 양 측면이 있을 것이다. 즉, 사회적으로 여성·아동 복지 등에 충실하지 못해 출생률이 계속 저하된다면 고령화율도 계속 상승할 것이고, 그에 따라 노동력은 계속 부족할 것이다. 이는 사회적 재생산 구조의 축소로 나타나 일상생활의 피폐화로 이어지는 악순환의 구조로 나타나게 될 것이다. 그러나 고령자 복지에 충실한 시스템이 갖추어진다면 고령자의 경제활동이 더욱 증가되어 노동력 부족은 완화될 것이며, 또한 여성·아동 복지도 충실한 시스템이 갖추어진다면 출생률이 상승하여 상대적으로 고령화 속도가 완화되는 선순환 구조가 될 것이다.

2) 고령화로 인한 사회적 변화

경제성장 신화의 붕괴

노동력의 중고령화·가속화로 우리나라 근로자의 평균연령은 1980년 28.8세, 1984년 30세, 2002년 36.7세로 꾸준히 늘어나고 있다.

또한 우리나라는 1961년 이후 고도성장을 이루는 기간 동안 경제활동에 참여할 수 있는 인구의 비율이 지속적으로 증가하여왔지만 이제는 고령화에 따라 생산가능인구의 비중이 감소세로 돌아설 것으로 전망된다. 이는 향후 경제성장을 크게 위협하는 요인으로 지적된다.

한편 생산가능인구 자체도 고령화되고 있다. 2002년 현재 생산가능인구 중 50~64세 인구 비중은 18.4%로 비교적 젊은 노동력 구조를 보이고 있으나 불과 20년 후인 2020년에는 50~64세 인구 비중이 33%로 두 배 가량 급증하게 된다. 이로 인하여 생산성의 하락과 잠재성장률의 저하가 우려되는 것이다. 한국개발연구원(KDI)이 작성한 「비전 2010」 보고서에 따르면 고령화의 영향으로 한국의 경제성장률은 2010년 5.2%, 2020년 3.2%로 하락한 뒤, 2030년에는 1.7%로 급락할 것으로 전망되고 있다(한국개발연구원, 2003).

고성장 시대에서 저성장의 시대로의 변화는 청년층의 실업에 그치는 것이 아니라, 그들이 놀면서 부양해야 하는 인구의 고령화와 함께 사회적 충격으로 다가올 수밖에 없다. 개인에게는 불안한 노후에 대한 대비를, 기업에는 새로운 생산성 향상의 방안 추구를, 정부에는 적정 성장 유지와 저성장 개연성에 따른 부작용 해소방안의 과제가 놓여 있는 셈이다.

노령 파워의 대두

얼마 전 망백(望百)의 고개를 넘긴 93세의 노인이 손자뻘, 아니 증손자 뻘 되는 젊은이들과 어깨를 겨루며 전국기능경기대회에 출전했다고 하여 화제를 모았다. 18세 때 독학으로 배운 시계수리 기술로 함북 청진, 중국 동안성을 거쳐 서울 남대문시장까지 75년째 외길을 걸어온 장인 기술자의 노익장을 과시한 셈이다(≪부산일보≫ 2004. 3. 10.).

최근 386세대, 또는 2030세대라는 용어가 한국 정치를 설명하는 데 자주 등장하고 있다. 선거 때만 되면 20~30대 표가 선거의 방향을 좌우하고 있다고 간주되고 있다. 특히 지난 2002년 대통령 선거에는 네티즌으로 상정되는 젊은 층의 영향력이 유감없이 발휘되어 선거 판도의 변화를 실제로 주도한 것으로 평가되기도 했다. 그렇다면 앞으로도 이러한 경향이 지속될 수 있을까? 과연 21세기에 한국 정치의 주역 세대는 누가 될 것인가? 단적으로 이야기하면 노인들이 대통령을 결정하는 세상이 열릴지도 모른다. 미국의 경우 대통령 당선에서 가장 먼저 눈치를 살펴야 하는 존재가 노령자라는 것은 익히 알려진 사실이다.

1997년에 27%에 불과하던 총선거권자 중 50세 이상의 비율은 2010년 38%, 2020년 46%에 달할 것으로 전망된다. 일반적으로 고령자의 투표율이 젊은 층에 비해 높은 것을 고려하면, 2010년 이후에는 최근과 같이 20~30대가 투표의 결과를 좌우한다는 기사는 신문에서 찾아보기 힘들어질 것으로 보인다(이혜훈, 2002). 이러한 고령자의 파워 증대로 세대 간 갈등이 증폭되는 것은 불을 보듯 뻔하다. 지난 2004년 총선에서 여당 대표의 이른바 '노인폄하발언'은 그 의도나 진위는 차치하고서라도 그것의 사회적 파장이 얼마나 큰지를 우리에게 보여주었다.

유권자가 표를 행사함에 있어 가장 중요하게 생각하는 것은 자신들의 이익의 극대화이다. 간단히 말해 노년층은 향후에도 끊임없이 복지수준과 삶의 질의 증가를 요구할 것이다. 그러나 다른 한편에는 취업조차 쉽지 않은 젊은 층이 이 노년층에 대한 사회경제적 부담을 상당히 가져야 하는 것이 현실화될 것이다. 피터 드러커 또한 『21세기 지식경영』에서 선진국의 출산율 감소와 고령화 현상이 선진국 정치에 일대 대혼란을 가져올 것으로 내다보았다(Peter Drucker, 1999). 급속한 인구 고령화는 정치·사회·경제 전 부분에서 노인들의 욕구 표출을 가속화시킬 것이며, 노인들의 정치 집단화도 급격히 진행될 전망이다. 이러한 노인들의 파워를 가리켜 '고령 시민 파워(senior citizen power)' 또는 '회색 파워(gray power)'라고 부르는 데 익숙한 시대가 막 도래하고 있다.

한국 사회의 고령화와 이에 따른 사회적·정치적 파워 증대는 향후 한국의 정치적 계기마다 다양한 아젠다를 제기할 것으로 보인다.

첫째, 고령자에 대한 사회복지 문제가 중요한 사회적 쟁점으로 떠오를 것이다. 핵가족화와 경로효친 사상의 퇴조로 가족의 노인 부양 기능이 약화되는 반면, 공공 부문의 노인 부양 부담은 급속하게 증가될 것이다. 고령자가 정치적 영향력의 확대를 바탕으로 실질적인 영향력을 행사함에 따라 고령자의 의료 및 사회복지 요구는 정치 과정에 있어서 더 이상 무시할 수 없는 요구로 나타날 것이다.

둘째, 고령 인구, 특히 고령 지식 근로자들이 일할 수 있는 여건을 요구함에 따라 장년 및 노인실업이 주요 쟁점이 될 것이다.

셋째, 실버 산업과 같이 고령자를 대상으로 하는 다양한 산업의 지원과 육성에 대한 수요가 급증할 것이다. 결국 틀니 산업이 자동차산업을 뛰어넘을 것이라는 웃지 못할 변화가 머지않아 현실로 다가오게 되는 것이다(유기상, 1997).

넷째, 세대 간의 갈등이 다양한 형태로 부각될 것이다. 사회복지의 수혜세대는 증가하는 반면, 부담 세대의 인구는 줄어드는 이른바 물적 토대의 갈등에서 비롯하여 다양한 형태의 세대 간 갈등이 표출되면서 세대 간 갈등을 어떻게 통합하느냐가 중요한 사회적 이슈이자 이러한 통합능력이 사회지도자의 자질로 부각될 전망이다.

새로운 가족형태의 출현

급변하는 세상에서 변화의 중심에 있으면서, 한편으로는 변화의 시대에 사회를 지탱하는 역할을 하는 것이 가정이다. 산업화와 도시화의 물결에 농경사회의 대가족이 해체되고 핵가족 시대를 열었듯이, 현재의 정보화와 세계화의 물결은 새로운 가족형태를 실험하고 있다.

새로운 가족의 형태는 당사자의 선택과 선호에 의해서 결정되고 형성되기도 하지만, 변화하는 사회구조적 여건과 상호 관련 속에서 새로운 가족의 형태가 만들어지게 된다. 동성결혼, 계약동거, 혼외출산의 증가 등을 논하지 않더라도 새로운 가족의 형태는 크게 보아 '나 홀로 가족'과 '딩크(DINK: Double Income No Kids, 아이를 갖지 않는 맞벌이 부부)족'의 확산으로 나타난다. 한 조사통계에 의하면 나 홀로 가족의 증가는 미혼 독신의 증가와 이혼으로 인한 독신의 증가, 노인 독거가족의 증가 등에 기인하는 것으로 보고 있다. 1975년 전체 인구의 4%에 불과했던 단독가구수가 1995년에는 13%로 증가했으며, 2000년에는 15%를 넘어서고 있다. 혼인율은 지난 1970년 이후 사상 최저수준을 보인 반면, 이혼율은 급증하여 2001년 현재 하루 평균 370쌍이 이혼한 것으로 나타났다(한국보건사회연구원, 2001).

수입은 두 배로, 그러나 아이는 갖지 않겠다고 주장하는 딩크족 역시 새로운 가족 형태를 상징하고 있다. 이와 같은 딩크족에는 자발적 유형과 비자발적 유형이 있는데, 자발적 유형의 딩크족은 인생의 황금기인 젊은 시절에 아이를 낳아 육아 문제로 신경 쓰기보다는 인생을 즐기면서 사회적 성취를 달성하고자 하는 부류라고 볼 수 있다.

이들 자발적 유형의 딩크족에서 한 발 더 나아가 '싱커스(Thinkers)족' 도 대두되고 있다. 싱커스족이란 젊은 남녀가 결혼 후 맞벌이를 하면서 (Two Healthy Incomes) 아이를 낳지 않고(No Kids), 일찍 정년퇴직해(Early Retierment) 노후 생활을 즐기는 신계층을 일컫는다. 싱커스족의 확산 배경에는 다양한 요인이 있다. 여성의 고학력화와 사회 참여의식의 확대, 맞벌이를 통한 성취욕의 달성, 노후 생활에 대한 관심의 증가, 얽매이기 싫어하는 라이프 스타일의 확산, 그리고 자녀를 마치 노후 생활의 보험처 럼 여겨 대리만족을 얻는 현상의 감소 등이 그것이라고 볼 수 있다.

한편 인생을 즐기기 위한 자발적 유형의 딩크족과는 달리 어쩔 수 없이 딩크족이 되는 비자발적 유형도 적지 않을 것이다. IMF 금융위기 이후 평생고용에 대한 불안과 경제적 부담의 확산은 자녀를 낳지 말자는 부부 간의 합의를 용이하게 만들었다. 여성의 경우는 출산 후 복직이 상대적으로 자유롭지 않고, 아이를 낳아도 키워줄 사람이 마땅치 않은 것이 또 다른 부담으로 작용하고 있다. 우리 사회에 만연된 실업의 증후군과 불안한 노년에 대한 두려움은 생물의 가장 원초적인 욕구인 번식보존에 대한 욕구조차 짓누르고 있는 셈이다.

내가 책임져야 하는 나의 안전망?

최근 우리 사회의 직장에 대한 가치관에서 나타난 가장 큰 변화는 무엇일까? 여러 가지 변화가 있겠지만 대표적인 것이 평생고용이라는 통념의 붕괴일 것이다. 특히 금융위기 전에는 많은 기업들이 '종업원이 기업의 주인'이라는 모토를 내걸었고, 종업원의 복지 향상과 기업에 대한 소속감 제고에 노력을 기울였다. 지금도 인적 자원의 귀중함에 대한 인식에는 변함이 없다. 그러나 이제는 더 이상 기업이 종업원에게 평생고용이라는 안전망을 제공하지 않는다. 노동부가 1996년에 실시한 정년 현황 조사에 따르면 금융위기 전 한국 기업의 평균 정년 연령은 56세로 나타났다. 하지만 지금은 정년의 개념이 사라지고 있다. 구조조정으로 야기된 구조조정 공포증뿐만 아니다. 구조조정에서 살아남은 직원마저도 치열한 경쟁 환경에서 구조조정의 공포에서 벗어나지 못하는 '서바이벌 증후군(survival syndromes)'이 확산되고 있다.

지금까지 우리나라에서는 노년 대책의 필요성에 대해 그다지 공감하지 못했다. 서구 선진국의 "요람에서 무덤까지"라는 구호같이 정부의 사회복지 정책 때문이 아니다. 어쩌면 사회적 안전망의 취약함 속에서 기업의 평생고용 보장과 자녀들의 경로효친 사상이 든든한 노년 대책의 두 가지 기둥이 되었던 것이다. 기업의 평생고용 보장이라는 노년 대책의 한 축이 무너진 이 상황에서, 또 다른 노년 대책의 한 축인 가족의 노인 부양 기능도 핵가족화와 경로효친 사상의 퇴조로 약화되고 있다.

한 조사 결과에 따르면 자녀와 함께 살지 않는 65세 이상 고령 인구가 5년 전보다 9% 정도 증가한 45%를 기록하고 있다(통계청, 인구주택총조사, 2000). 1999년에 실시한 생계부양자 조사에 따르면 5년 전에 비해 '부모 스스로 해결'은 4% 늘어난 42%, '자녀가 해결해주는' 경우는 4% 줄어든 58%로 나타났다.

이처럼 기존 노년 대책의 두 기둥이 약해진 상황에서 새로운 기둥의 역할을 해야 할 공공 부문에 의한 노인의 사회적 안전망은 취약하기 그지없다. 게다가 앞에서 살펴본 대로 사회적 안전망의 기본 틀인 공적연금제도의 피부양인구의 급증에 반비례한 부양 인구층의 감소는 사회적 안전망의 장래에 어두운 면이기도 하다. 자녀에게 의지하던 시절은 지났고, 평생고용제의 붕괴로 기업 또한 더 이상 든든한 안전망이 되기에는 여건이 많이 변하고 있다는 것이다.

5. 고령사회의 우리의 생활적 대안은?

OECD는 인구통계학적 추세와 생산성 추세를 토대로 추정한 결과, 유럽에서는 1인당 국민소득 성장률이 점점 낮아져 2020년에는 연 1% 수준이 될 것이라고 예상하였다. 이는 현재 성장률의 절반에도 못 미치는 수준이다. 장기화되고 있는 일본의 경기침체와 미래에 대한 비관적인 전망에도 항상 인구 감소와 고령화가 자리 잡고 있다. 불행하게도 이러한 성장 신화의 붕괴와 미래사회에 대한 비관적인 전망은 결코 먼 남의 나라 이야기만은 아니다. 바로 한국의 현재와 미래의 이야기이다. 그리고 이러한 성장 신화의 붕괴에는 출산율 저하와 고령화로 인한 인구 피라미드 구조의 역전 현상이 자리 잡고 있다.

그렇다면 성장 신화 붕괴의 충격과 그로 인한 빨라지는 정년구조와 늘어나는 노년의 고령화 현상을 위해 우리는 어떤 대책을 마련해야 할 것인가?

먼저, 인구론적 관점에서 보면, 이러한 현상을 헤쳐가기 위한 적정의 경제성장 규모를 지속시키기 위한 여성·아동 정책의 양질화를 통한 출산율의 제고에서부터 출발해야 할 것이다. 그에 따른 인구의 양적인 확대를 통한 노동력의 확충과 인구의 질적인 향상을 통한 생산성의 제고가 절실히 필요하다. 따라서 인구의 양적 확대 방안으로는 육아에 대한 부담이 최소화되고 출산을 안심하고 할 수 있는 여성·아동 복지시스템의 확충이 중요할 것이다. 이에 비해 인구의 질적 향상 방안으로는 사회적으로 안정되고 어느 누구나 용이하게 접근 가능한 평생교육의 질적 향상과 제도적 시스템을 지적할 수 있다. 다만 출산 장려와 관련해서는 근본적인 한계가 있다. 피터 드러커의 경구대로 "선진국에서는 지금 집단자살이 진행 중이다. 인구를 유지할 만큼 아기를 낳지 않고 있다. 이유는 간단하다. 젊은 사람들이 늘어나는 고령자 인구를 더 이상 부양하지 못하게 되었기 때문이다. 이들을 감당하기 위해 역시 젊은이들에게 의존하고 있는 정반대편에 있는 아이들을 줄일 수밖에 없다"는 음울한 문명진단은 고령화 문명의 어두운 단면일 것이다.

노동경제적 측면에서의 과제는 우리의 고령 근로자의 경제활동 참가율을 현재의 60% 수준에서 일본 수준인 65% 이상으로 높여나가야 할 것이다. 이를 위해서는 몇 가지 정책적 차원에서 해결해야 할 과제가 있다. 먼저 사회적으로 고령 근로자의 고용을 장려하고 보호하며 또한 재고용을 촉진하는 법적·제도적 보완 및 지원은 무엇보다 중요할 것이다. 특히 모집·채용·해고 시 고령자에 대한 차별을 금지하고, 고용보험 적용대상의 연령대를 상향 조정하며, 또한 고령자를 채용하는 기업에 대한 신규고용 장려금의 지원규모를 확대하는 것 등이 그 일례가 될 것이다(재경부, 2003:8-10).

사회문화적 측면에서는 각 조직에서 정년 연령의 연장을 사회적 분위기로 확산할 필요가 있다. 고령자의 계속 고용을 위해 노사합의로 호봉승급상한제나, 일정 연령 도달 시 임금인상을 제한하는 등의 임금피크제의 개발과 적용의 확산은 이러한 사회적 요구의 반영으로 볼 수 있을 것이다. 한 분석에 따르면 생산성 향상이라는 미명으로 진행되는 장년 및 고령 인력의 감축이 생산성 증가로 연결되었다는 결과를 확인할 수 없었다(최희선, 2004: 6-7). 오히려 지금처럼 빨라지는 정년의 분위기는 사회 전체의 경험적 지혜의 축적구조를 제한하게 된다. 지식기반 시대가 발전할수록 형식지보다는 암묵지가, 지식의 조합보다는 상상적·창조적 영역의 축적된 생활적 지혜의 중요성이 강조되는 역설적 상황을 사회구성원들이 공감하지 못한다면 지식기반 사회는 경박한 정보지식사회로 흐를 개연성이 농후하다.

일상생활 측면에서는 세대 간 이질적 가치관의 상충공간으로서의 생활세계의 재구성을 위한 다양한 노력이 필요하다. 우리 사회의 경우 모든 세대가 자기 세대를 희생의 세대로 간주하는 이른바 '세대희생주의'에 휩싸여 있다고 해도 과언이 아니다. 젊은 세대는 그 세대대로 교육·취업 등에 있어서의 세대적 희생을 토로하고 있고, 중년 세대와 노년 세대는 그 세대대로 보릿고개와 한국전쟁의 희생세대임을 젊은 세대가 이해해주기를 바라고 있다. 앞에서도 지적한 대로 세대 간에는 단순히 가치관의 갈등을 넘어 사회적 부양의무 주체 구조의 변화라는 물질적 토대의 변화가 그 밑바탕에 깔려 있는 것이 사실이다. 이처럼 최근의 세대 갈등의 근저에는 이러한 연금이나 공적 부조의 부담 주체 등 사회적 요인이 깔려 있음을 이해하는 것이 단순히 가치관의 충돌 정도로 이해하는 소박함에서 벗어날 수 있다.

나아가 '노동인'적 측면에서의 고령기를 이해하는 협소함을 벗어나기 위해서는 여유로운 노년의 삶을 전제로 한 '여가인'으로서의 고령기를 이해하는 시각의 다양화가 필요하다. 문제는 현재 고령자와 차기 고령자의 여가에 대한 인식의 분명한 간극이 있다는 것이다. 현재 고령 세대가 이해하는 여가에 대한 인식은 이전부터 계속해온 일 중심의 생활에 대한 것인 반면에, 청장년의 여가에 대한 인식은 취미, 스포츠, 야외활동 등을 즐기는 생활로서 여가에 대한 인식의 차이가 있다(유기상, 1997:83). 이와 같은 인식의 차이는 고령 세대의 생활적 측면의 문제해결 출발에 큰 차이를 나타낼 것이다. 지금의 고령 세대를 위한 여가대책이 단순히 즐기는 생활 위주로 진행될 때 고령세대가 향유하고자 하는 이전부터 계속해온 일 중심의 여가생활과는 괴리를 가져다줄 것이기 때문이다. 이처럼 세대 간 일과 여가에 대한 가치관의 인식의 차이를 인정하고 이를 아우르는 세대통합적인 생활세계의 합리적이고 현명한 재발견은 모든 세대에게 과제로 남아 있다.

6. 그래도 희망은 일상생활에서 찾는다

일자리가 줄어드는 것은 세계적 추세인 데다 노동시장이 경직되어 있고 취업예비군들이 넘쳐나고 있어 경제성장률이 회복되더라도 과거와 같은 낮은 실업률을 기록하기는 어렵다는 것이 정설로 받아들여지고 있다. 결국 "딸 결혼할 때 내밀 명함만이라도 있었으면 좋겠다"는 30~40

대는 다음 세대를 위해 해고를 받아들일 용의가 있어야 하고, "번듯한 직장에서 일하고 싶다"는 이태백은 임시직에 가까운 봉사활동을 하면서 인생을 보낼 수 있어야 하고, 높은 급여를 원하는 모두가 일자리 공유를 통해 이기주의를 버릴 때만이 이러한 상황의 극복이 가능하다고 한다면 그것은 너무 개인에게 가혹한 요구일 것이다. 이처럼 고령사회의 충격파를 개인의 욕구억제 차원에서 접근한다면 그것은 올바른 접근법이 아니다.

그러나 문제는 최근 우리 사회에서 확산되고 있는 사회적 일자리 나누기와 기업의 사회적 공헌에 대한 강조 등 한 차원 높은 사회적 이타주의(alturism)가 전제되지 않는다면 어떠한 고령화 사회의 처방전도 백약이 무효일 수밖에 없다는 것이다. 나아가 이러한 이타주의의 확산을 일찍이 갈구하였던 서구의 학자들이 얼마 전까지만 해도 우리 사회의 핵심 근간인 가족 간의 끈끈한 사랑과 부모공경, 자식에 대한 헌신적 사랑 등 우리의 전통적인 가족적 미덕을 경이롭게 바라보고 있었음을 진지하게 성찰할 필요가 있다. 고령화 사회를 헤쳐가기 위한 공고한 사회적 안전망이라는 사회적 장치는 이러한 사회적 이타주의의 사회심리적 기제와 함께 건강한 일상생활의 장에서 수용되고 용해되지 않는다면 하나의 허울에 지나지 않을 것이다. 그러기 위해서는 다양한 사회적 장치가 제대로 작동하고, 이를 수용하고 즐길 수 있는 일상생활의 건강함에 대한 사회적 배려와 이해가 전제되어야 한다. 얼마 전 자식들이 준 용돈을 꼬깃꼬깃 감추어둔 지갑을 베개 삼아 자살한 한 노인의 죽음의 원인은 용돈 부족도 아니고 일자리 없음도 아닌 외로움 그 자체임을 우리는 뒤늦게 깨닫는다. 이는 20세기 중반 개발 중심 시대의 비극이었던 '세일즈맨의 죽음'의 고령화판 비극이라고 부를 수 있다. 이처럼 짧아지는 정년과 늘어나는 노년의 패러독스는 사회구조적 해결방안과 사회심리적 처방을 일상생활의 건강함으로 승화시켜야 하는 문제임을 절감하게 된다.

^{16장} **죽음을 삽니다**

김상우_울산대학교 강사

1. 음지에서 양지로

돈 버는 아이디어: 장례사업

죽음은 누구나 피할 수 없는 인생의 마지막 장이다. 인간이 마지막으로 배우는 것이 죽음 아닌가? 이 세상에 종말이 올 때 가장 바쁜 것은 아마도 '죽음의 사업'이 아닐지. 으스스하지만 '죽음의 사업'에도 관심을 가져보시라. 불황도 없고 귀중한 사업이다. 그런데도 불구하고 '죽음의 사업'은 많은 사람들의 관심에서 제외된다. 나는 이 점이 무척 의문이다. 인간이 탄생하는 사업은 끝도 없이 많다. 산부인과 병원에서 시작해서 동네마다 아기 옷, 아기 물건을 취급하는 곳이 없는 곳이 없다. 그런데 '죽음의 사업'을 하는 곳은 잘 발견할 수 없다⋯⋯. '죽음의 사업'을 하는 사람들에게도 '장례 디자이너'나 '죽음의 코디네이터'란 표현을 쓰면 좋겠다고 생각한다. 장례사업에 관심을 가져보자.　　　　　(≪조선일보≫ 1996.12.22.)

금기시되던 죽음이 다시 관심의 대상으로 떠오르고 있다. 근대성은 합리성과 과학이란 이름으로 우리 주변의 삶에서 죽음이란 단어를 몰아내 버렸다. 인간이 어찌할 수 없는 신의 영역으로서의 죽음은 의학의 발전으로 인해 극복할 대상으로 변해버렸으며, 더 나아가 '삶의 기쁨'만이 충만한 현실 세계에서 불편함과 긴장감을 주는 금기의 대상이 되어버렸다. 그러나 최근에 우리 사회에서 '음지' 속으로 사라져버렸던 죽음이 다시 '양지'로 부상하고 있다. 죽음이 다시 부상하게 되는 이유는 근대적 '생의 철학'을 상징적으로 표현하는 '잘 살기(well-being)' 추세에 대한 반대급부로서 '잘 죽기'의 성격도 있긴 하지만, 앞에 인용한 신문기사처럼 돈이 된다면 그곳이 어디든 가리지 않고 파고드는 현대 자본주의 사회의 상업적 특성이 죽음이라는 금기에 작용하고 있기 때문이기도 하다.

죽음이란 사건은 원래 어떤 생물 개체를 구성하는 전체 조직세포의 생활 기능이 정지되는 것을 일컫는 말이다. 그러나 인간에게 죽음은 그렇게 단순한 생물학적 현상만은 아니다. 인간은 미래에 자신이 죽을 것을 알고 있는 유일한 생명체이다. 그래서 인간은 자신이 속한 사회의 문화에 비추어 타인의 죽음을 평가한다. 뿐만 아니라, 심지어 자신의 죽음조차도 자신이 살아 있을 때부터 그 사회의 문화에 맞춰 스스로 디자인할 때도 있다. 이로써 죽음은 단순한 생물학적 현상을 뛰어넘어 하나의 문화적 현상이 되는 것이다. 우리가 죽음을 분류할 때 그것을 단순히 사인(死因)에 따라 '사고사', '자연사' 등으로 나누는 것이 아니라, '의인의 죽음', '개죽음' 하는 식으로 가치판단이 포함된 분류를 하는 것이 바로 문화화한 죽음을 단적으로 드러내는 것이라고 할 수 있다. 즉, 생물학적으로 동일한 현상인 죽음도, 한 사회가 함유하고 있는 가치 기준에 따라 때로는 가치 있는 죽음이 되기도 하고, 그 반대가 되기도 하는 것이다.

장례는 죽음에 대한 그 사회의 문화를 가시적으로 드러내주는 의례이다. 일반적으로 장례는 산 자와 죽은 자의 관계에 대한 기본적인 가정이 이미 전제되어 있기 때문에 다른 문화적 요소보다 아주 더디게 변한다는 특징이 있다. 그러나 여간해선 잘 변하지 않는 장례도 결국 변화하는 세상의 틀을 벗어나지 못하고 함께 변화하고 있다. 이렇게 변화한 오늘날의 죽음 의례의 문화가 바로 '상제(喪制) 중심의 장례문화'이다. 전통적인 장례가 단순한 물리적인 시신의 수습이 아니라 장례를 통해 인간의 존엄성과 영혼, 내생 등에 대한 관념을 복합적으로 드러내는 의례[1]였다면, 오늘날의 상제 중심의 장례문화의 핵심은 '유족의 불편을 가능한 한 적게 하는 의례'이다. 결국 상제 중심의 장례문화는 죽음의 의례가 죽은 자 중심에서 산 자 중심으로 변화했다는 것을 의미하는 것과 동시에 장례가 죽음을 애도하고, 슬픔을 위무하는 것이라기보다는 재빨리 치러 내야 할 집안의 행사로 변했다는 것을 드러낸다고 할 수 있다. 이러한 변화는 현실주의적이고 가족주의적인 한국인의 죽음관과 오늘날의 사회적 변화상이 서로 결합되어 나타나는 것이라고 볼 수 있다.

2. 더디게 변하는 죽음관과 급변하는 사회의 공존법: 상업적 결합

특정 집단이 죽음을 어떻게 보는가를 파악하는 것은 아주 중요한 일이다. 이 죽음에 대한 인식이 어떠한가에 따라 그 집단의 죽음에 대처하는 방식이 달라질 수 있으며, 삶에 대한 가치관이 달라질 수 있기 때문이다.

그런데 한국인의 죽음관은 쉽게 정리되지 않는다. 한국인의 사상전통과 종교전통은 대체적(replaceable)이 아니라 누가적(cumulative)이기 때문이다. 한국인은 무교적인 사상 위에 불교사상과 도교사상을 받아들였으며, 다시 그 위에 유교사상을 받아들였다. 그렇기 때문에 한국 사회에서 하나의 종교를 이해하기 위해서는 이미 한국 사회 내에 뿌리를 내린 기존의 종교들을 이해하지 않으면 안 된다. 예를 들면, 현대 한국의 기독교 사상을 완전히 이해하려면 한국인의 뼛속까지 스며 있는 유교·불

---

1 엄밀히 말하면 상장례(喪葬禮)라고 할 수 있다. 장례는 단지 시신을 처리하는 한 과정만 의미하는 것이고, 이에 수반되는 모든 의식은 상례라고 한다. 즉, 상례란 시신을 다루어 처리하는 일뿐만 아니라 죽은 사람의 영혼은 물론이고, 죽은 사람과 관계가 있었던 살아 있는 사람이 시신의 처리 과정 전후에 가져야 할 태도에 대한 규정 등을 하나의 연속된 절차로 시행하는 것을 의미한다(장하열·강성경, 2000: 267).

교·무교의 사상을 먼저 이해해야 한다는 것이다. 무교는 유·불·선 3교가 들어오기 이전부터 신교, 풍류도(風流道) 혹은 현묘지도(玄妙之道)로 불리며 우리나라에 존재하였으며, 조선시대에는 국가의 억압정책 속에서도 사라지지 않고 오늘날까지 영향력을 발휘하고 있다. 무교는 한국인의 원초적 종교 심성을 결성한 종교라고 할 수 있다(최준식, 1996: 22). 따라서 한국인의 죽음에 대한 기저의 인식을 알아보기 위해서는 죽음과 관련된 영혼의 문제를 본격적으로 다루고 있는 무교의 영혼과 저승 세계에 대한 관점을 알아보는 것이 중요하다.

무교에서 인간은 육신과 영혼이 결합되어 있는 것으로 본다. 육신은 영혼이 이승에서 거처하는 집이다. 따라서 육신과 영혼이 결합되어 있는 상태가 삶이며, 영혼이 육신에서 벗어난 상태가 죽음, 그리고 영혼이 육신을 들락날락하는 상태가 병이라고 보았다(최운식, 1997: 73). 사람이 죽으면 육체는 썩어 없어지지만 영혼만은 아주 없어지지 않고 남아서 영생한다고 믿는다. 이러한 영혼은 두 가지로 나눠진다. 첫 번째는 생령이고, 두 번째는 사령이다. 생령은 살아 있는 사람의 영혼을 말하며, 사령은 죽어서 저세상으로 간 영혼을 말한다. 그런데 사령도 살아 있는 사람들과의 관계에서 크게 두 가지 성격으로 분류할 수 있다. 하나는 선한 영, 즉 조상령으로 산 자에게 긍정적인 역할을 하는 영혼이며, 다른 하나는 원령으로 이 세상에서 잘 살지 못하고 억울하게 죽은 영혼이다. 악령에 속하는 영혼은 그 수가 많고 다양한 것이 특징인데, 왕신·몽달귀신·객귀·영산·수비 등이 이에 속한다. 이러한 혼령들은 요사(夭死)했거나 객사했거나 억울하게 죽은 영혼들로 저승으로 가지 못하고 이승에서 떠돌아다니는 것으로 믿어진다. 선한 영인 경우는 유교적 관념에 따라 소상과 대상을 거쳐 탈상을 하게 되면 저승으로 들어가는 것으로 되어 있지만, 악령인 경우는 3년간의 탈상이 끝나도 저승으로 가지 못하고 이 세상 언저리에 머물러 산 사람들을 괴롭히는 것으로 되어 있다. 원칙상 그 원한이 풀릴 때까지 이 세상에 머물러 있다고 볼 수 있다(이은봉, 2001: 56-57).

그러나 무속에서는 영혼이 부정한 존재로 비록 한을 가지고 있다고 하더라도 그 한을 풀면 인간에게 덕을 주는 좋은 관계로 변할 수 있다고 본다. 해를 주느냐 덕을 주느냐 하는 것은 고정적인 것이 아니고 산 자와의 관계에서 항상 상대적인 것이다. 그렇기 때문에 선한 존재로 여겨지는 영혼이라 할지라도 제사를 제대로 지내지 않거나 대접을 소홀히 하면 산 자에게 앙갚음을 하는 관계로 돌변할 수 있다(이은봉, 2001: 69-70). 이렇듯 영혼과 산 자는 항상 쌍무적인 호혜관계를 유지하고 있다고 무교에서는 보고 있다.

또한 육신이 죽고 난 이후에도 영혼은 보이지 않는 가족 구성원의 하나로서 삶의 영토, 집안의 울타리 속에 계속 존재한다. 돌아가신 사람들은 그들이 목숨을 누렸던 세월보다 훨씬 더 긴 세월을 그들의 자손들과 함께 같은 가족 구성원으로서 동일한 공간에 머물게 되는 것이다. 그들이 누리는 시간도 역시 살아 있는 자손들이 향유하고 있는 시간에 따라 결정된다(김열규, 1998: 143). 이러한 생각은 사자와 생자가 가족 공동체를 이루고 사자의 안녕과 행복이 생자에게도 영향을 미친다고 생각했기 때문에 나타난 것이다. 또한 관념적인 것뿐만 아니라, 그런 행위를 통해 가변적인 현세 생활에 불변적인 연속성을 부여하려고 했다. 조상과 자손은 영계와 현세를 초월하여 하나의 가족 공동체를 이루고 있기 때문에 조상의 잘못이나 화는 자손에게도 영향을 미치고, 반대로 조상의 공훈은 자손에게 수대에 걸쳐 은덕을 미친다고 생각되었다. 이러한 사고는 한 걸음 더 나아가 조상은 항상 자손을 보호한다는 관념이 생겨나게 했다.

한편 사람이 죽어 사람의 육체를 빠져나온 영혼이 안주하여 영생하는 곳이 저승이다. 무속에서는 삶의 세계는 이승으로, 반면에 죽음 후의 세계는 저승으로 표현했다. 고등 종교에서는 영혼이 내세로 가되 생전의 공과에 따라 지옥과 극락이나 천당에 가지만 무속에서는 사람이 죽으면 누구나 영혼이 저승인 내세로 간다. 이 내세의 형태는 지옥이나 낙지(樂地)로 명확하게 구분되어 선과 악의 공과를 분명하게 징계하지도 않으며, 징계를 한다고 해도 불교처럼 지옥이나 극락과 같은 곳이 아니고 살아 있는 동안 악한 일을 하면 죽어서 죄로 간다고 막연히 생각하는 수준의 내세이다(김태곤, 1993: 59).

이상에서 언급한 한국인의 죽음관의 기저를 차지하고 있는 무교의 죽음관을 정리해보면, 두 가지 특징적인 요소가 나온다. 첫째, 한국인들은 무속의 영향을 받아 영혼과 육체를 분리해서 사고하며, 사람이 죽으면 육신은 무덤에서 썩어 없어지지만 영혼은 생전의 모습 그대로 저승에서 조상들의 영혼과 함께 살아간다고 생각한다는 것이다. 두 번째, 죽은 사람은 살아 있는 사람들과 쌍무호혜적인 관계를 가지고 있어 살아 있는 사람들에게 영향력을 행사할 수 있다는 것이다. 이러한 죽음관은 살아 있는 사람들로 하여금 성대하고 화려한 장례를 치르게끔 유도했다. 즉, 제대로 된 상례를 거치지 않아 영혼이 한을 갖고 저승에 가면 구천에서 방황하다가 가족이나 지역 공동체에 해를 입힌다고 생각했던 것이다. 또한 부가적으로 그러한 복잡한 격식과 예의를 통해서 친족 공동체로서의 동질의식을 느끼기도 하였다.

그러나, 오늘날에는 위와 같은 죽음관을 여전히 가지고 있다고 하더라도, 옛날과 같은 성대한 장례를 치르는 것이 불가능하다. 그 이유로는 첫째, 도시화에 따른 주거공간의 협소화이다. 집에서 행사를 치르는 것이 현실적으로 불편하게 되었다는 것이다. 특히 아파트를 비롯한 공동주택의 확산으로 일시에 많은 인원을 수용할 공간이 없으므로 집 밖에서 장례를 치러야 할 현실적 필요성이 절실해졌다는 점이 가장 큰 원인이다. 둘째, 핵가족 이념의 확산을 들 수 있다. 가족이 자녀를 포함한 젊은이 중심으로 바뀌어감에 따라 노년 세대의 가족 내에서의 영향력이 줄어드는 대신, 가족은 젊은이들을 위한 생활의 무대로 재편되고 있다. 따라서 젊은 사람들의 행동양식과 의사에 따라 집안 행사가 축약되어 이루어지는 경우가 많다. 세 번째는 가족 기능의 분절화이다. 현대사회로 오면서 가족의 가장 핵심적인 기능인 세대의 재생산과 감정적 위안 기능을 제외한 여타의 기능들이 가족의 영역 밖으로 이동하고 있다는 것이다. 즉, 가족의 생애주기에서 발생하는 여러 행사의 하나로서 결혼 예식은 집 밖의 장소에서 예식 전문인의 주관으로 치러지는 관행이 고착되었으며, 장례행사도 동일한 맥락에서 점차 집 밖에서 치러지게 되는 관례를 강화해간다. 네 번째로 성(聖)의 영역의 축소이다. 죽음, 사후의 세계, 조상에 대한 종교적 의미가 현대인의 일상으로부터 탈색되어감에 따라 장례의 의미는 성의 영역으로부터 속의 영역으로 이동하여 장의 주체 및 장례를 둘러싼 주변인들에게 현실적인 '절차의 의미'만을 남기게 되었다. 즉, 빠른 시일 내에 시신을 처리하는 것으로 장례의 의미가 축소되어버린 것이다. 따라서 절차로서의 장례의례는 통과제의로서의 종교적 의미보다는 현대인의 타자 지향성에 따라 주변의 타인을 의식하여 비난을 받지 않는 범위 내에서 편의성을 최대로 추구하는 행사로 의미가 달라졌다. 마지막으로 편의주의 확산을 들 수 있다. 성의 영역의 축소 및 현대인의 타자 지향성이 결합된 결과로서 장례와 관련하여 남는 관심사는 어떻게 하면 가장 편리하게, 그러면서도 주위의 비난을 사지 않고 치를 것인가 하는 문제로 요약된다. 이는 시신에 대한 기피 현상과 장례에 수반되는 번거로움을 피하려는 욕구와 맞물려 장례예식장의 증가를 촉진한다. 유족 중의 한 사람이 장례 주체가 되어 모든 일을 조직할 경우 관련 지식과 일손의 부족은 물론이고 가뜩이나 보수적인 장례의 각 절차를 수행함에 있어서 주위의 비난을 각오해야 하므로 이러한 위험을 택하기보다는 장소를 비롯한 모든 과정을 담당하는 업체의 고객으로서 서비스를 일괄 위임하여 편리하게 치르기를 원하게 된다는 것이다(이현송·이필도, 1995: 37-40).

죽은 이의 영혼이 아무런 한을 남기지 않도록 성대한 장례를 치러야 한다는 생각과 그런 의식을 치르지 못하는 현실적 제약 사이에서 죽음의 산업은 잉태된다. 죽음의 산업은 성대한 장례를 치르고 싶지만 현실적 제약을 뛰어넘지 못하는 고객들의 욕구를 충족시킨다. 넓은 장소를 제공하고, 화려하고 멋진 장례를 치를 수 있도록 온갖 죽음 용품과 인력을 제공한다. 그리하여, 고인의 영혼이 편안히 저승으로 갈 수 있도록 배려한다. 돈이 지불되는 한에서는…….

3. 죽음이 평등하다고?: 후세를 위한 투자로서의 장례식

죽음의 가장 큰 특징 중의 하나는 '절대적인 평등성'이다. 검은 옷을 입은 사신(死神)은 누구에게나 때가 되면 찾아와 예외 없이 생명을 거둬들인다. 죽음의 공포는 여기에서 시작된다. '이 세상의 어느 누구도 죽음 앞에서는 반드시 무릎을 꿇어야 한다!' 그리고 그 공포감은 다시 '한번 죽은 사람은 이 세상에 절대 다시 돌아올 수 없다'는 '비가역성'의 명제에 이르러 절정을 이룬다.

그러나 이 죽음의 평등성은 공포스럽기는 하지만, 때로는 가난하고 힘없는 사람들에게 삶의 위로와 평안을 주기도 했다. 공수래공수거(空手來空手去). 천하를 호령하는 권력자도, 엄청난 부를 가진 재산가도 결국은 죽을 때 자신들과 마찬가지로 수의라는 옷 한 벌씩만을 얻어 입고, 저세상으로 가기 때문이다. 어떤 부귀영화도 죽을 때는 가져갈 수 없기 때문에 죽고 나면 그들도 자신들과 꼭 같은 처지가 되고 마는 것이다. 그래서 이렇게 불평등한 세상에서 그나마 가장 평등함을 경험할 때는 인생의 처음과 마지막뿐이라고 세상 사람들은 말한다. 그러나 과연 죽음의 세계는 평등한 것일까?

장례는 살아 있는 사람들이 고인을 위해 해줄 수 있는 마지막 배려이다. 그렇기 때문에 살아 있는 후손의 입장에서는 고인을 위한 장례식을 되도록 화려하고 호화스럽게 치르고자 할 것이다. 더구나 한국인의 죽음관에 따르면, 영혼은 살아생전의 모습으로 저승에서도 이승과 똑같이 생활한다고 했다. 그렇다면 무덤은 죽은 영혼들의 집이 되는 것이고, 수의는 그들이 죽어서 입을 옷이 되는 것이다. 그러므로 후손들은 죽은 영혼의 안락한 저승 생활을 위해 더욱더 좋고 비싼 장의용품을 쓰려고 할 것은 불을 보듯 뻔한 일이다. 그것은 살아 있는 후손들의 효심을 측정할 수 있는 가시적인 수단도 되기 때문이다. 이러한 연유로 장례를 치르는 사람들은 아주 많은 돈을 한번에 지불하는 소비자가 된다. 그들은 마치 쇼핑을 하듯 관을 비롯한 여러 가지 장례용품을 고르고, 매장에

<표 16-1> 서울 T 장례회사의 장례 가격 견적표(2001년도 4월)

(단위: 원)

		고가품		중가품		저가품	
		품목구분	가격	품목구분	가격	품목구분	가격
매 장	관장	수의	1,250,000	수의	650,000	수의	460,000
		멧베	125,000	멧베	85,000	멧베	45,000
		목관	650,00	목관	400,000	목관	350,000
		횡대	260,000	횡대	120,000	횡대	80,000
		공통	488,000	공통	488,000	공통	488,000
		합계	2,773,000	합계	1,743,000	합계	1,423,000
	탈관	수의	850,000	수의	650,000	수의	460,000
		멧베	125,000	멧베	85,000	멧베	85,000
		목관	200,000	목관	150,000	목관	150,000
		횡대	120,000	횡대	80,000	횡대	80,000
		공통	488,000	공통	488,000	공통	488,000
		합계	1,783,000	합계	1,453,000	합계	1,263,000
화장		수의	650,000	수의	460,000	수의	340,000
		멧베	85,000	멧베		멧베	
		목관	200,000	목관	150,000	목관	150,000
		횡대		횡대		횡대	
		공통	488,000	공통	488,000	공통	488,000
		합계	1,423,000	합계	1,098,000	합계	978,000

공 통 품 목	필수	수세세트, 칠성판, 한지(5권), 받침대, 보공, 습신, 예단, 결관포, 명정, 우단관보		
	선택 (5인가족 기준)	남상복(5), 여상복(5), 앞치마(5), 완장, 두건, 행전(각10), 대나무(5), 짚신 (3), 채반, 포, 백일상장(2), 화투(10), 운아, 다라니경, 향로촛대, 차리본		
	용역	수시, 염습, 입관, 결관	공통 품목 합계: 488,000	

기타: 1. 상기 품목은 고정된 가격이 아니며 가족 수 또는 종교 등에 따라 품목 교체·첨삭이 가능하며 이에 의한 가격 변동이 있음.
　　 2. 운구차량비, 장지비, 화장비, 장비대여비 등은 제외된 가격임.
　　 3. 안동포 수의, 향나무관, 석관 등은 별도 주문 가능.
　　 4. 상기 가격은 1년(12개월)마다 변동될 수 있음.
출처: 중앙장례문화원(http://www.funeral21.co.kr/a/200/240-2.htm).

필요한 땅을 산다. 사람들이 장례에 사용되는 비용을 아깝지 않게 생각하는 이유는 그 비용을 죽은 이를 위하여 마지막으로, 단 한번 지불하기 때문이다. 단 한번 비용을 들이면 고인이 편안하게 저승에 갈 뿐 아니라 그곳에서 영원히 편안하게 살 수 있게 된다. 또한 앞서 한국인의 죽음관에서 살펴보았듯이 죽은 자와 산 자는 죽음으로써 영원히 이별하는 것이 아니다. 그들은 얼마 후 산 자가 죽었을 때 다시 저승에서 서로가 만날 관계에 있는 것이다. 저승에 가서라도 타박을 받지 않으려면 최대한 정성을 다해 장례를 치를 수밖에 없다.

그렇다면, 한 번 장례를 치르는 데 얼마나 많은 비용이 들까? 장묘 관련 비용은 크게 장례 관련 비용, 묘지 관린 비용, 화장 관련 비용으로 구분한다. 장례 관련 비용은 다시 장의용품비, 장례식장 사용비, 조문객 접대비, 장의자동차 임대료 등으로 구분한다. 장례에 필요한 장의용품은 망자에게 쓰이는 것과 빈소를 마련하는 데 필요한 물품, 그리고 유족에게 필요한 용품 등으로 구분할 수 있다. 묘지 관련 비용은 공설묘지 사용비, 사설묘지 사용비, 개인묘지 조성비 등으로, 그리고 화장 관련 비용은 화장 및 납골 비용으로 나눠볼 수 있다(이필도, 1997: 39-41). 장묘 관련 총비용은 장의용품, 장례장소, 장례방법에 따라 큰 차이를 보이기 때문에 일률적으로 통계를 내기는 힘들지만 한 장례회사의 장례가격 견적서로 장례비를 추정할 수 있다.

<표 16-1>의 가격은 기타 항목에 적혀 있는 것처럼 순전히 장례에만 소용되는 비용이다. 이 표에 의하면 장례는 공통 품목까지 포함해서 평균 180만~210만 원 정도 비용이 드는 것으로 나온다. 그리고 일반적으로 시신을 관에 넣고 매장을 하는 가격은 비싸고, 화장을 하면 장례 비용이 관장의 절반 정도 드는 것을 볼 수 있다. 위의 장례용품 중 목관과 수의의 경우는 주문도 가능하다. 오동나무관은 160만 원대이고, 안동포로 만든 수의 한 벌의 가격은 300만 원이 넘는다.

그러나 위의 수의의 가격도 1억 원을 호가하는 '황금수의'에 비하면 아무것도 아니다. 최근에 안동의 한 업자가 안동포에 금가루를 입혀 황금수의를 만들어 판매하고 있다고 한다. 오랜 세월이 흐르면 금가루가 뼈에 배어 황골이 된다는 것이다. 1억 원에 비할 바는 아니지만 같은 안동 지역에서 1,800만 원짜리 황제황금수의를 판매하는 한 업자의 인터넷 광고 사이트에는 "전통 안동포 도포 전면에 모두 황금(순도 99%)을 새겼고" 이 수의는 "기원전 1350년 이집트의 지배자 투탕카멘의

상반신 황금수의 형상"으로, "특별한 가치와 권위가 있기에 10분께만 드릴 예정"이라고 하며, 고가 판매전략을 표방하고 있다. 영혼들 사이에서도 새로운 명품족이 탄생한 것이다. 그런데 황금수의는 새로운 종류의 명품족을 탄생시키는 것으로 끝나지 않는다. 더욱 중요한 것은 황금수의의 기능에 있다. 황금수의는 시신이 썩으면서 수의의 금가루가 시신의 뼈에 내려앉아 황금 해골이 되게끔 하는 기능을 가지고 있다. 황골이 된다고 하는 것은 그 묘자리가 명당이어서 발복이 된다는 것을 상징한다. 금가루로 인위적으로라도 황골을 만들어 발복을 기원하겠다는 것이다. 물론 여기서 말하는 발복은 후손들을 위한 발복이다.

발복이라고 한다면 가장 먼저 떠오르는 것이 명당이다. 1997년 대선을 앞두고 각 당의 대선 주자들 선친의 묘가 화제가 된 적이 있다. 거의 모든 대선주자들이 흔히 명당을 찾아 그들 선친의 묘를 이장했고, 한 후보는 묘지를 쓰면 안 되는 곳에 불법으로 나무를 베어내고 그 무덤 뒤에 좌·우로 언덕을 쌓아 인위적으로 좌청룡, 우백호를 만들기도 했다. 대통령이 되기 위해서 조상의 음덕을 받고자 불법을 저지른 것이다. 불법묘지와 관련된 사회지도층의 행태는 기가 막힐 정도이다. 생활개혁실천협의회(생개협)가 2001년 1월부터 같은 해 11월까지 사망한 저명인사 가운데 개인묘지나 가족묘지에 묻힌 17명을 상대로 분묘 실태를 조사한 것에 따르면 묘지 17곳 가운데 1명을 제외한 전원이 법정면적(9평)을 지키지 않았고, 1기당 평균면적이 법정면적의 9배인 110평이나 됐다고 한다.

우리나라 사회지도층의 호화·불법 분묘 문제는 어제오늘의 이야기가 아니다. 대기업 총수나 정치인 등 대부분의 사회 상류층 인사들이 가족묘를 호화스럽게 꾸며 국토 잠식과 함께 서민 위화감 조성이라는 문제를 낳고 있다. 뿐만 아니라 개인묘지 설치와 매장 단계에서부터 관할 행정기관에 신고하지 않은 경우가 대부분이며, 묘지가 차지하는 면적이 수백 평을 넘어 법규정을 위반한 불법묘지가 부지기수라는 것이다. 개발제한구역(그

린벨트)에 버젓이 묘지를 조성한 곳도 많고 묘지 면적이 수천 평에 이르는 경우도 있는데, 봉분 둘레석과 각종 석상, 석탑 등 고가의 장식물을 설치해 '왕릉'을 연상케 할 정도다.   (≪세계일보≫ 2004.1.16.)

살아 있을 때의 불평등은 죽어서도 계속된다. 죽음 이후의 불평등의 가장 큰 원인도 돈이다. 돈이 있으면 명품 수의를 입고 향기로운 관에 누워 더 넓은 무덤 속에서 여유로운 저승의 삶을 향유할 수 있다. 자본주의 사회에서 죽음의 불평등은 더욱 심화·확대된다. 죽음은 단지 죽은 자만의 문제가 아니다. 죽음은 살아 있는 유족의 불평등한 삶의 배경을 적나라하게 드러낸다. 그리고 그러한 삶의 불평등성은 죽은 자의 황골과 명당을 통해 후손들에게 다시 그대로 이어진다. 돈과 권력이 있는 자들은 저승에서도 황금 옷을 입고 고대광실의 넓은 분묘에서 호화롭고 풍족하게 저승의 삶을 향유한다. 그것만으로 끝나는 것이 아니다. 그들은 많은 돈을 들여 찾아낸 명당도 못 미더워 황금수의로 죽은 이의 뼈를 황골로 만들어 그것에서 비롯된 수많은 복들을 후손에게 내려줄 것이다. 그러나 유족의 삶의 배경이 든든하지 못한 영혼은 죽어서도 수많은 영혼이 모여 사는, 그렇고 그런 비좁은 공동묘지에서 이웃 영혼들과 옥신각신하면서 저승의 삶을 살아야 되는 것이다. 공동묘지 관리소가 공동묘지 앞부분에 연못을 파고 뒷부분에 언덕을 만들어 인위적으로 배산임수의 명당자리를 만들어 부자들의 행태를 따라가 보려고도 하지만, 황금수의로 인위적으로 황골을 만들어내는 사람들 앞에서 그런 흉내내기 행위는 유족들을 오히려 더 처량하게 만든다. 결국, 살아서 돈 없고 권력 없는 한국의 민중은 죽어서도 서글픈 신세를 면할 방법이 없는 것이다.

4. 정승의 죽음과 정승집 개의 죽음

조문은 남의 죽음에 대하여 슬퍼하는 뜻을 드러내어 상주(喪主)를 위로한다는 의미를 가지고 있다. 전통 사회의 조문은 지역공동체나 혈연 공동체의 사람에 의하여 감정적인 애도와 육체적·시간적·물질적 도움을 종합적으로 베푸는 동네 행사의 성격을 가지고 있었다. 그러나 현대사회로 오면서 산업화 및 도시화로 인하여 인구의 지역 간의 이동이 심해져 전통적 의미의 조문은 적절하게 실행되지 못하고 있다. 물론 가까운 친척들이 감정적 위로와 물질적·시간적·육체적 도움을 주고 있지만 그러한 친척들은 대개 생업을 은퇴한 노인이든지 직장을 다니지 않는 여성 집단이 대부분이라고 할 수 있다. 따라서 직장에 얽매여 있는 남자 친척은 시간적·육체적으로는 도움을 주지 못하고 경제적 품앗이, 즉 경조비로 조문을 대신하고 있는 실정이다. 다른 의례들과 마찬가지로 죽음에 대한 위로에도 돈의 힘이 끼어들기 시작한 것이다.

경조사비에 대한 가장 최근의 조사는 서울시청 공무원 400명을 대상으로 한 조사(《경향신문》 2001.2.3.)였다. 이 조사에 따르면 연간 경조사비 지출액은 50만~100만 원이 42.7%로 주류를 이뤘고, 50만 원 이하(34%), 100만~200만 원(18.2%), 200만~300만 원(3.3%), 300만 원 이상(1.8%)의 순서로 많았다. 그리고 한 차례 지출액은 2만~3만 원이 56%, 3만~5만 원이 43%를 차지했다. 57.7%가 직장 내의 경조사비가 부담스럽다고 응답했으며, 37.5%는 부담되는 부분도 상당히 있지만 괜찮다는 입장을 보였다. 또한, 이러한 경조비는 소득 및 소비지출규모가 증가함에 따라 지속적으로 증가할 것으로 보인다(배화옥·이필도, 1998). 월평균소득 대비 경조금 지출률은 1985년 1.2%였던 것이 1996년 1.9%로 상승했고, 같은 기간의 소비지출 대비 경조금 지출률은 1.6%에서 2.9%로 거의 2배에 가까운 증가를 보였다. 이러한 경조비 지출은 지방보다는 서울이, 여성보다는 남성이, 고졸 이하보다는 대졸 이상이 더 많고, 연령적으로는 50대까지는 경조금 지출이 점차 늘어나다가 50대를 기점으로 60대에서는 경조금 지출 비율이 떨어진다.

이러한 경조비 지출 관행은 여간해서는 사라지지 않을 것 같다. 김영숙(1996)에 의하면 사람들은 경조비 지출의 가계부담 정도를 부담스럽게 여기면서도 64.4%가 경조비의 지출이 필요하다고 응답했다는 것이다. 경조비가 필요한 이유로는 대인관계 유지가 57.6%이며, 그 다음이 상부상조로 32.8%였다. 그리고 이 조사에 의하면 82.8%가 경조비로 들어온 수입이 가계에 도움을 준다고 응답했다. 실제로 저축추진중앙위원회가 1997년에 조사한 바에 의하면 장례식을 치르기 위하여 사용되었던 총비용은 묘지 구입비를 포함하여 평균 665만 원이었지만, 상주를 경제적으로 돕기 위한 품앗이로 문상객이 내놓은 부의금은 모두 716만 원이라고 한다(이필도 외, 1997: 61). 즉, 장례에 소요되는 모든 장례비에 비해 부조금이 더 많은 것이다. 필자의 조사(2004: 102-103)에서도 상을 당한 유족들은 단 한 명도 예외 없이 모두 1,000만 원 이상의 부조금을 받았으며(일반적으로 1,200만~1,500만 원 정도), 그중에는 2,000만 원 이상의 부조금을 받은 사람도 있었다. 이들은 모두 부조금으로 장례를 치르는 데 부족함이 없었고, 오히려 부조금이 조금씩 남았다고 했다. 이들은 그 남은 부조금으로는 남은 직계가족의 생활비, 미망인에 대한 옷 선물, 부채의 상환에 사용했다고 이야기했다.

또한 부조금의 관행이 잘 사라지지 않을 것 같다고 한다. 그 이유는 경조비를 주고받는다는 것은 사람들이 곧 '경조비의 사회적 연결망' 속으로 들어간다는 것을 의미하기 때문이다. 우리나라의 상부상조 유형은 여전히 혈연이 최우선이나, 도시화 및 산업화의 진전에 따라 지연 중심에서 학연과 직장 인연의 비중이 점차 높아지고 있다. 또한 이 학연과 직장 인연은 합리성에 근거해 사회적 이해를 중심으로 형성된 개인주의적 인간관계에 기초하여 형성된 것이다. 따라서 상부상조의 기능도 점차 개인주의적 인간관계를 기초로 바뀌고 있음을 알 수 있다. 이러한 경향은 다음의 증언에서도 잘 드러난다.

저는 초등학교에서 선생을 하고 있습니다. 컴퓨터다, 실물화상기다하면서 첨단교육 기자재를 활용하여 수업을 하라고 강요받고 있죠. 나이가 들어서 이들 기계를 조작하는 것이 두렵기도 하고……. 해서 명퇴를 신청하고

싶은데, 둘 있는 자식을 하나도 혼인시키지 않았답니다. 명퇴 후에 자식
혼사에 전 직장의 동료들을 초대하면 누가 오나요? 직장에서 동료들의
경조사에 부조도 많이 했는데⋯⋯. 때론 본전 생각이 나서 명퇴 못 해요.

[53세의 남자교사의 증언(김정오, 1998: 82에서 인용)]

이 교사는 변화하는 교육환경에 적응을 하지 못하여 명예퇴직을 신청
하고 싶지만, 학교에 있으면서 지금까지 다른 교사들의 경조사에 이미
지불했던 경조사비를 자신이 퇴직하면 받지 못할 것을 두려워해서 퇴직
을 못하고 있는 것이다. 사람들은 개인적인 시간을 빼앗기게 되는 경조사
에 초대되는 일과 연소득의 많은 부분을 차지하는 경조사비를 내는
것에 대해 상당히 부담스러워하면서도 그러한 상부상조의 연결망에서
쉽사리 벗어나지 못한다. 경조사비의 연결망은 수렁과 같다. 자신이
경조사비를 받은 후 그 연결망에서 빠져나오면 염치없는 사람이 되는
것이고, 자신이 경조사비를 낸 후에 그 연결망에서 빠져나오려면 아무래
도 '본전'이 생각날 것이기 때문이다.

그런데, 이 부조금을 통한 조문은 부조금의 연결망으로 들어가는 것
외에도 또 다른 의미를 포함하고 있다. 예부터 우리나라에는 "정승집
개가 죽으면 문상을 가지만, 정승이 죽으면 문상을 가지 않는다"라는
속담이 있다. 이는 조문객의 궁극적인 목표가 어디에 있는가를 냉소적으
로 보여주는 말이다. 조문객들에게는 죽은 자도 중요하지만 더욱 중요한
것은 살아 있는 사람들의 삶이다. 장례는 죽은 자를 산 자에게서 분리해
내는 의례이긴 하지만, 조문객들에게는 살아 있는 사람들끼리 인맥을
만들고, 그 인맥을 굳히기 위한 의례이기도 하다. 인맥 만들기 조문에
있어 장례식의 주인공은 죽은 자가 아니라 살아 있는 자이며, 권력을
가진 자이고, 자신에게 도움을 줄 수 있는 사람이다. 부조금을 낸다는
것은 그 의례에 참석했다는 증명서와 같은 것이다. 다음 기사는 위와
같은 성격의 조문을 잘 나타내고 있다.

김대중 정부 출범 직후인 1998년 3월 초 토요일 오후. 청와대 최고 실세 수석비서관이 섬 지방에 있던 백부상을 당했다. 이 소식이 전해지면서 관가와 대기업, 언론사 등에는 부의금 액수와 전달방법을 놓고 '비상'이 걸렸다.

언론사 사장은 청와대 수석과 장관의 경우 50만 원씩 하던 부조금 관례를 깨고 100만 원을 보냈다. 주말 오후 은행이 문을 닫아 현금을 구하느라 경리직원이 한바탕 소동을 벌이기도 했다. 당시 상가에 서울에서 몰려온 각계각층 조문객 2천여 명이 몰려 섬마을을 꽉 채웠다.

(≪한겨레≫ 2001.12.27.)

살아 있는 사람이 돈이 많고 권력이 많아야 문상객도 많이 온다. 이 기사의 다음 부분은 고위 공직자들이 부의금 수입으로 재산을 증식했고, 정치인들의 부의금 수입은 수억에서 10억에 이를 정도라고 지적하고 있다. 돈으로 상부상조의 전통을 대신하는 오늘날의 장례식은 현실을 중시하는 한국인의 죽음관과 연관되어 죽음 문화를 또 한 번 왜곡시킨다. 부조금이 얼마나 들어왔는가에 따라, 그리고 장례식장이 얼마나 많은 사람들로 북적거리는가에 따라, 장례가 끝나면 버려지는 화환이 몇 개나 오고 누가 그 화환을 보냈는가에 따라 죽은 이의 지나온 삶과 죽음이 예단되어버리는 것이다. 이제 조문은 그 실질적인 내용은 사라져버리고 형식만 남아 있다.

5. 有錢有生, 無錢無生

자본주의 사회에서 돈은 권능을 가지고 있다. 돈이 있으면 어떤 일이든지 자신의 의도대로 할 수 있다. 좋은 옷과 좋은 집, 음식을 살 수 있는 것은 말할 것도 없고 다른 사람들을 수족처럼 부릴 수도 있고, 사랑도 살 수 있다. 도대체 돈으로 할 수 없는 것이란 무엇일까? 돈으로 할 수 없는 몇 안 되는 일 중에(오늘날의 현실로 보자면 몇 가지나 될까 하는 것도 사실은 의문이다) '죽은 사람을 살리는 것'도 포함되어 있다. 그렇다. 아무리 돈의 힘이 강력하다고 하더라도 죽은 사람을 살려내지는 못한다. 그렇지만 이렇게 생각할 수도 있다. 죽은 사람을 살리지는 못하지만, 죽어가는 사람을 오래 살게 할 수는 있다. 지금까지는 사람이 죽은 이후에 죽음과 관련된 상업적 특성을 이야기했다면, 여기서는 임종과정(dying process)의 가장 초기에 나타나는 돈과 죽음의 관계에 대해 이야기하겠다. 오늘날에는 죽음의 원인이 급성·전염성 질환보다는 만성·퇴행성 질환이 많아 임종 기간이 옛날보다 훨씬 길어졌기 때문에 옛날과는 임종 과정 자체가 달라졌다. 그 임종 과정에 있어 가장 큰 문제로 대두되는 것은 역시 돈이다.

한국의 경우 노인 의료에 대한 특별한 제도를 가지고 있지 않고, 일차적으로 의료보험으로 대처된다. 그러나 병원 진료의 경우 실제적인 본인 부담금은 총진료비의 50~60%에 달하고 있어서 진료비의 본인부담이 매우 크다(박광준, 2002: 218). 더구나 한국 노인의 80% 이상이 동거 자녀 혹은 비동거 자녀로부터 경제적 지원을 받고 있기 때문에, 임종 전의 노인들이 대부분 장기간 간병을 필요로 하는 상태에 빠지는 것을 감안한다면, 임종환자의 가족들이 느끼는 경제적 부담은 더 가중될 수밖에 없다. 다음의 기사는 임종환자의 진료비가 얼마나 많이 드는가를 단적으로 보여주고 있다.

암환자의 사망 직전 1개월간 진료비가 1년간 전체 진료비의 31%를 차지, 사망 직전에 치료가 집중되고 있는 것으로 나타났다. 이에 따라 복지부가 임종환자의 진료비 심사를 강화할 뜻을 밝혀 앞으로 논란이 예상된다. 보건복지부는 1999~2000년 병원에 입원한 암환자 가운데 2001년 4월 현재 사망한 6만 5,300명에 대한 진료비를 조사한 결과 사망 직전 1개월간 평균진료비가 176만 원으로 1년간 전체 진료비(546만 원)의 31%를 차지하는 데다, 월 평균 진료비(47만 원)보다 3.7배가 높은 것으로 조사됐다고

28일 밝혔다. 사망 직전 3개월의 진료비(329만 원)를 합치면 1년간 전체 진료비(546만 원)의 58.3%로 나타났다. 사망 당월의 진료비가 높은 이유로 중환자실 이용, 항생제 투여, 수혈, 인공호흡 등의 진료가 집중되기 때문으로 복지부는 분석했다. 복지부 관계자는 "암환자뿐만 아니라 다른 질환도 진료비를 분석해 과다진료나 부당청구사례 등에 대해 심사를 강화할 계획"이라고 말했다.   (≪조선일보≫ 2002.5.29.)

임종환자의 가족들이 생명연장의 꿈을 버리지 못하는 것은 근대적 합리성의 결정체 '의학'이라는 학문 때문이다. 의학은 질병과 고통, 육체적 손상의 원인을 진단해 건강한 상태로 돌려놓는 것에 그치지 않는다. 의학은 '병에 걸린 인간의 의식 속에서 죽음을 병으로 대체'(Ariès, 1975: 203-204)해버리는 결과를 가져온다. 사람들은 마지막까지 삶에 대한 희망을 버리지 않고, 죽어야 할 어떠한 이유도 느끼지 못한다. 바로 이 때문에 임종환자의 가족들은 마지막 순간까지 병원을 떠나지 못하게 되고, 길어지는 투병 기간으로 인해 스트레스를 받는 것이다. 조금 오래된 연구이기는 하지만, 실제로 임종환자에 대한 환자 가족 75명의 치료 계획에 대해 질문을 한 결과 전체적으로 '계속 입원시키겠다'는 항목이 61명(81.3%), '곧 퇴원시키겠다'가 14명(18.7%)으로 계속 입원시키겠다는 대답이 압도적으로 많았다(권혜진, 1987: 719-720). 날이 갈수록 의학이 발달하여 임종환자들이 병원에 의지하는 추세이고, 죽어가는 사람을 살려보려고 하는 것이 가족들이 가질 수 있는 보편적인 감성이라고 한다면, 오늘날에는 '계속 입원시키겠다'는 의견이 더 많아질 것이라는 추측은 어렵지 않게 할 수 있다. 임종환자의 가족들은 환자가 죽는 마지막 순간까지 죽음이라는 병에 대한 치료를 멈추지 않으려고 하고, 생명을 연장시키려고 노력하게 된다. 그러나 가족들은 그렇게 노력하는 만큼의 더 큰 스트레스를 받게 되는 것이다.

따라서 임종환자가 죽음에 가까이 가면 갈수록 가족들은 경제적 여건에 압박을 받을 수밖에 없다. 극단적인 경우에는 그러한 경제적 압박을 견디다 못해 치료를 포기하고, 임종환자를 집으로 데리고 가서 죽기만을 기다리는 일들도 종종 벌어진다. 뿐만 아니라 경제적 위기는 임종환자의 가족들을 또 다른 일상생활의 위기로 내몬다. 그 일상적 위기라 함은 언제 끝날지도 모르는 오랜 간병 때문에 가족들의 일상생활이 급격하게 파괴되고, 간병으로 인한 심신의 피곤함으로 가족들끼리의 갈등이 생기며, 또한 고통을 호소하는 임종환자와 그를 간호하긴 하지만 아무것도 해줄 수 없는 가족 간의 갈등이 생겨나는 것을 의미한다. 가족 위기는 그 구성원들에게 무력감을 남기게 되고, 이전과 같은 가족의 효과적인 기능을 할 수 없게 만든다. 이러한 죽음 과정에서의 위기의 해소는 결국 임종환자가 사망해야만 해결되는 것이기 때문에 아주 오랜 기간 동안 가족의 불균형 상태는 지속될 수밖에 없다.

최근에는 의학의 발달로 인해 새로운 생명연장기술이 나타나고 있다. 얼마 전에는 불치의 병에 걸린 사람이나 임종이 가까운 사람들을 의학기술이 발달된 미래에 보내 치료하기 위해 사람의 몸을 급속히 냉동시켜 보존하는 냉동보존술(cryonics)이 유행되기도 했다. 또한 근래에는 인간의 유전정보를 밝혀냈고, 인간을 복제하려는 시도들이 있었다. 이러한 시도들의 공통된 특징은 엄청난 비용이 들어간다는 것이다. 특히 후자의 경우는 고비용 의술이기 때문에 부자들만이 이용할 수 있다. 그래서 부자는 유전자 치료를 통해 아예 생물학적으로 더 우수한 자질을 갖고 태어나는 반면, 가난한 자는 자연적인 자질만 갖고 태어나 양자 사이의 격차는 악순환을 거듭할 수도 있다. 이렇게 되면 현재의 빈부 격차가 생물학적 차원에서 고착화되어 새로운 형태의 인간차별이 나타날 수도 있다고 많은 학자들이 경고하고 있다.

돈은 그 전지전능한 힘으로 죽어가는 사람의 생명을 연장할 것이고, 어쩌면 가까운 미래에는 사람들에게 영원한 생명을 부여할지도 모른다. 그러나 돈을 가지지 못한 사람들에게 생명연장의 꿈은 말 그대로 꿈에 지나지 않을지 모른다. 생명연장의 꿈은 돈을 아주 많이 가진 사람에게만 적용되는 말이 될 가능성이 크다.

6. 나오며

곳곳에서 죽음 산업이 활발하게 전개되고 죽음과 관련된 상품들이
양지에 그 모습을 드러내긴 했지만, 그렇다고 해서 한국 사회에서 죽음에
대한 금기가 완전히 깨어진 것은 아니다. 아무리 죽음의 시설이 고급이
되고 공원화한다고 해도, 사람들은 자신의 삶의 영역에 '죽음의 공간'이
들어서는 것을 반대한다. 새로운 장례식장이나 화장터, 납골당 등의
건립은 언제나 이웃 주민들의 거센 반대를 불러일으켰다. 지금 한국
사회에서는 한편으로는 상업적 논리로 죽음을 사회 속으로 껴안으면서
도, 다른 한편으로는 전통적으로 그래 왔던 것처럼 죽음을 터부시해
배척하는 현상이 동시에 나타나고 있다. 과연 상업적인 힘은 근대사회의
가장 강력한 터부 중의 하나인 죽음마저도 양지로 끌어낼 수 있을까?
그렇게 하지는 못할 것이다. 왜냐하면, 죽음을 양지로 이끌어내기 위해서
는 반드시 극복되어야 할 요소가 있기 때문이다. 그것은 죽음에 대한
인간의 두려움이다.

김문겸: 그동안 산뜻한 제목을 달아서 글을 쓰느라고 수고 많으셨습니다. 오늘 세 분이 참석하지 못했는데, 한 분은 인도 여행 중이고 다른 두 분은 일이 있다고 합니다. 오늘 이 책을 전체적으로 종합하면서 자기가 쓴 글의 특징 또는 강조점에 대해 정리하는 시간을 마련했습니다. 책의 제목은 『현대 한국 사회의 일상문화 코드』입니다. 오늘 진행 방식은 세 부분으로 나누어서 논의를 하고자 합니다. 먼저 전체적으로 책을 포괄할 수 있는 1~2장과 유아기에서 청소년기를 서술한 3~6장을 1부에서 논의하고, 다음에는 청년 기와 중년기에 해당하는 7~10장을 2부에서 논의하도록 하고, 마지막으로 11~16장까지 중장년기에 대해 얘기를 하도록 하겠습니다. 먼저 이 책을 기획하시고 전체의 윤곽을 잡는 데 핵심이 되셨던 박재환 교수님의 이 책에 대한 기획 의도를 들어보겠습니다.

박재환: 원래 우리가 이 책을 출간하려고 했던 것은 4년 전인 2000년도입니 다. 전에 우리 연구회에서 계속해왔던 논의가 1994년 『일상생활의 사회학』이 란 책으로 나왔습니다. 그 후 일상생활의 사회학에 대한 이론적 탐색을 먼저 한 후에 일상생활에서 가장 전형적이고 구체적 측면을 잡아보자 하였고, 그 결과물이 『술의 사회학』이란 책으로 1999년에 발간되었습니다. 2000년 부터는 현재 우리나라 사람들의 살아가는 모습을 부각시켜야 한다고 생각하 여 연구를 진행시켰습니다. 그런데, 차일피일 미루다 보니 4년 가까이 미루어 졌습니다. 일간지 기자들 또한 그동안 언제 책이 나오는지에 대해 문의를 해왔고, 우리 나름대로 일상생활에 대한 사회학을 한국 사회에 적용시켜보자 고 하여 기획을 했습니다. 그런데, 대부분의 연구자가 시간강사를 하고 있기 때문에 바빠서 충분하게 준비를 못했던 것이고, 그동안 우리나라도 많이

바뀌어 신문에서 각종 기획기사가 나오고 우리와 비슷한 문제의식을 가지고 한국의 일상문화를 엿보는 시리즈도 나왔습니다. 그동안 상당히 조바심이 났지만 데드라인을 정하여 더 이상 미룰 수 없다 하여 책을 냈습니다. 우리가 늘 얘기하지만 한국 사회학은 구조와 변동에 관해 구체적으로 짚어내지 못했습니다. 더욱이 변동의 동태를 한 번도 제대로 예측한 적이 없었습니다. 그래서 그런 부분을 과감히 벗어나서 우리가 구체적으로 사는 모습을 그려내는 것이 이번 연구의 기본 목표입니다. 한국인의 구체적 삶의 모습을 사회학적으로 드러내보고자 하는 것입니다.

김문겸: 교수님 말씀 잘 들었습니다. 일단 이 책을 구성하게 된 기획 의도는 충분히 얘기가 된 것 같습니다. 그러면 이제부터 각론으로 들어가겠는데, 먼저 1장에서 박재환 교수님은 현대 한국인의 생활원리라는 논제하에 한국 현대사의 전반적인 내용을 분석하면서 일상적 삶에 영향을 끼치는 주요 틀을 지적하셨습니다. 여기에 대해 교수님께서 간단히 말씀해주시죠.

박재환: 개인적으로 이것은 아주 오래된 문제의식입니다. 1976년부터 우리나라 국민들의 문화적 성향, 성격 등에 계속 관심을 가져왔습니다. 우리가 살고 있는 모습은 신문기자들도 다룰 수 있고 TV 프로그램에서도 극화할 수 있습니다만 우리가 현재 살아가는 어떠한 근본 원리가 있을 것이라는 가정하에 현상 밑바닥에 흐르는 큰 줄기를 끄집어내고자 의도하였습니다. 일반적으로 그것은 자본주의 논리로 설명하지만, 단순히 정치·경제학적 관점으로 한정하지 않고, 급속하게 경제발전을 한 우리나라를 좀더 사회학적으로 깊이 내려가서 파악하고자 하였습니다. 외부적으로 나타나는 각 현상들의 밑바닥에 큰 줄기가 있을 것이라는 가정을 하였습니다. 먼저, 하부구조로서 한국적 자본주의와 상부구조적인 전통문화가 서로 영향을 미치면서 오늘을 규정지었다고 생각합니다. 물론 개중에는 이렇게 얘기하는 사람들도 더러 있지만 그 동태를 제대로 짚어내지는 못하였습니다. 어떤 개인의 현재적 삶을 설명하기 위해서는 그 사람의 과거에 대한 이해가 선행조건입니다. 마찬가지로 한국 사회의 일상적 삶을 제대로 파악하기 위해서는 한국 사회가 가진 물적 토대의 독특한 경제적 특징(한국적 자본주의의 성립과 발전 또는

근대화 과정)과 우리가 예로부터 가진 한국문화의 전통적 특징에 대한 분석이 필수적입니다. 그리고, 우리의 최근세의 역사적 경험이 합해져서 우리의 일상문화를 일으키는 큰 뿌리가 되었다고 생각해서, 그것을 끄집어내 보려 했습니다. 상당히 주관적인 부분도 있겠지만, 그렇게 상정하지 않으면 전체 윤곽을 잡을 수 없다고 생각하였기 때문입니다. 예전에도 한국인의 사회적 성격에 대한 연구들이 있었지만, 국민성에 대한 논의와 같은 것은 너무나 정태적이라는 점에서 변화하는 모습을 보여주는 생활원리로 파악하는 것이 적합하다고 생각했던 것입니다.

김문겸: 여섯 가지의 원리로 교수님의 글에서 쓰셨습니다. 이들 원리가 각 장을 구성하는 데 용해되어서 적용되었다면, 이 책이 좀더 체계적으로 구성되었으리라 봅니다. 다음으로 2장은 고영삼 선생님께서 '호모 디지토 로쿠엔스'라는 제목으로 기술을 했는데, 좀 생소한 제목인 것 같습니다. 제목에 대한 설명을 부탁드립니다.

고영삼: 앞서 박재환 선생님께서 한국인의 삶에 대한 설명을 하기 위해서는 역사적 경험과 현재 조건, 틀을 바라보는 개인의 의식, 이 세 가지가 규명됨으로써 제대로 한국인의 삶을 설명할 수 있다고 하셨습니다. 저도 또한 그러한 의식을 가지고 있고, 사람들도 역사적 경험과 현재 조건, 의식을 지닌 채로 미래를 본다고 생각합니다. 그리고 과학기술이 발전되면서 현대인들이 자기 삶의 미래를 어떻게 보고 있는가 하는 부분에 상당한 의미가 있다고 생각합니다. 상대적으로 박재환 선생님의 문제의식이 역사적 경험 쪽으로 편향되어 있다면, 저는 미래로 편향된 구성을 하였습니다. 르페브르는 호모 사피엔스(Homo sapiens: 생각하는 동물), 호모 파베르(Homo faber: 만드는 동물), 호모 루덴스(Homo ludens: 놀이하는 동물)라는 세 가지 개념을 합해서 한 인간을 설명할 수 있다고 하였습니다. 저는 르페브르의 글을 보고 사피엔스든 파베르든 루덴스든 공통적으로 사람들은 무언가와 대화하고 싶어 한다고 생각하며, '그 세 가지의 맥락 속에 공통적으로 있는 것은 의미의 주고받음이다'라고 생각합니다. 그것을 호모 로쿠엔스(Homo loquens)라고 할 수 있는데, 그것이 현대사회에서는 디지털 미디어를 가지고 대화를 주고받으므로

호모 디지토 로쿠엔스(Homo digito loquens)라고 할 수 있지 않으냐 하는 얘기를 하였습니다. 이러한 용어가 시대적으로 조금은 빠를 수가 있다고 생각합니다. 이러한 착상을 하는 데 도움이 됐던 호모 텔레포니쿠스(Homo telephonicus: 전화하는 인간) 같은 경우에는 현재 이동전화를 쓰는 것이 너무나 보편화되었기 때문에 이러한 용어가 지금 현재를 지시하는 것일 수도 있습니다. 제가 말하는 호모 디지토 로쿠엔스는 안드로이드와 사이보그까지 언급하고 있습니다. 안드로이드는 로봇이지만 전혀 사람과 구별을 할 수 없는 로봇이며 또한 기계로 만들어지지 않은, 생체공학적으로 만들어진 로봇을 말합니다. 그리고 사이보그는 장기라든지 인간의 신체에서 능력이 부족한 부분에 기계의 도움을 받아서 능력을 보충하는 것을 말합니다. 극단적으로 안경을 낀 사람도 사이보그의 일종입니다. 여기에서 인공 장기를 넣기도 하는데, 제가 문제의식을 가졌던 것은 사이보그가 인공 장기를 넘어서 두뇌의 뇌세포를 떼어내고 칩을 넣었을 때 그것은 사이보그지만 인간의 정체성을 뛰어넘는 것이라는 점입니다. 그렇기 때문에 '기술과학 문명에 살아가는 우리도 호모 디지토 로쿠엔스이고, 과학기술에 의해 만들어지는 안드로이드와 사이보그 역시 호모 디지토 로쿠엔스다'라고 보았습니다.

김문겸: 1~2장의 성격이 전체를 포괄하는 데 이질감이 없지는 않습니다. 분량이 많기 때문에 한국 현대와 일상이라는 부분에 초점을 맞춰서 간략하게 얘기를 해주셨으면 합니다.

박재환: 그것은 이렇게 얘기하면 될 듯합니다. 일반적으로 한국 사회의 문화 코드 중의 하나로 호모 코뮤니쿠스(Homo communicus)로 볼 수 있는데, 특히 일간지에서는 호모 텔레포니쿠스로 더러 표현하고 있습니다. 다른 어떤 나라보다도 우리는 휴대전화를 많이 사용하고 있습니다. 휴대전화의 확산 속도가 놀랄 정도로 빠르고 새로운 기종으로 교체하는 기간도 매우 짧습니다. 그렇기 때문에 왜 우리나라는 그렇게 될까 하는 부분에 대해 조명을 해주면 좋겠습니다. 그리고 고영삼 선생이 해주신 호모 디지토 로쿠엔스는 일반적인 하나의 전망으로 볼 수 있습니다. 그런데 한국의 경우에는 왜 어린애들까지도 한때는 삐삐를 목에 걸고 다니다가 이제는 전부 휴대전화

로 그렇게 신속하게 바꾸고 있는지 고찰할 필요가 있는 겁니다. 호모 디지토 로쿠엔스도 마찬가집니다. 이러한 인간유형이 서양과 비교해볼 때 한국의 경우에는 왜 더 빨리 나타나는지를 한국 사회의 역사·문화적 특징과 함께 전망하면 앞뒤의 주제와 모두 연결된다고 할 수 있습니다. 그래서 같은 테크놀로지라도 우리의 전통적인 문화와 조건, 자본주의 논리 등이 합해져서 한국적 특수성을 나타낸다고 봅니다.

김문겸: 사실상 이 책의 제목에서 일상문화 코드란 부분이 상당히 중요한 컨셉트로 되어 있는데, 각론에서도 한국적 특수성이란 부분이 더 부각되어 원인까지 잘 설명되었으면 하는 아쉬움이 있습니다. 이제부터는 유아기와 청소년기에 해당하는 시기의 한국적 현상에 대해 얘기를 나눠보도록 하겠습니다. 이 부분은 크게 네 가지 주제로 정리되었습니다.

김정오: 아마 조금 전에 고영삼 선생께서 새로운 인간유형에 대해 말씀하시면서 특별히 우리나라에는 대화의 도구인 휴대전화가 폭발적으로 사용된다는 말씀을 하셨습니다. 청소년들이 그런 문명의 이기를 가장 잘 이용하는 것이 아닌가 하는 생각이 듭니다. 그리고 인터넷이라든지 휴대전화 등도 어른들보다 10대(1318세대)에 해당하는 청소년들이 가장 최근의 모델을 사용합니다. 그래서 어른들보다 그런 면에서는 빠르게 문화를 받아들인다고 보입니다. 제가 학교에 있어서인지 몰라도 제 주변에 있는 선생님들의 경우에 아직까지도 2년 전, 3년 전에 쓰던 휴대전화를 그대로 쓰고 있습니다. 청소년들은 이런 휴대전화를 보면 깔깔대며 웃을 겁니다.

　제가 쓴 청소년 문제에 대한 부분은 제목부터 논란이 되었던 것입니다만 '욕망과 질주의 10대들'로 생각하고 있습니다. 우선 청소년기의 경우 욕망이 앞서서 행동을 하고 그것이 문화로 나타난다고 생각합니다. 어른의 경우 좀더 이성 중심적이어서 생각을 통해 행동을 하기 때문에, 청소년들에게는 자신들을 어른들의 생각 속에 가둬두려고 하고 어른들의 질서로 통제시키려는 모습으로 비치기 쉽습니다. 그렇게 본다면 '청소년들에게는 어른의 세계에서 벗어나려고 하는 마음이 작용하고 있다'고 보입니다. 그래서 1318세대가 갖는 상징 문화라는 것을 우리가 흔히 비행이라든지 일탈로 바라보는 것은 아마 기성세대인 어른들의 눈으로 평가하기 때문이 아닌가 생각됩니다. 따라서 저는 이 글을 쓰면서 청소년의 눈으로 그들의 행동이라든지 생활을 평가해보는 것이 필요하지 않을까 하는 생각을 해보았습니다. 어른들 세계로부터의 탈주·해방이라는 형태로 청소년문화가 나타난 것은 아닌가에 대해 생각해보았고, 그렇게 본다면 어른들이 만들어놓은 질서 속에 청소년들이 가둬지기보다는 청소년 본연의 모습에서 청소년문화를 바라볼 때 청소년을 제대로 평가할 수 있는 것이 아닌가 생각했습니다.

김문겸: 청소년문화에 대한 주제가 먼저 제기되었는데, 순서상 '일등품 유아 만들기'에 대한 얘기를 들어보도록 하겠습니다. 어떠한 목적에서 이러한 제목을 붙이게 됐는지에 대해 말씀해주십시오.

김주영: 최근의 물질적 풍요와 외모 중심주의(예: 얼짱, 몸짱)적 측면에서 유아들의 모습이 영향을 받고 있습니다. 과거에는 콧물 질질 흘리는 모습의 유아가 많았는데, 요즘에는 아주 깔끔한 외모의 유아들을 흔히 봅니다. 부모들이 자기의 소유품을 과시하듯이 대함으로써 유아들의 모습이 많이 변화되고 있습니다. 그리고 교육에 있어서도 과거에는 집에서 육아를 하는 정도(먹이고 씻기는)였으나 요즘은 교육의 대상 연령이 0살까지 내려가고, 심지어 출산 전부터, 임신하기 6개월 전부터 몸을 만들고 임신 중에 태교를 하고 태어나면 그때부터 또 다른 유아교육에 들어갑니다. 이렇게 되면서 유아교육 연령이 더 이상 내려갈 수 없는 지경에 이르렀습니다. 전통적 한국 사회에서도 유아교육이란 개념이 있었을 것인데, 우리 세대는 근대화 과정을 겪으면서 단절되었다는 느낌이 듭니다. 어떻게 유아를 교육시켜야 하는지에 대해서는 교육을 받지 못한 세대이기 때문에 유아교육에 있어서 많은 변화가 있었다고 느껴집니다. 전통적 유아교육이 실종된 상태에서 교육상품이 들어오게 되어 유아교육 자체가 상품화되고, 그 결과 돈으로 모든 것을 해결하려고 하는 변화가 나타나고, 외부로 위탁되는 현상이 나타납니다.

또 왜 일등품이라고 하였냐면 요즘 명품 소비 내지 명품 육아라는 형태가 있을 정도로 육아의 명품족들이 나타나고 있습니다. 명품이 아니고 일등품이라는 것은 최고 클래스로 따라갈 수 없지만 그래도 쫓아가 보고자 하는 심리에서, 명품까지는 안 되지만 버금가는 일등품을 만들어보겠다는 현상이 보입니다. 유아는 사실상 부모들이 원하는 형태로 만들어지는 상태에 있다고 말할 수 있습니다. 그래서 그런 부분에 대해 말해보고 싶었습니다.

김문겸: 혼자 노는 유아, 일등품 유아, 이런 것들은 어떻게 보면 유아기의 생활이 사회 전체의 시스템에 의해 프로그램화된다라는 의미를 지닐 수 있습니다. 그러면 이동일 선생이 쓰셨던 '혼자 노는 아이들'은 어떠한 의미를 담고 이러한 제목을 붙였는지 얘기를 들어보겠습니다.

이동일: 방금 전 일등품 유아에 관해서 잠시 언급을 하면, 전통 사회의 유아교육에 대한 얘기를 하면 좋을 것 같습니다. 과거에 유자기라고 해서 유아기 때 시키던 교육이 있는데, 수저 사용법이라든지, 말 응답법, 윤리적 예절교육(예: 남녀칠세부동석) 등을 해왔습니다.

제가 맡은 부분에서 '혼자 노는 아이들'이라고 했는데, 두 가지를 먼저 설명해야 되겠습니다. 그것은 '혼자'라는 것과 '아이'라는 것입니다. 먼저 '아이'라는 의미에 대해서 말하겠습니다. 일반적으로 아이라는 개념은 어른의 상대적인 개념으로서 어른에 비해서 아직까지 미성숙 상태고 유치하다는 의미이며, 그 당시 아이들의 객관적 모습을 보여주는 단어는 아닙니다. 오히려 어린이는 어린이·늙은이·젊은이와 같이 각각 세대별로 상대적인 형태의 세대문화를 표현한다고 볼 수 있습니다. 한국 사회의 일상에서는 '어린이'가 아니라 '아이'로서 우리의 어린 세대를 대하고 있다는 점을 우선 말씀드리고 싶습니다.

한편 '혼자'라는 것의 의미를 우선 교육에서 찾아보겠습니다. 한국 사회의 일상문화 속에서 심각한 문제가 교육 문제입니다. 2004년 조사에 보면 사교육비가 13조 원입니다. 그중에서 초등학생들의 사교육비가 7조 원입니다. 물론 초등학생 수가 많긴 하지만 초등학생의 83%가 사교육을 받고 있다고 조사되었습니다. 이러한 한국 사회의 교육 현실은 한국적 특징을 두드러지게 보여줍니다. 한국의 아이들에게서 가장 문제가 되는 점은 극단적으로 말하자면, 아이들이 바쁘다는 것입니다. 바쁘다는 것이 노는 데 바쁜 것이 아니라 각종 사교육에 시달리다 보니 그렇다는 것입니다. 이러한 의미에서 혼자라는 표현을 썼습니다. 놀이도 마찬가지입니다. 일상의 컴퓨터 게임이라든지, 방학 때면 나오는 패키지 상품(예를 들면 역사탐험관광, 생태체험학교) 등은 전부 놀이이기는 하지만 어른들에 의해 프로그램화되고 상품화되었다는 것입니다. 또한 가족 요인도 있습니다. 아시다시피, OECD 국가들 중에서 한국의 자녀 출산율은 매우 낮습니다. 그 결과 형제가 없는 아이들이 대다수입니다. 그리고 혼자라는 의미는 '사회로부터 소외됐다'는 것입니다. 즉, 계층적으로 준빈곤층 이하가 370만 명이 넘고(사회단체에서는 1,000만 명), 이러한 빈곤층과 준빈곤층의 자녀들의 경우에는 교육·가족관계·놀이에서 상당히 소외될 수밖에 없다는 것입니다. 마지막으로 아이들에게 자폐증, 아동정서장애(학습장애, 아동우울증) 등과 같은 현상이 나타나고 있습니다. 일반적으로 이러한 정신적 장애의 원인은 선천적인 경우가 많다고 합니다. 그러나 여기서 말하고자 하는 것은 선천적 정서장애가 아닙니다. 실제로 초등학교 6학년의 경우, 중학교 입학 전에 스트레스로 인해 학습장애나 우울증을 나타냅니다. 스스로가 원하는 공부, 학원, 놀이가 아니라는 것입니다. 그러다 보니까 아이들은 같이 있지만 혼자이고, 그것이 우리 아이들의 자화상이라는 것입니다.

김문겸: 현재 유아기와 청소년기에 대한 부분을 이야기하고 있는데, 혼자 노는 아이들과 일등품 유아 만들기, 이런 현상이 나타나는 한국적 특수성이 무엇인가에 대한 나름대로의 심도 있는 고민들이 담겼으면 합니다. 일등품 유아 만들기는 한국에서 명품 소비가 일어나듯이 한국의 물질주의라든지 세속주의가 만연한 현상의 일부분으로서 이해될 수도 있을 것입니다. 또한 '유아기와 청소년기가 어른들의 기획에 의해서 프로그램화된다'라는 현상은 항상 기성세대에겐 자식에 대한 투자가치라고 할지, 불만족스러움을 자녀 세대에게 물려주지 않기 위해 극복하고자 하는 부모의 욕심이라고도 할 수 있습니다. 이러한 것들이 한국의 교육열과 더불어 하나의 열병처럼 퍼져가고 있는 것이 우리의 현실입니다. 그래서 한 가지 더 지적해야 할 것은, 어린이들의 생활세계에서 기본적으로 획득해야 될 자질이 있는데, 공동체적인 생활 정서라는 것입니다. 그런데 이것을 체득할 수 있는 기회가 점점

없어지고, 어른에 의해 조정되고 통제를 받음으로써 공동체적 감각 훈련을 받을 기회를 박탈당하고 있습니다. 따라서 앞으로 한국 사회에서 이것이 문제점으로 나타날 우려가 크다고 봅니다.

박재환: 부모들이 이른바 예견된 사회화를 위해서 억지로 특수교육을 시킨다든지, 스키를 타게 한다든지, 이를 위해 어머니가 파출부를 하고 유흥업소에 도우미일을 하는 예가 다른 나라에는 없습니다. 외국의 경우에는 자기 일은 자기가 알아서 하기 때문입니다. 그러나 우리나라의 경우 전통적으로 내려오는 과보호적인 양육방식과 지나친 교육열이 이와 같은 비정상적 행태를 낳는 중요 원인이 되고 있는 것이겠지요.

그리고 우리나라의 상층부 지도자들 중에 범법 사실이 없는 경우가 드뭅니다. 예를 들면, 노무현 정부에서 장관 같은 고위직 인사를 새로 임용하기 위해 청문회를 열었는데, 탈세나 비리에 관련되지 않은 인물을 찾아내기가 여간 힘들지 않다는 보도를 읽은 적이 있습니다. 현재 한국의 지도자급의 상당수가 청문회에 무사통과될 수 없는 범법을 저지르면서 상승 이동을 해왔다는 것이지요. 더욱이 요즘에는 유아기에 기능을 어떻게 발달시키고, 어떻게 학력을 높이고, 능력 있는 인간으로 키우느냐 하는 것이 사교육의 주된 목적이고, 공동체적으로 살아가는 방법이나 공동체적 윤리를 위한 프로그램은 전무한 실정입니다. 그나마 있는 것이 극기훈련입니다. 그러나 그러한 극기훈련도 남들과 더불어 사는 훈련이 아니라 어려움을 당하면 어떻게 상대방을 이겨낼 수 있을까 하는 자체 능력 고양을 위한 것이며 생존경쟁을 위한 훈련입니다.

김정오: 방금 선생님께서 얘기하신 부분이 공교육의 붕괴와 이어진다고 생각합니다. 졸업 철을 맞이해서 졸업하는 학생들에게 휴대전화를 많이 선물한다고 들었습니다. 실제로 초등학생이든 중학생이든 그러한 경우에 부모가 자녀에게 휴대전화를 많이 사준다고 합니다.

김문겸: 다음은 '대학은 없다'라는 제목으로 쓴 글입니다. 이 글의 특징은 무엇입니까? 간단하게 얘기해주십시오.

이수진: 실제로 '대학은 없다'라는 제목에서 말하고자 한 것은 '있음'에

대한 강조, 즉 '대학은 있다'라는 것을 강조하기 위한 반어법입니다. 이 글이 청소년 문제의 연장선에 있긴 하지만 실질적으로는 계획된 임신과 출산에서부터 아동·청소년기를 거쳐 도달하는 마지막 절차가 곧 대학이 아닌가 하는 생각에서 시작해보았습니다. 대학은 모든 절차의 끝이자 또 다른 시작입니다. 새로운 시작 앞에서 사람들은 대학이 아니라 고등학교에서, 아니, 처음 태어나는 순간에서부터 다시 시작하고 싶다는 생각을 하게 되는 모양입니다. 그래서 '대학은 없다'라는 글 속에서 대학이 있음을 강조하고 싶었습니다. 대학 현장에서 보고 느꼈던 바를 몇 개의 주제로 구성했기 때문에, 소제목만으로도 지금 대학이 어떻게 흘러가고 어디에 서 있는지 읽어낼 수 있을 것입니다.

김문겸: 다음으로 '좌초하는 모노가미'라고 하여 결혼 문제에 대해 얘기를 했는데, 여기에 대해 말씀해주십시오.

허미영: 지금 한국의 일상을 살아가는 남자나 여자에게 하루를 살아가는 가장 미묘하면서도 직접적인 영향을 주는 것이 결혼 생활이라고 할 수 있는데, 예전과 전혀 다르고 새로운 가치 체계의 변화가 나타난 것이 결혼제도와 관련하여 성적인 부분이라고 생각합니다. 사람들은 이제껏 한 남자가 결혼하면 평생 한 여자와 살아야 한다고 생각했는데, 지금은 그것만이 유일하다고 생각하지 않습니다. 지금까지 남자들이 어느 정도 누려왔던 가부장적 질서가 하루아침에 깨지는 데 중요한 계기가 된 것은 여러 가지 이유가 있겠지만, 제가 볼 때는 IMF 사태 자체가 크다고 생각합니다. 여성들의 직업진출 등은 논외로 하더라도 가장이 실직을 경험하면서 나타나는 경제권의 변화가 중요하게 부각되었다고 봅니다. 그 다음으로, 여성들이 예전에는 성에 대해서 통제받아왔지만 지금은 주체적으로 자신의 성을 통제할 수 있는 시대로 바뀌고 있다고 생각합니다. 이전에는 힘을 쓸 수 있는 남성의 영역에서 미묘하고 정서적이고 치밀한 영역을 담당했던 여성의 역할이 커지면서, 남성은 상당히 두려워하고 놀라는 상황이 되고 여성은 이렇게 살아도 되는구나 하는 전이 지점에 와 있다고 봅니다. 그러한 것들이 연결되어 성의 상품화뿐만 아니라 자본주의 논리가 구체적으로 성적인 영역까지 침입한다고 보고,

또한 그것에 대해서 남자든 여자든 아무도 손을 쓸 수 없는 상황으로 가고 있고, 옳다 그르다 하는 논의를 하기엔 이미 넘쳐났기 때문에 획일화된 사고를 조금 열어야 될 시점에 와 있다고 생각합니다. 그래서 일부일처제의 중심에서 결혼제도가 대안적인 영역들, 독신, 동거, 심지어는 동성애 같은 것까지 나아갈 수 있는 계기가 있다고 봅니다.

김문겸: 다음에 '불안과 혼돈의 잡노마드'에 대해 말씀해보시죠.

윤명희: 보통 우리가 한 30~40년을 더 살게 될까요? 남자 70세, 여자 75세로 평균연령을 잡는다고 합니다. 만약 25세까지 대학 공부를 마친다면 그중에 20대 중반까지의 시기는 자립적인 시기라기보다는 부모나 교육기관에 의탁해 있는 울타리 속의 기간이지만, 직업을 갖는 시기란 그 울타리를 벗어나게 되는 시기입니다. 직업이라는 것이 인간에게는 중요하고 자기 존재의 정체감을 주는 차원이라고 생각합니다. 그런데 그것이 한국 사회에서 아주 뿌리째 뽑혀나가고 있고, 고용불안, 실업위기, 불안 자체를 일상화시키는 방향으로 가고 있습니다. 이런 맥락에서 불안과 혼돈의 잡노마드라는 제목을 달아보았습니다.

김문겸: 다음으로 저는 키덜트·사주카페·로또 등을 분석했는데, 하나의 큰 형태를 제시하면서 한국의 성인 여가문화에서 나타나는 중요한 특징을 이 세 가지 키워드로 잡아봤습니다. 먼저 키덜트 현상을 분석하면서 아이 같은 어른들이 발생하는 이유가 무엇인지를 한국적인 특수성과 관련시켜보았습니다. 그리고 사주카페는 젊은이들이 두려움에 떨고 있는 청년 실업의 문제와 연관시켜보았고, 로또는 제목을 '로또 광풍'으로 붙였는데, 우리 사회에서 만연하고 있는 한탕주의·결과주의·물질만능주의 등의 맥락에서 로또 열풍에서 로또 광풍으로 휘몰아치는 한국 사회의 역사적 특수성을 분석해봤습니다.

자, 다음에는 여섯 가지의 주제가 남았는데, 이제부터 자연스럽게 논의를 진행해봅시다.

오재환: 저의 주제가 자살인데, 이것은 많은 부분에 연결이 됩니다. '혼자 노는 아이들'과 같은 경우에도 그것이 자살 원인이 된다고 생각합니다.

즉, 대화는 없고 고뇌하고 혼돈스럽고 애들처럼 놀고 싶지만 놀기 싫은 곳에 데려가는 것에 비유할 수 있을 것 같습니다. 결국 현대인들이 가지고 있는 불안은 어린 시절부터 시작됩니다. 성인이 된다고 말하는 대학에 들어가도 미래는 보장되지 않고, 직업 세계에서는 평생직장이라는 개념 자체가 사라지면서 사회로부터 이탈해나가려고 하는 이탈성이 오히려 가족에 대한 열의나 책임감을 상실시키며, 한탕주의와 같은 로또나 사주 등 행운을 바라는 경향이 많이 나타납니다. 통계청에서 발표한 내용에 따르면, 과거에는 중산층이라고 응답했던 사람이 90% 정도 됐는데, 지금은 많이 줄어들어 약 50% 정도 됩니다. 자신에 대한 열망이 상당히 줄어들었지 않았나 하는 의문이 들며, 그러한 것이 오히려 가족에 대한 불안, 직업 세계에 대한 불안, 미래에 대한 불안으로 나타나지 않나 생각합니다.

김문겸: 사실상 좌초하는 모노가미도 그렇고 대학에서의 불안, 직업 세계에서의 불안 같은 것들이 이번 파트에는 거의 다 깔려 있는 것 같습니다.

박재환: 모노가미가 언제 가장 많이 흔들리는 것 같은가요? 성적인 영역이나 자녀교육과 관련하여 이야기가 되는데, 주로 어느 연령대라고 할 수 있나요?

허미영: 일단은 30~40대에서 제일 많이 일어납니다. 특히 한국 사회에서 재미있는 사실은 헌신적으로 잘하는 부류가 있는 반면, 어쩔 수 없이 자포자기할 수밖에 없는 환경에 놓인 부류도 있습니다. 제가 볼 때, 특히 혼외정사라는 부분이 사실은 IMF 때 경제가 어려워 주방에서 일하다가 힘들어서 노래방 한 번 갔다가 그 일이 단가가 조금 세니까 바꾸는, 가정을 위해서 매춘이 생기는 상황이 생겨났습니다. 그러한 것들에 대해 처음에는 사람들이 놀랐지만, 이제는 더 나아가 혼외정사가 거론됩니다. 그것은 생계형 매춘이 아니라 남편이나 아내 외에 특정한 다른 사람과 상당히 지속적인 사랑의 관계를 유지하는 것에 대한 얘기입니다. 그런데 거기에는 아내와 남편을 이어주는 대화의 끈이 끊어질 수밖에 없는 상황이 있다고 생각합니다. 왜냐하면 남자들은 회사에서 잘리지 않기 위해서 엄청나게 열심히 일해야 할 상황인 반면, 아내들은 자식들이 중·고등학교에 올라가면 시간적으로 여유가 생기고 경제적으로 힘들기 때문에 아내와 남편이 공유할 수 있는 자리 자체가 자꾸

위축된다는 것입니다. 그런데 남편은 가부장적인 질서 속에 놓인 반면, 아내는 인터넷 등을 통해 새로운 세계에 눈을 뜹니다. 이전에는 윤리다 뭐다 해서 아내들이 가정을 지켰지만 요즘에는 그 끈조차도 풀어져 나갔다는 것입니다. 이제껏 성에 대해 통제당해왔다는 여성들의 인식도 늘어났을 뿐만 아니라 자조적인 지침서들도 많습니다. 성에 대한 지침서들이 많아지다 보니 예전보다 더 넓은 세계를 바라보게 되었습니다. 설사 여성이 외도를 한다든지 혼외정사를 했더라도 과감하게 남성이 이혼을 하자고 말할 수 없는 상황이 벌어졌습니다. 여성이 이혼을 했을 때는 경제적인 어려움을 겪겠지만, 현재 한국 사회에서 남자들이 이혼을 했을 경우에 여성보다도 현실적으로 더 어려워진다는 것입니다. 그러한 관점에서 남성의 전화 상담 내용을 보면 "오히려 나는 아내를 눈감아주고 싶다"라는 의사를 표시하면서 "들어오면 내가 어떻게 해주면 좋겠는가" 하는 상담전화가 많이 늘어나고 있습니다. 그러한 변화들은 남자는 20세기의 남자인데 여자는 21세기로 달리는 형태를 보입니다. 이런 요소들이 맞물려서 외도라는 것이 일회적으로 끝나는 것이 아닌 지속적인 관계를 유지시킬 수 있는, 돈이 매개가 되지 않아도 충분히 둘만 뜻이 맞으면 다른 상황은 문제가 되지 않는다는 선에서 현재가 중요하다는 쪽으로 갈 수밖에 없는 조건들이 만들어지고 있습니다.

김상우: 휘황찬란하게 드러난 세계가 있다고 해도, 그것을 아는 것과 그런 세계로 뛰어들고 싶어 하는 실천 행위는 서로가 다른 것입니다. 굉장한 용기가 필요하고 실천을 할 수 있는 계기가 있어야 하는데 그 계기가 어떤 것인지 잘 이해하기가 어렵습니다.

허미영: 개인마다 차이가 있지만 그렇게 될 수 있는 여지는 한국의 밤문화가 제공하고 있다고 생각합니다.

김현숙: 제가 생각할 때 지금 남성과 여성을 둘러싼 사랑의 방식들이 예전과는 다른 방식으로 전개되고 있는데, 한편으로는 가부장제도가 흔들리는 모습으로 나타나고 있습니다. 여성들이 직업을 가지려는 의욕이 높아진 반면에 남성들은 앞에 얘기했다시피 20세기적인 성향을 여전히 지속한다는 것입니다. 다시 말하면 여성들은 나가려고 한다는 것이고 개인화되고 있다는

것입니다. 여성이 남성과 같은 노동자가 되려고 하는 반면에 남성은 그러지 못하니까 이러한 갈등이 일어난다고 보면 됩니다. 그럼에도 불구하고 왜 사랑을 찾으려고 하느냐 하면 결국 사랑밖에 믿을 게 없다고 생각하기 때문입니다.

허미영: 예를 들어 외도를 하거나 애인을 만들거나 돈을 매개로 하지 않고 자거나 데이트하는 것만으로도 행복하다고 생각한다면, 그것은 여성들이 근본적으로 외로움을 가지고 있기 때문입니다. 친구가 있든 자식이 공부를 잘하든 남편하고 사이에서 말로 설명되지 않는 고독이 있다는 것입니다. 그것을 자기 스스로 통제하지 못할 때는 목욕을 자주 간다든지 여행을 간다든지 여러 가지 형태가 있겠지만, 눈이 맞아 느낌이 왔다, 괜찮다, 내 남편과는 다르다라는 계기가 마련되면 가능하다는 것입니다.

오재환: 그러면 남자에게도 느낌이 와야 하는 게 아닌가요?

허미영: 남녀 구분 없이 남녀 둘 다 일어나야 사건이 발생하니까…….

박재환: 통계적으로 어느 정도인지 말을 해주시지요.

김문겸: 우리는 이른바 혼외정사라고 얘기를 하는데 그것이 일회적으로 끝나는 것이 아니라 지속적으로 일어나는 것에 대한 통계적 분석치가 있습니까?

허미영: 있습니다. 남녀 30~40대 중에서 특히 결혼한 지 10~20년 된 부부의 외도율이 37%인데, 남편이 40%이고 아내는 34%로 나왔습니다. 평균적으로 37%가 나왔고 결혼 생활이 5~10년 사이인 부부도 21%로 나왔습니다. 그중에서 지속적으로 파트너를 제외한 다른 대상자가 있는 경우가 15%로 나타났습니다. 말하자면 20명 중에 3명은 일시적인 것이 아니라 지속적으로 애인을 두고 관계를 가진다는 것입니다. 이것은 2002년도 한국성과학연구소에서 나온 것인데 이전에는 남자의 외도가 이혼의 큰 사유가 되었지만 현재는 오히려 이혼의 사유로 성격차가 많아졌습니다. 성격차라고 이름 붙여진 것들이 상당 부분 잠꼬대 같은 사소한 것에서부터 말로 표현되지 않는 다른 부분까지 포괄하고 있습니다. 이전에는 참고 살 수 있었던 것들이 요즘에는 왜 참고 살아야 하는가 하는 의문으로 나타나고, 70~80대 할머니들이 보면

아무것도 아닌 일들이 당사자들에겐 큰일이 되고, 자기 남편과 아내가 채워 줄 수 없는 욕구를 다른 사람이 얼마든지 충족시킬 수 있다는 것입니다.

인태정: 사회 전반적으로 가족 단위로 개인화가 된다고 하면 가족 내에서도 개인주의화가 된다고 생각합니다. 가족 안에서 남녀가 뭉쳐서 사는 게 아니라 여자는 여자대로 남자는 남자대로 자기만의 공간 또는 여태껏 상투적으로 보아왔던 자신의 모습이 아닌 새로운 자신의 모습을 보고자 하는 욕구가 제일 큰 것 같습니다. 그러면서 또 하나는 사랑밖에 없다는 말이 뭐냐 하면 직장·출산·육아 등 해야 할 일들이 너무나 많다가 한숨 돌리는 때가 30대 후반부터 40대까지라는 것입니다. 직장 여성이나 전업주부 모두 그런 여유에서 관계에 대한 욕구가 커지는데 인터넷 같은 새로운 매체를 통해 그것을 해소하려 하기도 합니다. 또한 휴대전화로 인해 부부 사이가 개인화되는 것을 들 수 있습니다. 그래서 자기만의 공간을 가지고 싶어 하는 욕구와 30~40대를 기점으로 해서 새로운 다른 자신의 모습을 발견하려는 욕구가 생기는데, 남자는 남자대로 새로운 직장이나 자신의 일취월장하는 모습을 이제는 다시 찾기는 힘들고, 여자도 새롭게 직장을 구한다든지 누구의 아내, 누구의 엄마 아닌 새로운 자신을 찾기 위한 공간이 없습니다. 거기서 남는 건 사랑밖에 없다는 것입니다. 따라서 누구의 아내로서가 아니라 새로운 여인으로…….

박재환: 자기 이름을 불러준다 이거지요?

인태정: 자기 이름을 불러주고 새로운 삶의…….

고영삼: 현대에서 여자는 21세기를 가고 있고 남자는 20세기를 가고 있다는 이 자체가 벌써 이데올로기적인 것입니다. 20세기 남자들의 바람은 불륜이었고 비이상적이라고 보는 데 반해 21세기의 여자들이 피우는 바람은 자아를 발견하기 위한 것이라는 것은 오해의 소지가 있습니다. 현대 30~40대 여성들의 자기 삶 찾기가 왜 하필이면 성적 해방으로 가느냐 하는 의문점이 있습니다. 또한 그것이 자본주의와 관련하여 이승연 위안부 누드 문제처럼 성을 매개로 해서 돌아가는 부분에 대해서는 한번 짚어볼 필요가 있다고 생각합니다.

저번에 어떤 기회로 대선후보들의 정책 공약에서 사회문화 부분에 대해 비교를 해본 적이 있는데, 놀라운 것은 가족 정책이 전혀 제시되지 않았다는 것입니다. 여성 부분에 대해서는 엄청나게 급진적인 모습을 보이면서도 가족 부문에 대해서는 일절 공약사항이 없었습니다. 굳이 콩트의 이야기를 하지 않더라도 사회의 가장 기본단위가 가족인데, 우리 사회에서 가장 위험한 게 경제문제도 있지만 가족이 붕괴되고 있다는 사실입니다. 현재 우리나라의 모노가미에 대한 주요한 특징은 이혼이 급격하게 늘어나고 있다는 것과 이혼은 하지 않지만 각자의 딴 사생활을 가진 부부들이 많다는 것입니다. 이혼이 많다는 것은 다른 선진국에서도 볼 수 있는 것으로, 현대가 개방사회이므로 제외시킨다 하더라도 특히 우리나라의 경우에는 법적으로는 이혼을 하지 않지만 완전히 따로 사는 부분들이 증가하는 데 대한 좀더 깊이 있는 연구가 필요하다고 생각합니다.

허미영: 이미 저는 10년 전에 그 사례를 본 적이 있습니다. 지붕은 같이 쓰고 있는데 방은 따로 하고 심지어 밥조차도 따로 먹습니다. 아내가 남편에게 밥을 해주기 싫어하는 것입니다. 그 당시 아내가 30대 중반이었습니다. 이러한 형태를 요새부부 혹은 포트리스 패밀리라고 하는데, 한국 사회에서는 그러한 형태가 체면이라는 것과 맞물려 아이들이 보는 앞에서는 가족을 해체할 수 없다는 합의의 모습으로 나타납니다. 즉, 대외적인 체면은 유지가 되면서 사적인 부분은 각자가 해결하는 모습을 보입니다. 그래서 모노가미 자체가 좌초됐다고 표현했지만 어떤 점에서는 좌초되었다가 거꾸로 뒤집어질 수 있는 여지도 많다고 생각합니다. 갈 데까지 가보고, 그래서 너 따로 나 따로, 나의 개성 너의 개성, 나의 일 너의 일이 구분됩니다. 결국 육아 문제도 그 부분과 같이 연결되어 분업화하고, 그것에 대해 협약을 하는 부부가 나옵니다. 심지어 독일에서는, 어른들이 보기에는 치사해 보일 수 있겠지만, 휴가지를 교대로 선정하자고 하는 것까지 문서화해서 합의하는 형태가 나오고 있거든요. 한국에서 이렇게까지 가기에는 좀더 시간이 걸릴 테지만 제가 볼 때 이런 식으로 아내와 남편이 타협하고 공동의 주제를 놓고 협약해가는 것은 모노가미를 부수는 것이 아니라 오히려 모노가미를

나름대로는 변형시키더라도 유지하고자 하는 몸부림이 아닌가 생각합니다.

김문겸: 좌초하는 모노가미라는 주제에는 어떻게 보면 상당히 부정적인 양상들이 많이 나타나지만 새로운 가능성도 타진해볼 수 있다는 결론을 끄집어낼 수 있을 것 같습니다. 다음에는 결혼이라는 것에서 대학으로 가면 주제가 너무 바뀔 것 같으니, 먼저 직업 문제에 대해 얘기해봅시다.

박재환: 새로운 직업에 어떤 것이 있는지 한번 보죠. 쭉 열거해놨는데 몇 가지만 얘기해보죠. 사라진 직업도 있을 것이고…….

윤명희: 사라진 직업은 굴뚝 청소부, 찹쌀떡 장수라든지 아니면 성냥갑 개조원, 또 타이피스트, 식모, 이러한 것들도 사라졌거든요. 식모 대신 파출부나 가사 도우미 같은 것으로 바뀌었고요.

김문겸: 그런데 여기서 사라지고 있는 직종들을 쭉 열거해놨는데 이것을 정리했으면 좋겠습니다.

박재환: 재미있는 것만 한번 해봅시다.

윤명희: 거의 기존의 1차 산업 부분은 사라지고 있거든요. 그리고 산업의 변화 속도가 굉장히 빨라지면서 사라지거나 단종된 직업 중에 하나가 삐삐와 무선 전화기와 관련된 직종으로, 이런 직종은 불과 10년 남짓한 기간 동안 급속히 사라지고 있는 것 같습니다. 그에 반해서 새로 뜨는 직업들은 고도 서비스 사회에서 필요로 하는 서비스업 부분이라든가 또는 첨단 산업 부분, 이런 부분에서 새로운 직종들이 등장하고 있거든요. 외식 산업이 번창하면서 푸드 스타일리스트, 다르게 말하면 음식 코디 전문가라고 얘기하는 직업도 각광받고, 아바타 디자이너, 운동 처방사, 그리고 앞으로 더 유망 직종으로 등장할 것이 죽음 문제 전문가라든지 대인관계에서 중요한 심리 치료 부분에서 수줍음증 전문가, 인조인간 전문가 등입니다. 이런 여러 가지 직종들이 등장하고 있는데, 이런 직종들은 대체로 새로운 서비스 부분, 인간 서비스 부분이 고도화되는 측면에서 나타납니다.

이동일: 그런데 글 마지막 부분에 쓰신 "언제 바이올린을 태울 것인가"라는 문장은 구체적으로 무엇을 의미하는지 모르겠는데요?

윤명희: 누구의 말을 인용한 것인데 "우리는 증기선을 움직이기 위해서

바이올린을 태워왔다"라는 문구가 있거든요. 무엇이냐 하면 우리가 동력, 인간의 산업 동력이라든가 생산 노동을 위해서 즐거움의 차원, 여가의 차원을 헌납해왔다는 것입니다. 바이올린은 서구에서 가장 기본 악기잖아요. 베짱이의 바이올린, 개미의 노동. 이렇게 생각하시면 될 것 같습니다.

이동일: 노동 이데올로기네요.

윤명희: 네. 실업의 위기라든가 고용 불안 상황은 지금 여전히 계속되고 있기 때문에, 이직을 고민한다든가 아니면 살아남기 위해서 더 많은 스트레스와 더 많은 경쟁에 시달리고 있는 직장문화를 보면 우리가 자아실현, 자아만족적인 가치를 실현하기 위해서 직업을 선택하고, 또 직업 생활을 활용하는 차원, 여가를 위한 일이라는 차원으로 나아간다고 하는 얘기가 현실에서는 다소 어려움이 있지 않느냐, 오히려 바이올린을 태우는, 그야말로 즐거움과 여가라는 인간적인 가치를 또다시 헌납해야 하는 상황이 아닌가 하는 생각이 들거든요. 그런 문제의식 속에서 진행을 했습니다.

박재환: 이런 새로운 직업하고 대학, 대학교육하고 연결이 되는지요?

이수진: 일정 부분 연결이 됩니다. 요즘 대학은 학교가 아니라 오히려 회사다, 대학 주식회사라고 얘기를 하고 있거든요. 그리고 지금 현재 기업은 명문대를 나온 사람들을 많이 뽑는데 중앙에서 실질적인 업무를 하는 것을 보면 참 탐탁지 않은 부분들이 많다고 불평입니다. 도대체 대학에서 뭘 가르쳤는지 모르겠다고 대학 탓만 하는 거죠. 그래서 그런 부분들까지 애프터서비스 해주기 위해서 대학이 졸업 후 졸업생들을 위한 평생 리콜제까지 도입하고 있습니다. 기업문화의 변화에 맞춰 졸업생들에게 재교육을 시키는 제도까지 학교가 풀 서비스로 마련해주고 있는 현실입니다. 그래서 새로운 업종이 생길 때마다 새로운 과목이 생겨나는 것이지요. 예를 들어 IT라고 하는 것이 등장한 지 불과 얼마 되지 않았지만 IT 특성화 대학이 유행처럼 번지는 것도 아마 이러한 직업적인 부분들과 직접적인 연관을 가지고 있는 게 아닐까라는 생각이 듭니다. 지금 현재 대학의 문은 취업의 문과 직결이 되어 있기 때문에 아마 직업 시장과 뗄래야 뗄 수 없는 관계가 유지되지 않을까 싶습니다.

김문겸: 옛날에 전문대학이 살아남기 위해서 특화된 학과를 많이 만드는 전략을 썼죠.

고영삼: 그런데 문제는 제가 직장 생활을 하면서 볼 때, 사실은 대학의 지식 생산 체계, 또 지식 교류 체계가 상당히 잘못된 것이 대학 내에서 취직과 직결되지 않는 학과에 다니는 대학생들은 대부분 학과 과목들을 소홀히 하면서 자기 공부만 하거든요. 그런데 막상 직장에서 볼 때는 쓰고 싶은 대학 졸업생이 없어요. 대학의 모든 에너지는 취직을 위해서 투여되고 있는데 막상 직장에서 볼 때는 직장의 새로운 직업 구조에 맞는 유형의 인물들이 나오지를 않는 거죠. 그래서 그 사이의 괴리 때문에 새롭게 직업교육을 하는 새로운 기관을 공공기관에서 만들어내는데, 사실 가장 좋은 것은 그러한 2년짜리 새로운 공공 교육을 만들어내기 이전에 대학에서 안정되게 교양 과목도 이수하고 취직도 할 수 있는 가르침을 줄 수 있으면 좋은데 그런 부분들에서 문제가 너무 많다는 생각이 듭니다.

윤명희: 말 그대로 대학인데 대학은 큰 배움을 얻는 지식의 광장이라고 해서 대학이라고 하고 그것이 아닌 것, 방법적인 것, 실용적인 것, 숟가락을 어떻게 들어라 이런 것을 교육하는 곳을 소학이라고 들었습니다. 우리의 대학교육은 결국 사회가 직업 세계에서 경쟁관계를 더 강화시키고, 자신을 상품화하도록 만드니까 대학도 그래야 된다는 거센 요구를 받고 있는 것 같거든요. 그렇다면 대학교육의 실체는 무엇이 되어야 하느냐? 차라리 직업 교육을 활성화시키는 게 더 낫고, 대학도 대학의 실체를 가질 수 있는 방향으로 나아가야 되는 게 아닌가 합니다.

고영삼: 상당히 좋은 얘기인데 실제적으로 취직을 위한 학원 같은 대학이 아니라 제대로 된 대학의 역할을 하느냐? 그것은 전혀 아니라는 거죠. 교수들도 자신을 잃었고 학생들도 자신을 잃었거든요. 단지 학원의 역할만 할 뿐이라고 서로가 공감하고 있거든요. 마치 중·고등학교 공교육이 자신감을 잃었듯이 대학도 자신감을 잃었습니다.

윤명희: 지금 대체로 보면 직업에서 양극화 현상이 두드러지고 있거든요. 예를 들어 대학은 없다는 부분이 물론 대학에서 학문을 공부하는 내용적인

대학이 없다는 말도 되겠지만, 대학을 졸업했을 때 일정한 정도 예측할 수 있는 사회적 삶, 사회적 지위를 대학이 보장해줄 수 없다는 것입니다. 대학이 없다는 것이 이 시대 대학생들의 고뇌를 얘기하고 싶은 것 같은데, 어떤가요?

허미영: 제가 작년에 100명 정도를 데리고 수업을 해봤는데요. 취업은 남학생들이 엄청나게 고민을 하고요, 여학생들은 소수이긴 하지만 임신 문제도 고민합니다. 남자가 떠나갈까봐 거부하지 못하고 보니까 결국 임신인 거예요. 아마도 낙태를 하겠죠? 아직 결혼을 안 했으니까. 남학생들은 결국은 취업 문제더라고요. 군에 가는 것은 오히려 두 번째 문제이고 취업 때문에 죽겠다는 얘기가 더 많아요.

김문겸: 사주카페에서 보면 제일 상담을 많이 하는 것이 이성 문제로 32%이고, 진로와 취업 문제가 16%입니다. 임신 같은 것은 특별한 경우고요.

허미영: 그리고 임신이 아니라 하더라도 성행위와 같은 부분들도 많더라고요. 현재의 생활 자체가 이전처럼 결혼을 해야만 누구와 성관계를 맺고 하는 건 아닌 것 같아요.

박재환: 성적인 문제가 나오더라도 이런 가설을 세울 수 있습니다. 성적 정보가 과잉되었다는 말입니다. 스팸 메일이 초등학생한테까지 가는 것이 현실입니다. 남자들은 모이면 자기가 스테미너가 강하다고 자랑하고, 이런 식으로 서서히 여성들의 성 반응에 대한 기대치도 상당히 높아져 부정될 수도 있는 거죠. 전에는 아주 은밀하던 것이 이제는 인터넷 사이트 화면에 바로 뜨게 되고 상업적으로 이용합니다. 여기에 자신의 실제 상황하고 비교를 하니까 젊은 애들한테는 적응이 안 된단 말이죠. 내가 아주 놀란 것이…… 우리 세대는 짝짓기라는 말을 함부로 잘 안 했거든요. 그런데 요즘은 텔레비전 프로그램에서도 자연스럽게 생태학적으로 암수 짝짓기라고 하잖아요. 특히 일본에서는 공중목욕탕에 들어갈 때 수건을 가지고 자기 것을 가린다고요. 기성세대는 그것을 당연한 예의로 생각했는데 요즘은 그런 게 없단 말이에요. 적나라해요. 그러니까 성적인 부분도 마찬가지죠. 그런 부분이 내놓아지고, 실질적으로 정보가 굉장히 과포장되어 있단 말이에요. 그걸

표현하는데 상대방 남자가 안 받아주면 그것이 더 좌절스러운 거죠. 애정표 현도 전엔 절대 여자애가 남자애들 좋다고 말 안 했거든요. 그런데 요즘은 좋다고 찍잖아요. 전엔 그런 것이 전혀 없었어요. 그것이 공개화되면서 생기 는 좌절이 있죠.

오재환: 대학은 없다고 했는데 대학이 없다는 것 자체가 대학 문화가 없다는 것, 과거의 대학 문화가 사라진 것이겠죠. 대학생들보고 고등학교 4학년이라 고 표현하는 것처럼, 기존에는 인터넷에서 중딩·고딩이라는 표현은 있어도 대딩이라는 표현은 쓰지 않았는데 지금은 쓴다는 것이죠. 이런 현상들 때문 에 나타나는 것이 대학이 없다는 것이고 가질 수 있는 자기의 목표가 1980년 대 같으면 이념성이 있어서 대학에 대한 자존심, 대학생이라는 자존심이 있었다면 1990년대 이후 지금 세대는 가벼운 자기의 친구관계, 그러니까 아까 사주카페에서 가장 많이 묻는 것처럼 "내가 조금 있으면 애인이 생길 것 같아요?", "애인하고 결혼할 것 같아요?", "언제 헤어질 것 같아요?" 등입니다. 즉, 연애가 자기에 대한 가장 큰 물음이 되고, 그 다음은 취업이 될 것 같습니다. 예전에 저희들 대학 다닐 때 같으면 "세상이 좀 바뀔 것 같습니까?" 이런 걸 물어봤을 것인데 지금은 그런 것을 묻지 못하는 그 자체가 오히려 대학이 없는 것이고요. 그 다음에 대학과 직업 체계 자체가 사회의 속도를 못 따라가기 때문에 사회의 직업인들은 대학을 욕하고 대학은 직장을 욕하는 관계가 설정되는 것 같거든요. 이런 문제 때문에 사주카페 같은 것에 혹하는 열기, 그리고 욕망이 좌절되었을 때 자살로 이어지지 않나 생각됩니다. 김문겸 선생님, 혹시 그런 부분의 내용 있으면 한번 얘기를 해주시죠.

김문겸: 사주카페하고 로또 광풍을 같이 묶어내자면 현실에 대한 불안감, 미래에 대한 불확실성이고, 그 내용으로 보자면 한탕주의와 물질주의라고 볼 수 있습니다. 이런 현상이 왜 이렇게 폭발적으로 일어나느냐 하면 그 원인을 따질 때 한국 사회의 특수성, 압축된 근대화 과정에서 나타난 문제들 이 농축되어 있다는 것입니다. 하나는 6·25같이 혼란스러운 과정에서 생존의 문제가 무엇보다 중요한 과제였고, 여기서 삶의 정당한 방식은 뒷전으로

밀려날 수밖에 없었습니다. 즉, 삶의 정당성 문제가 제대로 정립되지 못한 거죠. 또 하나는 압축된 근대화 과정에서 나타나는 속도주의, 불안정한 현실에서 야기되는 물질에 대한 축적 욕구, 이러한 요소들이 복합되어 물질주의 자체를 만연시키고 대중화시키는 계기가 되었다고 볼 수 있습니다. 그래서 종합적으로 안정된 삶의 결여에서 한탕주의라는 현상이 부상될 수 있다고 봅니다. 그리고 제가 키덜트 현상에서 봤던 것이 어른 가치의 쇠퇴라고 했는데, 이것 역시 아까 얘기한 것과 연결됩니다. 6·25와 같은 혼란과 급속한 근대화 과정에서 어른다움이라는 것의 아이덴티티, 제대로 된 어른다움을 보여줄 만한 어른다움이 구축되기가 힘들었다는 것이죠.

오재환: 대표적인 키덜트 현상은 어떤 것입니까?

김문겸: 바비 인형의 유행이나 어른들이 모형 헬리콥터나 비행기, 자동차 같은 것을 만들어서 장난치고 노는 것, 그리고 <반지의 제왕> 같은 영화, 걸리시(girlish) 패션, 혹은 공주패션과 같이 소녀 복장을 하는 것, 어떻게 보면 미시족 같은 것도 그런 문맥에서 볼 수 있지 않겠습니까? 왜냐하면 옛날에 아줌마 하면 파마머리, 정해진 패턴이 있었는데 지금은 아줌마 되기 싫다고 하면서 오히려 유아적인 소녀 복장으로 가는 그런 통로에 있지 않은가 하는 생각이 듭니다.

김상우: 그것은 꼭 그렇게만 볼 것은 아니라고 생각합니다. 지금까지는 사람의 옷이나 가치 같은 것을 모두 다 획일적으로 사회가 정해주고 거기서 벗어나는 사람은 사회가 통제를 해왔습니다. 그런데 1980년대 이후부터는 개성이 중시되고, 흔히 말하는 육체의 시대가 도래하기 시작하면서 자기 마음대로 사는 삶을 인정하고 기성의 가치가 아니라 내가 살고 싶은 대로 산다는 하나의 웰빙 현상 때문에 나타나는 것으로 볼 수 있다고 생각합니다.

김문겸: 그것도 결국은 치열한 경쟁에서 오는 압박감, 그 압박감에서 오히려 유아가 가진 순수성으로 도피하고 싶은 욕구가 서로 상승작용을 일으키는 것이 아닌가 합니다.

김상우: 키덜트가 앞서 말한 '혼자 노는 것'과 같은 스타일이 되는 게 아닌가 하는 생각이 들거든요. 얼마 전에 서태지가 새로운 앨범을 냈는데, 서태지의

가장 큰 취미가 무선 자동차와 비행기를 가지고 노는 것이라고 합니다. 서태지의 경우 외국에 가서 작업하고 음반 발표할 때만 들어오는 이유가 무엇인가 하면 외국에서는 삶이 자유롭기 때문이라고 합니다. 그의 성격 자체가 혼자서 어떤 일을 하는 것을 좋아하는 것 같고, 자기의 거처도 남에게 잘 가르쳐주지 않고, 혼자서 놀려고 하니까 그러한 취미를 가질 수밖에 없다는 것이죠.

이일래: 혼자서 골프를 즐긴다거나 하는 것을 가지고 키덜트라고 하지는 않거든요? 그런데 왜 하필이면 어린이 시절의 놀이를 하느냐 하는 문제죠.

김문겸: 열린 세계가 주는 공포감, 열린 세계의 책임감으로부터 도피하려는 심리가 어린이 세계에 대한 동경으로 나타나고, 그래서 동심의 세계를 활성화시키는 것도 있는 거죠.

박재환: 키덜트 현상이 단지 모형 비행기 날리는 것만 있는 게 아닙니다. 그것은 나이 든 사람도 하고 싶을 수 있지 않습니까? 그런 것 말고 더 유아적인 것이 있을 수 있단 말입니다.

이일래: 어른들은 장난감을 어린애들의 전유물로 생각했단 말이죠. 만화의 경우도 불과 얼마 전까지만 해도 어린아이만 보는 것이라는 생각이 보편적이었습니다. 요즘에서야 다양한 것들이 나와서 인식이 달라지고 있지만 말입니다. 그런 맥락에 놓여 있다는 것이죠.

고영삼: 10년 전만 해도 나이 사십 하면 인생 끝난 것이겠거니 생각했는데 막상 제 나이가 그렇게 되어 있을 때 이따금 느끼는 말할 수 없는 감정이 있더라고요. 나를 다시 찾고 싶다는 것이 어린 시절에 대한 향수로 연결되지 않나 싶은데 이런 것을 심리적으로 퇴행이라고 하지 않습니까? 그 퇴행 현상을 개인적 정신질환으로 분류할 수 있는데, 전 사회적으로 이런 사람들이 많이 늘어나는 것을 사회학적으로 초점을 맞추어서 사회 전체적인 문화, 분위기에 대한 분석의 결과를 한번 얘기해봤으면 좋겠습니다.

김문겸: 1983년에 미국의 심리학자가 피터팬 증후군이라고 얘기한 것인데, 이것은 이미 상당히 부정적으로 보는 가치를 내포하고 있거든요. 그런데 키덜트 현상은 사실상 어떻게 보면 긍정적인 측면도 있거든요. 아무리 이것

이 도피 메커니즘이라고 하지만 단순히 재미를 충족시키는 취미 생활로도 볼 수 있고 다양성이 인정되는 다원주의 사회의 특성이라고도 볼 수 있어요. 그런데 이것이 하나의 보편적인 사회 현상으로 나타나는 데는 여러 가지 원인이 있는데 저는 크게 세 가지로 축약해서 얘기를 하고 있습니다. 무엇인가 하면 감성의 시대, 그러니까 오히려 부성원리보다는 모성원리가 지배하는 시대로 접어들면서 감성이 중시되는 포스트모더니즘 현상하고도 연결되고, 동심의 상품화라는 자본주의 논리하고도 연결되고, 아까 제가 우리나라의 특수성을 얘기했는데 우리나라에서 기성 가치의 쇠퇴라는 부분, 어떻게 보면 또 탈권위주의라는 측면도 있어요. 어쨌든 왜 어른들의 세계에서 자신의 욕구를 발산하고 여가 활동을 하지 않고 유독 동심으로 돌아갈까 하는 부분은 성인 세계가 주는 공포감, 중압감, 이런 데서 오는 안락한 안식처의 추구, 이런 메커니즘이 맞아떨어지지 않았느냐 하는 것이죠.

다음에는 중년기와 장년기에 해당되는 키워드를 가지고 쓴 글에 대해 얘기해보겠습니다. 여기에는 몸, 여행, 돈, 자살, 죽음 이렇게 다섯 가지 키워드가 나왔습니다. 먼저 '몸살 앓는 몸'입니다. 이런 제목을 단 이유가 무엇인지요?

김현숙: 불확실한 시대에 가장 확실한 것은 몸인 듯합니다. '몸살 앓는 몸'이라는 제목을 붙인 이유는 현재 몸에 관한 여러 가지 상품들이 나오고, 다이어트 붐 같은 것이 일어나서 몸이 많이 혹사를 당하고 있는데, 왜 이렇게 유달리 몸에 대한 관심이 증가해왔는가 하는 점에 논의의 초점을 맞춰서 여러 현상을 살펴보았습니다. 아마 수정자본주의가 쇠퇴한 이후에 소비자본주의가 가장 잘 관철될 수 있는 대상이 몸이기 때문인 것 같습니다. 그러나 몸에 대한 관심은 제 논의에서도 드러나고 있듯이 남녀에 따라서 차이가 납니다. 몸살 앓는 몸에서 관통한 내용은 몸이 개인화된다는 것입니다. 집단적인 관리방식에서 개인적으로 관리되고 있고, 몸살을 앓고 난 이후에 몸이 긍정적인 회복의 과정을 찾을 수 있지 않을까 하는 의도를 가지고 썼습니다.

김문겸: 다음은 호모 투어리스트인데 여기에는 '넘쳐나는'이라는 수식어가 붙어 있군요? 이런 제목을 붙인 핵심적인 이야기를 해주십시오.

인태정: 현대에 새로 등장한 신유목민으로서 호모 투어리스트라고 지칭했는데 사실 호모 투어리스트만 넘쳐나는 게 아닙니다. 현대의 한국 사회만 하더라도 관광을 생산하는 주체, 관광지, 관광 이벤트, 관광축제가 넘쳐나면서 날이면 날마다 축제이고 관광이며, 온 국토가 관광지가 아닌 곳이 없는 거예요. 그래서 지금 사회는 관광이 넘쳐나는 사회이고 관광의 전성시대이자 관광에 광분하는 사회가 된 것 같아요. 이렇게 관광이 넘쳐나는 사회, 관광을 강권하는 사회에서 관광 욕구와 행위는 자연발생적이고 자발적이기보다는 떠나지 않으면 안 되는, 관광하지 않으면 안 되는 현대인의 강제적인 집합의식이 된 것 같아요.

김문겸: 다음은 제목이 아주 독특한데 '돈의 매트릭스'이군요. 무엇을 담고자 이러한 제목을 붙였는지 이야기해보세요.

이일래: <매트릭스>라는 영화는 잘 아실 겁니다. 이 영화를 보면 가상세계와 실제 세계의 관계에 대해서 잘 나와 있습니다. 역시 마찬가지로 여기서 우리가 주로 얘기하는 것은 현금 없는 소비, 구체적으로 얘기하면 전자화폐와 관련된 내용입니다. 돈의 매트릭스라고 할 수 있는 것은 단순하게 전자화폐뿐만 아니라 화폐의 출현 자체가 그러한 속성을 담고 있었던 것이 아닌가, 특히 마르크스가 얘기했듯이 화폐 형태에서 자본 형태로의 전환 자체가 이미 돈이 하나의 자체적인 체계를 가지고 물질세계를 넘어서는 힘을 가지고 있는 것이 아닌가 하는 생각이 듭니다. 전자화폐의 형태를 띠게 되면 최소한의 물질 형태라고 할 수 있는 지폐 또는 동전이라고 하는 형태마저도 떠나서 이젠 정말 전자적 기호만이 남게 됩니다. 그런 의미에서 전자화폐의 단계에 이르게 되면 돈의 매트릭스가 완성되는 것이 아니냐 하는 생각에서 제목을 돈의 매트릭스라고 지었습니다.

김문겸: 다음 논제는 '자살 바이러스'라고 이름을 지었는데요.

오재환: 개인적인 얘길 좀 하면, 예전에 제가 강의를 나가던 대학에서 시간 강사가 자살한 사건이 있었습니다. 그 다음 날 아침에 강사 대기실에 앉아서 대화를 나누는 중에 심리학을 전공하시는 분이 아주 단호하게 한마디로 자살에 대해 정의를 내렸습니다. 그 정의를 듣고 모든 사람이 다 일어나

나가버렸습니다. 다른 사람은 다 "안타깝다", "시간 강사의 죽음이 어떻다", "우리의 삶을 되돌아볼 계기가 되었다" 등등 여러 가지 사회적 의미를 부여하는 가운데, 그 심리학자는 한마디로 "자아가 약해서 죽었다. 더도 덜도 말고 더 이상의 의미는 없다"라고 했습니다. 저는 이런 정의와 대별되는 것이 사회학이 해야 되는 얘기가 아닌가 생각합니다. 앞에 언급하기도 했지만 생존 연장의 시대인데도 오히려 많은 사람이 스스로 목숨을 끊는 시대가 도래했다는 것. 자살은 어떤 관계의 단절인데 그것을 스스로 끊느냐, 타인에 의해서 강압적으로 끊게 되느냐 하는 문제인 것 같습니다. 그동안 뒤르켐이 얘기했던 관계를 끊을 수밖에 없는 강압적 요인에 대한 것은 얘기를 많이 했는데 지금 현대 사회에서 새로운 특징은 제가 보기에는 선택의 자유라고 하는 것입니다. 이는 죽음을 즐기는 경향인데 삶을 마치 컴퓨터를 껐다 다시 켜는 것처럼 여긴다 하여 리셋 증후군이라고 표현하기도 합니다. 죽음을 가볍게 생각하는 차원을 넘어서는 그런 점을 강조하고 싶은 게 이 장의 내용입니다.

김문겸: 여러 가지 자살 유형이 나타납니다마는 그 특징에 대해서는 조금 이따가 이야기해주시고, 마지막으로 '죽음을 삽니다'라고 제목을 붙였는데 그 이유가 무엇인지 간단하게 이야기해주십시오.

김상우: 현대 사회에서 죽음의 특징은 세 가지를 들 수 있습니다. 죽음의 개인화, 그러니까 옛날과 같이 공동체 사회에서의 죽음이 아니고 각 개인별로 병원에서 죽는 경우가 많아졌다는 것이고, 두 번째, 죽을병에 걸린다고 해서 바로 죽는 것이 아니고 의학이 발달함으로 인해서 서서히 죽어간다는 특징이 있습니다. 그것을 보통 과학화라고 이야기합니다. 그리고 마지막으로 상업화라고 이야기할 수 있습니다. 상업화라는 것이 현실적으로 가장 눈에 확연하게 드러나는 요소라고 할 수 있습니다. 음지에 있던 죽음을 양지로 이끌어내는 데 자본이 중요한 역할을 했습니다. 저는 죽음의 상업화를 오늘날 사회에서 가장 핵심적인 죽음의 특징이라고 보고 그 부분에 대해서 이야기했습니다. 즉, 죽음의 상업화가 왜 일어나는가 하는 점과 그것으로 인한 죽음의 불평등, 그 불평등의 다양한 모습들에 대해서 이야기하고 있습니다.

김문겸: 중·장년 시대의 한국 사회에서의 특징을 다섯 개의 키워드로 분류했습니다. 다른 것도 있겠지만 여기서는 다섯 개 키워드로 분류를 했는데, 그럼 이제 각자 이 글을 쓰면서 자기가 강조하고 싶었다든지 아니면 이것은 한국적 특이성과 관련해서 유독 우리나라를 분석할 수 있는 코드가 들어 있다든지 하는 점을 중심으로 자유롭게 얘기해주시죠.

인태정: 관광의 대중적 소비가 폭발적으로 증가하는 추세는 한국뿐 아니라 전 세계적으로 이루어지고 있고 관광산업만 하더라도 세계 거대 산업의 5위 안에 듭니다. 하지만 한국에서만 독특하게 볼 수 있는 관광문화는 묻지마 관광이란 생각이 들어요. 묻지마 관광은 한국의 전통문화적인 특징과 근대사의 역사적 경험이 결합되어 나타난 과정이자 결과라고 생각해요. 좀더 구체적으로 말하자면 유교의 체면문화, 과정보다는 결과우선주의인 묻지마 문화의 편재, 허약한 개인주의, 집단주의, 가족주의가 서로 상충되고 상호작용하면서 이루어진 합작품인 거죠. 흔히들 서양을 원죄문화라고 한다면 동양에 대해서는 수치문화라고 하죠. 그래서 동양의 유교문화권에서는 남에게 들키지만 않으면 죄가 되지 않는다는 심적 상태를 공유하게 되겠죠. 그러한 부분에서 조선시대의 유교문화 같은 경우에 폐쇄된 공간에서 은밀하게 내 집단 간의 합의된 일탈이 관행적으로 이루어졌고 그런 부분들이 오늘날 묻지마 관광에까지도 이어지지 않았나 하는 생각이 들거든요. 그리고 묻지마의 원류는 묻지마 관광이라고 하는데 묻지마 관광 외에도 묻지마의 문화는 꽤 유행이 된 것 같아요. 이는 한국이 근대화를 급속도로 추진해나가면서 부정적으로 파생된, 과정보다는 결과우선주의, 합법적인 절차보다는 수단·방법을 가리지 않는 성과주의, 균형과 내실 있는 성장보다는 외형 위주의 성장주의에서 기인한 묻지마 문화가 아닌가 싶어요. 물론 제가 쓴 글에서 한국의 관광문화에 대해 여러 가지 이야기를 했는데, 집약적으로 얘기한다면 묻지마 관광의 특성을 들 수 있을 것 같습니다.

김문겸: 우리나라에서 지금 몸에 대한 관심이 폭증하고 있고 붐을 일으키고 있습니다. 몸에 대한 관심을 표출하는 방식 중에 특징적인 방식이 있을 것 같습니다. 그것과 몸에 대해서 관심이 폭증하는 이유가 무엇이라고 생각

하는지요?

김현숙: 표출 방식은 무어라고 분명하게 규정할 수가 없습니다. 단지 몸에 대한 가장 최근의 관심 표현이라고 할 수 있는 것이 얼짱, 몸짱인 것 같습니다. 그런데 얼짱, 몸짱이 다른 여러 가지 문화에 비해서 상대적으로 주목을 받는 이유는 결국 이것이 상업술에 가장 이용되기 쉬운 수단이라는 점 때문입니다. 말하자면 소비자본주의에서 자본의 논리가 가장 잘 관철될 수 있는 부분이 인간의 몸이고, 결국 개인적으로 자신의 몸에 대해 근심하고, 상품을 소비하면서 근심을 해결하는 방식으로 자본의 논리가 전개되는 것입니다. 그런데 이렇게 몸짱, 얼짱에 얽혀 있는 여러 가지 논의들을 보면 세 가지로 축약이 됩니다. 하나는 외모 중심적인 문화, 두 번째가 이미지 문화, 세 번째가 육체의 상업성을 대표적으로 들고 있습니다. 그중에서 왜 유독 외모를 중시하는가 하는 것은 한국적인 문화와 결부되지 않을까 생각합니다.

박재환 선생님께서 이야기하셨듯이 물질적인 삶이 풍부해지면서 좀더 현세적인 가치를 존중하게 되고, 현세적인 삶을 중시하는 태도가 나타나면서 몸에 대한 관심이 증대되었다는 것입니다. 마지막으로 중요한 것은 제가 아까 서두에도 얘기했다시피 불확실성의 시대에 가장 확실한 것은 역시 몸이라는 사실입니다. 왜 몸이냐? 몸이라는 것은 예전과는 다르게 자신의 정체성을 표현하는 수단이 되었고, 또 근대 이전에는 의상이나 화장을 통해서 자신의 몸을 드러내었던 반면에 과학 기술이 발달하면서 몸의 근본적인 개조를 통해서 신분이나 사회적 지위 간의 차별을 보이려고 하는 특성을 보인다는 것입니다. 특히 이런 특성은 젊은 세대일수록 자신의 자아정체감이나 개성을 표출하는 방식으로써 몸을 이용한다는 데서 두드러집니다. 그러나 이러한 근간에 흐르는 것은 역시 몸이 하나의 통치 대상이 되었다는 겁니다. 예전에는 사람들의 통치방식이 집단적인 관리방식으로 전개되었다고 한다면, 근대 이후에는 이러한 통치성이 개인적인 규율 체계로 접어들면서 몸을 개인적으로 관리하게 되고, 또 소비자본주의에서 그것이 상업성과 결부되면서 몸에 대한 관심이 풍부하게 전개되지 않나 생각합니다.

김문겸: 불확실성의 시대라고 이야기를 하는데 세속적인 물질주의가 지배하

는 사회에서 삶의 궁극적 가치를 찾기 힘들고 이러한 상황에서 가장 확실한 자기 몸이 부각됩니다. 그리고 이것은 하나의 소비문화라고 볼 수 있는 나르시시즘적인 문화와 연관이 있지 않나 하는 생각이 듭니다. 다른 분들도 이러한 몸에 대해서 말씀해주십시오.

오재환: 저는 몸과 연관해서 자살을 살펴보겠습니다. 황혼 자살이라는 것을 보면 나이 든 노인들이 주로 황혼에 이제 얼마 남지 않은 목숨을 스스로 끊습니다. 그 가장 큰 원인이 질병이거든요. 자기의 몸이 건강하지 못한 것이 자식에게 폐가 된다는 것을 느끼고 그것 때문에 좀더 빨리 사회적인 관계를 끊어버리려고 하는 것은 우리 사회에서 일어나는 몸에 대한 관리를 개인적으로 하지 못하는 데서 오는 과잉 억압이 자살로 이어지도록 만드는 것일 수 있다는 생각이 듭니다.

박재환: 몸을 가꾸는 것은 전통적으로 '옷이 날개다' 하는 얘기와 관련이 있다고 볼 수 있습니다. 젊은 사람들은 남자도 성형수술을 하면 면접 점수를 따는 데 도움이 된다고 생각하는 모양입니다. 즉, 자기 관리로서 건강관리 외에도, 외모로 규격화된 기준에 들어가는 것이 요구되고, 그것이 현실적으로 생존전략과 직접 연결되어 나타난다는 것입니다. 오늘날 경쟁시대에 성형수술이 난무하는 현상은 이렇게 연결되는 것입니다. 그런데 몸가꾸기를 자꾸 강조하면서 현세적 가치와 연결됨으로써 생기는 문제점도 있습니다. 어떤 것이 문제냐 하면 예쁜 몸, 정상적인 몸을 강조하게 되면 장애인은 어떻게 하느냐는 말입니다. 장애인에 대한 부분은 상대적으로 위선적이 될 수도 있다는 것입니다.

김문겸: 지금까지 몸에 대해 논의했는데, 넘어가서 '돈의 매트릭스'에서는 어떤 것을 가장 강조하고 있습니까?

이일래: 신용카드는 이제 아예 칩이 달려 나와 전자화폐 기능까지 포함하고 있는 것도 있고 휴대전화에 포함된 경우도 있습니다. 신용카드, 소액결제와 관련된 것과 교통카드, 하나로 카드, 게다가 자판기까지 사용할 수 있는 카드도 있고요. 전자화폐 종류에도 지금 말한 신용카드나 교통카드 같은 카드형이 있고, 네트워크형이 있습니다. 네트워크상에서 숫자를 부여받거나

다운받고 자기가 마음대로 가처분할 수 있는 네트워크형 전자화폐는 아직까지 등장하지 않았습니다. 대신 그것의 초기 형태라고 할 것이 사이버머니나 포인트 같은 것인데, 아직까지 본격적인 것이 아니긴 합니다. 제가 여기서 보려고 했던 것은 돈이라고 하는 것 자체가 하나의 물질을 기반으로 해서 나오는 것이지만 이제는 그것을 넘어선, 물질의 추상화된 형태가 아닌가 합니다. 이 점을 역사적으로 짚어보려고 했습니다. 결국 이러한 변화를 가능하게 하는 것이 사회경제적 요구이고, 그것을 뒷받침하는 것이 기술적 수준입니다. 인쇄술이 발달해야 지폐가 나올 수 있듯이, 정보화 시대에서 정보기술이 뒷받침되어야 전자화폐가 사용될 수 있다는 것입니다. 또 하나 얘기하고 싶은 것이 정치적인 측면입니다. 전자화폐가 나타난 뒤의 국제적인 환거래와 관련한 것들입니다. 사실 이것이 가능해진 것도 국제적인 무역의 활성화, 세계적인 차원의 경제체제가 나타났기 때문입니다. 그래서 그러한 정치적인 변화들까지 같이 봐서 그 맥락 속에서 논의를 진행하려고 했습니다. 그런데 이 책의 주제가 일상인데 전자화폐가 일상에서 개인에게 가져다주는 변화들이 어떠한 것들이 있을까 하고 생각해보았지만 그것까지는 잘 포착해내지 못하고 있습니다.

김상우: 옛날 광고 중에 이런 광고가 있었습니다. 가장이 월급봉투를 내밀면서 우쭐거리는……. 그것이 옛날 아버지의 힘, 권위 같은 것인데, 이제 이게 없어져 버리는 것이죠. 통장에 숫자만 나타났다 사라졌다 하는 그런 현상만 반복됨으로써 자기가 정말 실질적으로 어떤 경제력을 가졌느냐 하는 것에 대해서 둔감해질 수 있습니다. 그렇게 됨으로써 가장들은 집에서 권위까지 잃어버릴 수 있고 그와 더불어서 과소비 현상도 나타날 수 있다는 것입니다.

이일래: 그것은 당연히 돈에 대한 실체감이 상실되었기 때문이고, 신용카드와 같은 것도 사실은 그런 맥락에서 형성되는 것입니다.

김상우: 예를 들어 리니지 같은 네트워크상의 사이버 공간에서 물건이나 아이템을 사고팔고 하기 때문에 갈등이 일어나곤 합니다.

김문겸: 다음에는 자살에 대해 이야기해볼까요?

박재환: 사람이 빵이 없다고 죽는 것이 아니라, 더 이상 살아갈 의미가

없기 때문에 죽는 것입니다. 그런데 그 의미가 이른바 뒤르켐식으로 이기적 자살과 아노미적 자살로 구분되는 것이 아니고, 또한 어떤 전체적인 사회적 압력에서 오는 것도 아니며, 구체적인 상황에 포커스를 맞출 필요가 있습니다. 죽음을 정치적으로 이용하려고 하는 것도 다 구체적인 상황에 초점을 맞추었기 때문입니다. 종교인들의 자살하고는 또 다르지 않습니까? 이것은 권력의 상황 속에서 자신이 타깃이 되어서 더 이상 감내할 수 없는 압력 때문에 일어나는 것입니다.

이동일: 자살에 대한 문화를 살펴보면 동양권, 특히 한국 같은 경우는 자신의 결백을 주장하기 위해 자살을 택하기도 합니다. 그런 점에서 우리 한국 사회의 자살 현상의 특이성을 설명하면 될 것입니다. 외국 같으면 자살을 하면 자신의 죄를 인정하는 것이 되지만 우리는 반대니까요.

고영삼: 저는 이번에 정치인들의 자살을 보면서 우리 사회에 희망이 있다고 생각합니다. 도덕적 무감각이 늘 지적되는 우리나라 지도층의 특징 아닙니까? 거기에 어떠한 방식의 심리적 억압이 있다 하면 어쨌든 깨끗하게 간다는 것이죠. 내부적 억압은 여러 가지가 있겠지요. 지도층이 자기 명예를 생각하고 그 명예가 어긋날 때 죽을 수도 있다는 실례를 보여줬다는 사실에서 좋은 점도 있다고 생각합니다.

박재환: 그것은 두 사람의 자살에 대한 평가이고, 어떻게 죽었다는 것은 함부로 예단하면 안 됩니다. 하지만, 그 사람들은 결국 앞에 언급했던 심리학자의 얘기대로 약하기 때문에 죽은 것입니다. 뻔뻔하면 안 죽습니다. 뻔뻔하면 양심의 가책을 받는 것이 아니라 끈질긴 생명력으로 지탱해서 살아남죠. 이러한 부분을 소위 못사는 사람들이 보면 미쳤구나 생각할 수 있단 말이에요. 아주 무식하고 적나라하게 얘기하면 자아가 강하지 않기 때문에 오히려 만인에게 욕을 듣는 것이 처음으로 받는 억압이란 말입니다. 그런데 하층민이나 사회화(socialization) 초기에 부실하게 지낸 사람과 온갖 수모를 다 겪은 사람은 비굴하게도 살아남을 수 있단 말이죠. 그것을 더 나쁘게 극단적으로 얘기하자면 양심 때문에 죽었냐? 정말 그렇다면 가망성이 있는 겁니다. 그렇지 않고 약하기 때문에 죽었다면 달라집니다. 참회하고 죽는 것과 압력

때문에 더러워서 죽어버린다는 것은 다르기 때문에 우리가 자살에 대한 평가를 쉽게 하기는 힘듭니다. 어쨌든 새로운 유형의 자살이고 사회적 압력 자체가 새롭게 느껴집니다. 뒤르켐식의 자살 이론에는 규제(regulation)와 통합(integration)으로 나누었는데 그냥 사회학적인 것 말고 다른 것이 있어서 거기에는 우리가 어린애들 자살, 성적 때문에 자살하는 것은 그러한 분류에 넣기가 힘들고, 거기에 넣으려면 다른 변수가 있어야 합니다.

윤명희: 저는 소식을 접하고 어머니랑 이야기를 해봤는데, 하시는 말씀이 다 있어 보이는 사람도 죽을 일이 있냐고 얘기를 하셨습니다. 그런 얘기를 들으면서 든 생각이 예전에는 결핍 때문에, 필요하지만 그것을 가질 수 없기 때문에 자살하는 경우가 많았습니다. 서구의 지식인들이 자기 삶의 마지막을 자기가 선택해서 가는 것이 최고의 자기 선택이라고 평가하는 것처럼 자살이라는 것은 이제 더 이상 결핍에서 나오는 상황의 선택이 아니라, 자기 선택 또는 개인적인 행위의 하나가 되어가고 있는 것이 아닌가 합니다.

김상우: 통계상의 수치로 보면 IMF 이후에 자살이 급증했다가 2000년대에는 조금 나아졌다가, 다시 2002년 말부터 2003년까지 급증하기 시작합니다. 그렇게 따지면 뒤르켐 같은 경우는 결핍 때문에 자살하는 것은 아니라고 이야기를 했는데, 한국 사회는 통계수치에서 분명히 결핍 때문에 자살하는 것으로 나타나거든요.

박재환: 뒤르켐이 말하는 숙명적 자살, 탈출구가 전혀 없는 자살, 더 이상 선택의 가능성이 없는 자살인데, 이러한 유형의 자살이 상황이 바뀌면 더 늘어날 수 있다고 생각합니다.

김문겸: 그러니까 우리나라 IMF 관리체제, 피폐한 가족, 사회적 관계의 단절 등이 전체적으로 자살이라는 현상과 연결됩니다. 내몰린 자살이죠.

박재환: 그러면서 10대에서 엽기·자살 사이트가 나오고 자살이 게임화된 듯한 느낌이 듭니다. 유서도 이상하게 쓰는데 그것은 제정신으로 한 자살이 아니라 사이버 공간과 현실 공간을 구분하지 못한, 죽음과 삶의 경계가 흐려진 상태에서 한 선택일 수가 있습니다.

김상우: 많은 학자들이 그렇게 해석을 하는데, 과연 사이버 세계와 현실을 혼동할까요?

박재환: 그런 젊은 세대가 쓴 유서에 나온 말이 진짜 못 견뎌서 고통스러워서 죽는 것하고는 다르다는 거죠.

김문겸: 작년에 완전히 장난 같은 자살이 있었어요. 유서가 신문에 나왔는데, 현대의 상징 질서가 지배하는 사회 또는 이미지라든지 가상공간이 주는 위력이 전부 다 총체적으로 융합되어서 그러한 심리 상태를 만들지 않았느냐 하는 것입니다.

김상우: 거기에 "나는 죽을꺼지롱"이란 말이 있었는데……. 한편으로는 정신적인 압박감이 갈 데까지 가면 말이 그렇게 나올 수도 있겠다는 생각도 들거든요.

박재환: 그런데 그런 압력이 지금은 초등학교까지 내려갔다는 것 때문에 한국의 문제가 심각하다는 것입니다. 초등학교 애가 "아빠는 나처럼 열 몇 시간 일하지 않잖아"라고 말하고 유서를 쓰고 죽었습니다. 이러한 자살은 다른 데는 없는 것입니다. 자살 연령이 밑으로 내려가서 사회적 압력을 받는다는 것은 그만큼 이 사회가 건강하지 못하다는 것입니다.

김문겸: 그러면 마지막으로 '죽음을 삽니다'에 대해서 얘기해볼까요?

김상우: 죽음을 산다는 것에는 상업적인 의미가 포함됩니다. 즉, 죽음이라는 것은 항상 경건해야 되었고, 슬퍼해야 되었습니다. 또한 그랬기 때문에 죽음은 터부시되었습니다. 그런데 오늘날은 세상은 급변하는데 죽음관은 여간해서는 잘 바뀌지 않습니다. 그렇다면 이 둘 사이의 간극을 어떤 것이 결합시켰느냐 하는 것이 문제가 됩니다. 저는 그것을 상업화가 결합시켰다고 생각했거든요. 특히 한국적인 죽음관이라는 것은 어떤 사람이 여기서 죽는다고 해서 끝나는 것이 아니라 그 사람이 죽어서 저승에 가서 계속 살고, 그 다음에 또 내가 죽으면 저승에 가서 그 사람을 만난다고 생각한다는 것입니다. 그 부분을 상업적인 특성이 아주 잘 이용합니다. 그래서 화려한 관, 엄청난 장례식, 최근에는 1억 원짜리 황금수의도 나왔고, 실제로 그것을 판매하고 있습니다. 그것을 왜 입히느냐 하는 것이 아주 재미있는데, 시신이

썩고 안동포가 썩으면 금가루가 내려앉아서 **뼈가 황골이 된다는 것입니다.** 황골은 명당에서 나오는 것이기 때문에 이것이 발복과 같다는 것입니다. 그러니까 1억 원짜리 입히면 나중에 발복이 되고, 자기 후손들이 영향을 받고 복 받은 삶을 살게 된다는 것입니다. 또한 대선 주자들 같은 경우 불법으로 조상의 묘를 옮겨 좌청룡 우백호를 만들고 앞에 있는 나무를 다 쳐내는 행위를 했습니다. 결국 죽은 사람들을 이용해서 산 사람들이 잘 살려고 했던 것이죠. 결국 죽음은 불평등이 없는 것 같지만 실제로는 죽어서도 불평등이 있고 그것으로 끝나는 것이 아니라 후손들한테까지도 물려준다는 것입니다. 그리고 그 불평등을 주는 가장 큰 요소가 금전과 권력이라는 것입니다. 그러니까 한국인의 사생관에 따르면, 지금 가난한 사람은 앞으로도 가난에서 못 벗어난다는 것이죠. 결국 로또도 발복한 집에서 당첨될 것 아닙니까?(웃음)

고영삼: 질문이 있는데요. 우리가 조금 전에 자살이라고 할 때는 변하지 않는 죽음관과 변하는 죽음관에 대해서 살폈는데, 지금 여기 제목에 '더디게 변하는 죽음관과 급변하는 사회'라고 되어 있습니다.

김상우: 저의 경우 죽음 후에 내가 어떻게 될까 하는 것을 죽음관이라고 했거든요. 보통 사생관, 생사관이라고 이야기를 하는데 이것은 단어가 어려워서 그냥 죽음관이라고 했습니다.

고영삼: 그런데 예를 들어서 리셋 증후군이 나올 정도로, 그것을 증후군이라고 할 정도로, 죽음이 하나의 게임 양식으로 가는 경향도 있는데, 여기서 변하지 않는 죽음관이라는 것과 무슨 차이가 있습니까?

오재환: 현세적 죽음이 오히려 더 강하지 않느냐 하는 말인 것 같습니다. 사후를 생각하는 것이 아니라 자살에서 얘기하는 것은 현재 죽음으로써 현실은 끝나는 것이고, 세상을 살아가는 한 방법으로 죽음을 받아들이는 것이 아닌가 합니다. 우리가 흔히 바깥에서 죽는다든지 자살한다든지 하는 것은 유교적 전통으로 볼 때 '신체발부 수지부모'라고 몸이 상했기 때문에, 자기가 스스로에게 해를 입혔기 때문에 일종의 개죽음으로 여겨 집안으로 들이지도 않는데, 그런 것이 변화하는 것을 보면 죽음관도 변하지 않는가

하는 것입니다.

김상우: 그런데 워낙 사생관이라는 것 자체가 삶만 바뀐다고 해서 바뀌는 게 아니고 항상 죽은 사람과 나의 관계를 같이 상정시켜놓고 보기 때문에, 나만 바뀐다고 해서 사생관이 쉽게 바뀌는 것은 아니라는 것이죠. 그러니까 저승의 세계에 대한 관점이 이 세상의 사는 방법이 바뀐다고 해서 그렇게 쉽게 바뀌지는 않는다는 것입니다.

이동일: 불교라든지 천주교라든지 종교 단체에서 죽음을 관리하는 비용이 궁금합니다. 절의 경우 상당히 많이 드는데 그런 부분들도 상업적인 측면이 강한 것 같습니다.

박재환: 맞습니다. 굉장히 비쌉니다. 유명한 사찰에서 하면 1,000만 원 정도 든다고 합니다.

인태정: 변하지 않는 죽음관이라는 것을 삶, 건강, 젊음에 초점을 두어서 현대 사회의 특성들과 연관시켜서 왜 변하지 않는 죽음관이라고 얘기하는가에 대한 논의가 나와야 될 것 같은데요?

김상우: 저는 오히려 요즘 죽음에 대한 관심이 높아졌다고 생각하거든요. 왜냐하면 잘 살기가 나오니까 잘 죽기도 같이 나오는 것입니다. 옛날에는 터부시되고 잘 드러내 광고하지 않던 무덤, 황금수의, 이런 것을 신문이나 텔레비전 홈쇼핑에서 팝니다. 그것은 더 잘 살기와 짝을 이룹니다. 그러니까 죽음의 의미가 더 부각되는 것입니다. 그리고 죽음관의 의미가 약간 차이가 있는 것 같은데, 여기서 제가 말하는 죽음관은 저승관입니다. 내가 죽어서 어떻게 되나, 어디로 가느냐를 말하는 것입니다. 다시 한번 말하지만 이 세상이 바뀌었다고 저세상에 대한 이미지까지 바뀌지는 않았다는 것입니다. 그런 의미에서 죽음관은 잘 변화하지 않는다는 것입니다.

박재환: 여기서 죽음을 산다는 것을 주로 장례식에 대해 살폈는데, 앞으로는 진짜 죽음을 살 것입니다. 잘 죽는 법, 죽음을 대비하는 방법, 즉 산 사람이 죽음을 사고팔 것이란 말이죠. 지금은 죽은 사람을 위한 장례식에 대한 죽음을 산다는 것이지만, 앞으로는 살아 있는 사람에게 미리 앞당겨서 죽음을 파는 방법이 여러 가지로 강구될 것입니다.

김상우: "유전무죄, 무전유죄"라는 말에 빗대자면, 유전유생이고 무전무생입니다. 지금도 그런 현상은 이미 나타나고 있습니다. 돈이 많으면 병원에서 죽은 사람을 살리지는 못해도 죽어가는 사람을 오래 살게는 할 수가 있거든요.

김문겸: 출생부터 죽음까지 쭉 한 번 훑었는데 다소 미진한 부분도 있고 논리적이지 못한 부분도 있습니다. 글을 쓴 사람이 잘 정리를 해주십시오. 박재환 선생님께서 마지막 정리를 해주시지요.

박재환: 그동안 고생 많이 하셨습니다. 여기서 다루지 못한 부분도 있지만 사람에게 한계가 있으니까. 원래는 생애주기 전체를 분석의 대상으로 삼으려고 했는데……. 완벽하게 그렇게 하지는 못했습니다. 그래도 크게 초기·중기·말기로 잡아서 나름대로 끝을 맺었습니다. 일단 사회학은 좀 쉬워져야 됩니다. 그리고 지금 사회학은 좀더 현실에 구체적으로 들어가야 할 시점이 된 것 같습니다. 이것이 우리의 세 번째 작품입니다. 처음에는 일반 이론서(『일상생활의 사회학』), 그 다음에는 구체적인 것(『술의 사회학』), 그리고 지금 작업을 마친 이 책입니다. 이번에는 한국 사회 전체를 다루고 싶은 욕망·욕구가 있었는데, 얼마나 잘 다루었는지 모르겠습니다. 그렇지만 일단 이런 식으로 여럿이 공동작업을 했다는 것에 대해서 서로 위로하고 긍지를 느꼈으면 좋겠습니다.

내용은 독자들이 읽고 판단하겠지만, 극단적으로 다음과 같이 이야기할 수 있어요. 계급 문제도, 노동운동도, 정치문화도 일반 사람들, 평범한 사람들의 시각과 연결된 생활사적이고 구체적인 사회학이 아니면 그것은 그야말로 지식인의 자기만족에 불과한 것이라고요. 현실과 유리된 얘기밖에 안 된다는 것입니다. 나는 그런 것을 거짓말의 사회학이라고 합니다. 이제는 참된 사회학으로 가야 할 시점이 되었다고 생각합니다.

1장_현대 한국인의 생활원리

강신표. 1983, 「한국인의 생활의식」, 『광장』.

공보처. 1996, 『(여론조사)한국인의 의식·가치관 조사』.

김재은. 1987, 『한국인의 인식과 행동양식: 문헌 및 조사연구』, 이화여자대학교 출판부.

대홍기획 마케팅전략연구소. 1999, 『한국사람들: 소비행동 및 라이프 스타일 변화, 1989~1999년』, 대홍기획.

도요다 아리츠네. 1990, 『일본인과 한국인 이 점에서 크게 다르다』(황원권 옮김), 동학사.

박재환. 1989, 「전통문화에 있어서의 한국인의 커뮤니케이션관」, 이상희 교수 화갑기념 논문집, 한길사.

비숍, 이사벨라 버드. 1994, 『한국과 그 이웃나라들』(이인화 옮김), 살림.

아오키 다모쓰. 1997, 『일본 문화론의 변용』(최경국 옮김), 소화.

오세철. 1982, 『한국인의 사회심리』, 박영사.

윤태림. 1964, 『한국인의 성격』, 현대교육총서출판사.

이가원. 1983. 『신역 논어』, 홍신문화사.

이광규. 1985, 『한국인의 일생』, 형설출판사.

이규태. 1983, 『한국인의 의식구조』, 신원문화사.

이부영. 1983, 「현대한국인의 국민성격」, 한국정신문화연구원(세미나 보고서).

이영호. 1975, 『한국인의 가치관』, 일지사.

일상문화연구회. 1998, 『일상속의 한국문화: 자기성찰의 사회학』, 나남출판.

차재호. 1983, 「국민성 활성화 방안: 시안의 심리학적 접근」, 『한국인의 윤리관』, 한국정신문화연구원.

최재석. 1976·1994, 『한국인의 사회적 성격』, 현음사.

통계청. 1999, 『생활시간조사보고서』.

한상복. 1978, 「한국인의 생활양식과 사고방식: 그 전통과 변화」, 『한국의 민족문화: 그 전통과 현대성 학술대회보고』, 한국정신문화연구원.

홍승직. 1969, 『한국인의 가치관연구』, 고려대학교출판부.

Eliade, M. 1969, *Le Mythe de l'éternel retour, archétypes et répétition*, Gallimard.

Gourevitch. 1975, "Le temps comme problème d'histoire cultulelle," P. Ricoeur(ed), *Les Cultures et le Temps*, Payot.

Hall, E. T. 1979, *Au-delà de la culture*, Seuil.

Mao Tse-Toung. 1967. "De la Contradiction," *Oeuvres Choisiés*, t.1, Ed, Langues étrangères.

Oliver, R. T. 1971, *Communication and Culture in Ancient India and China*, Syracuse Univ. Press.

Tefft, S. K. 1980, *Secrecy: A Cross Cultural Perspective*, Human Sciences Press.

2장_새로운 인간유형: 호모 디지토 로쿠엔스

고영삼. 1989, 『전자감시사회와 프라이버시』, 도서출판 한울.

김신동. 2001, 「호모 텔레포니쿠스의 등장」, ≪한국언론학보≫ 제45-2호, 한국언론학회.

김재윤. 2003, 「유비쿼터스 컴퓨팅: 비즈니스 모델과 전망」, ≪Issue Paper≫ 삼성경제연구소.

김평호. 2002, 「이동성, 그리고 사인주의」, ≪한국언론정보학보≫ 통권 18호, 한국언론정보학회.

김현주. 2000, 「전화의 사회문화적 영향에 관한 연구」, ≪한국언론학보≫ 제44-2호, 한국언론학회.

대홍기획 마케팅컨설팅그룹. 2003, 『Changing Korean』.

박재환. 1995, 「매체환경변화의 사회학적 의미」, ≪언론과 정보≫ 부산대 언론정보연구소.

山崎賢一 외. 1995, 『정보교류의 사회학』(한국정보문화센터 옮김), 한국정보문화센터.

奧野卓司. 1994, 『정보인류학의 시계』(한국정보문화센터 옮김), 한국정보문화센터.

이규환. 1997, 「사이버스페이스에서 나타나는 정신병리적 현상과 대책」, ≪가상공동체 의식과 정보화 사회에의 적응≫ 한국심리학회·국회 가상정보가치연구회.

이시형·김학수·나은영. 2002, 「청소년의 휴대전화 사용과 그 영향에 관한 연구」, 삼성생명공익재단(http://welfare.samsunglife.com).

이영수. 2003, 「차세대이동통신」, ≪LG주간경제≫ 749호, LG경제연구원.

이종화 외. 2004, 「음성전화 유무선 대체 현상의 분석」, ≪KISDI 이슈 리포트≫ 정보통신정책연구원.

이지평·강선구. 2002, 『디지털 컨버전스에 따른 뉴 트렌드』, LG경제연구원.

임상원·이윤진. 1999, 「마샬 맥루한의 사상과 철학」, 『구텐베르크 은하계』, 커뮤니케이션북스.

임일섭. 2002, 「미래소비의 주역, 20대의 소비패턴」, ≪LG주간경제≫ 671호, LG경제
　　연구원.

정보통신부 생활경제국 거래개선팀. 1999, 가계 정보통신서비스 이용실태조사.

조용수. 2003, <2004년 국내외 주요 경제 트렌드> LG경제연구원 보고서.

조준일. 2002, 「이동통신단말기의 진화방향」, ≪LG주간경제≫ 690호, LG경제연구원.

포스터, M. 1995, 『제2미디어 시대』(이미옥·김준기 옮김), 민음사.

호이징하, J. 1998, 『호모 루덴스』(김윤수 옮김), 까치.

Kate, N. T. 1999, "Public opinion: Cell Phone attitudes," *American Demographics*,
　　19(6).

Kim, Joohan. 2002, "Phenomenology of Digital-Being," *Human Studies* 24.

McLuhan, M. 1962, *The Gutenberg galaxy: the making of typographic man*, Univ.
　　of Toronto Press.

Stamps, J. 1995, *Unthinking Modernity: Innis, McLuhan, and the Frankfurt School*,
　　McGill-Queen's Univ. Press.

신문 · 인터넷 자료

≪조선일보≫ 2004.1.25.

Newsweek(한국판), 2004.2.11.

http://www.nso.go.kr

http://digilander/libero.it/ecodiroccasecca/Eco25/Pag04.htm

3장_출산은 파업 중

김은실. 1996, 「출산문화와 여성」, ≪한국여성학≫ 12(2).

통계청. 2003, 『저출산과 고령화』.

_____. 2002, 『2000년 인구주택총 조사』.

한국문화인류학회. 2003, 『처음만나는 문화인류학』, 일조각.

홀레, 카트린·마리프랑스 모렐. 2002,『출산과 육아의 풍속사』(나은주 옮김), 사람과
　　사람.

신문 · 인터넷 자료.

≪경향일보≫ 2001.7.13.

≪동아일보≫ 2003.10.2.

≪문화일보≫ 2003.1.24.

≪여성신문≫ 2002.9.6.; 2003.4.30.

≪연합뉴스≫ 2001.10.31.
≪조선일보≫ 2004.1.28.
≪한계레≫ 2002.4.30.; 2002.12.8.
≪한국경제신문≫ 2004.1.26.
≪헤럴드 경제≫ 2004.1.26.
blog.naver.com
happycampus.com, 「낙태리포트」, 2000.
search.naver.com
www.jobkorea.co.kr

4장_'일등품' 유아 만들기

김왕배. 2001, 『산업사회의 노동과 계급의 재생산』, 도서출판 한울.
다카라 기요시 외. 1999, 『성장을 재촉당하는 아이들』(이정남 외 옮김), 한림미디어.
박재환. 2001, 「현대 한국 사회의 일상적 삶의 구성원리」, 『부산대학교 사회과학대학
    사회과학논총』 제20권.
백욱인. 1994, 「대중소비생활 구조의 변화」, ≪경제와사회≫ 겨울호.
이기숙. 2002, 「올바른 유아교육의 이해」, ≪교육마당21≫ 6월호.
정건화. 1994, 「한국의 자본축적과 소비양식 변화」, ≪경제와사회≫ 겨울호.
주은우. 1994, 「90년대 한국의 신세대와 소비문화」, ≪경제와사회≫ 겨울호.
함인희 외. 2001, 『중산층의 정체성과 소비문화』, 집문당.

신문 · 잡지 자료
≪매일경제≫ 2002.11.22.
≪여성신문≫ 2004.2.4.
≪주간동아≫ 2002.6.13., 제338호.
≪주간한국≫ 2000.3.30., 제1814호.; 2002.1.17., 제1905호.
≪한국경제≫ 2003.1.18.
≪한국일보≫ 2001.10.14.; 2002.4.2.
≪한겨레≫ 2002.7.22.
≪한겨레21≫ 2000.11.29.

5장_혼자 노는 아이들

교육인적자원부. 2003, 「사교육비 실태 조사 및 경감 대책 연구」.
대교 교육과학연구소. 1996, 『눈높이 교육철학』, 프레스빌.

아름다운 학교 운동본부. 2001, 『아름다운 학교』, 인간과 자연사.

안병철 외. 2001, 『경제위기와 가족』, 미래인력세터.

와다 슈우지. 1997, 『어린이의 인간학』(박선영 옮김), 아름다운 세상.

유점숙. 2001, 『전통사회의 아동교육』, 중문출판사.

이인정·최해경. 1995, 『인간행동과 사회환경』, 나남출판.

장휘숙. 2001, 『아동발달』, 박영사.

정옥분. 1996, 『아동발달의 이해』, 학지사.

조정문·장상희. 2001, 『가족 사회학』, 아카넷.

조혜정. 1997, 『학교를 거부하는 아이, 아이를 거부하는 학교』, 또하나의 문화.

코르착, 야누쉬. 2000, 『아이들을 변호하라』(송순재 외 옮김), 내일을 여는 책.

한국가족학 연구회 엮음. 1995, 『맞벌이 가정의 가족문제』, 하우.

신문 자료
≪동아일보≫ 2003.9.3.; 2004.1.27.

≪서울신문≫ 2003.9.29.

≪조선일보≫ 2004.1.31.

≪한국일보≫ 2004.1.7.

≪한겨레≫ 2004.1.12.

6장_욕망과 질주의 10대들

곽금주. 2000, 「대중음악과 청소년 정서문화」, 『교육마당21-6』, 교육부.

권이종·김문조. 1994, 「청소년 세계의 이해」, 『10대 청소년의 생활세계(교사·부모용)』,
　　　삼성복지재단.

김동일. 1993, 『청소년 음주와 비행의 관계에 관한 연구』, 한국형사정책연구원.

김무경. 1998, 「사교성의 차원과 그 공간」, 일상문화연구회 엮음, 『일상속의 한국문화』,
　　　나남출판.

김정오. 1999, 「술과 청소년: 1318의 탈주」, 박재환/일상성·일상생활연구회, 『술의
　　　사회학』, 도서출판 한울.

마페졸리, M. 1994, 「일상생활의 사회학」, 박재환/일상성·일상생활연구회 엮음, 『일상
　　　생활의 사회학』(박재환 옮김), 도서출판 한울.

부정남. 1998, 「화장, 미의 추구」, 일상문화연구회 엮음, 『일상속의 한국문화』, 나남출
　　　판.

이상훈. 1994, 「민중적 사회와 그 형상」, 박재환/일상성·일상생활연구회 엮음, 『일상생
　　　활의 사회학』, 도서출판 한울.

이시재. 1988, 「필립 아리에스의 심성사 연구」, 한국사회사연구회, 『사회사 연구의

이론과 방법』, 문학과지성사.

임희섭. 1994, 「한국청소년의 사회문화적 성격」, 『10대 청소년의 생활세계(교사·부모용)』, 삼성복지재단.

Balandier, G. 1983, "Essais d'identification du quotidien," *Cahiers Internationaux deSociologie* 74.

Freud, S. 1949, *An Outline of Psychoanalysis*, Norton: New York.

Merton, R. K. 1968, "Manifest and Latent Functions," *Social Theory and Social Structure*, The Free Press: New York.

신문 · 인터넷 자료

≪부산일보≫ 1991.11.15.; 1993.3.17.; 2000.10.12.; 2000.10.16.; 2000.11.21.; 2001.3.17.

≪중앙일보≫ 2000.10.5.; 2000.10.16.; 2001.2.6.; 2001.3.17.; 2001.3.29.

http://kr.dailynews.yahoo.com/headlines/2000.12.01.

http://kr.dailynews.yahoo.com/wk/wo

7장_대학은 없다

강내희. 1998, 『지식생산, 학문전략, 대학개혁』, 문화과학사.

박명진 외. 1996. 「하위문화, 문화, 그리고 계급」, 『문화, 일상, 대중』, 한나래.

설동훈·정태석. 2002, 「새로운 세대의 등장과 민족정체성의 변화」, 『사상』, 54호, 사회과학원.

이동연 외. 1998, 『대학문화의 생성과 탈주』, 문화과학사.

이현청. 1999, 『한국의 대학생』, 원미사.

_____. 2000, 『21세기와 함께하는 대학』, 민음사.

최평길. 1996, 『신세대가 몰려온다』, 고려원미디어.

8장_좌초하는 모노가미

기든스, A. 2003, 『현대사회의 성·사랑·에로티시즘』(배은미 외 옮김), 새물결.

김병후. 2003, 『우리부부 정말 괜찮은 걸까?』, 중앙M&B.

벡, 울리히 외. 2002, 『사랑은 지독한 그러나 너무나 정상적인 혼란』(강수영 외 옮김), 새물결.

브루노, 필리프. 2003, 『커플의 재발견』(이수련 옮김), 에코리브르.

이명진. 2000, 「한국 사회의 선택혼」, 『한국 사회학』, 제34집 여름호, 한국사회학회.

이민규. 2001, 『현대생활의 적응과 정신건강』, 교육과학사.

장상수. 1999, 「한국 사회의 교육수준별 혼인유형과 그 변화」, 『한국 사회학』, 33집, 한국사회학회.

정기선. 2000, 「경제위기가 정신건강에 미치는 영향」, 『한국 사회학』, 34집, 한국사회학회.

최재천. 2001, 『여성의 시대에는 남자도 화장을 한다』, 궁리.

신문 자료

≪경향신문≫ 2003.10.22.

≪국민일보≫ 2003.3.10.

≪동아일보≫ 1999.11.10.; 2000.2.22.; 2001.1.30.; 2002.9.2.; 2002.10.3.; 2003.3.29.; 2003.6.27.

≪문화일보≫ 1998.1.22.

≪세계일보≫ 1998.7.18.

≪조선일보≫ 2000.9.28.

≪주간동아≫ 2000.6.22., 239호.

≪중앙일보≫ 2000.9.28.

≪한겨레≫ 2000.7.25.

9장_불안과 혼돈의 잡노마드

통계청. 2003, 경제활동인구 부가조사 결과.

한국산업인력공단·중앙고용정보원. 2003a, 『한국직업사전』.

_____. 2003b. 『한국직업전망』.

한국노동연구원. 2003, "일자리 양극화 경향과 빈곤 정책의 방향"(보도자료).

Beck, Ulrich. 1999, 『아름답고 새로운 노동세계』, 도서출판 생각의나무.

Castells, Manuel. 2001, 『정보도시: 정보기술의 정치경제학』, 도서출판 한울.

Torvals, Linus. 2001, 『리눅스*그냥 재미로』, 한겨레신문사.

Linker, Jeffrey K. and Glen H. Elder Jr. 1983, "Economic hardship and marital relationships in 1930s," *American Sociological Review*, vol.48.

신문 · 인터넷 자료

≪경향신문≫ 2000.10.8.; 2004.1.29.

≪매일경제≫ 2003.12.24.

≪한겨레≫ 2000.3.15.; 2000.6.21.

≪한국경제신문≫ 2004.1.19.
≪한국일보≫ 2003.11.21.
안병철. "이혼의 새로운 추세와 가족해체":
http://home.pusan.ac.kr/~zioni/.repository/zioni01/86503.hwp
한국개발연구원. 2003, "소득분배 불균형, 심각한 수준인가":
http://epic.kdi.re.kr/nara/200306/issue_dom_0306.pdf

10장_키덜트 · 사주카페 · 로또

호이징하. 1998, 『호모 루덴스』(김윤수 옮김), 까치.

Giddens, A. 1992, *The Transformation of Intimacy*, Stanford Univ. Press.
Riesman, D. 1950, 1977, *The Lonely Crowd: A Study of the Changing American Character*, Yale Univ. Press.

신문 · 잡지 자료
≪경향신문≫ 2003.12.26.
≪국민신문≫ 2003.12.24.
≪동아일보≫ 2002.4.10.; 2003.11.21.
≪매일경제≫ 2002.2.26.
≪문화일보≫ 2003.1.3.; 2003.3.31.; 2003.7.31.; 2003.9.14.
≪서울신문≫ 2001.12.19.
≪세계일보≫ 2003.1.17.
≪시사저널≫ 2002.4.24., 704호.
≪조선일보≫ 2002.1.4.; 2003.12.10.; 2004.1.25.
≪한겨레≫ 2003.1.7.; 2003.12.29.
≪한국일보≫ 2002.5.11.; 2002.11.29.; 2004.1.7.

11장_몸살 앓는 몸

네틀턴, 사라. 1997, 「몸의 사회학」, 『건강과 질병의 사회학』(조효제 옮김), 도서출판 한울.
부산여성사회교육원 엮음. 2003, 「꿈에서 깨어나 다시 꿈꾸는 여성의 몸」, 『여성, 지역, 문화』, 신정.
쉴링, 크리스. 1999, 『몸의 사회학』(임인숙 옮김), 나남출판.
한국여성연구소 엮음. 1998, 「여성의 몸과 정체성」, 『새 여성학강의』, 동녘.

한서설아. 2000, 『다이어트의 성정치』, 책세상.

12장_관광이 넘쳐나는 사회

문화관광부. 2000, 문화향수실태조사.
문화관광부. 2002, 『2002 문화정책백서』.
박재환. 2001, 「현대한국사회의 일상적 삶의 구성원리」, 『부산대학교 사회과학대학 사회과학논총』 제20권 통권 28호 별쇄.
통계청. 2002, 도표로 보는 통계.
한국관광공사. 1995, 관광인식에 대한 국민여론조사.
한국관광공사. 2002, 2001 국민여행 실태조사.
Beck, U. 외. 1998, 『성찰적 근대화』(임현진 외 옮김), 도서출판 한울.
Durkheim, E. 1994, 『자살론』(김충선 옮김), 청아출판사.
MacCannell, D. 1994, *The Tourist: A New Theory of Leisure Class*, 오상훈 옮김, 1994, 『신유한계급론』, 일신사.
Rojek, C. 2002, 『포스트모더니즘과 여가』(최석호 외 옮김), 일신사.
Urry, J. 1998, 『기호와 공간의 경제』(박형준·권기돈 옮김), 현대미학사.

Papson, S. 1981, "Spuriousness and Tourism : Politics of Two Provincial Canadian Governments," *Annals of Tourism Research*, 8(2).
WTO. Tourism Highlights 2001. (잠정치)

신문 자료

≪국민일보≫ 1996.7.19.; 2002.6.12.
≪동아일보≫ 2003.4.22.; 2003.8.27.; 2003.4.22.
≪문화일보≫ 2003.1.28.
≪세계일보≫ 2003.10.25.
≪조선일보≫ 1990.6.18.
≪한겨레≫ 1996.10.30.; 2002.1.1.

13장_돈의 매트릭스

금융감독원. 2003, 「FY2002 신용카드사 영업실적」.
김신동. 2001, 「호모 텔레포니쿠스의 등장: 이동전화 확산에 영향을 준 사회문화적 요인 연구」, ≪한국언론학보≫ 45권 2호.
김인국. 2001, 「신용카드 사용시 화폐수요에 미치는 영향 연구: 한국의 경우」, 연세대학교 석사학위논문.

이흥탁. 2001, 「Georg Simmel의 소비사회학 이론 :"돈의 철학(The Philosophy of Money)"을 중심으로」, 한국외국어대학교 논문집 33권.

Martin, H. P. & H. Schumann. 1997, 『세계화의 덫』, 영림카디널.

Manning, R. D. 2002, 『신용카드 제국』, 참솔.

14장_자살 바이러스

경찰청. 2003, 범죄백서.

김열규. 2001, 『메멘토 모리, 죽음을 기억하라』, 궁리.

뒤르켐, 에밀. 1994, 『자살론』(김충선 옮김), 청아출판사.

아리에스, 필립. 1998, 『죽음의 역사』(이종민 옮김), 동문선.

엘리아스, 노베르트. 1998, 『죽어가는 자의 고독』(김수정 옮김), 문학동네.

신문 자료
≪한겨레≫ 2003.1.22.

15장_빠른 정년, 연장되는 노년

고정민 외. 2002, 「고령화사회의 도래에 따른 기회와 위협」, 삼성경제연구소.

국민연금발전위원회. 2003, 「국민연금 재정안정화 방안」, 공청회 자료.

김만수. 2003, 『실업사회』, 갈무리.

김현진. 2003, 「일본의 저출산 고령화와 한국기업에 대한 시사점」, 삼성경제연구소.

노동부. 각연도, 「임금구조기본통계조사」.

노동정책연구소. 2002, ≪한국노동연구≫ 제2권 제2호.

리프킨, 제레미. 2000, 『노동의 종말』(이영호 옮김), 민음사.

산업연구원. 2004, 『산업인력의 고령화와 생산성』, 산업경제정보 제192호.

안종범. 2003, '고령화와 재정', 『인구구조 고령화의 경제적 영향과 대응과제(Ⅰ)』.

유기상. 1997, 『실버산업을 잡아라』, 글사랑.

이혜훈. 2002, 「고령화의 경제적 영향과 대책」, 국민경제자문회의 발표자료.

장병원. 2004, 「건강하고 활기찬 노후생활 보장」, ≪나라경제≫ 3월호.

재정경제부. 2003, 「인구고령화의 현황 및 정책대응방향」.

최경수. 2003, '인구구조 고령화의 전망과 분석', 『인구구조 고령화의 경제적 영향과 대응과제(1)』, 한국개발연구원.

최희선. 2004, 『고령산업인력과 생산성-제조업부문을 중심으로』, 산업연구원.

통계청. 2000, 「인구주택총조사」.

통계청. 2001,「장래인구추계(1990~2021)」.
_____. 2003,「경제활동인구조사」.
드러커, 피터. 2002,『21세기 지식경영』, 한국경제신문사.
한국개발연구원. 2003,『비전 2010보고서』.
_____. 2003,『인구구조 고령화의 경제적 영향과 대응과제(Ⅰ)』.
한국노동연구원. 2003,「청년층 노동시장 구조변화와 정책과제」, 총리보고자료.
_____. 2003,「퇴직연금제도 실행방안(Ⅱ)」.
_____. 2004,「부산지역 청년층 실업대책에 관한 종합연구」.
한국보건사회연구원. 2001,「전국노인욕구조사」.
황인성 외. 2004,「2004년 국내 10대 트렌드」, 삼성경제연구소.

OECD. 2002, *Older but Wiser: Achieving Better Labor Market Prospects For Older*.

신문 · 잡지 자료
≪부산일보≫ 2004.3.10.

16장_죽음을 삽니다

권혜진. 1987,「임종환자 가족의 죽음에 대한 태도연구」,『중앙의학』52.
김상우. 2004,「죽음으로 인한 유가족들의 일상적 삶의 위기와 재편」, 부산대학교
    대학원 사회학과 사회학박사 학위논문.
김열규. 1988,「삶에서 물러갈 수 없는 죽음」, ≪광장≫ 9월호.
김영숙. 1996,「도시가계의 경조비지출구조분석」, 한국소비자학회 영남지회 학술대회
    발표논문.
김정오. 1999,「한국 도시사회의 공동체적 관계망과 유대(부산의 중하층 거주지역을
    중심으로)」, 부산대학교 대학원 사회학과 문학박사 학위논문.
김태곤. 1993,『무속과 영의 세계』, 도서출판 한울.
박광준. 2002,「노인복지와 고령자 삶의 질」, 박재환 외,『한국과 일본의 일상생활』,
    부산대학교출판부.
배화옥·이필도. 1998,「도시 노동자가구의 경조금 지출규모 분석」, 한국보건사회연구
    원, ≪보건사회연구≫ 제18권 1호.
이은봉. 2001,『한국인의 죽음관』, 서울대학교출판부.
이필도. 1997,「화장장 및 납골시설의 운영실태와 개선방안」,『보건복지포럼』.
이필도 외. 1997,『가정의례의 경제적 비용분석』. 한국보건사회연구원.
이현송·이필도. 1995,『장의제도 현황과 발전방향』, 한국보건사회연구원.
장하열·강성경. 2000,「한국의 전통상례와 죽음관 연구(1)」, 한국종교교육학회, ≪종교

　　교육학연구≫ 제10권.

최운식. 1997,『(옛이야기에 나타난) 한국인의 삶과 죽음』, 도서출판 한울.

최준식. 1996,『한국종교이야기 - 한국인의 마음을 빚은 巫·儒·佛·道』, 도서출판 한울.

Ariès, P. 1975, *Essais Sur L'Histoire De La Mort En Occident Du Moyen Age A Nos Jours*, 이종민 옮김, 1998,『죽음의 역사』, 동문선.

| 인 명 |

| 용 어 |

지은이들

고영삼
울산발전연구원 연구기획실장, 부산대학교 사회학과 문학박사
김문겸
부산대학교 사회학과 교수, 부산대학교 사회학과 문학박사
김상우
울산대학교 강사, 부산대학교 사회학과 사회학 박사
김정오
신라중학교 교사, 부산대학교 사회학과 문학박사
김주영
동아대학교 강사, 부산대학교 사회학과 박사과정
김현숙
동아대학교 강사, 부산대학교 사회학과 박사과정
김형균
부산발전연구원 연구기획실장, 부산대학교 사회학과 문학박사
박재환
부산대학교 사회학과 교수, 파리5대학(소르본) 사회학 박사
오재환
부경대학교 강사, 부산대학교 사회학과 문학박사
윤명희
부산대학교 강사, 부산대학교 사회학과 박사과정 수료
이동일
창원대학교 강사, 부산대학교 사회학과 박사과정 수료
이수진
부산대학교 강사, 부산대학교 사회학과 박사과정 수료
이연화
부산대학교 강사, 부산대학교 사회학과 박사과정 수료
이일래
부산대학교 강사, 부산대학교 사회학과 박사과정 수료
인태정
부산대학교 강사, 부산대학교 사회학과 사회학 박사
허미영
부경대학교 강사, 부산대학교 사회학과 문학박사

한울아카데미 674

현대 한국 사회의 일상문화 코드

ⓒ 박재환, 일상성·일상생활연구회, 2004

지은이 | 박재환, 일상성·일상생활연구회
펴낸이 | 김종수
펴낸곳 | 도서출판 한울

초판 1쇄 인쇄 | 2004년 8월 1일
초판 4쇄 발행 | 2010년 3월 10일

주소 | 413-832 파주시 교하읍 문발리 507-2(본사)
       121-801 서울시 마포구 공덕동 105-90 서울빌딩 3층(서울 사무소)
전화 | 영업 02-326-0095, 편집 02-336-6183
팩스 | 02-333-7543
홈페이지 | www.hanulbooks.co.kr
등록 | 1980년 3월 13일, 제406-2003-051호

Printed in Korea.
ISBN 978-89-460-4250-6 93330

* 가격은 겉표지에 표시되어 있습니다.